ज़रतुष्ट्र ने यह कहा

ज़रतुष्ट्र ने यह कहा

लेखक
फ़्रीडरिश नीत्शे

अनुवाद
शेरजंग और निर्मला शेरजंग

राधाकृष्ण प्रकाशन

ISBN : 978-81-8361-032-2

ज़रतुष्ट्र ने यह कहा

पहला संस्करण : 2005
दूसरा संस्करण : 2016
पहली आवृत्ति : 2023

मूल्य : ₹1295

प्रकाशक
राधाकृष्ण प्रकाशन प्राइवेट लिमिटेड
जी-17, जगतपुरी, दिल्ली-110 051

शाखाएँ : अशोक राजपथ, साइंस कॉलेज के सामने, पटना-800 006
पहली मंजिल, दरबारी बिल्डिंग, महात्मा गांधी मार्ग, प्रयागराज-211 001
1, अनमोल सोराबजी संतुक लेन, धोबी तलाव, मरीन लाइंस, मुम्बई-400 002
वेबसाइट : www.radhakrishnaprakashan.com
ई-मेल : info@radhakrishnaprakashan.com

मुद्रक
राजकमल प्रेस
नई दिल्ली-110 002

JARTUSHTRA NE YAH KHA
Novel by Fredrik Neetshe

समर्पण

बेटे शैलेश जंग और पोते समरेश जंग को
जो इस कठिन कार्य को करने के लिए मुझे निरन्तर प्रोत्साहित
करते रहे। सम्भवतः उनके विश्वास के अभाव में
मैं इस कठिन कार्य को पूरा न कर पाती।

–निर्मला शेरजंग

फ़्रीडरिश नीत्शे का संक्षिप्त परिचय

'ज़रतुष्ट्र ने यह कहा' नामक पुस्तक के लेखक विश्व-विख्यात विचारक, दार्शनिक और साहित्यकार फ़्रीडरिश नीत्शे हैं। इनकी विचारधारा एवं लेखन ने अपने समय के विचारशील लोगों को जितना प्रभावित किया उतना दार्शनिक इमेनुअल कांट को छोड़कर अन्य कोई नहीं कर पाया था, शोपनहार भी नहीं जिनके सिद्धान्तों का प्रभाव यूरोप के अधिकांश भागों में छाया हुआ था। नीत्शे की लेखनी का क्षेत्र बहुत विस्तृत था, उसमें नीतिशास्त्र के अतिरिक्त साहित्य, राजनीति, दर्शन और धार्मिक निष्ठाओं एवं विचारों का मन्थन तथा समालोचना सभी सम्मिलित थे।

नीत्शे का जन्म सन् 1844 में प्रशिया के एक गाँव, रोकेन में हुआ और दो वर्ष बाद इनकी बहन, एलिज़बेथ एलैक्ज़ेंडर का जन्म हुआ जिनके साथ इनका स्नेह और मैत्री का नाता जीवन के अन्त तक बना रहा। नीत्शे के जीवन का विस्तृत वर्णन इनकी बहन की लिखी इनकी जीवनी में मिलता है। इनके भाई जोसफ़ का जन्म सन् 1850 में हुआ, किन्तु उनकी मृत्यु जीवन के प्रथम वर्ष में ही हो गई थी।

नीत्शे के माता-पिता तथा पूर्वज कई वंशों से ईसाई धर्म के निष्ठावान् अनुयायी और सक्रिय कार्यकर्ता थे, किन्तु यह एक विचित्र विरोधाभास है कि नीत्शे बड़े होने पर ईसाई धर्म के कट्टर विरोधी बने। स्वतन्त्र मिज़ाज और विचारशील होने के कारण नीत्शे जो कहते और करते थे उसे पूरी निष्ठा और दृढ़ विश्वास के साथ करते थे–बिना किसी संकोच व भय के। इनकी प्रकाशित पुस्तकें एवं लेख इनके स्वतन्त्र विचारों, हृदय की निष्कपटता और सच्चाई के प्रत्यक्ष प्रमाण हैं।

नीत्शे के पिता की मृत्यु के उपरान्त इनका परिवार नॉमबर्ग चला गया जहाँ इन्हें छः वर्ष की आयु में नगरपालिका के एक स्थानीय स्कूल में दाखिल करवा दिया गया। किन्तु थोड़े ही समय पश्चात् इन्हें उस स्कूल से हटाकर चर्च द्वारा संचालित एक उच्चस्तरीय स्कूल में दाखिल करवा दिया गया जहाँ इन्होंने कई वर्षों तक शिक्षा ग्रहण की। उसके पश्चात् यह फोटो फ़िना में लैंड्स शूल स्कूल में प्रवेश पाने में सफल रहे। सन् 1864 में यह बॉन विश्वविद्यालय में चले गए।

बॉन में इनके धार्मिक विचारों में महत्त्वपूर्ण परिवर्तन आया। यहीं पर इनकी मित्रता विलहेल्म रित्शेल से पनपी जो शब्दशास्त्र के विशेषज्ञ थे। रित्शेल का तबादला जब लाइपज़िग में हो गया तो नीत्शे भी उनके पीछे-पीछे वहीं चले गए। लाइपज़िग में इनकी भेंट वैग्नर से हुई जो मित्रता में बदल गई। यहीं पर इनकी जान-पहचान एड्विन रोह्डे

से हुई और यहीं इन्होंने शोपनहार की प्रतिभा को जाना और पहचाना। बॉन में यह राजनीति में भी रुचि लेने लगे।

तभी प्रशिया और ऑस्ट्रिया में युद्ध छिड़ गया। नीत्शे ने सेना में भर्ती होने का निश्चय किया, किन्तु अपनी कमज़ोर दृष्टि के कारण दो बार प्रयास करने पर भी सेना में प्रवेश प्राप्त नहीं कर पाए। दो वर्ष बाद सन् 1867 में सेना के नियमों में कुछ परिवर्तन हुए और नीत्शे सेना में प्रवेश पाने में सफल हो गए। किन्तु भाग्य ने इनका साथ नहीं दिया। घोड़े से गिर जाने से इनके वक्षस्थल पर गहरी चोट आई और यह सैनिक सेवा के लिए अयोग्य हो गए, और अपने अध्यापन-कार्य पर लौट आए। कुछ ही समय में इनकी नियुक्ति, बाले में, शास्त्रीय भाषा-विज्ञान के प्राध्यापक के पद पर हो गई और नीत्शे पूरी तन्मयता के साथ पढ़ने-लिखने में जुट गए। किन्तु इन्होंने अपने स्वास्थ्य की ओर उचित ध्यान नहीं दिया।

सन् 1870 में जब प्रशिया और फ्रांस में युद्ध छिड़ गया तो नीत्शे ने सेना के चिकित्या-विभाग में एम्बुलेंस पर सहायक का कार्य ले लिया किन्तु थोड़े ही समय में इन्हें बीमारियों ने ऐसा घेरा कि यह इस कार्य को छोड़ने पर विवश हो गए और अपने अध्यापन-कार्य पर लौट गए। अपने स्वास्थ्य पर ध्यान दिये बिना वह अध्यापन-कार्य के साथ-साथ लिखने के काम में भी जुट गए। सन् 1872 में इनकी पहली पुस्तक, 'संगीत की आत्मा से जन्मा दुखान्त नाटक' प्रकाशित हुई। इसके अतिरिक्त इनके अनेक लेख भी प्रकाशित हुए।

इनका स्वास्थ्य चूँकि दिनोंदिन बिगड़ता जा रहा था, यह स्वास्थ्य-लाभ के लिए इटली और स्विट्ज़रलैंड गए। स्विट्ज़रलैंड में वैग्नर के साथ इनकी मित्रता पनपी, परन्तु विचारों में मतभेद होने के कारण इनकी मित्रता में जल्दी ही शिथिलता आने लगी।

जैसा कि पहले कहा गया है, नीत्शे स्वतन्त्र और सच्चे स्वभाव के थे। सच्चाई इनका परम धर्म था। रूढ़ियों को मान्यता देना इनके स्वभाव के विरुद्ध था। रूढ़िप्रद विचारों को मान्यता देने के स्थान पर वह जीवन में तर्क को महत्त्व देते थे। जीवन की सार्थकता को महत्त्व देना इनके जीवन की सच्चाई थी। वैग्नर की उस रचना के बाद, जिसमें नीत्शे के विचारानुसार 'ईसाई धर्म से समझौता था', नीत्शे के मन पर गहरा आघात पहुँचा, किन्तु पुरानी मित्रता के नाते इन्होंने उसके विरुद्ध दस वर्ष तक कुछ नहीं लिखा, किन्तु उसके बाद 'मानव सब–अति मानव' नामक पुस्तक में अपने भावों और विचारों को खुलकर अभिव्यक्त किया।

अपने बिगड़ते हुए स्वास्थ्य को देखते हुए नीत्शे ने स्वेच्छा से प्राध्यापक पद से निवृति प्राप्त की और एकाग्र मन से लेखन कार्य में लग गए। दो वर्षों के बाद, इनकी रचनात्मक चिन्तन की पहली पुस्तक, 'दिन का प्रारम्भ' (डॉन ऑफ द डे) प्रकाशित हुई। किन्तु बहुत प्रयत्न करने पर भी वह अपने स्वास्थ्य को सुधार न पाए, किन्तु उनका लेखन कार्य लगातार चलता रहा; आठ वर्षों में उनकी अनेक महत्त्वपूर्ण कृतियाँ प्रकाशित हुईं, जिनमें एक 'ज़रतुष्ट्र ने यह कहा' नामक पुस्तक थी।

लिखने-पढ़ने के कार्य को छोड़कर नीत्शे के जीवन में ऐसी विशेष घटनाएँ बहुत कम थीं जिनका उल्लेख किया जाए। जनवरी 1889 में इन्हें मिर्गी का एक दौरा पड़ा जो इनके जीवन के अन्त का आरम्भ था। उस दौरे के बाद इनके व्यवहार में बहुत-सी असामान्यताएँ दिखाई देने लगीं जो मानसिक विघटन के लक्षण थे। कुछ लोगों का कहना था कि इनमें मानसिक विघटन के हल्के लक्षण आरम्भ से ही थे जो धीरे-धीरे बढ़कर सामने खुलकर आ गए, किन्तु इसका कोई प्रमाण नहीं है। इसके विपरीत इनकी पुस्तकें इनके स्वस्थ और विवेकशील मन को प्रदर्शित करती हैं। मित्रों के साथ इनके व्यवहार में सदा संयम और समझदारी का ही परिचय पाया गया।

इनकी मनोविक्षिप्ति आकस्मिक थी–बिना किसी पूर्व संकेत के। इनकी पुस्तकें, महान् ग्रन्थ इसके प्रत्यक्ष प्रमाण हैं। सम्भवतः इनके इस रोग का कारण वह दवाइयाँ थीं जिनका सेवन वह नींद के लिए निरन्तर किया करते थे। इसके अतिरिक्त, दीर्घकालीन शारीरिक कमज़ोरी, अत्यधिक काम और एकाकीपन भी इनके मानसिक स्वास्थ्य को बिगाड़ने के कारण हो सकते हैं।

इनके मानसिक विघटन के प्रारम्भिक काल के बारे में कोई जानकारी उपलब्ध नहीं है। ओवरबेक को जब नीत्शे का एक पत्र मिला जिसमें इनकी मनोविक्षिप्ति के लक्षण स्पष्ट दिखाई दे रहे थे, तो उन्होंने इन्हें तुरिन में ढूँढ़ निकाला। उस समय इनकी मानसिक और शारीरिक दशा बहुत ही खराब थी। इन्हें तेना के एक अस्पताल में दाखिल करा दिया। स्वास्थ्य में कुछ सुधार होने पर नीत्शे तेना से नॉमबर्ग चले आए जहाँ से इनकी बहन इन्हें धर वाईमार ले गई और इनकी देखभाल करने लगी। तीन वर्ष बाद सन् 1900 में इनका देहान्त हो गया। इनके मृत शरीर को इनके पैतृक गाँव रोकेन में दफ़नाया गया।

–विलर्यड हंटिंगटन राइट
(Willard Huntington Wright)

भूमिका

(कैसे हुई 'ज़रतुष्ट्र' की रचना)

'ज़रतुष्ट्र' मेरे भाई की बहुत प्रिय रचना थी। यह उसके व्यक्तिगत अनुभवों की–उसकी मित्रताओं, उसके आदर्शों आनन्द, विषाद, उत्कट अभिलाषाओं, आशाओं एवं उपदेशों की अभिव्यक्ति है। किशोरावस्था से ही मेरे भाई के मन में 'ज़रतुष्ट्र' की आकृति घर कर गई थी। एक बार उसने मुझे बताया, "मैंने इसका स्वप्न बचपन में ही देखा था और अलग-अलग समय पर मैं इसे अलग-अलग नामों से सम्बोधित करता था।" कुछ समय के बाद उसने फिर लिखा, "मैंने यह निश्चय कर लिया है कि मुझे अपनी इस आदर्श आकृति को एक यूनानी के रूप में सम्मानित करना होगा। मैं यूनानी को इसकी पहचान बनाना चाहता हूँ क्योंकि इतिहास को यूनान में ही सर्वप्रथम खुली और व्यापक दृष्टि से देखा और समझा गया था। यूनानियों के अनुसार विकास के प्रत्येक चरण का अपना पैगम्बर हुआ है जिसने अपने समय के लोगों का पथ-प्रदर्शन किया है। हर पैगम्बर का अपना समय होता है–हज़ारों वर्ष का उसका वंश।

'ज़रतुष्ट्र' के सभी विचार और उसके व्यक्तित्व की विलक्षणताएँ मेरे भाई के मन में यौवन काल से ही बसी हुई थीं। मरणोपरान्त प्रकाशित उसकी पुस्तकें इसका प्रत्यक्ष प्रमाण हैं। सन् 1869-1882 में लिखे उसके ग्रन्थों और लेखों को जो भी ध्यान से पढ़ेगा, वह किसी न किसी रूप में 'ज़रतुष्ट्र' के विचारों और सिद्धान्तों को बार-बार उनमें पाएगा, जैसे *'महामानव'* का विचार। 'हम शब्द शास्त्रज्ञ' नामक ग्रन्थ में इस विषय का उल्लेख विशेष रूप से किया गया है। उसमें लिखा है :–

"हम किसी पूरी कौम की प्रशंसा या सराहना कैसे कर सकते हैं ? यूनान में भी कुछ विरले ही तो विशेष प्रभावशाली थे।

"यूनानी विशेष महत्त्वपूर्ण थे और विशेष रोचक भी, क्योंकि उन्होंने बहुत-से महान् व्यक्तियों का विकास किया था। यह कैसे और क्योंकर हुआ ?...यह अपने आपमें एक महत्त्वपूर्ण विषय है जिसका अध्ययन करना आवश्यक है।

"मेरी रुचि लोगों के उन सम्बन्धों में है जो व्यक्ति के उत्थान से सम्बन्ध रखते हैं। यूनान का परिवेश व्यक्ति के विकास के लिए असाधारण रूप से अनुकूल था। इसका कारण लोगों की अच्छाई नहीं थी, बल्कि उनकी बुरी प्रवृत्तियों का परस्पर संघर्ष था।

"पालन-पोषण की समुचित रीतियों को अपनाने से विशिष्ट व्यक्तियों का विकास किया जा सकता है जो उस समय के जनसाधारण से अलग और भव्य हों, अर्थात् उन व्यक्तियों से अलग जिनके व्यक्तित्व-विकास को प्रचलित रीतियों पर छोड़ दिया जाता है। समुचित परिवेश और उत्तम पालन-पोषण एक ऐसा साधन है जिसके द्वारा हम आज भी व्यक्तियों के प्रतिभाशाली होने की आशा कर सकते हैं।"

'महामानव' नीत्शे के आदर्श मानव का वह रूप है जो यौवन काल से ही उसके मन में बसा हुआ था। मेरे भाई की यह धारणा थी कि उच्च-स्तरीय मनुष्यों का विकास करना मानव जीवन का ध्येय होना चाहिए। उसने अपनी इस धारणा को अपने एक ग्रन्थ, 'शोपनहार–एक शिक्षक' में लिखा है : "मानव को सदा महान् पुरुषों को विकसित करने का प्रयास करते रहना चाहिए; यही और केवल यही है उसके जीवन का ध्येय। किन्तु जिन आदर्शों को मनुष्य ने पहले मान्यता एवं सम्मान दिया था, उन्हें आज उच्चतम मनुष्य का प्रारूप नहीं माना जा सकता, अर्थात् किसी भी आदर्श को अनन्त काल के लिए आदर्श नहीं ठहराया जा सकता। कौन कह सकता है मनुष्य किन ऊँचाइयों को छू लेगा, वह किन ऊँचाइयों तक पहुँच सकता है ?" इसी कारण 'ज़रतुष्ट्र' में कवि महान् ईसा के उच्च और भव्य मूल्यों का गुणगान करने के बाद जब उनका मूल्यांकन नई स्थिति एवं नई विचारधारा में करता है तो पूरे आवेश से चिल्ला उठता है :

"आज तक कोई भी *महामानव* नहीं हुआ। मैंने श्रेष्ठ और हीन दोनों को नग्न देखा है, दोनों को बहुत कुछ एक-सा ही पाया। सच्चाई तो यह है कि मैंने श्रेष्ठ को भी अति मानव ही पाया।"

'महामानव के विकास' को प्रायः ग़लत अर्थ में समझा जाता है। इसका सही अर्थ मानव की किसी नई जाति का विकास करना नहीं है, बल्कि नए और उच्च-स्तरीय मूल्यों से मनुष्य का उत्थान करना है,–उसके उन प्रस्तुत मूल्यों में परिवर्तन करना है जो उसके दिल और दिमाग पर अपना आधिपत्य जमाए हुए हैं और उसकी विचारधारा और व्यवहार पर इस प्रकार छाए हुए हैं कि वह उनके बाहर या उनसे अलग न कुछ सोच सकता है और न कुछ कर सकता है। मेरे भाई नीत्शे की *महामानव* की धारणा को समझने के लिए यह आवश्यक है कि इसे उसकी अन्य धारणाओं व विचारों के साथ जोड़कर देखा और समझा जाए। बहुत अध्ययन, अनुभवों और सोच-विचार के बाद मेरा भाई इस निष्कर्ष पर पहुँचा था कि ईसाई धर्म ने, जो दीन-दुखियों के रोष का परिणाम था, उस सब पर प्रतिबन्ध लगा दिया जो जीवन को सुन्दर, सुखद, स्वस्थ, शक्तिशाली और गौरवमय बनाते हैं, उसने उन सब शक्तियों को कुचल डाला जो मनुष्य को सक्षम, शक्तिशाली, और तेजस्वी बनाने में सहायक होती हैं।

महामानव के रूप में नीत्शे ने हमारे सम्मुख ऐसे नए और उच्च मूल्यों को रखा जो उत्साहवर्धक हैं और जीवन में 'आशा और विश्वास' पैदा करते हैं। मूल्यों की पुरानी सारिणी में उन मूल्यों पर बल दिया गया है जो मनुष्य को कमज़ोर, निरुत्साही और निष्प्रभ बनाते हैं। ऐसे मूल्योंवाले व्यक्ति को 'मॉडर्न मैन' की संज्ञा दी गई। इसके

विपरीत, मूल्यों की नई सारिणी में, उन मूल्यों को प्राथमिकता दी गई है जो कौम को स्वस्थ, सबल, शक्तिवान्, उत्साही और साहसी बनाते हैं। या यूँ कहिए कि नई मूल्य सारिणी के अनुसार 'जो गुण शक्ति से विकसित होते हैं वे अच्छे हैं, और जो कमजोरी के परिणाम से उपजते हैं, वे बुरे हैं।'

मानव का यह प्रारूप–उसका साहसी, उत्साही, दृढ़निश्चयी और शक्तिशाली रूप न तो कोरी कल्पना है और न तारामंडल सदृश दूरस्थ, जिस पर पहुँच सकने की सम्भावना अनिश्चित है और जिसको पाने के लिए शायद सहस्त्रों वर्ष भी काफ़ी न हों; और न ही यह (डार्विन की विकास की धारणा के अनुरूप) मनुष्य की कोई नई जाति है जिसके विषय में हम न कुछ जानते हैं और न कुछ जान सकते हैं, और जिसको प्राप्त करने की इच्छा या प्राप्त करने का प्रयास करना केवल मूर्खता ही होगी।

इसके विपरीत, 'महामानव का विकास' करना नवीन मूल्यों का विकास करना है। नए मूल्यों को अपनाने से मनुष्य वर्तमान में ही अपनी आध्यात्मिक और शारीरिक शक्तियों के साथ *महामानव* की श्रेष्ठता को पा सकता है।

'ज़रतुष्ट्र' के लेखक, मेरे भाई नीत्शे ने ईसाई धर्म की शिक्षा एवं प्रचार के द्वारा मानव मूल्यों को बदलने के अद्भुत उदाहरण को कभी भी अपनी आँखों से ओझल नहीं होने दिया। उसका कहना था कि ईसाई-धर्म की शिक्षा ने यूनानियों की देवी-देवताओं से सम्पन्न जीवन-रीतियों और रोम की शक्तिशाली संस्कृति का कुछ ही समय में अन्त कर डाला और इन कौमों को शक्तिहीन और निष्प्रभ बना दिया, तो क्या नए मूल्यों की शिक्षा के द्वारा इन कौमों को पुनः शक्तिशाली नहीं बनाया जा सकता ? क्या निश्चित समय के भीतर इनके जीवन में दूसरी क्रान्ति नहीं लाई जा सकती जिससे यह कौमें पुनः सशक्त, महत्वाकांक्षी और गौरवमय बन जाएँ ? ''यह है मेरा विश्वास और नई आशा और इसी का परामर्श 'ज़रतुष्ट्र' तुम्हें देता है।''

मेरे भाई के अपने हाथ के लिखे पन्नों में इसका बहुत अच्छी तरह स्पष्टीकरण किया गया है कि *महामानव* से उसका अभिप्राय मनुष्य की किसी नई जाति से नहीं है, बल्कि शारीरिक रूप से सुगठित और मानसिक रूप से विकसित एक मानव-प्रारूप से है–ईसाई धर्म के 'मॉडर्न मैन' के विलोम से। (मेरे भाई ने महामानव शब्द का प्रयोग सदा एक-वचन में किया है।) अपने *महामानव* को सदा एक सुगठित, अत्यन्त शक्तिशाली और उच्च्व मूल्यों से परिपूर्ण कहा है। उन पन्नों में विशेष उल्लेखनीय यह है कि उसने 'ज़रतुष्ट्र' को ही *'महामानव'* के रूप में दर्शाया है।

उसने अपने ग्रन्थ, 'आनन्दमय बुद्धिमत्ता' में महामानव-प्रारूप पर प्रकाश डालते हुए उसकी शारीरिक स्थिति पर विशेष बल दिया है और उसे *स्वस्थतः* कहा है।

'ज़रतुष्ट्र' की रूपाकृति और उससे सम्बन्धित बहुत-से मुख्य विचार नीत्शे के लेखों में पहले ही प्रकाशित हो चुके थे, किन्तु अगस्त सन् 1881 तक उसकी पुस्तक 'ज़रतुष्ट्र ने यह कहा' ने सही रूप नहीं लिया था। सन् 1881 में, सिलिस मेरिया में उसके मन में सब पदार्थों के 'अनादि पुनरागमन' का विचार आया और इस विचार ने उसे अपने

विचारों को काव्यरूप में लिखने की प्रेरणा दी। अगस्त सन् 1888 में उसकी अपनी जीवनी की रूपरेखा में 'अनादि पुनरागमन' की धारणा के विषय में इस प्रकार लिखा है–

"मेरे मन में सब पदार्थों के 'अनादि पुनरागमन' का मूल विचार अगस्त 1881 में आया। मैंने इस विचार को एक पन्ने पर लिख लिया और उसी पन्ने पर मेरा अनुलेख है–'मनुष्यों और समय से 6000 फुट आगे।' उस दिन मैं यों ही सिल्वा प्लाना झील के आस-पास जंगल में भ्रमण कर रहा था और मैं एक स्तम्भ की तरह ऊँची खड़ी शिला के पास रुक गया जो सर्ली से दूर नहीं थी। वहीं 'अनादि पुनरागमन' का विचार सहसा मेरे मन में आया। मैं जब भी उस दिन से पहले बीते दिनों को मुड़कर देखता हूँ तो पाता हूँ कि उस विचार के मन में आने से दो महीने पहले तक मेरी रुचियों में परिवर्तन होने का मुझे कोई पूर्वाभास नहीं हुआ था–विशेषतः संगीत के विषय में। 'ज़रतुष्ट्र' को एक प्रकार से काव्य रचना कहा जा सकता है। मैं निश्चित रूप से यह कह सकता हूँ कि 'सुनने की कला' की जो जागृति उस समय मेरे मन में हुई थी, 'ज़रतुष्ट्र' की काव्य रचना उसी का परिणाम है। वाइसेंज़ा के निकट एक छोटे से पर्वतीय क्षेत्र में मैंने सन् 1881 की वसन्त ऋतु व्यतीत की। वहाँ मेरा मित्र मेस्ट्रो पीटर ग्रास्ट भी मेरे साथ था। पीटर ग्रास्ट का भी पुनर्जन्म हुआ था। वहाँ पर संगीत जिस मृदुल और मधुर ढंग से हम पर छाया हुआ था, वैसे पहले कभी नहीं हुआ था।"

अगस्त 1881 में मेरे भाई ने 'ज़रतुष्ट्र' के मुख से 'अनादि पुनरागमन' की शिक्षा को भजन की लहराती लय में व्यक्त करने का निश्चय किया। उस समय के लिखे एक नोट से हमें 'ज़रतुष्ट्र ने यह कहा' की रूपरेखा की यह जानकारी मिली है–

यह मध्याह्न बेला और नित्यता

(जीवन की नई रीतियों के सम्बन्ध में कुछ मार्गदर्शन चिह्न)

इसके नीचे लिखा है :

> " 'ज़रतुष्ट्र' का जन्म झील उर्मी पर हुआ, तीस वर्ष की आयु में वह अपना घर छोड़कर ऐरिया प्रदेश में चला गया और दस वर्षों तक वहाँ पर्वतीय क्षेत्र में अकेला रहता रहा। उसी एकान्तवास में 'ज़रतुष्ट्र ने यह कहा' रचा गया।
>
> मध्याह्न बेला में ज्ञान का सूर्य एक बार फिर सिर पर था, नित्यता का सर्प कुंडली मारे उसके प्रकाश में पड़ा था–यह है तुम्हारी मध्याह्न की बेला, मेरे भाइयो।"

बहुत वर्षों के गिरते स्वास्थ्य के बाद सन् 1881 की ग्रीष्म ऋतु में मेरे भाई के स्वास्थ्य में सुधार हुआ; अपने अच्छे स्वास्थ्य के उत्साह में उसने 'आनन्दमय बुद्धिमत्ता' की रचना की। आनन्दमय बुद्धिमत्ता ही उसके अच्छे स्वास्थ्य की देन नहीं है, इसे

'ज़रतुष्ट्र' का आरम्भ भी कहा जा सकता है।

जिस समय उसके स्वास्थ्य में सुधार हो रहा था दुर्भाग्यवश उसी समय उसे बहुत-से कटु अनुभवों ने आ दबोचा। उसे अपने मित्रों से बहुत-सी ऐसी निराशाएँ मिलीं जो उसके लिए प्रायः असहनीय थीं। वह मैत्री का बहुत आदर करता था, इसे बहुत पवित्र सम्बन्ध मानता था। मित्रों के कटु व्यवहार से दुखी होकर वह अपने आप में सिमट गया और उसने पहली बार एकाकीपन की भयानकता को महसूस किया। इससे महानता का ह्रास होता है। स्वेच्छा से एकाकीपन को अपनाना और परित्यक्त होने के कारण अकेला रह जाना–दोनों में बहुत अन्तर है। उस समय उसके मन में एक ऐसे मित्र की चाहत थी जो उसे सही प्रकार से समझ सकता, जिसके साथ वह मन खोलकर बातें कर सकता। जीवन के प्रारम्भिक काल से उसे यह विश्वास था कि उसके पास ऐसे मित्र हैं; किन्तु जब उसने अपने लिए कठिन मार्ग का चयन किया तो उसने पाया कि उसका साथ देनेवाला कोई भी मित्र उसके पास नहीं है। तब उसने अपने लिए एक उत्तम मित्र खोज लिया–एक आदर्श को एक महान् दार्शनिक के रूप में; और उसने उस दार्शनिक के द्वारा अपने सन्देश का प्रसार संसार में किया।

यदि मेरे भाई को वह निराशाएँ न होतीं जिनका जिक्र ऊपर किया गया है तो क्या उसने सन् 1881 के ग्रीष्म काल में 'ज़रतुष्ट्र' की रचना की होती ? इस प्रश्न का अब कोई अर्थ नहीं है, किन्तु जहाँ तक 'ज़रतुष्ट्र' का सवाल है, एक्हार्डट की लोकोक्ति के अनुसार यह कहा जा सकता है कि 'डूबते को तिनके का सहारा भी पार लगा सकता है।'

'ज़रतुष्ट्र' के पहले भाग के सम्बन्ध में मेरे भाई का अपने हाथ से लिखा नोट इस प्रकार है–

''सन् 1882-83 की शीत ऋतु में मैं रपालो की छोटी-सी सुन्दर खाड़ी में रह रहा था। यह स्थान चिआवरी और केप पोर्टो के बीच है, और ज़िनोआ से दूर नहीं है। उस समय मेरा स्वास्थ्य अच्छा नहीं था। उस वर्ष की शीत ऋतु बहुत ही ठंडी थी और वर्षा भी बहुत अधिक हो रही थी। समुद्र की तूफ़ानी लहरों की ध्वनि से रात में मेरी नींद बार-बार भंग हो जाती थी। यह स्थिति निस्सन्देह मेरे अनुकूल नहीं थी। तथापि इन सब बाधाओं और असुविधाओं के होते हुए भी मैं 'ज़रतुष्ट्र' ने यह कहा' लिखने लगा। यह शायद मेरे इस विश्वास की पुष्टि है कि जीवन में जो कुछ होना होता है, वह हो ही जाता है।

''सुबह के समय मैं दक्षिण की ओर जोहग्ली पथ पर भ्रमण के लिए जाता था। यह पथ चीड़ के जंगल से होता हुआ ऊपर को जाता था जहाँ से समुद्र का सुन्दर दृश्य देखने को मिलता था। यदि स्वास्थ्य ठीक होता तो मैं शाम को सेंट मार्गेरिता से फोटो फ़िना तक खाड़ी का चक्कर लगाता था। इस स्थान से सम्राट फ़्रीडरिश तृतीय का विशेष लगाव था। शायद इसी कारण मेरे लिए यह स्थान विशेष रुचिकर था। इन मार्गों पर भ्रमण करते-करते, 'ज़रतुष्ट्र' मेरे मन पर इस तरह छा गया था कि मैं पूर्णरूप से उसके

वशीभूत हो गया था। 'ज़रतुष्ट्र' का पहला भाग लिखने में मुझे केवल दस दिन लगे; फरवरी 1883 के आरम्भ से फरवरी के मध्यकाल के भीतर मैंने उसे पूरा कर लिया।''

'ज़रतुष्ट्र' के लिखने में जो दस दिन उसे लगे थे, उन्हें छोड़कर मेरे भाई ने उस शीतकाल को बहुत ही कष्टकारी कहा है। इसका यह अर्थ नहीं कि उसकी पहली बीमारियों ने उसे दुखी कर रखा था, बल्कि वह इन्फ्लूऐंजा था जो सेंट मार्गेरिता में उसे हुआ था और जिसका प्रभाव ज़िनोआ वापस आने के बाद भी कई सप्ताह तक बचा रहा था। जिस बात की उसे विशेष शिकायत थी वह थी उसकी मानसिक व्यथा जो मित्रों के मुँह मोड़ने से उसे हुई थी। उसकी इस व्यथा का मर्मभेदी वर्णन 'ज़रतुष्ट्र' के प्रथम भाग में है। 'ज़रतुष्ट्र' के प्रथम भाग के प्रति मेरे भाई के मित्रों की जो प्रतिक्रिया थी वह उसके लिए बहुत कष्टकारी थी। उसने अपने जिन मित्रों और प्रतिजनों को 'ज़रतुष्ट्र' के प्रथम भाग की प्रतियाँ दी थीं, उन्होंने उसे ग़लत समझा। मेरे भाई के अपने शब्दों में; ''उनमें मुझे ऐसा कोई प्रौढ़ नहीं मिला जो मेरे विचारों को समझ पाता। और यह भी तो हो सकता है कि बहुत स्पष्ट कही हुई बात को कोई सुने ही न।'' अपने मित्रों की प्रतिक्रिया से मेरे भाई को बहुत निराशा हुई, उसके मन को बहुत ठेस पहुँची, विशेषकर उस समय जब वह उस औषधि को छोड़ने का प्रयास कर रहा था जिसका सेवन उसने इन्फ्लूऐंजा के कारण करना शुरू किया था।

उसने बसन्त ऋतु रोम में बिताई जो उसके लिए बहुत ही उदास और फीकी रही। उसी के शब्दों में, ''रोम में मैंने बहुत ही नीरस बसन्त बिताई है, या यू कहूँ कि रोम में मैं केवल जी भर रहा था और यह मेरे लिए कोई सहज काम नही है। रोम में रहना किसी प्रकार भी 'ज़रतुष्ट्र' के कवि-लेखक की रुचि के अनुकूल नहीं था। उसने मुझे असामान्य रूप से दुखी किया। मैं उसे छोड़ना चाहता था, एकिला जाना चाहता था जिसका परिवेश उसके विपरीत था। उस नगर का विकास रोम के प्रति विरोधभाव से हुआ था। वह मानो ईसाई धर्म के विरोधी की यादगार थी—सम्राट फ्रीडरिश द्वितीय की यादगार जिसके साथ मेरा बहुत करीबी सम्बन्ध था।

''किन्तु भाग्य का विधान कुछ और ही था। मुझे पुनः रोम जाना पड़ा और प्लाज़ा बारबरीनी से सन्तुष्ट होना पड़ा। बहुत प्रयास करने पर भी जब मैं अपने निवास के लिए कोई चर्च विरोधी स्थान खोज न पाया तो मैंने निराश होकर प्लाज़ा डेल क्वीरिनेल से पूछा कि क्या वह एक दार्शनिक को रहने के लिए एकान्त और शान्त स्थान उपलब्ध करा सकते हैं ? उसी प्लाज़ा और ऊपर का एक कमरा मुझे मिल गया जहाँ से मुझे रोम का लगभग पूरा दृश्य दिखाई देता था और नीचे के फव्वारों की ध्वनि भी सुनाई पड़ती थी। यहीं पर मैंने रात्रि-गान की रचना की जो अपने में एकाकीपन की उदासी को समेटे हुए है।''

उस बसन्त में हम रोम में कुछ ज़्यादा दिनों तक रहते रहे। वहाँ की बढ़ती गर्मी और विषादजनक परिस्थितियों के कारण (जिनका वर्णन पहले किया जा चुका है) मेरे भाई ने और न लिखने का निश्चय किया। मैंने उसे पूरा आश्वासन दिया कि उसके लेखों

के प्रूफ़ मैं देखूँगी और प्रकाशकों के साथ पत्र-व्यवहार भी मैं करूँगी, किन्तु वह अपने निश्चय पर अटल रहा। जब वह स्विटज़रलैंड लौटकर आया और वहाँ के पर्वतीय क्षेत्र की चिर-परिचित एवं आनन्ददायक जलवायु ने उसकी रचनात्मक-वृत्ति को पुनः ताज़ा कर दिया, तब उसने एक पत्र में मुझे लिखाः–

"मैंने यहाँ तीन महीने रहने का प्रबंध कर लिया है। इटली की जलवायु के कारण अपने साहस को छोड़ देना, वास्तव में मेरी बहुत बड़ी भूल थी। मुझे अब एक ही विचार बार-बार सताता है–अब आगे क्या होगा ? मुझे इस संसार में अपना भविष्य बहुत अन्धकारमय नज़र आता है, किन्तु अभी भी तो मेरे पास करने के लिए बहुत कुछ है। सोचता हूँ कि भविष्य की चिन्ता छोड़कर मुझे कुछ करना चाहिए और शेष सब कुछ तुम पर और भगवान् पर छोड़ देना चाहिए।"

'ज़रतुष्ट्र' का दूसरा भाग उसने 26 जून और 6 जुलाई के भीतर लिख लिया। "इस ग्रीष्म ऋतु में मैं फिर उसी पावन स्थान पर था जहाँ 'ज़रतुष्ट्र' लिखने का विचार पहली बार मेरे मन में आया था। यहीं पर मैंने दूसरा भाग लिखा। न दूसरे, न पहले और न ही तीसरे भाग को लिखने में मुझे दस-दस दिनों से एक दिन भी अधिक लगा।"

वह प्रायः उस प्रफुल्ल मनःस्थिति की चर्चा किया करता था जिसमें उसने 'ज़रतुष्ट्र' की रचना की थी; कैसे पहाड़ियों और घाटियों में भ्रमण करते समय विचार स्वतः उसके मन में उमड़ आते थे और कैसे वह जल्दी से उन्हें अपनी नोट-बुक में लिख लिया करता था; और वापस लौट जाने पर उनका परिलेखन करता था जिसको करने में कभी-कभी मध्य रात्रि तक का समय लग जाता था। अपने एक पत्र में उसने एक बार मुझे लिखा, "तू इसका अनुमान भी नहीं लगा सकती कि कैसे विचारों के प्रबल प्रवाह में कृति की रचना अनायास हो जाती है।" और सन् 1888 की शरद ऋतु में उसने एक पत्र में, अति उत्साह के साथ उस अनूठी मनःस्थिति का वर्णन किया जिसमें उसने 'ज़रतुष्ट्र' की रचना की थी। उसका कहना थाः–

"उन्नीसवीं शताब्दी के अन्तिम काल में क्या किसी ने इसका वर्णन किया है कि उस महान् युग के कवियों का 'प्रेरणा' से क्या अभिप्राय था ?...यदि नहीं, तो उसका विरूपण मैं करता हूँ : किसी में यदि अंधविश्वास का थोड़ा सा अंश भी शेष है तो वह इस धारणा को सर्वथा नकार नहीं सकता कि मनुष्य केवल किसी सर्वमान्य शक्ति का प्रतिरूप व माध्यम है। दैवी-प्रकाशन से अभिप्राय इस वास्तविकता से है कि कभी-कभी किसी मनुष्य को सहसा कुछ सुनाई व दिखाई पड़ता है–बहुत शुद्धता और निश्चितता के साथ, और वह विचार उसे बेचैन कर देता है। मनुष्य उसे सुनता है, और प्राप्त करता है–बिना खोज़े। वह नहीं पूछता कि वह विचार आया कहाँ से। वह विचार विद्युतीय धारा के सदृश उसके मन में कौंध जाता है–बिना किसी संकोच या हिचक के। इन विचारों के साथ उसकी इच्छा का कोई सम्बन्ध नहीं होता। वह स्वतः स्वच्छंद रूप से पूरी निश्चितता के साथ मन में उभरते हैं। इनका आनन्द अपना ही है और वह होता है इतना अधिक और शक्तिशाली कि उसके तनाव को दूर करने के लिए और भावों में

स्थिरता लाने के लिए कभी-कभी आँखों से अश्रु बहने लगते हैं। व्यक्ति को अपने पर नियन्त्रण नहीं रहता, आनन्द के बाहुल्य से उसका शरीर सिर से पाँव तक काँप उठता है, पैर डगमगा से जाते हैं। ऐसे गहन आनन्द में पीड़ा उसका विलोम नहीं होती, बल्कि चमकते हुए प्रकाश में रंगों के समिश्रण के सदृश होती है। सब कुछ अनायास होता है, आकृतियाँ और उपमाओं का सहज रूप से मन में उभरना इसकी एक विशिष्ट विलक्षणता है। व्यक्ति को उपमा और आकृति के भेद का बोध नहीं होता, अभिव्यक्ति के लिए सब कुछ सरलतम रूप में सामने आ जाता है। यह है 'प्रेरणा' का मेरा अनुभव, इसके सम्बन्ध में मेरे दिल और दिमाग़ में कोई सन्देह नहीं है। किन्तु किसी और के मुख से यह सुनने के लिए कि 'मेरा भी यही अनुभव है', सम्भवतः हज़ारों वर्ष पीछे जाना होगा।''

सन् 1883 की शरद् ऋतु में मेरा भाई इंगडाईन से जर्मनी चला गया और वहाँ वह कुछ सप्ताह रहा। उसके बाद शीत् ऋतु में इन्ट्रेसा; ज़िनोआ और स्पेज़िया में इधर-उधर भ्रमण करने के बाद वह नाइस पहुँचा। वहाँ की जलवायु से उसकी रचनात्मक वृति में विशेष स्फूर्ति आई और उसने 'ज़रतुष्ट्र' का तीसरा भाग लिखा। उसका कहना है कि ''नाइस के नीले आकाश के नीचे, जिसने पहली बार मुझे तिरस्कारपूर्ण दृष्टि से देखा था, मैंने 'ज़रतुष्ट्र' के तीसरे भाग का अपना काम पूरा किया। इस सारे काम को पूरा करने में मुझे मुश्किल से एक वर्ष लगा। उन अविस्मरणीय क्षणों की याद से नाइस के आस-पास की गुफ़ाएँ और पहाड़ियाँ मेरे लिए पावन हो गईं। मेरे विशेष रचनात्मक क्षणों का सम्बन्ध प्रायः मेरी असाधारण सक्रियता के साथ रहा है। शारीरिक सक्रियता शरीर में उत्साह पैदा करती है, 'आत्मा' के विषय को अलग छोड़ दें। उन दिनों मैं प्रायः नाचता हुआ दिखाई पड़ता था। बिना किसी थकान के मैं पहाड़ियों और घाटियों में सात-आठ घंटे भ्रमण कर सकता था। मुझे नींद भी अच्छी आती थी और मैं हँसता भी खूब था। मैं सब प्रकार से स्वस्थ और संतुष्ट था।''

जैसा कि पहले कहा गया है, 'ज़रतुष्ट्र' के पहले तीनों भाग बिना किसी विशेष तैयारी के लगभग दस-दस दिनों में लिखे गए थे। किन्तु चौथे भाग को लिखने में कई बार रुकावटें पड़ीं। मेरे भाई ने चौथे भाग के नोट सन् 1884 के सितम्बर में तैयार किये जब हम दोनों ज़ूरिच में इकट्ठे रह रहे थे। फिर नवम्बर में उसने उन्हें दोहराया और अधिक विस्तार से लिखना आरम्भ किया और कुछ समय रुक कर उसे सही किया और जनवरी के अन्त से फरवरी के मध्यकाल के भीतर उसकी पाण्डुलिपि तैयार कर ली। उसने उस भाग को 'ज़रतुष्ट्र' का चौथा और अन्तिम भाग कहा, और उसे स्वयं अपने आप छपवाया। किन्तु इससे पहले ही या इसके तुरन्त आद उसने एक पत्र में मुझे लिखा था कि उसका विचार पाँचवें और छठे भाग को लिखने का भी है और उनके नोट उसके पास तैयार हैं। (चौथे भाग की पहली पांडुलिपि में एक टिप्पणी है–'केवल मित्रों के लिए–जन साधारण के लिए नहीं'।) उसने चौथा भाग बहुत ही व्यक्तिगत भाव से लिखा था और जिस-जिस को उसकी प्रति दी थी उससे विशेष आग्रह किया था कि वह उसकी

विषय-वस्तु को अपने तक ही सीमित रखें, सार्वजनिक न करें। उसने कई बार इस भाग को सार्वजनिक करने की भी सोची, किन्तु कर नहीं पाया क्योंकि उसके मन में शंका थी–क्या वह उसे सार्वजनिक करने से पहले उसके कुछ भागों में महत्त्वपूर्ण परिवर्तन करना नहीं चाहेगा ? तथापि उसने सोच-विचार कर अपनी पांडुलिपि की प्रतियों को अपने मित्रों में बाँटने का निश्चय किया–उन्हीं मित्रों में जिन्होंने उसके विचारानुसार अपने आप को उसके योग्य सिद्ध कर रखा था। उसने अपनी पांडुलिपि की केवल 40 प्रतियाँ छपवाई थीं, किन्तु उनमें से केवल 7 का ही वितरण कर पाया। इससे यह स्वतः स्पष्ट हो जाता है कि उस समय वह अपने आप को कितना अकेला अनुभव कर रहा था, और उन दिनों में उसे सहानुभूति की कितनी अधिक आवश्यकता थी।

इस भूमिका के प्रारम्भ में मैंने उन कारणों की ओर संकेत किया है जिनकी वजह से मेरे भाई ने अपने आदर्शों के महान् दार्शनिक के प्रतिरूपन के लिए एक यूनानी नाम का चयन किया था। उसके अपने शब्दों मेंः–

''किसी ने मुझसे यह नहीं पूछा जैसा कि उन्हें पूछना चाहिए था कि मेरे लिए अर्थात् मुझ अनैतिक के लिए 'ज़रतुष्ट्र' नाम का महत्त्व क्या है; मैंने अपने विचारों और मूल्यों के प्रचार के लिए 'ज़रतुष्ट्र' नाम का चयन क्यों किया ?...इसका कारण विशेष यह था कि वह अपने से पहले और अपने से बाद के विचारकों व दार्शनिकों से भिन्न था। ज़रतुष्ट्र ही वह पहला विचारक था जिसने व्यवहार-चक्र में अच्छाई और बुराई, नेकी और बदी के अन्तर को समझा, नैतिकता के तात्विक रूप को पहचाना और कहा कि सच्चाई ही सर्वोत्तम सद्‌गुण है, कार्य-प्रेरक है और है अपने आप में पूर्ण अर्थात स्वयंभू।

''नैतिकता के विचार के प्रतिपादन में भ्रान्ति की जो आशंका है, उसको दूर करने का काम भी ज़रतुष्ट्र ने स्वयं किया क्योंकि उसे इस विषय का सबसे अधिक ज्ञान और व्यापक अनुभव था। अन्य विचारकों की अपेक्षा ज़रतुष्ट्र अधिक सच्चा और निष्ठावान् था, उसके भीतर अपेक्षाकृत अधिक साहस था। उसकी शक्ति उसकी सच्चाई में थी। सत्य का पालन करना ही उसके लिए सर्वोत्तम सद्‌गुण था---क्या मैं अपने आप को स्पष्ट कर पाया हूँ ? 'सच्चाई से नैतिकता को पाना, अनैतिक *मैं* से ऊपर उठकर नैतिक मूल्यों को प्राप्त करना'–यही है मेरी दृष्टि में ज़रतुष्ट्र नाम का अर्थ।''

–एलिज़बेथ फ्रोर्स्टर नीत्शे

(Elizabeth Forster Nietasehe)

नीत्शे आर्काइवज़,
वाईमार, दिसम्बर 1905

दो शब्द

यह पुस्तक न केवल दर्शन की है, विश्व-साहित्य की भी यह एक अमूल्य रचना समझी जाती है। इसकी शैली की रोचकता अनुपम है। इसलिए अनुवाद करते समय हमने यथासम्भव पुस्तक की भाषा के मूल स्वरूप को ध्यान में रखा है। इसमें जो त्रुटि रह गई हो उसके लिए हम क्षमाप्रार्थी हैं।

—अनुवादक

विषय सूची

दूसरा भाग

तीसरा भाग

चौथा भाग

ज़रतुष्ट्र की प्रस्तावना

ज़रतुष्ट्र की आयु जब तीस वर्ष की हुई तो वह अपना घर-बार त्यागकर और घर के निकट की झील से बिदा लेकर पहाड़ों में चला गया। वहाँ वह एकान्त में अपनेपन का आनन्द उठाता रहा और दस वर्ष तक वह अपनेपन की निकटता से उकताया नहीं। किन्तु अन्ततः उसका विचार बदला। एक दिन वह उषा की पहली किरण के साथ उठा और सूरज के सम्मुख खड़े होकर यों कहने लगा :–

हे महान् सूर्य ! प्रकाश के विराट पुंज ! तू ही बता तेरा यह हर्ष और उल्लास कहाँ होता यदि वे न होते जिनके लिए तू चमकता है।

दस वर्ष से तू मेरी गुफ़ा के ऊपर आता है; तू अवश्य ही अपने इस प्रकाश और अपने इस मार्ग से कभी का उकता गया होता यदि मैं, मेरा बाज़-पक्षी और मेरा सर्प यहाँ न होते।

हमने भी हर सुबह तेरी प्रतीक्षा की, तेरे झलके हुए प्रकाश को ग्रहण किया और बदले में तुझे आशीर्वाद दिया।

देख, मैं अपनी बुद्धि के भार से उस मधुमक्खी की तरह दबा जा रहा हूँ जो अपने पंखों में बहुत-सा शहद बटोर लाई है। अब मुझे ऐसा आँचल चाहिए जो इसे पाने के लिए फैला हुआ हो।

मैं दान देना चाहता हूँ—सब कुछ बाँट देना चाहता हूँ, इतने उल्लास के साथ कि बुद्धिमान् अपनी बेवकूफ़ी पर, और निर्धन अपनी दौलत पर फिर हर्ष प्रकट करने लगें।

इस लक्ष्य की प्राप्ति के लिए मुझे नीचे, गहराइयों से नीचे, उसी तरह अन्तर्हित होना होगा जिस तरह सूर्य होता है।

हे दानशील और गौरव-मंडित सूर्य! साँझ होने पर तू नीचे वितल की ओर उतरने लगता है और रसातल तक को प्रकाशमान् करता हुआ, कहीं दूर समुद्रों की ओट में डूब जाता है।

डूबना होगा मुझे भी तेरी तरह; वे लोग जिनके निकट मैं इस पर्वत से उतरकर नीचे जाना चाहता हूँ, उनकी भाषा में इसे डूबना ही तो कहते हैं।

आशीर्वाद दे मुझे तू, हे क्षोभ विहीन नेत्र! तू तो बड़े से बड़े सुख और वैभव को भी बिना ईर्ष्या देख सकता है।

आशीर्वाद दे उस प्याले को जो छलकना चाहता है, ताकि पानी सुनहला तूफ़ान बन जाए और तेरे वरदान की प्रतिबिम्बित महिमा चारों दिशाओं को चकाचौंध कर दे।

निश्चय ही इस प्याले को एक बार फिर छलकना होगा, खाली होना होगा और ज़रतुष्ट्र को फिर मनुष्य बनना होगा।

इस प्रकार प्रारम्भ हुआ ज़रतुष्ट्र का अवरोहण !

2

ज़रतुष्ट्र अकेला पहाड़ से उतरा। मार्ग में किसी से उसकी भेंट न हुई; किन्तु ज्यों ही वह वन-प्रान्त में पहुँचा, उसने एक वृद्ध साधु को अकस्मात् अपने सम्मुख पाया, जो अपनी कुटिया से निकलकर कन्द-मूल खोज रहा था। ज़रतुष्ट्र की ओर देखकर वह वृद्ध साधु कहने लगा :–

''यह परिव्राजक मेरे लिए अपरिचित नहीं है। कई वर्ष पहले भी यह इधर से गया था। ज़रतुष्ट्र इसका नाम था।...किन्तु कितना बदल गया है यह अब।

तब यह अपनी राख पर्वतों पर ले गया था। क्या आज यह अपनी आग घाटियों और वादियों में ले जाना चाहता है ? क्या इसे दण्ड का भय नहीं जो आग लगानेवालों को मिला करता है ?

मैं इसे खूब जानता हूँ; यह ज़रतुष्ट्र है। कितनी निर्मल और उदार हैं इसकी आँखें !...और कितना निष्कपट है इसका चेहरा जिस पर किसी तरह की घृणा की परछाई भी नहीं है; और इसकी चाल ?...वह मानो किसी नृत्य की रचना कर रही है।...'' और फिर उसने ज़रतुष्ट्र को सम्बोधित करके कहा :–

''ज़रतुष्ट्र तू कितना बदल गया है ! तू शिशु समान हो गया है; तू जाग उठा है, किन्तु सोनेवालों की दुनिया में, नींद के मतवालों की दुनिया में जाकर तू भला करेगा क्या ?

तू तनहाई में रहता था, अथाह तनहाई में और तनहाई का यह समुद्र ही तो तेरे भार को सँभाले हुए था। हाय, तू आज धरती पर उतरना चाहता है।---क्या तू अपने शरीर का भार फिर से अपने कन्धों पर ढोने के लिए तैयार है ?''

ज़रतुष्ट्र ने उत्तर दिया, ''मुझे मानव जाति से प्रेम है।''

यह सुनकर साधु ने कहा :–

''मैं भी विजन वनों में गया, बीहड़ रेगिस्तानों में रहा। क्या इसका यही कारण नहीं था कि मुझे भी मानव जाति से अथाह प्रेम था ?

किन्तु अब मैं परमात्मा से प्रेम करता हूँ, मानव जाति से नहीं। मानव तो मेरे निकट एक बहुत अपूर्ण वस्तु है। मानव जाति का प्रेम तेरा सर्वनाश कर डालेगा : इसमें कोई सन्देह नहीं।''

ज़रतुष्ट्र ने उत्तर दिया :–

''प्रेम की बात तो मैंने यों ही कह दी थी। मैं तो मानव जाति के लिए एक उपहार लेकर आया हूँ।''

''मत देना इनको कभी भी कुछ,'' साधु ने कहा, ''हाँ, हो सके तो इनसे कुछ ले

अवश्य लेना और इनका भार बटा देना। यह बात उनको अवश्य पसन्द आयेगी।...किन्तु क्या तू भी इसे पसन्द करेगा ?–कहना कठिन है।

और यदि तू दिये बिना रह नहीं सकता तो भिक्षा से अधिक कदापि मत देना, और वह भी तब जब वे गिड़गिड़ाकर तुझसे कुछ माँगें।''

''नहीं,'' ज़रतुष्ट्र ने कहा, ''मैं भिक्षा नहीं दिया करता क्योंकि मैं इतना दीन और दरिद्र नहीं हूँ।''

यह सुनकर साधु हँसने लगा और बोलाः–

''अच्छा, तो इस बात का ध्यान अवश्य रखना कि वे तेरी समृद्धियों को, तेरे उपहारों को स्वीकार कर लें। वे तपस्वियों और एकान्तवासियों को सन्देह की दृष्टि से देखा करते हैं। उनको यह विश्वास नहीं होता कि हम लोग उन्हें कुछ देने के लिए आया करते हैं।

उनकी गलियों में हमारे पैरों की आहट उन्हें बहुत सूनी और अनोखी प्रतीत होती है; उनके कानों में वह खोखली-सी गूँजती है। रात्रि के समय अपने बिछौनों पर पड़े हुए जब कभी सूर्योदय से पहले, वे किसी की पद्ध्वनि सुन लेते हैं, तो हम लोगों की ओर संकेत करते हुए अपने मन में कहते हैं, 'यह चोर कहाँ जा रहा हैं ?'

मनुष्यों के पास मत जा। यहीं जंगल में ठहर जा। मनुष्यों के पास जाने से कहीं अच्छा है पशुओं के पास जाना। तू मेरी तरह क्यों नहीं बन जाता–रीछों में रीछ और पक्षियों में पक्षी ?''

ज़रतुष्ट्र ने तब पूछा, ''साधु महाराज, आप यहाँ जंगल में क्या किया करते हैं ?''

''मैं भजन रचता हूँ और उन्हें गाता हूँ।'' साधु ने कहा, ''और भजनों की रचना करते हुए कभी हँसता हूँ, कभी रोता हूँ और कभी गुनगुनाता हूँ।...इस प्रकार मैं प्रभु की स्तुति करता हूँ,– गाकर, हँसकर, रोकर और गुनगुनाकर मैं उस प्रभु की आराधना करता हूँ जो मेरा प्रभु है। हाँ तो अब तू बता कि तू हमारे लिए कौन-सा उपहार लेकर आया है ?''

ज़रतुष्ट्र ने जब यह शब्द सुने तो उसने झुककर साधु को प्रणाम किया और कहा, ''मेरे पास है ही क्या जो आपको भेंट कर सकूँ ? अब मुझे शीघ्र आज्ञा दीजिए, अन्यथा कहीं ऐसा न हो कि मैं आपसे ही कुछ ले भागूँ।''

इस प्रकार वे दोनों, वृद्ध साधु और ज़रतुष्ट्र, बालकों के समान हँसते हुए विदा हो गए।

ज़रतुष्ट्र जब अकेला हुआ तो मन ही मन सोचने लगा, क्या यह सम्भव है कि इस वृद्ध साधु ने अपने इस अरण्य में अभी तक यह नहीं सुना कि भगवान् मर चुका है !

3

ज़रतुष्ट्र जब उस वन के एक निकटवर्ती नगर में पहुँचा तो उसने देखा कि बाज़ार में

लोगों की भीड़ लगी हुई है क्योंकि उन्हें बताया गया था कि वहाँ किसी नट का खेल होनेवाला है। ज़रतुष्ट्र ने उन लोगों को सम्बोधित करते हुए कहा–

मैं तुम्हें *महामानव* की शिक्षा देता हूँ ; मनुष्य एक सीमान्त है जिसे लाँघकर उसके पार बढ़ना होगा। बताओ इस सीमा को लाँघने के लिए तुमने क्या किया है ?

प्रत्येक जीव-जन्तु ने अब तक अपने से उच्चतर जन्तु का निर्माण किया है; किन्तु क्या तुम इस प्रवहमान् वेग का उतार बनना चाहते हो ?...और मानव परिधि को लाँघकर आगे बढ़ने के स्थान पर पशु जगत् की पिछली पंक्ति में लौटना चाहते हो ?

मनुष्य की तुलना में बन्दर की क्या हैसियत है–उपहास या लज्जा का एक उपकरण : और यही हैसियत *महामानव* की तुलना में मनुष्य की है–यानी उपहास और लज्जा का एक उपकरण !

तुमने यद्यपि कीड़े से लेकर मनुष्य तक का गतिक्रम तय कर लिया है किन्तु अभी तक तुममें बहुत कुछ 'कीड़ा' बाकी है। एक समय था जब तुम बन्दर थे, किन्तु आज भी प्रत्येक मनुष्य किसी भी बन्दर से बढ़कर बन्दर है।

और वे जो तुममें अत्यन्त बुद्धिमान् हैं दोगले हैं–असंगत और बेजोड़–एक वृक्ष और प्रेतात्मा की मिली-जुली सन्तान। किन्तु क्या मैं तुम्हें वृक्ष और प्रेतात्मा बनने का आदेश देता हूँ ?

नहीं, मैं तुम्हें *महामानव* की शिक्षा देता हूँ। *महामानव* इस धरती की सार्थकता का प्रमाण है। तुम्हें भी अपने दिल और दिमाग को यही कहना चाहिए कि महामानव ही धरती को सार्थक करेगा।

भाइयो ! मैं शपथ देकर तुमसे यह अनुरोध करता हूँ कि तुम धरती के निष्ठावान् बनकर रहो। उन लोगों का विश्वास मत करो जो तुमसे पारलौकिक आशाओं की बातें करते हैं। यह लोग विष देनेवाले हैं, चाहे वे इस बात को स्वयं जानते हों या न जानते हों।

यह जीवन से घृणा करनेवाले लोग–पतनोन्मुख और विषादग्रस्त। धरती इनसे तंग आ चुकी है; इनको चलता करने में ही सब की भलाई है।

एक समय था जब भगवान् की निन्दा करना महापाप समझा जाता था।...किन्तु भगवान् मर चुका है। अब एक तो धरती की निन्दा करना पाप है, और दूसरा किसी अविगत रहस्य को धरती की सार्थकता से ऊँचा समझना पाप है।

एक समय था जब आत्मा शरीर को उपेक्षा की दृष्टि से देखती थी; आत्मा को यह भाता था कि शरीर क्षीण, बलहीन, कुरूप और दरिद्र रहे। आत्मा समझती थी कि इस प्रकार वह शरीर और धरती से छुटकारा प्राप्त कर पाएगी।

कितनी क्षीण, कुरूप और दरिद्र थी वह स्वयं आत्मा। क्रूरता उस आत्मा के आनन्द का आधार था।

किन्तु तुम मेरे भाइयो ! मुझे बताओ कि तुम्हारा शरीर तुम्हारी आत्मा के बारे में

क्या कहता है ? क्या तुम्हारी आत्मा भी दरिद्रता, मलिनता, घृणास्पद प्रमाद से भरी हुई तो नहीं है ?

मनुष्य निस्सन्देह एक मलिन धारा है। कोई समुद्र ही यह झेल सकता है कि मलिन प्रवाहिनी उसमें जा मिले और वह स्वयं मलिन न हो !

देखो मैं तुम्हें *महामानव* की शिक्षा देता हूँ। यही है वह समुद्र जिसमें तुम्हारी मलिन घृणा निमज्जित हो सकती है।

वह कौन-सी सबसे बड़ी चीज़ है जिसको तुम अनुभव कर सकते हो ? वह है उत्कट घृणा की घड़ी–वह घड़ी जिसमें तुम्हें अपना आनन्द भी घिनौना लगने लगता है, और घिनौने ही प्रतीत होने लगते हैं अपने गुण और अपनी मेधा।

वह घड़ी जिसमें तुम कह उठते हो, ''मेरे आनन्द का मूल्य ही क्या है ? यह दरिद्रता, मलिनता और अति हीन आत्मसन्तोष है। किन्तु मेरे आनन्द को अपनी वास्तविकता को प्रमाणित करना होगा।''

वह घड़ी जिसमें तुम कह उठते हो, ''मेरी मेधा का मूल्य ही क्या है ?...क्या यह ज्ञान के लिए उतनी ही लालायित है जितना शेर अपने शिकार के लिए ?...यह तो वही दरिद्रता, मलिनता और घृणास्पद प्रमाद है।''

वह घड़ी जिसमें तुम कह उठते हो, ''मेरे सदाचार का मूल्य ही क्या है ?...यह तो आज तक मेरे क्रोध को भी प्रज्वलित नहीं कर पाया। कितना तंग आ गया हूँ मैं अपनी नेकी और अपनी बदी से। यह तो केवल दरिद्रता है, मलिनता है और है घृणास्पद प्रमाद।''

वह घड़ी जिसमें तुम कह उठते हो, ''मेरी न्यायप्रियता का मूल्य ही क्या है ?...मुझे यह अनुमान ही नहीं कि मैं स्वयं ज्वाला भी हूँ और ईंधन भी।''

वह घड़ी जिसमें तुम कह उठते हो, ''मेरी करुणा का मूल्य ही क्या है ?...क्या करुणा उस सूली का नाम नहीं है जिस पर उस मनुष्य को टाँग दिया जाता है जो मानव जाति से प्रेम करता हो ?...किन्तु मेरी करुणा तो सूली नहीं है।''

क्या इस प्रकार कभी बोले थे तुम ?...क्या कभी इस प्रकार चिल्लाए थे तुम ?...काश मैं तुम्हें इस प्रकार चिल्लाते सुन पाता !

यह तुम्हारा पाप नहीं, बल्कि आत्म-सन्तोष है जो आकाश की ओर हाथ फैलाकर गिड़गिड़ाया करता है। तुम तो पाप करने में भी कृपण हो और तुम्हारी यह कृपणता है जो आकाश की ओर हाथ उठाकर चिल्लाया करती है।

कहाँ है वह प्रचण्ड यामिनी जो अपनी जिह्वा से तुम्हें चाट ले ?...कहाँ है वह भीष्म उन्माद जो तुम्हारे रक्त में नाच उठे ?

सावधान ! मैं तुम्हें *महामानव* की शिक्षा देता हूँ। यही है वह प्रचण्ड यामिनी और यही है वह भीष्म उन्माद !

ज़रतुष्ट्र जब यह कह चुका तो भीड़ में से एक व्यक्ति चिल्लाकर बोला, ''नट के सम्बन्ध में हम काफ़ी सुन चुके हैं, अब उसे देखना चाहते हैं।'' यह सुनकर लोग ज़रतुष्ट्र

पर ठट्ठा मारकर हँस पड़े।...किन्तु नट इससे यह समझा कि लोग उसे बुला रहे हैं और वह अपने करतब दिखाने लगा।

4

किन्तु ज़रतुष्ट्र ने आश्चर्य से लोगों की ओर देखा और कहने लगा :

मानव एक रस्सी है–अगाध गर्त्त के ऊपर तनी हुई रस्सी जो पशु और महामानव के बीच तनी हुई है। उस पर चलना घातक है और घातक है उस पर काँपना और बीच में रुक जाना।

मनुष्य की महानता यही है कि वह पुल है, लक्ष्य नहीं। मनुष्य प्रेम के योग्य इसी कारण है कि वह एक मार्ग है, ऊपर चढ़ने और नीचे उतरने का। वह केवल अन्तरिम है, नाशवान् है।

मैं केवल उनसे प्रेम करता हूँ जो तीव्र घृणा करते हैं क्योंकि वही उत्कट स्नेह भी करते हैं। ये बाण हैं आकांक्षा के, जो समुद्र के पार किसी दूर तट पर पहुँचने के लिए ऐसे आधार तलाश नहीं करते जिनका आधार सितारों के उस पार हो; बल्कि जो धरती के लिए ही अपनी बलि चढ़ाते हैं ताकि आगे चलकर यह धरती *महामानव* की समृद्धि बन जाए।

मैं उन्हें प्रेम करता हूँ जो ज्ञान की उपलब्धि के लिए जीवित रहते हैं, और ज्ञान की उपलब्धि इसलिए चाहते हैं कि भविष्य में *महामानव* अस्तित्व प्राप्त कर सके, इसलिए वे अपने अवरोहण का–अपने विनाश का संकल्प करते हैं।

मैं उसे प्रेम करता हूँ जिसके श्रम और कौशल का तात्पर्य *महामानव* के लिए घर का निर्माण करना और धरती, पशु और वनस्पति को उसके उपयुक्त बनाना हो। इस प्रकार वह अपने अवरोहण का–अपने विनाश का संकल्प करता है।

मैं उसे प्रेम करता हूँ जिसे अपनी नेकी से प्रेम है, क्योंकि नेकी अवरोहण का संकल्प है और आकांक्षा का वाण।

मैं उसे प्रेम करता हूँ जो बहुत-सी नेकियों का प्रलोभन नहीं करता; दो नेकियों की अपेक्षा एक नेकी अधिक अच्छी है क्योंकि वह गाँठ का रूप धारण कर लेती है जिससे भाग्य बँध जाता है।

मैं उसे प्रेम करता हूँ जो अपनी नेकी को अपनी उन्मुखता और अपनी नियति बनाता है; इस प्रकार वह अपनी नेकी के लिए जीवित रहने या न रहने का संकल्प करता है।

मैं उसे प्रेम करता हूँ जो अपनी आत्मा को अणुमात्र भी अपने लिए बचाकर नहीं रखता, बल्कि पूर्णतः अपने सदाचार की आत्मा बने रहने के लिए सन्नद्ध रहता है; इस प्रकार वह मानसिक स्तर पर पुल के ऊपर से गुज़रता है।

मैं उसे प्रेम करता हूँ जिसकी आत्मा अपने हाथों अपनेपन को लुटाती है, जो न

किसी से कृतज्ञता चाहती है और न स्वयं किसी की कृतज्ञ होती है; क्योंकि वह सदा देता ही है और अपने लिए कुछ भी बचाकर नहीं रखता।

मैं उसे प्रेम करता हूँ जो अपनी जीत का पासा पड़ने पर लज्जित होता है और मन ही मन सोचने लगता है, "कहीं मैं धोखेबाज़ खिलाड़ी तो नहीं हूँ ?" और यह इसलिए क्योंकि वह अपने आपको उजाड़ देना चाहता है।

मैं उसे प्रेम करता हूँ जो अपने कार्यक्षेत्र में प्रवेश करने से पूर्व उसे सुनहरी शब्द-रचना में सुसज्जित करता है, और जो कुछ कहता है उससे कहीं अधिक करता है; क्योंकि वह अपने अवरोहण का इच्छुक होता है।

मैं उसे प्रेम करता हूँ जो आनेवाली सन्तति का समर्थन करता है और पिछली संतति को ऋणमुक्त करता है; क्योंकि वह आज की सन्तति के हाथों अपने विनाश के लिए तैयार है।

मैं उसे प्रेम करता हूँ जो अपने प्रभु की ताड़ना करता है क्योंकि उसे अपने प्रभु में निष्ठा है। इस प्रकार वह अपने प्रभु की क्रोधाग्नि में जल कर भस्म होना चाहता है।

मैं उसे प्रेम करता हूँ जिसकी आत्मा किसी भी घाव की पहुँच से दूर है, वह अत्यन्त गहन है; किन्तु जिसको छोटी-सी बात भी मार सकती है क्योंकि वह पुल के ऊपर सहर्ष आरोहण करनेवाला है।

मैं उसे प्रेम करता हूँ जिसकी आत्मा सम्पन्न है–इतनी सम्पन्न कि वह अपने आप को भी भूल जाता है; भव का समस्त वैभव उसके भीतर विद्यमान् है। यही वैभव उसके अवरोहण का–उसके विनाश का कारण है।

मैं उसे प्रेम करता हूँ जिसका मन स्वतन्त्र है, और हृदय भी स्वतन्त्र है, क्योंकि उसका मस्तिष्क उसके हृदय का उदर है; किन्तु उसका हृदय उसे विनाश की ओर धकेलता है।

मैं उन सबसे प्रेम करता हूँ जो भारी बूँदों के समान मानव जाति पर झुके हुए, काले मेघमंडलों में से एक-एक बूँद करके धरती पर टपक जाते हैं। वे दामिनी के अग्रदूत होते हैं, और यह अग्रदूत होना ही उनके विनाश का कारण होता है।

सावधान् ! मैं सौदामिनी का अग्रदूत हूँ और बादलों में से निकली हुई वर्षा की भारी बूँदें ! किन्तु वह सौदामिनी है *महामानव*।

5

ज़रतुष्ट्र यह कहकर चुपचाप लोगों की ओर देखने लगा। फिर मन ही मन सोचने लगा : "ये तो फिर उसी तरह खड़े हैं, उसी तरह हँस रहे हैं। मेरी बात इनकी समझ में नहीं आई। शायद मैं वह मुख नहीं हूँ जो इनके कानों के लिए बना है।---क्या यह ज़रूरी है कि इनके कानों को पहले फोड़ दिया जाए जिससे ये आँखों से सुनना सीखें !..क्या यह ज़रूरी है कि ढोल की तरह या पश्चात्ताप करनेवाले उपदेशकों की तरह बावेला खड़ा

किया जाए ?...हो सकता है ये केवल हकलानेवालों का ही विश्वास करते हैं।

इनके पास अवश्य कुछ है जिस पर इन्हें इतना गर्व है। क्या नाम है उसका जिस पर इन्हें इतना गर्व है ? संस्कृति कहते हैं यह लोग उसे, जो उन्हें भेड़-बकरियों से पृथक और उन्नत करती है।

अपने प्रति इन्हें क्योंकि 'तिरस्कार' के शब्द सुनना पसन्द नहीं, इसलिए अब मैं इनके गौरव को सम्बोधित करूँगा।

अब मैं इनसे संसार की सबसे घृणित वस्तु की चर्चा करूँगा और वह घृणित वस्तु है 'लघु मानव'।"

और फिर ज़रतुष्ट्र लोगों से इस प्रकार बोला :–

अब समय आ पहुँचा है कि मनुष्य अपने लक्ष्य स्थिर कर ले। और मनुष्य के लिए वह समय भी आ पहुँचा है जब उसे अपनी श्रेष्ठतम आशा के बीज बो लेने चाहिए।

अभी तक भूमि उपजाऊ है, किन्तु वह दिन दूर नहीं जब उसकी भूमि ऊसर और बंजर हो जाएगी, जिसमें कोई भी ऊँचा वृक्ष पैदा नहीं हो पाएगा।

अफ़सोस ! वह दिन आ रहा है जब मनुष्य अपनी आकांक्षा का बाण अपने से आगे नहीं फेंक सकेगा और उसका धनुष अपना प्रयोग भूल जाएगा।

मैं तुमसे कहता हूँ कि मनुष्य के भीतर एक प्रलयकारी उपद्रव भड़कना चाहिए ताकि वह किसी नृत्यविभोर नक्षत्र को जन्म दे सके। उस उपद्रव की बात मैं तुमसे कहता हूँ क्योंकि तुम्हारे भीतर वह अभी तक मौजूद है।

अफ़सोस ! वह दिन दूर नहीं जब मनुष्य किसी नक्षत्र को जन्म देने के लिए असमर्थ हो जाएगा।...अफ़सोस ! उस घृणित मनुष्य का सूर्य उदय होनेवाला है जो अपने आप से घृणा भी नहीं कर सकता।

देखो, मैं तुम्हें 'लघुमानव' दिखाता हूँ :–

"प्रेम क्या है ? उन्नति क्या है ?...आकाश क्या है ? नक्षत्र क्या है ?" लघुमानव पूछता है और पलकें झपकाता है।

पृथ्वी तब सिकुड़ जाएगी और उस पर यह लघुमानव, जो अपने स्पर्श से प्रत्येक वस्तु को तुच्छ और हीन बना देता है, उछल-कूद मचाने लगेगा। उसकी सन्तति पिस्सू की भाँति अक्षय होती है। यह लघुमानव सर्वाधिक अवधि तक जीवित रहेगा।

"हमने सुख का सार खोज लिया है," लघुमानव कहते हैं और आँखें मटकाने लगते हैं।

वे उन प्रदेशों को खोज आए हैं जहाँ जीवन दुष्कर था, क्योंकि उन्हें 'गर्मी' की आवश्यकता है। मनुष्य अभी तक अपने पड़ोसी से प्रेम करता है और उससे सटा रहता है क्योंकि उसे 'गर्मी' की आवश्यकता है।

उनके निकट बीमारी और अविश्वास पाप हैं। वे बहुत बच-बचकर चलते हैं। मूर्ख समझना चाहिए उसको जो अभी तक पत्थरों या मनुष्यों से टकराता हुआ चलता है।

थोड़ा-सा विष कभी-कभी बुरा नहीं होता क्योंकि इसके सेवन से मधुर-मधुर स्वप्न

देखने को मिलते हैं; और अन्त में सहज और सुखद मृत्यु के लिए विष का एक बड़ा-सा घूँट।

वे अब भी काम-काज में व्यस्त रहते हैं क्योंकि इसे वे अपनी दिन-कटी समझते हैं, किन्तु वे इसका भी ध्यान रखते हैं कि कहीं यह दिन-कटी किसी हानि का कारण न बन जाए।

वे अब न गरीब बन सकते हैं और न अमीर–ये दोनों की कष्टप्रद हैं। कौन शासक बने और कौन शासित ?...ये दोनों बातें कष्टप्रद हैं।

कोई गल्लादान नहीं किन्तु गल्ला मौजूद है और एक ही गल्ले में सब सम्मिलित हैं। सारे मनुष्य एक-सा सोचते हैं, एक-सा चाहते हैं–सब एक समान हैं। और जो उनसे भिन्न सोचता-समझता है, वह स्वयं ही पागलखाने में चला जाता है।

''एक समय था जब सारी दुनिया पागल थी।'' यह बात उनमें से सबसे चतुर लोग कहते हैं और आँखें मटकाने लगते हैं।

वे लोग बहुत चतुर हैं और उन्हें प्रत्येक घटना का ज्ञान है। भला इस विडम्बना की भी कोई सीमा है ! आपस में वे खूब झगड़ते हैं, किन्तु शीघ्र ही समझौता कर लेते हैं, इस बात से कि कहीं उनका हाजमा बिगड़ न जाए।

दिन के आनन्द की सामग्री और रात के आराम की सामग्री वे थोड़ी-बहुत जुटा लेते हैं; किन्तु अपने स्वास्थ्य का ध्यान रखना नहीं भूलते।

''हमने सुख का रहस्य पा लिया है,'' लघुमानव यह कहते हैं और आँखें मटकाने लगते हैं।

ज़रतुष्ट्र का पहला प्रवचन जिसे प्रस्तावना भी कहा जा सकता है, यहाँ तक पहुँचकर अकस्मात् समाप्त हो गया क्योंकि लोगों के शोर और ठट्ठे ने उसे आगे बढ़ने नहीं दिया। बे चिल्लाने लगे, ''हमें लघुमानव ही चाहिए। ओ ज़रतुष्ट्र, हमें लघुमानव ही दे दे।...ओ ज़रतुष्ट्र हमें भी लघुमानव बना दे; 'महामानव का उपहार' हम तुझे देंगे।'' और फिर सब ठट्ठा मारकर हँस पड़े। ज़रतुष्ट्र का हृदय आतुर हो उठा और उसने अपने मन में कहा–

''यह लोग मेरी बात नहीं समझते। मैं वह मुख नहीं हूँ जो इनके कानों के लिए बना हो। मैं अत्यधिक काल तक पर्वतों में घूमता रहा, अत्यधिक काल तक सरिताओं और वृक्षों की बातें सुनता रहा; शायद यही कारण है कि अब मेरी भाषा चरवाहों और मृगों की भाषा हो गई है।

शान्त और द्युतिमान् है मेरी आत्मा, उन पर्वतों के समान जिनका प्रभात कभी मध्याह्न न बना हो। किन्तु यह लोग समझते हैं कि मेरे अन्दर रूखापन भरा हुआ है; और मैं एक विदूषक हूँ जिसमें उपहास के कटाक्ष भरे हुए हैं।

ओह ! यह मुझे देखकर कैसे हँस रहे हैं। कितनी घृणा भरी है मेरे प्रति इनकी हँसी में। बरफ़ की तरह जमा देनेवाला इनका यह उपहास।''

6

तब एक ऐसी घटना घटी जिससे सबके मुँह बन्द हो गए और सब की आँखें एक तरफ जम गईं, हुआ यह कि इस बीच नट ने अपना खेल आरम्भ कर दिया। एक छोटे से द्वार से निकलकर वह एक रस्से पर चढ़ गया था जो दो स्तम्भों के बीच बाज़ार के आर-पार, लोगों के सिरों के ऊपर तना हुआ था। अभी वह आधा रास्ता पार करके रस्से के बीच में ही पहुँच पाया था कि वह छोटा द्वार एक बार फिर खुला और उसमें से एक दूसरा आदमी, जो विदूषकों जैसे रंग-बिरंगे कपड़े पहने हुए था, कूदकर बाहर निकला और रस्से पर चढ़कर, बड़े वेग से नट की ओर लपका। "आगे बढ़, और आगे बढ़, ओ लँगड़े मकदूद।" वह अपनी भद्दी और कर्णकटु आवाज़ में चिल्लाने लगा : "ओ कामचोर, धोखेबाज़, कलमुँहे आगे बढ़, नहीं तो मैं पैरों तले तुझे कुचलकर रख दूँगा। तू यहाँ इन स्तम्भों के बीच क्या कर रहा है ?...तुझे तो कारागार में होना चाहिए था क्योंकि तू अपने से उत्तम कलाकार का रास्ता रोके हुए है।" और प्रत्येक शब्द के साथ वह विदूषक उस नट के निकट होता जाता था। किन्तु जब वह उससे केवल एक क़दम की दूरी पर था तो अचानक एक भयानक घटना घटी जिसने सबके मुँह बन्द कर दिए और सबकी आँखें उस ओर घुमा दीं। बात यह थी कि वह विदूषक शैतान की तरह चीख़ता-चिल्लाता उस नट के ऊपर से कूद गया। विदूषक को इस प्रकार बाज़ी लेने जाते देखकर नट के होश गुम हो गए और रस्से पर से उसके पैर फिसल गए। उसके हाथों से उसका बाँस छूट गया। वह तब बाँस की अपेक्षा कहीं अधिक हाथ-पाँव मारता हुआ स्वयं धरती की ओर आने लगा। बाज़ार के लोगों तथा अन्य दर्शकों की वह हालत हो गई जो तूफ़ान के समय समुद्र की हो जाती है। वे लोग गिरते-पड़ते, एक-दूसरे से टकराते, इधर-उधर भागने लगे, विशेषतः उस स्थान से जहाँ पर नट का शरीर धरती से टकरानेवाला था।

किन्तु ज़रतुष्ट्र वहीं का वहीं खड़ा रहा और वह नट ठीक उसके पास आ गिरा। उसकी हड्डियाँ-पसलियाँ चकनाचूर हो गई थीं। थोड़ी देर के बाद उसे कुछ होश आया और उसने देखा कि ज़रतुष्ट्र उसके पास घुटने टेके बैठा है। बहुत प्रयत्न के साथ उसने पूछा, "तुम यहाँ क्या कर रहे हो ?...मैं यह जानता था कि एक न एक दिन यह शैतान टँगड़ी अड़ाएगा और मुझे घसीटकर नरक में ले जाएगा।...क्या तू उसे रोक सकता था।"

ज़रतुष्ट्र ने कहा, "मैं अपनी मर्यादा की शपथ खाकर कहता हूँ मेरे मित्र, कि इन बातों का कोई अस्तित्व ही नहीं है जो तेरे मस्तिष्क में घूम रही हैं; न कोई शैतान है और न कोई नरक। तेरी आत्मा तो तेरे शरीर से पहले ही मर जाएगी। अब तुझे किसी बात का डर नहीं है।"

उसने सन्देहभरी दृष्टि से ज़रतुष्ट्र की ओर देखा और कहने लगा, "यदि तेरा कहना सत्य है तो मैंने जान गँवाकर कुछ नहीं खोया। मैं किसी प्रकार से किसी पशु से बेहतर नहीं जिसे कभी मारकर और कभी पुचकारकर नाचना सिखाया जाता है।"

"ऐसी बात नहीं," ज़रतुष्ट्र ने उत्तर दिया, "तूने संकट को अपना धन्धा बनाया, इसमें लज्जा की कोई बात नहीं। अब तू अपने धन्धे के लिए अपने प्राण त्याग रहा है। इसलिए मैं अपने हाथों से तेरा अन्तिम संस्कार करूँगा।

ज़रतुष्ट्र की यह बात सुनकर मरनेवाले ने कोई उत्तर नहीं दिया। हाँ, धीरे से अपने हाथ को आगे सरकाया, मानो वह ज़रतुष्ट्र का हाथ खोज रहा हो ताकि उसे थामकर वह अपनी कृतज्ञता प्रकट कर सके।

7

इस बीच सन्ध्या हो गई थी और बाज़ार ने अँधेरे का कफ़न ओढ़ लिया था। लोग तितर-बितर हो गए थे क्योंकि कौतूहल और भय की भी आख़िर एक सीमा होती है। किन्तु ज़रतुष्ट्र वहीं शव के पास धरती पर बैठा रहा–विचारमग्न और एकदम खोया-खोया सा। उसे यह भी पता न रहा कि कितना समय बीत चुका है। उसी अवस्था में निर्जन रात्रि ने उसे आ दबोचा और सनसनाती हुई ठंडी हवा उसके ऊपर से बहने लगी। अन्त में ज़रतुष्ट्र चौंका और वह यह सोचते हुए उठ बैठा–

ज़रतुष्ट्र के हाथ आज यह अच्छी मछली आई है; मनुष्य तो कोई फँसा नहीं, हाँ यह शव जरूर पल्ले पड़ गया है।

कितना अन्धकारमय है मनुष्य का जीवन, सार्थकता से कितना रिक्त ! एक विदूषक भी इसका अन्त कर देने के लिए पर्याप्त है।

मैं लोगों को उनके अस्तित्व का अर्थ समझाऊँगा और वह है *महामानव* जो मनुष्य रूपी काले मेघ से निकली बिजली है।

किन्तु अभी तक मैं उनसे बहुत दूर हूँ और मेरे मन की बात उन तक पहुँच नहीं पाती। लोग तो अभी तक मुझे आधा पागल और आधा मृत समान समझते हैं।

अँधेरी रात है और ज़रतुष्ट्र के ढँग भी हैं अँधेरे; और तरीके भी अँधेरे। आ, तू ओ मेरे ठण्डे और अकड़े हुए साथी, मैं तुझे उस स्थान पर ले चलता हूँ जहाँ अपने हाथों से तेरा अन्तिम संस्कार कर सकूँगा।

8

जब मन ही मन ज़रतुष्ट्र यह बातें कर चुका तो वह शव को अपनी पीठ पर लादकर वहाँ से चल पड़ा। वह अभी सौ क़दम भी न जा पाया था कि पीछे से कोई मनुष्य चोरी-चोरी उसके पास आया और धीरे से उसके कान में फुसफुसाने लगा; और वह मनुष्य वही स्तम्भवाला विदूषक था। वह बोला, "यह नगर छोड़ दे, ओ ज़रतुष्ट्र ! यहाँ अधिकांश लोग तुझसे घृणा करते हैं। अच्छे और सदाचारी लोग तुझे दुर्भावना की दृष्टि से देखते हैं, और तुझे अपना शत्रु और विरोधी समझते हैं। परम्परा में निष्ठा रखनेवाले

धार्मिक लोग तुझसे नफ़रत करते हैं और तुझे जनता के लिए संकट समझते हैं। यह अपना सौभाग्य समझ कि लोग तुझ पर हँस रहे थे–सच्ची बात तो यह है कि तू बातें भी भाँडों जैसी हँसानेवाली कर रहा था। यह अच्छा ही हुआ कि तू इस मरदूद कुत्ते के साथ हो लिया और इस प्रकार अपना अनादर करके तूने अपनी जान बचा ली। तेरी भलाई इसी में है कि तू इस नगर को छोड़कर तुरन्त चला जा, नहीं तो कल मैं तेरे ऊपर से भी कूद जाऊँगा।''---यह कहकर वह मनुष्य गायब हो गया; और ज़रतुष्ट्र अँधेरी गलियों में से होता हुआ मार्ग पर आगे बढ़ता गया।

नगर के द्वार पर कब्र खोदनेवालों से ज़रतुष्ट्र की भेंट हुई। उन्होंने अपनी मशाल का प्रकाश उसके चेहरे पर डाला, और ज़रतुष्ट्र को पहचानकर बड़ी क्रूरता से उसका उपहास करने लगे। ''ज़रतुष्ट्र उठाये लिए जा रहा है मरदूद कुत्ते को। अच्छा ही है जो ज़रतुष्ट्र क़ब्र-खोद बन बैठा है। हम तो इस सड़े हुए कंकाल को छूनेवाले नहीं थे। क्या ज़रतुष्ट्र शैतान के मुँह का ग्रास भी चुरा ले जा सकता है ?...यदि हाँ, तो उसे यह भोजन मुबारक हो।...पर कहीं शैतान ज़रतुष्ट्र से बढ़कर चोर न निकले और दोनों को ही चुराकर हड़प कर जाए।'' यह कहकर वे खूब हँसे और आपस में कानाफूसी करने लगे।

ज़रतुष्ट्र ने किसी को कोई उत्तर नहीं दिया, अपने रास्ते पर चुपचाप चलता गया। जंगलों और दलदलों में चलते-चलते जब उसे दो घंटे हो गए तो उसने भेड़ियों की भूखी गुर्राहटों का शोर सुना और तब अकस्मात् उसे याद आया कि वह स्वयं भी भूखा है। वह एक अकेले मकान के सामने रुक गया, जिसके भीतर रोशनी झलक रही थी।

''एक चोर की तरह यह भूख मुझ पर टूट पड़ी है। जंगलों और दलदलों में, रात्रि की सघनता में, इस भूख ने मुझे आ दबोचा है।'' ज़रतुष्ट्र ने अपने आपसे कहा, ''मेरी भूख के भी विचित्र नखरे हैं; प्रायः वह खाने के बाद ही आ जाती है, परन्तु आज दिन भर उसने आने का नाम नहीं लिया–जाने वह कहाँ छिपी रही दिन भर !''

और फिर ज़रतुष्ट्र ने मकान का द्वार खटखटाया। एक वृद्ध पुरुष बाहर निकला। उसके हाथ में दीप था। वह पूछने लगा, ''यह कौन है जो मेरे और मेरी निकम्मी निद्रा के पास आया है ?''

''एक जिन्दा आदमी और एक मरा हुआ।'' ज़रतुष्ट्र ने उत्तर दिया, ''मुझे कुछ खाने-पीने को दो; मैं दिन भर का भूखा हूँ। जो कोई भूखे को खिलाता है, वह स्वयं अपनी आत्मा को तृप्त करता है;---प्रज्ञा की यही शिक्षा है।''

वह वृद्ध भीतर गया और तुरन्त ही लौट आया। ज़रतुष्ट्र के सामने रोटी और मदिरा रखकर कहने लगा, ''भूखों के लिए यह बुरा स्थान है और इसी कारण मैं यहाँ रहता हूँ। मुझ एकान्तवासी के पास पशु और पुरुष सभी आते हैं। और हाँ, अपने इस साथी से भी कहो कि कुछ खाए-पीए। तुझसे वह कहीं अधिक थका-माँदा प्रतीत होता है।''

ज़रतुष्ट्र ने उत्तर दिया, ''मेरा साथी मर चुका है। उसे खिलाना-पिलाना मेरे वश की बात नहीं।''...''इससे मुझे कोई मतलब नहीं,'' वृद्ध ने कहा, ''जो कोई मेरा द्वार खटखटाएगा उसे जो कुछ मैं दूँगा, ग्रहण करना ही होगा। अच्छा, खाओ और खुश रहो।''

इसके पश्चात् ज़रतुष्ट्र तारों के मन्द और मृदु प्रकाश के सहारे पगडंडी पर और आगे चलता गया। रात्रि के समय चलने में वह निपुण था और सोते हुए संसार के चेहरों को निहारना उसे अच्छा लगता था। परन्तु जब पौ फटी तो उसने अपने आप को एक बीहड़ वन में पाया जहाँ बीथिका का कोई चिह्न न था। तब उसने वह शव सिर की ऊँचाई के बराबर एक वृक्ष की खोख में रख दिया ताकि भेड़िये उस तक पहुँच न सकें; और वह स्वयं उस वृक्ष के पास घास पर लेट गया। लेटते ही उसे नींद आ गई। उसका शरीर यद्यपि थका-माँदा था, उसकी आत्मा शान्त और सन्तुष्ट थी।

9

ज़रतुष्ट्र बहुत देर तक गहरी नींद सोता रहा, यहाँ तक कि सुबह हो गई और पहला पहर भी बीत गया। अन्त में उसकी आँख खुली और वह आश्चर्य से वन और वन की स्तब्धता को देखने लगा। फिर उसी प्रकार आश्चर्यचकित, उसने अपने भीतर दृष्टि डाली। वह सहसा चौंका और फिर झटककर उठ खड़ा हुआ–उस नाविक की भाँति जिसे सहसा तट नज़र आ गया हो। वह हर्ष से उछलने लगा क्योंकि उसे एक नए सत्य का आभास हुआ था। वह अपने मन से इस प्रकार बोला :–

मेरे हृदय में एक नया प्रकाश उदय हुआ है; मुझे साथियों की आवश्यकता है–आवश्यकता है जीवित साथियों की, न कि ऐसे मुर्दा साथियों और लाशों की जिन्हें मैं जहाँ चाहूँ कन्धे पर लादकर ले जाऊँ।

मुझे ऐसे जीवित साथी चाहिए जो अपनी इच्छा से मेरा अनुसरण करें, और जहाँ मैं जाना चाहूँ वे अपनी स्वेच्छा से मेरे साथ-साथ चलें।

मेरे हृदय में एक नए प्रकाश का उद्‌भव हुआ है। अब ज़रतुष्ट्र लोगों को सम्बोधित नहीं करेगा, केवल अपने साथियों को ही अपने सम्बोधन का पात्र बनाएगा। ज़रतुष्ट्र अब भेड़-बकरियों के लिए कोई चरवाहा या रखवाला कुत्ता नहीं बनेगा !

झुण्डों अर्थात् गिरोहों में से फुसलाकर कुछ को अलग करना–यही मेरा काम है। गल्लावाले सभी मुझसे बिगड़ेंगे, गल्लावान् ज़रतुष्ट्र को डाकू और लुटेरा कहेंगे।

गल्लावान् तो मैं कहता हूँ–वे लोग तो अपने आप को साधु और सदाचारी कहते हैं। रखवाला तो मैं कहता हूँ उन्हें–वे लोग तो अपने आप को पुरातन धर्म के ध्वजाधारी कहते हैं।

इन धर्मधारियों को ज़रा निकट से तो देखिए : सबसे अधिक घृणा वे किसे करते हैं ?–उसको जो उनकी गढ़ी हुई मर्यादाओं का खण्डन करे अर्थात् खण्डनकर्त्ता को, विधिभंजक को।...किन्तु निर्माता तो भी वही होता है जो खण्डन करता है।

निर्माता साथियों को खोजता है, लाशों को नहीं। उसे न भीड़-भड़क्के की आवश्यकता है, और न अनुयाइयों की। निर्माता को खोज है ऐसे लोगों की जो उसके सहकारी-निर्माता बन सकें, जो नए पटल पर नई मर्यादाएँ रच सकें।

निर्माता को खोज है साथियों की—ऐसे साथियों की जो फसल कटाई में सम्मिलित हो सकें क्योंकि उसके निकट सारी फसलें कटाई के लिए तैयार खड़ी हैं; किन्तु उसके पास सौ हँसियों की कमी है और इसीलिए वह पक्की फसलें खसोटता है और क्रोध से बल खाता है।

निर्माता को खोज है साथियों की—ऐसे साथियों की जो अपनी हँसियों पर धार रखनी जानते हों। लोग उन्हें ध्वसंक कहेंगे और भलाई-बुराई दोनों के ही उपेक्षक। किन्तु यही लोग तो हैं जो खलिहान लगाते हैं और फ़सलें बटोरते हैं।

ज़रतुष्ट्र को ऐसे लोगों की खोज है जो उसके सहकारी-निर्माता बन सकें; जो उसके साथ मिलकर फसल काट सकें, और उसके साथ मिलकर खुशियाँ मना सकें।...भीड़ के इन लोगों, रखवालों और लाशों से उसका क्या सम्बन्ध !

और तू, हे मेरे साथी ! अब तुझसे बिदा लेता हूँ। मैंने तुझे अच्छी तरह इस खोखले वृक्ष में रख दिया है। तुझे भली प्रकार भेड़ियों से सुरक्षित कर दिया है।

अब मुझे बिदा दे क्योंकि बहुत समय बीत चुका है। एक प्रभात से दूसरे प्रभात की अवधि में मुझ पर नया सत्य प्रकट हुआ है।

मैं न तो गल्लाबाज हो सकता हूँ और न क़ब्र-खोद। आज एक मरे हुए मनुष्य से अन्तिम बार बात कर चुका हूँ।

अब तो निर्माता—फसल कटेरे और हर्ष उत्सव मनानेवाले मेरे साथी होंगे। मैं उन्हें इन्द्रधनुष दिखाऊँगा और वह सीढ़ी दिखाऊँगा जिसके सहारे ऊपर *महामानव* तक चढ़ा जा सकता है।

निर्जनवासियों के आगे मैं अपने गीत गाऊँगा और प्रत्येक उस प्राणी का हृदय अपनी स्फूर्ति से सम्पन्न कर दूँगा जिसके कान अभी तक अनसुनी बातों को सुनने की शक्ति रखते हैं।

मैं अपने लक्ष्य पर पहुँचूँगा, अपना मार्ग पकड़ूँगा और उनके ऊपर से कूद जाऊँगा जो रास्ते में ठिठकते और भटकते हैं। मेरा आरोहरण उनका अवरोहण बन जाएगा !

10

ज़रतुष्ट्र यह बातें सोच ही रहा था कि दोपहर का सूर्य सिर पर चढ़ आया। उसने सहसा आकाश की ओर दृष्टि डाली क्योंकि उधर से उसने किसी पक्षी का तीव्र स्वर सुना था। वह क्या देखता है कि एक बाज़ आकाश में उड़ रहा है, और इधर से उधर तक चक्कर काट रहा है। उसके पंजों में एक सर्प लटका हुआ है, भक्ष्य सामग्री के रूप में नहीं बल्कि मित्र के रूप में क्योंकि वह सर्प बाज़ की गरदन में कुण्डली मारे चैन से पड़ा था।

"ये हैं मेरे जानवर," ज़रतुष्ट्र ने कहा और प्रसन्नता से उसका हृदय खिल उठा।

"एक संसार का अत्यन्त अभिमानी जानवर और दूसरा संसार का अत्यन्त बुद्धिमान् जीव। ये दोनों मेरी खोज-ख़बर के लिए बाहर निकले हैं।

ये जानना चाहते हैं कि क्या ज़रतुष्ट्र अभी तक जीवित है ?...किन्तु क्या मैं सचमुच जीवित हूँ ?

जितना संकट मनुष्यों की संगत में मैंने पाया है, उतना जानवरों की संगत में नहीं। ज़रतुष्ट्र अब भयानक और संकटमय मार्गों की ओर प्रस्थान कर रहा है। मेरे जानवर मेरा पथ-प्रदर्शन करेंगे।''

ज़रतुष्ट्र जब यह कह चुका तो सहसा उसे वनवासी साधु के शब्द याद आए। उसने एक ठंडी साँस भरी और मन ही मन कहने लगाः–

''क़ाश मैं कुछ अधिक बुद्धिमान् होता, ठीक वैसा ही बुद्धिमान् जैसा कि मेरा साँप है।

किन्तु यह तो मैं एक असम्भव और अनहोनी बात की इच्छा कर रहा हूँ। इसलिए अब तो मुझे अपने अभिमान से प्रार्थना करनी होगी कि वह सदैव मेरी बुद्धि का साथ दे।

और यदि मेरी बुद्धि कभी मेरा साथ छोड़ दे जैसा कि उसका प्रायः स्वभाव है, तो फिर मैं चाहूँगा कि मेरी त्रुटियों को साथ लेकर मेरा अभिमान भी उड़ जाए।''

ज़रतुष्ट्र का अवरोहण इस प्रकार प्रारम्भ हुआ।

पहला भाग

तीन प्रकार के रूपान्तर

मैं तुम्हें आत्मा के तीन रूपान्तर बताता हूँ : किस प्रकार यह आत्मा ऊँट बनती है और ऊँट से सिंह और अन्त में सिंह से शिशु।

बड़े-बड़े भीष्म भार झेलने हैं इस आत्मा को–उस बलवान् आत्मा को जो भार सह सकती हो, और जिसके भीतर श्रद्धा और निष्ठा का निवास हो। उसका बल चाहता है कि उस पर अधिक से अधिक बोझिल भार लादा जाए।

बोझ होता क्या है ? यह लद्दू आत्मा पूछती है और ऊँट की तरह घुटने टेककर चाहती है कि उस पर अधिक से अधिक बोझ लाद दिया जाए।

हे वीरो ! यह सबसे अधिक बोझिल वस्तु है क्या ? लद्दू आत्मा पूछती है : मुझे भी तो बताओ ताकि मैं उसे अपनी पीठ पर लाद लूँ और अपने बल पर गर्व करूँ।

क्या बोझिल वस्तु यह नहीं है कि अपने आप को तिरस्कृत किया जाए ताकि स्वाभिमान की ताड़ना हो; या अपनी त्रुटियों की प्रदर्शनी की जाए जिससे बुद्धिमत्ता का उपहास हो ?

अथवा यह कि अपने ध्येय को ठीक उस समय त्याग दिया जाए जब विजय उसके पैरों को चूम रही हो ? या, ऊँचे पर्वतों पर इसलिए चढ़ा जाए कि प्रलोभी को ललचाया जा सके ?

अथवा यह कि ज्ञान के छिलकों और गुठलियों पर निर्वाह किया जाए और सत्य के निमित्त आत्मा को भूखों मारा जाए ?

अथवा यह कि रोगी होकर रोग-निवारकों से मुँह मोड़ लिया जाए और बहरों से मित्रता कर ली जाए जो तुम्हारी कोई भी बात न सुन सकें ?

अथवा यह कि मलिन जल में प्रवेश किया जाए–वह जल जो तुम्हारे सत्य से मलिन हो गया हो, और वहाँ से ठण्डे मेंढकों या गर्म झींगों से बचने का प्रयत्न न किया जाए ?

अथवा यह कि घृणा करनेवालों से प्रेम किया जाए और उस छलना के सामने मैत्री का हाथ बढ़ाया जाए जो हमें डसना चाहती हो ?

ये सारे के सारे बोझिल भार लद्दू आत्मा सहर्ष अपने सिर पर लाद लेती है और फिर ऊँट के समान, जो बोझा लादते ही रेगिस्तान की ओर भागता है, यह भी अपने रेगिस्तान की ओर उठ भागती है।

रेगिस्तान में इसका दूसरा रूपान्तर होता है : यहाँ यह आत्मा सिंह का रूप धारण

कर लेती है, और स्वतन्त्रता को अपने भक्ष्य के रूप में मारने का तथा निर्जन अरण्य में अपना स्वामित्व जमाने का प्रयास करती है।

यहाँ पर अपने पिछले स्वामी को खोजती है ताकि वह उससे तथा अपने पिछले भगवान् से शत्रुता का नाता जोड़ सके और *विराट अजगर* पर विजय प्राप्ति के साधन जुटाए।

यह *विराट अजगर* है क्या जिसे आत्मा अब अपना स्वामी और अपना भगवान् मानने से इंकार करती है ? इस *विराट अजगर* का नाम है ''तेरा-यह-कर्तव्य है;'' किन्तु सिंह आत्मा कहती है–''यह-मेरा-कर्तव्य है।''

''तेरा-यह-कर्तव्य है'' नामक खप्परोंवाला जन्तु सोने की भाँति चमचमाता हुआ रास्ते में पड़ा है। उसके प्रत्येक खप्पर पर स्वर्ण अक्षरों में लिखा ''तेरा-यह-कर्तव्य है'' झलमलाता रहता है।

हज़ार वर्ष पुरानी मान-मर्यादाएँ इन खप्परों पर चमक रही हैं, और वह *विराट अजगर* कहता है–विश्व के समस्त मूल्य-मान मेरे भीतर प्रकाशमान् हैं।

समस्त मूल्य-मान उत्पन्न हो चुके हैं और अब इन पुंजीभूत मूल्य-मानों का एकमात्र रूप मैं हूँ। अब ''यह-मेरा-संकल्प है'' जैसा कोई विचार शेष रहने नहीं दिया जाएगा। यह इस *विराट अजगर* का कहना है।

भाइयो ! अब आत्मा में सिंह की क्या आवश्यकता है ? लद्दू पशु में किस बात की कमी है ?...उसमें सन्तोष है, और श्रद्धा भी है।...और उसे ही क्यों न अपनाया जाए ?

और नए मूल्यों को जन्म देना सिंह के वश की बात भी नहीं है। किन्तु नई रचना के निमित्त अपने लिए स्वतन्त्रता का निर्माण कर लेना अवश्य एक ऐसी बात है जिसके लिए सिंह के भीतर पर्याप्त शक्ति है।

अपने लिए स्वतन्त्रता प्राप्त करने और, ''यह-मेरा-कर्तव्य है'' का पवित्र 'न' में अभिवादन करने का सामर्थ्य सिंह में अवश्य है, और इसके लिए सिंह की आवश्यकता है।

लद्दू और श्रद्धालु आत्मा के लिए इससे अधिक अन्य कोई भी भयानक बात नहीं हो सकती कि वह अपने ऊपर नए मूल्य-मानों का भार लाद ले। उसके निकट यह हिंसक पशुओं, चोर-डाकुओं और दासों का काम है।

एक समय था कि आत्मा ''यह-मेरा-कर्तव्य-है'' को एक अति पावन आदेश समझती थी, किन्तु उसे अब अपनी अति पावन बातों में से भी छल, कपट और आतंक को पृथक करना होगा। प्रेम के पंजों से उसे बलपूर्वक अपनी स्वतन्त्रता प्राप्त करनी है। इसलिए अब सिंह की आवश्यकता है।

किन्तु भाइयो ! क्या तुम बता सकते हो कि वह कौन-सी बात है जो सिंह नहीं कर सकता, किन्तु शिशु कर सकता है ? आख़िर दहाड़ते हुए बलशाली सिंह को शिशु बनने की क्या आवश्यकता है ?

शिशु भोलेपन, अभिलाषा और क्षमा की एक सजीव मूर्ति होता है; वह 'एक नया आरम्भ है, एक कौतुक, स्वयं ही लुढ़कनेवाला एक पहिया, एक प्रारम्भिक गति और एक पवित्र 'हाँ' कहना है।

हाँ मेरे भाइयो ! निर्माण का खेल खेलने के लिए एक पवित्र 'हाँ' कहने की आवश्यकता है : आत्मा इस तरह स्वयं अपने संकल्प की संकल्पना करती है; वह जो संसार के लिए खो गया हो, स्वयं अपना संसार खोज लेता है।

मैंने तुम्हें आत्मा के तीन रूपान्तर बताए हैं, वह किस प्रकार ऊँट बनी, ऊँट से सिंह और अन्त में सिंह से शिशु।

ज़रतुष्ट्र ने यह कहा, और उस समय वह जिस गाँव में रह रहा था उसका नाम 'चितकबरी गाय' था।

यह सदाचार के आचार्य

लोगों ने ज़रतुष्ट्र से एक विशेष बुद्धिमान् पुरुष की बहुत प्रशंसा की और बताया कि वह निद्रा और सदाचार पर बहुत सुन्दर व्याख्यान देता है। लोगों में उसकी बहुत प्रतिष्ठा थी और उसे भेंट-चढ़ावे आदि खूब मिलते थे। आस-पास के सभी युवक श्रद्धाभाव से उसके पास जाते थे और उससे शिक्षा ग्रहण करते थे। ज़रतुष्ट्र भी एक दिन वहाँ गया और युवकों के साथ मिलकर उसके चरणों में बैठ गया। उस बुद्धिमान् पुरुष ने अपना व्याख्यान आरम्भ किया :

निद्रा के प्रति सम्मान की भावना रखो, और जब कभी उसके सामने जाओ श्रद्धा से नतमस्तक होकर जाओ। यह प्रथम श्रेणी की महत्त्वपूर्ण बात है। और, उन समस्त प्राणियों से बचते रहो जिनकी नींद उचटी रहती है, और जो रात को रखवाली करते हैं।

चोर तक निद्रा का सम्मान करते हैं। इसी कारण वे रात के समय सदा पैर दबाकर चलते हैं। किन्तु असभ्य और निर्लज्ज है रात का पहरेदार जो धृष्टतापूर्वक अपना नरसिंगा लिए फिरता है।

सोना कोई साधारण कला नहीं है : जीवन रूपी दिवस को अध्ययन में बिताकर ही इसे पाया जाता है।

दिन में दस बार तुम्हें अपने पर विजय प्राप्त करनी होगी। इससे एक स्वस्थ और सुन्दर क्लान्ति उत्पन्न हो जाती है, और आत्मा के लिए वह पोस्त का काम करती है।

दस बार ही तुम्हें अपने से सन्धि करनी होगी, क्योंकि विजय कड़वी होती है और जो प्राणी अपने से सन्धि नहीं करता उसकी नींद सदा उचटी रहती है।

दिन भर में तुम्हें दस सत्य प्राप्त करने होंगे, नहीं तो रात्रि के समय आत्मा असन्तुष्ट रहेगी और नींद उचटी रहेगी।

दिन में दस बार तुम्हें हँसना और आनन्द मनाना होगा, नहीं तो तुम्हारा पेट, जो समस्त व्याधियों का घर है, तुम्हारी नींद हराम कर देगा।

बहुत कम लोगों को इसका ज्ञान है, किन्तु यह वास्तविकता है कि प्रगाढ़ निद्रा के लिए मनुष्य के भीतर समस्त सद्गुणों का होना आवश्यक है।

क्या मैं झूठी गवाही दे सकता हूँ ? क्या मैं व्यभिचार कर सकता हूँ ? क्या मैं पड़ोसी की नौकरानी पर कुदृष्टि डाल सकता हूँ ? इस प्रकार की तमाम बुरी बातों का प्रगाढ़ निद्रा से दूर का भी सम्बन्ध नहीं होता।

यदि किसी के भीतर संसार भर के सद्गुण हों तब भी एक विशेष गुण की आवश्यकता बाकी रह जाती है, और वह है समस्त सद्गुणों को उचित समय पर सुला देने का गुण, नहीं तो यह सुन्दर प्यारे सद्गुण आपस में डाह करेंगे–तेरे लिए डाह करेंगे, आपस में झगड़ेंगे, ओ अभागे प्राणी !

उत्तम निद्रा के लिए आवश्यक है कि अपने पड़ोसी तथा अपने भगवान् के साथ शान्ति से रहा जाए। पड़ोसी के शैतान के साथ भी मैत्री स्थापित करना आवश्यक है, अन्यथा यह रातों में तुझे सताएगा और तेरी नींद हराम कर देगा।

शासकों का सम्मान करो और उनके आज्ञाकारी रहो, चाहे यह शासक भ्रष्ट और दूषित ही क्यों न हों। उत्तम निद्रा का यही तकाज़ा है। यदि शासक भ्रष्टाचारी हो जाए और कुमार्ग पर चलने लगे तो उससे हमें क्या !

उसे सबसे उत्तम गल्लावान् कहो जो अपनी भेड़ों को हरे-भरे चरागाहों में ले जाता है। उत्तम निद्रा का इससे घनिष्ठ सम्बन्ध है।

मुझे न तो बहुत-से सम्मानों की इच्छा है और न अपार धन-दौलत की लालसा; इनसे अभिमान बढ़ता है। किन्तु थोड़ी-बहुत ख्याति और थोड़े-बहुत धन के बिना उत्तम निद्रा भी साथ छोड़ देती है।

मैं निम्न स्तर के लोगों की संगत में रह सकता हूँ, दुष्कर्मियों की संगत में नहीं– किन्तु शर्त यह है कि वे उचित समय पर आएँ और उचित समय पर चले जाएँ। इससे उत्तम निद्रा में विघ्न नहीं पड़ता।

क्षुद्र बुद्धिवाले लोगों की संगत में भी मैं प्रसन्न रहता हूँ, क्योंकि उनकी निकटता में नींद आ जाती है; धन्य हैं यह लोग, विशेषतः जब कोई सदा इनकी हाँ में हाँ मिलाता चला जाए।

इस प्रकार सदाचारियों का दिवस व्यतीत होता है। रात हो जाने पर मैं इस बात का विशेष ध्यान रखता हूँ कि निद्रा को आज्ञाबद्ध न बुलाया जाए। निद्रा, जो कि समस्त सद्गुणों की स्वामिनी है, इस प्रकार बुलाया जाना पसन्द नहीं करती।

दिन भर मैंने क्या किया और क्या सोचा, इस पर मैं बड़ी गम्भीरता से विचार करता हूँ। जुगाली करती हुई गाय के समान मैं धैर्य और शान्ति से, मन की बातों को मन ही मन दोहराता हूँ, और अपने आप से पूछता हूँ कि वह कौन-सी दस बातें हैं जिन पर तूने विजय पाई है ?

और वह कौन-से दस समाधान, दस सत्य और दस अट्टहास हैं जिनसे हृदय प्रफुल्लित हुआ था ?

इस प्रकार जब मैं दस विचारों में मग्न होता हूँ तो ये चालीस विचार मुझे झूला-सा झुलाते हैं; तब अकस्मात् बिना बुलाए ही, निद्रा मुझे अपने आँचल में छिपा लेती है– यह निद्रा जो समस्त सद्गुणों की स्वामिनी है।

निद्रा मेरी पलकों को थपकती है और वह बोझल हो जाती हैं। निद्रा मेरे होठों को स्पर्श करती है और वे खुले के खुले रह जाते हैं।

वह दबे पाँव मेरे पास आती है, चोरों की प्रेयसी, वह निद्रा ! और मेरे विचारों को मुझसे चुरा ले जाती है। मैं हत्बुद्धि-सा खड़ा रह जाता हूँ, अचेत और शून्य–वह सामनेवाली चौकी के समान।

उस अवस्था में मैं अधिक देर तक खड़ा भी नहीं रह सकता; धीरे से वहीं लेट जाता हूँ–इस तरह !

ज़रतुष्ट्र ने बुद्धिमान् की यह बातें सुनीं तो मन ही मन बहुत हँसा क्योंकि अपने हृदय में उसे एक प्रकाश का आभास होने लगा था। तब उसने अपने आप से कहा–

यह बुद्धिमान् पुरुष अपने चालीस विचारों सहित मुझे तो परले सिरे का मूर्ख प्रतीत होता है, किन्तु सुषुप्ति-कला में निस्सन्देह यह निपुण है।

भाग्यशाली हैं वे मनुष्य जो इस बुद्धिमान् के पड़ोस में रहते हैं। ऐसी निद्रा संक्रामक होती है, चाहे मोटी से मोटी भीत भी बीच में क्यों न हो !

इसके तो आसन में भी जादू है। और ये युवक जो इस सदाचार के उपदेशक का पल्ला पकड़े हुए हैं, अपना समय नष्ट नहीं कर रहे। इस उपदेशक की बुद्धिमत्ता का सारांश यह है कि 'जागो ताकि गहरी नींद सो सको।'---सच्ची बात तो यह है कि यदि जीवन निरर्थक होता और मुझे कोई खुराफ़ात अपनानी होती तो अवश्य ही मैं भी अन्य खुराफ़ातों की अपेक्षा इसी खुराफ़ात को अपनाता।

आज मैं समझ पाया हूँ कि पिछले लोग सदाचार खोजते समय सबसे अधिक क्या खोजते थे। वे खोजते थे प्रगाढ़ निद्रा और उसकी सहायता के लिए पोस्ती सद्गुण !

उन तमाम बुद्धिमान्, ज्ञानी पुरुषों के निकट जो आचार्य का आसन ग्रहण करते थे, ज्ञान की चरम सीमा थी स्वप्न रहित निद्रा ! इससे बढ़कर उनके निकट जीवन का कोई अर्थ न था।

आज भी उनके कुछ साथी बचे हुए हैं–जैसा कि सदाचार का यह उपदेशक : यद्यपि यह बचे हुए उपदेशक पहलेवाले उपदेशकों की तरह ईमानदार नहीं हैं, किन्तु अब इनका दिवस अस्त हो चुका है। ये अब अधिक समय तक खड़े नहीं रह सकते।---वह देखो, वे अभी से लेटने लगे हैं।

धन्य हैं वे लोग जो तन्द्रालय में बैठे हैं। शीघ्र ही वे नींद में झूमने लगेंगे।

ज़रतुष्ट्र ने यह कहा।

संसार के पिछवाड़े बसनेवाले यह लोग

एक बार ज़रतुष्ट्र के स्वप्न उड़ते-उड़ते मनुष्य की सीमा के पार जा पहुँचे–उन लोगों के सपनों की तरह जो संसार के नेपथ्य में बसते हैं। उसने तब संसार के नेपथ्यवासियों को सम्बोधित करते हुए यों कहा–

मुझे तब ऐसा लगा कि यह संसार किसी दुखिया और यातनाओं से पीड़ित भगवान् की रचना है।

मुझे लगा कि यह संसार एक सपना है–किसी भगवान् की विकृत कल्पना है या किसी विक्षिप्त और असन्तुष्ट देवता के नयन-पट पर रंग-बिरंगी वाष्प का बुदबुदा।

शुभ और अशुभ, सुख और दुख, मैं और तू–ये सब मुझे स्रष्टा की आँखों के आगे रंग-बिरंगी वाष्प का बुदबुदा ही प्रतीत हुआ। मुझे लगा कि रचयिता जब स्वयं को देखते-देखते ऊब गया और स्वयं से आँखें चुराने लगा तो उसने इस सब की रचना कर डाली।

नशे की मस्ती में ही तो पीड़ित अपने आपको भूलकर यातनाओं से भागने का सुख खोजा करते हैं। मुझे यह संसार ऐसा ही लगा था जैसे कि यह नशे के प्रमाद में स्वयं को भूल जाने का सहारा हो।

चिर विरोधी तत्त्वों का एक निपट अपूर्ण तथा विकृत प्रतिबिम्ब; किसी अनाड़ी स्रष्टा के नशे का प्रमाद यह संसार मुझे ऐसा ही लगा था।

इसीलिए संसार के नेपथ्यवासियों के समान मैंने भी अपने स्वप्न मनुष्य की सीमा के उस पार बिखेर दिए–क्या सचमुच ही मनुष्य की सीमा के उस पार तक उड़ गए थे यह सपने ?

अफ़सोस है भाइयो ! वह जगदीश्वर जिसको मैंने रचा था, वह अन्य समस्त ईश्वरों की तरह एक मानवी कृति और इनसानी हिमाकत ही निकला।

वह केवल मनुष्य ही था, बल्कि सत्य तो यह है कि वह मनुष्य और मनुष्य के अहंत्व का एक बहुत ही क्षुद्र स्वरूप था। हाँ, वह मेरी ही भस्म और मेरी ही ज्वाला से उत्पन्न होकर एक प्रेत के समान मेरे सम्मुख प्रकट हुआ था।...कहीं बाहर से नहीं आया था।

फिर क्या हुआ, मेरे बन्धुओ ? मैंने स्वयं अपना अतिक्रमण किया; अपने त्रस्त प्राणों पर विजय पाई। अपनी भस्म को स्वयं पर्वतों पर ले गया और अपने लिए एक

प्रखर ज्योति प्रज्वलित की। तब कहीं आत्म-छलना के उस प्रतिबिम्ब से, उस प्रेत से मेरा छुटकारा हुआ।

और अब जबकि मैं स्वस्थ हो चुका हूँ, उन छलनाओं पर विश्वास करना मेरे लिए अत्यन्त कष्टकर एवं पीड़ाजनक है–नितान्त कष्टप्रद है यह अब मेरे लिए और लज्जाजनक भी। इससे मेरे गौरव को ठेस लगती है।

यह दुख और निर्बलता ही तो है जिसने अन्य लोक-परलोकों की भ्रान्ति को जन्म दिया। और यह आनन्द का क्षणिक भ्रम है जिसकी लालसा केवल वही अभागा हृदय अपने भीतर सँभाल सकता है जो दरिद्रता की पराकाष्ठा पर पहुँच गया हो।

समस्त ईश्वरों तथा नेपथ्य के लोक-परलोकों को जन्म दिया है आलस्य ने और निर्बलता ने–ऐसा आलस्य जो एक ही छलाँग में, मृत्युरूपी छलाँग में अपने अन्तिम लक्ष्य पर पहुँच जाना चाहता है। यह बेचारा नादान आलस्य इसके अतिरिक्त न कुछ चाहता है और न चाहने का साहस ही कर सकता है।

विश्वास करो, मेरे भाइयो ! यह धरती का दुतकारा हुआ निराश शरीर ही था जिसने सुना था, "अस्तित्व का गर्भाशय उसे अपनी ओर बुला रहा है।"

और तब वह उद्विग्न हो उठा और चाहने लगा कि अपने सिर से, और केवल सिर से ही क्यों, सारे शरीर से जीवन की अन्तिम प्राचीरों को तोड़कर उस पार, 'दूसरे लोक' में प्रवेश कर लिया जाए।

किन्तु यह 'दूसरा लोक' मानव जाति की दृष्टि से यत्नपूर्वक ओझल रखा गया है। यह अमानुषिक और मानवद्रोही खगोलिक 'दूसरा लोक' जो कि वास्तविकता में एक शून्यता के अतिरिक्त और कुछ नहीं है।...और यह अस्तित्व का गर्भाशय कभी किसी मनुष्य को किसी अन्य रूप में सम्बोधित नहीं करता, यदि करता है तो मनुष्य के रूप में ही।

किसी भी अस्तित्व को सिद्ध करना, किसी भी अस्तित्व को प्रमाणित करना कोई आसान काम नहीं और फिर उससे बातें करना तो और भी कठिन समस्या है।...किन्तु भाइयो ! क्या यह सत्य नहीं है कि विचित्रतम वस्तुएँ सरलतम प्रमाणित वस्तुएँ होती हैं।

हाँ, यह अहंत्व अपने प्रतिबन्धों और सम्भ्रान्तियों सहित अत्यन्त ईमानदारी से अपने अहंत्व को प्रकट करता है–यह मूल्यदाता, निर्माता और संकल्पकर्त्ता अंहत्व, जो समस्त वस्तुओं का मूल्य भी है और मूल्य नापने का दंड भी।

और यह नितान्त सत्यनिष्ठ सत्ता, यानी यह अहंत्व उस समय भी शरीर की स्तुति को भूलता ही नहीं, बल्कि अत्यन्त स्पष्ट रखता है, जब वह छन्दों की स्वरधारा रचता है, भटकता है, बहकता है और भग्न पंखों को फड़फड़ाता है।

अधिक से अधिक सत्य उभरने लगता है इसकी वाणी में–इस अहंत्व की वाणी में। और जितना अधिक यह सत्य उभरता है, उतना ही अधिक यह देह और धरती के सम्बन्ध में प्रशंसा और सम्मान के विशेषणों का प्रयोग करता है।

एक गौरवमान् दिया है मेरे अहंत्व ने, और अब मैं यह उपदेश लोगों को देता हूँ,

खगोलीय बालू में शुतुरमुर्ग की तरह अब अधिक सिर छिपाने की आवश्यकता नहीं है। यह पार्थिव शरीर है, इसको उन्नत करो ताकि धरती की उन्नति हो और धरती सार्थक बने।

एक नए संकल्प की शिक्षा मैं लोगों को देता हूँ : जिस मार्ग को लोगों ने आज तक आँखें मूँदकर ग्रहण किया था उसको तुम अपने संकल्प द्वारा ग्रहण करो, इसकी प्रशंसा करो और कुष्ट रोगियों और मरणासीन रोगियों की तरह इस मार्ग से हटकर अलग मत पड़ो।

ये रोगी और मरणासीन लोग ही तो थे जो देह और धरती को घृणा की दृष्टि से देखते थे; इन्हीं लोगों ने खगोलीय ढकोसलों तथा मोक्ष प्रदान करनेवाले रक्त-बिन्दुओं का आविष्कार किया था, किन्तु यह मधुर और काले विष भी इन लोगों ने देह और धरती से ही निकाले हैं।

वे अपनी विपत्तियों से भागना चाहते थे और नीले आकाश के तारे उनकी पहुँच से बहुत दूर थे। उन्होंने ठंडी साँस भरी और सोचने लगे, ''क़ाश कोई ऐसे खगोलीय मार्ग होते जिन पर चलकर हम चुपके-चुपके दूसरी योनि में, सुख के किसी संसार में पहुँच जाते।'' और तब उन्होंने अपने लिए भागने के ये मार्ग और लहू के ये तुच्छ घूँट ईज़ाद किए।

और ये कृतघ्न फिर स्वप्न देखने लगे कि इस देह से और इस धरती से उन्हें मुक्ति प्राप्त हो गई है और वे किसी दूसरे संसार में पहुँच गए हैं। किन्तु वे भूल गए कि उनके निर्माण का यह आनन्द और उनके परिवाहन की यह मस्ती एकमात्र उनकी देह और धरती की ही देन है।

स्वास्थ्य-उन्मुख लोगों के प्रति मेरे हृदय में अत्यन्त सौम्यता भरी है। मैं न तो उनके सान्त्वना के तरीकों से नाराज़ होता हूँ और न उनकी कृतघ्नता पर मुझे क्रोध आता है। मैं चाहता हूँ कि वे स्वस्थ और विजयी बनें और अपने लिए उन्नत से उन्नत शरीर का निर्माण करें।

स्वास्थ्य-उन्मुख लोगों से मैं, ज़रतुष्ट्र, तब भी नाराज़ नहीं होता जब वे भ्रान्तियों और अन्धविश्वासों की ओर मुड़कर, प्यार भरी दृष्टि से देखते हैं और आधी रात के समय अँधेरे में टटोलते हुए, घुटनों के बल अपने भगवान् की कब्र पर पहुँच जाते हैं। किन्तु उनके आँसुओं से मुझे घृणा है क्योंकि उनमें व्याधियों और रोगग्रस्त शरीर ही तो झलकते हैं।

उन लोगों में बहुत-से रोगी ही होते हैं जो कविताएँ रचते हैं और भगवान् तथा देवताओं की खोज में मारे-मारे फिरते हैं। इन लोगों के हृदय में ज्ञाता के प्रति तथा उस नवजात सद्‌गुण के प्रति, जिसका नाम ईमानदारी है, तीव्र घृणा भरी रहती है।

वे सदैव मुड़-मुड़कर अन्धकारमय युगों की ओर निहारा करते हैं जो अन्धविश्वासों और मिथ्या विचारों का काल था, जब भ्रान्ति को भगवान् का स्वरूप समझा जाता था और सन्देह को सबसे बड़ा पाप।

भगवान् के स्वरूपवाले इन प्राणियों को भी मैं भली प्रकार जानता हूँ। इनकी आकांक्षा है कि लोग उन पर निष्ठा धरें और सन्देह को घोरतम पाप समझें। और यह भी मुझे भली प्रकार अवगत है कि यह प्राणी स्वयं किस बात पर सबसे अधिक निष्ठा रखते हैं।

मैं सच कहता हूँ कि उनकी अपनी निष्ठा न तो परलोकों पर है और न मोक्ष प्रदान करनेवाले रुधिर कणों पर। उनकी निष्ठा है शरीर पर और सबसे अधिक अपनी देह पर जिसको वे परम वस्तु समझते हैं।

किन्तु बताते हैं वे फिर भी शरीर को रोगग्रस्त वस्तु ही, और सदैव अपनी केंचुली में से निकल भागने की कपट-कामना प्रकट किया करते हैं। इसीलिए वे मृत्यु के उपदेशकों की शिक्षा को कान लगाकर सुनते हैं और स्वयं परलोक की शिक्षा दूसरों को देते हैं।

किन्तु मेरे भाइयो ! तुम्हारा कल्याण इसी में है कि तुम सर्वांगी, स्वस्थ शरीर की आवाज़ पर ध्यान धरो, क्योंकि यह सत्यम्, शिवम्, सुन्दरम् की आवाज़ है।

स्वस्थ शरीर 'सत्यम्, शिवम्, सुन्दरम्' का सन्देशवाहक है। यह पूर्णत्व की प्रतिमा है, समकोण के समान उसमें कहीं कोई बलछल नहीं और वह धरती के तात्पर्य की शिक्षा देता है।

ज़रतुष्ट्र ने यह कहा।

यह शरीर के उपेक्षक

शरीर के उपेक्षकों से मुझे यही कहना है कि अब उन्हें कुछ और सीखने और सिखलाने की आवश्यकता नहीं; उन्हें तो केवल यही करना चाहिए कि वे अपनी देह त्याग दें, और इस प्रकार मूक और मौन हो जाएँ।

शिशु कहता है, "मैं देह भी हूँ और आत्मा भी।" अन्य लोग भी शिशु के समान क्यों बातें नहीं करते ?

किन्तु वह जो जागरूक और विवेकपरायण है, कहता है, "मैं केवल शरीर हूँ और इसके अतिरिक्त और कुछ नहीं। यह आत्मा तो केवल एक शब्द है, उस कुछ के लिए जो शरीर के भीतर उसका ही एक अंश है।"

शरीर स्वयं ही एक महान् विवेक है—एक मन और अनेक लक्षणोंवाला है वह। वह स्वयं ही युद्ध है और स्वयं ही विराम भी। वह मेढ़ों का गल्ला भी है, और गल्लावान् भी।

और तेरा यह क्षुद्र-सा चैतन्य, जिसे तू 'आत्मा' कहता है, मेरे भाई, यह तेरे शरीर का ही एक यन्त्र है—तेरी महान् मेधा का क्षुद्र-सा यन्त्र, एक तुच्छ-सा खिलौना।

तू कहता है 'मैं' और इस शब्द पर तुझे बहुत गर्व है, किन्तु जो इससे भी बड़ी और महत्त्वपूर्ण वस्तु है उसे तू नहीं मानता। वह है तेरा शरीर तथा उसका महान् विवेक। यह महिमामय शरीर 'मैं' कहता नहीं, बल्कि 'मैं' को कार्यरूप में परिणत करता है।

जो कुछ मन अनुभव करता है, और आत्मा अनुमान लगाती है, वह स्वयं अपने में सम्पूर्ण नहीं है, और न ही अन्तिम सीमा है। किन्तु मन तथा आत्मा का तुझसे यह अनुरोध है कि उनको सर्व संसार की अन्तिम सीमा माना जाए। उनसे परे और उनके बाहर अन्य कुछ नहीं है। कितना घमण्ड और ओछापन है इसके भीतर।

'यन्त्र और खिलौने' तेरा मन और आत्मा हैं। तेरा *स्वयंत्व* तो इनके पीछे है। यह *स्वयंत्व* मन की आँखों से देखता है और आत्मा के कानों से सुनता है।

यह *स्वयंत्व* सदा सुनता और ग्रहण करता रहता है। यह तुलना करता है, विजय पाता है और ध्वंस करता है। अहंत्व पर भी इसी का शासन है।

तेरे विचारों और उद्गारों के पीछे, मेरे भाई, एक महान् शक्तिशाली स्वामी खड़ा है जो एक अज्ञात ज्ञानी है और जिसका नाम है *स्वयंत्व*। तेरी देह में इसका आवास है—वह स्वयं तेरी देह ही तो है।

तेरे गम्भीरतम पाण्डित्य की अपेक्षा तेरी देह में कहीं अधिक प्रज्ञा है। फिर भला तेरी अति गम्भीर प्रज्ञा तेरी देह के किस काम की ?

तेरा स्वयंत्व हँसता है तेरी 'मैं' पर और इस 'मैं' की दर्दभरी उछल-कूद पर। ''मेरे लिए यह उछल-कूद और विचारों की यह उड़ान है क्या ?'' वह मन ही मन कहता है। ''मेरे उद्देश्य तक पहुँचने की चोर गलियाँ मैं ही तो हूँ। अहंत्व की बागडोर और उसके विचारों को उकसानेवाले शक्ति।''

स्वयंत्व जब इस 'मैं' से कहता है कि 'दुखी हो,' तो यह वास्तव में पीड़ा से विह्वल हो उठती है और इससे बचने के उपाय सोचने लगती है–इस तात्पर्य से इसका यह सोचना उचित भी है।

स्वयंत्व जब इस 'मैं' से कहता है, 'सुखी हो', तो यह वास्तव में आनन्दविभोर हो उठती है और सोचने लगती है कि किस प्रकार सुख को बार-बार भोगा जाए–इस तात्पर्य से इसका यों सोचना उचित भी है।

शरीर के उपेक्षकों से मुझे एक बात कहनी है : घृणा के पीछे आदरभाव हुआ करता है; कहीं उनका आदरभाव ही तो उनकी घृणा का प्रेरक नहीं है ? वह कौन है जिसने यह आदर और घृणा, तथा मूल्य और संकल्प निर्मित किए ?

यह रचनात्मक *स्वयंत्व* ही तो है जिसने अपने लिए यह आदर और घृणा, यह सुख और दुख निर्मित किए। सृजनात्मक शरीर ने अपने लिए आत्मा का निर्माण किया ताकि वह उसके संकल्प के हाथों का यन्त्र बन सके।

हे शरीर की उपेक्षा करनेवालो; अपनी हिमाकतों और हिकारतों को करते समय भी तुम अपने *स्वयंत्व* की दासता करते हो। मैं तुमसे स्पष्ट शब्दों में कहता हूँ कि तुम्हारा *स्वयंत्व* जीवन से विमुख होकर अपने विनाश का इच्छुक है।

तुम्हारे *स्वयंत्व* में अब इतनी क्षमता भी नहीं है कि वह अपना वांछित कार्य ही कर सके, यानी अपने से उत्कृष्ट किसी वस्तु को उत्पन्न कर सके। यह उसकी उत्कट अभिलाषा है और यही उसकी अति प्रबल कामना।

किन्तु तुम्हारे लिए अब इसका समय बीत चुका है–और इसीलिए तुम्हारा *स्वयंत्व* अब अपने विनाश का इच्छुक है। हाँ, वही *स्वयंत्व* जो शरीर से घृणा करता है।

तुम्हारा *स्वयंत्व* अब विनाश चाहता है और इसी कारण तुम शरीर के उपेक्षक बन गए हो। तुम्हारे अन्दर अब इतनी भी क्षमता नहीं रही कि अपने से बढ़कर कुछ उत्पन्न कर सको।

यही कारण है कि तुम जीवन और धरती के विरुद्ध हो, उससे इतनी घृणा करते हो !...जानते हो तुम्हारी घृणाभरी वक्र दृष्टि के पीछे क्या है ? यह तुम्हारी अचेतन इच्छाएँ हैं, और अन्य कुछ नहीं।

मैं तुम्हारे मार्ग का पथिक नहीं बन सकता, हे शरीर को घृणा करनेवालो !...तुम *महामानव* तक पहुँचने के लिए मेरे पुल नहीं बन सकते।

ज़रतुष्ट्र ने यह कहा।

यह आनन्द और वासनाएँ

अरे भाई ! यदि तेरे शरीर के भीतर कोई सद्गुण है और वह तेरा अपना सद्गुण है तो उसमें कोई अन्य तेरा साझी नहीं हो सकता।

अवश्य ही तू उसका कोई नाम रखेगा और उससे लाड़-दुलार करेगा; उसके कान ऐंठेगा और उससे खेलकर घड़ी भर अपना दिल बहलाएगा।

अरे, देख ! इस खेल में सभी लोग तेरे साथी हो गए। अपने गुण को नाम देकर तूने उसकी विशेषता छीन ली और अब उस सहित तू भी भीड़ में खो गया।

कहीं अच्छा होता यदि तू कहता, ''जो चीज़ मेरे प्राणों को कभी व्यथा से और कभी आनन्द से विह्वल कर देती है और जिसके लिए मेरा उदर आकुल रहता है, उसका न तो कोई नाम है और न उसकी कोई व्याख्या ही।''

तेरे सद्गुण को तो नाम-धाम के व्यावहारिक सस्तेपन से बहुत ऊँचा होना चाहिए, और यदि इसके सम्बन्ध में तू कभी कुछ कहने को बाध्य हो ही जाए तो तुतला-तुतला कर बोलने में तुझे लज्जित अनुभव नहीं करना चाहिए।

बोल, चाहे तुतला-तुतलाकर बोल कि, ''यह गुण मेरा अपना है। मुझे इससे प्रेम है। मैं इसके इसी रूप से सर्वथा सन्तुष्ट हूँ। मेरा 'मैं' केवल इसी का संकल्प करता है।

मैं अपने इस गुण को भगवान् की देन मानने का आकांक्षी नहीं हूँ।...मानवीय विधान और सुगमता के रूप में भी मुझे इसकी आवश्यकता नहीं है, और न मैं इसको परलोक या स्वर्ग के मार्ग का पथ-प्रदर्शक रूपी चिह्न बनाने के लिए तैयार हूँ।

यह तो एक लौकिक सद्गुण है; धरती पर बसनेवाली भलाई है जिससे मैं प्रेम करता हूँ। इसमें न तो दूरदर्शिता है और न व्यावहारिक प्रज्ञा।

किन्तु इस पक्षी ने मेरे प्राणों में अपना नीड़ बनाया है। इसीलिए मैं इससे प्रेम करता हूँ और इसे पालता हूँ। अब मेरे प्राणों में बैठा अपने सुनहरी अंडे दे रहा है।

इस प्रकार तुझे रुक-रुककर अपने सद्गुण की सराहना करनी चाहिए।

एक समय तेरे भीतर वासनाएँ थीं, आवेग थे और तू उन्हें निन्दनीय समझता था। अब तेरे पास केवल तेरे सद्गुण ही रह गए हैं। किन्तु तेरी वासनाओं ने ही तो इन्हें जन्म दिया है।

तेरे उच्चतम लक्ष्यों की बुनियाद तेरी ये वासनाएँ ही तो हैं। इसीलिए तो ये लक्ष्य तेरे सद्गुण और तेरा आनन्द बन गए हैं।

चाहे तू क्रोधी मनुष्यों में से हो और चाहे भुक्त-भोगियों में से, चाहे धर्मान्ध

कट्टर-पन्थियों में से हो, और चाहे द्वेषपालकों में से—अन्त में तेरी समस्त वासनाएँ और आवेग सद्गुणों में परिवर्तित हो जाएँगे, और तेरे शैतान फ़रिश्तों में।

एक समय तू अपनी दहलीज के नीचे जंगली कुत्ते रखा करता था। वे सभी तो अन्त में पक्षी बन गए थे—गानेवाले सुन्दर पक्षी।

अपने विषों में से मन्थन करके तू अपने लिए अमृत निकाला करता है। शोक रूपी गाय का तूने दोहन किया था। अब उसके थनों में से तू मीठा दूध पी रहा है।

कोई दुष्टता, कोई पाप अब तेरे भीतर जन्म नहीं ले पाएगा, किन्तु किसी ने यदि जन्म पाया तो वह तेरे सद्गुणों के परस्पर संघर्ष का परिणाम होगा।

मेरे भाई ! यदि तू भाग्यशाली है तो फिर केवल एक ही सद्गुण को अपना, एक से अधिक नहीं ताकि सुगमता के साथ तू पुल को पार कर सके।

बहुत-से सद्गुणों को धारण करने से सजावट तो अवश्य हो जाती है, किन्तु जीवन दूभर हो जाता है। मैंने देखा कि बहुत-से लोग रेगिस्तानों में चले गए और वहाँ जाकर उन्होंने आत्महत्या कर ली; क्योंकि वे अपने सद्गुणों के युद्ध से स्वयं युद्धक्षेत्र बनते-बनते तंग आ गए थे।

मेरे भाई ! क्या यह युद्ध और संग्राम बुरी बातें हैं ? किन्तु यह तो अनिवार्य बुराइयाँ हैं और इसी प्रकार तेरे सद्गुणों के बीच परस्पर ईर्ष्या, द्वेष, अविश्वास और निन्दा भी अनिवार्य है।

देख तेरा प्रत्येक सद्गुण उच्चतम शिखर पर पहुँचने के लिए किस तरह दूसरों से डाह करता है। इसमें से प्रत्येक की यही इच्छा रहती है कि तू दिल-जान से सर्वथा उसी का सन्देशवाहक बने, दूसरे का नहीं। वह तेरे समस्त आवेग और वासनाएँ; तेरे क्रोध, तेरी घृणा, और तेरे प्रेम की सम्पूर्ण शक्ति केवल अपने लिए चाहता है।

डाह की ज्वाला जिसके प्राणों में प्रचण्ड हो उठती है वह अन्त में, बिच्छू के समान अपने विषैले डंक का स्वयं ही शिकार हो जाता है।

आह, मेरे भाई ! क्या तूने किसी सद्गुण को स्वयं अपनी चुगली खाते और अपने हाथों अपनी छाती में छुरी घोंपते नहीं देखा !

मनुष्य एक ऐसी सीमा है जिसका अतिक्रमण आवश्यक है। इसीलिए तुझे अपने सद्गुणों से प्रेम करना चाहिए क्योंकि यही तेरे विनाश का कारण बनेंगे।

ज़रतुष्ट्र ने यह कहा।

यह पीला अपराधी

हे न्यायाधीशो ! हे बलि पुरोहितो ! क्या यह सत्य नहीं कि तुम उस समय तक पशुवध नहीं करते जब तक वह अपना शीश न नवा ले ? वह देखो, भय से पीले चेहरेवाले अपराधी ने अपना शीश नवा लिया है। उसकी आँखों में घृणा का उत्कट आवेग ललकार रहा है।

"मेरा अहं एक ऐसी वस्तु है जिसको पार करना आवश्यक है। मेरा अहं मेरे निकट मनुष्य के प्रति घृणा की चरम सीमा है।" यह कह रही हैं उसकी आँखें।

वह उसके जीवन की सबसे उत्कृष्ट तथा गौरवपूर्ण घड़ी थी जब उसने अपने प्रति निर्णय लिया था।

कहीं ऐसा न हो कि यह उत्कृष्ट पुरुष फिर अपने पूर्व स्थान पर नीचे गिर जाए।

वह मनुष्य जो स्वयं अपने अस्तित्व के हाथों दुखी हो, उसे तुरन्त मृत्यु का आश्रय लेना चाहिए। इसी में उसकी मुक्ति है।

हे न्यायाधीशो ! तुम्हारे वध करने के पीछे दया भाव होना चाहिए–प्रतिशोध और प्रतिहिंसा की भावना नहीं। जीवन का समर्थन करना तुम्हारे वध करने का तात्पर्य होना चाहिए–अन्य कुछ नहीं।

इतना काफ़ी नहीं कि अपराधी को मारने से पहले तुम उसके साथ सन्धि कर लो और उसे मना लो। तुम्हारे शोक को *महामानव* का प्रेम बनना चाहिए। तभी तुम जीवित रहने को न्यायसंगत सिद्ध कर सकोगे।

'शत्रु' तुम कह सकते हो किन्तु 'लम्पट' नहीं; 'रोगी' तुम कह सकते हो, किन्तु 'पापी' नहीं।

और तू, हे क्रोधित न्यायाधीश ! यदि अपनी उन करतूतों को प्रकट कर दे जो मन ही मन विचारों की दुनिया में तूने की हैं, तो निस्सन्देह सब लोग चिल्ला उठेंगे कि "इस गन्दगी को दूर फेंको, इस विषैले कीड़े को बाहर निकालो।"

किन्तु विचार कुछ और चीज़ है और कर्म कुछ और; और कर्म की कल्पना कुछ और ही; कार्य-कारण चक्र इनके बीच नहीं घूमता।

यह पीला पुरुष अपने कर्म की कल्पना से भयभीत होकर पीला पड़ गया है। कर्म करते समय वह पूर्णतः उसमें डूबा हुआ था किन्तु कर्म के पूरा हो चुकने पर उसकी कल्पना उसके लिए असह्य हो उठी है।

अब वह हर समय अपने आप को कर्म-कर्त्ता के रूप में देखता है। मैं इसे पागलपन

कहता हूँ। जो बात असामान्य थी वह उसकी प्रकृति का साधारण अंग बन गई है।

खड़िया मिट्टी की रेखा से मुर्गी विवश हो जाती है, मानो उसे लक़वा मार गया हो। वह प्रहार जो उसने दूसरे पर किया था, वह स्वयं इसकी मन्दबुद्धि के लिए लक़वे का काम कर गया। मैं इसे पागलपन कहता हूँ—कर्म करने के पश्चात् का पागलपन !

सुनो हे न्यायाधीशो ! एक प्रकार का और भी पागलपन होता है, और वह है कर्म के पूर्व का पागलपन। अफ़सोस ! तुम आत्मा की गहराई में दूर तक टटोलने की शक्ति नहीं रखते।

क्रोध से लाल न्यायाधीश कहता है : "इस अपराधी ने हत्या क्यों की ?---निश्चय ही लूटने के अभिप्राय से।" किन्तु मैं तुमसे कहता हूँ कि उसकी आत्मा लहू की प्यासी थी, लूट की भूखी नहीं। वह तो छुरी की काट का आनन्द उठाना चाहता था।

किन्तु उसकी मन्द बुद्धि इस पागलपन के रहस्य को समझ न पाई, और उसको ही समझाने लगी : "केवल खून करने से क्या लाभ ? इसके साथ कुछ न कुछ लूट भी तो करनी ही चाहिए—और लगे हाथों बदला भी निकाल ले।"

वह अपनी मन्द बुद्धि के बहकावे में आ गया जिसके शब्द राँगे की तरह उसके हृदय में बैठ गए। और तब हत्या के साथ उसने लूट भी की, क्योंकि उसे भय था कि कहीं यह पागलपन उसे लज्जित न करे।

और अब उसका अपराध राँगे की तरह बोझल होकर उसकी छाती पर धरा है; और उसकी मन्द बुद्धि और भी क्षीण होकर किंकर्तव्यविमूढ़ हो गई है, मानो उसे लक़वा मार गया हो।

यदि वह तनिक भी अपना सिर हिला सकता तो उसका यह बोझा अपने आप लुढ़क जाता। किन्तु अफ़सोस, उसके सिर को हिलाए कौन ?

यह मनुष्य वास्तव में है क्या ?---व्याधियों का एक समूह जो आत्मा के रास्ते संसार में फैलती हैं और वहाँ अपना शिकार खोजती हैं।

यह मनुष्य वास्तव में है क्या ?...क्रुद्ध साँपों का एक गुच्छा जो सदैव परस्पर संघर्ष में विलीन रहते हैं, और इसी कारण पृथक्-पृथक् शिकार की खोज में संसार का चक्कर काटते रहते हैं।

इस बेचारे पीले आदमी की ओर देखो तो सही। जिस बात की आकांक्षा में यह दिन-रात बेचैन रहा, आज उसी के कारण यह असह्य कष्ट झेल रहा है। इसको इसकी दरिद्र आत्मा 'रक्त की प्यास और छुरी की काट की लिप्सा' बताती है।

वह तो वर्तमान के रोगों से पीड़ित है; उसको वे बुराइयाँ भी पकड़ लेती हैं जो वर्तमान की बुराइयाँ हैं। वह उसी अस्त्र से दूसरों को पीड़ा पहुँचाने की चेष्टा करता है जो स्वयं उसकी अपनी पीड़ा का अस्त्र है। किन्तु वर्तमान के अतिरिक्त और भी युग हुए हैं जिनकी बुराइयाँ भी दूसरे प्रकार की थीं और भलाइयाँ भी दूसरे प्रकार की।

एक समय था जब 'सन्देह और आत्म-संकल्प' पाप समझे जाते थे। रोगग्रस्त मनुष्य या तो अधर्मी बन जाता था या टोने-टीके करनेवाला प्रेतसाधक। अधर्मी हो या

प्रेतसाधक दोनों को ही यातनाएँ सहनी पड़ती थीं और यही यातनाएँ वे दूसरों को पहुँचाने में तल्लीन रहते थे।

किन्तु तुम्हारे कान तो बहरे हैं और आवाज़ उनमें पहुँचती नहीं। तुम कहते हो कि "इससे तुम्हारी श्रेष्ठ जाति को आघात पहुँचता है।" किन्तु तुम्हारे इन श्रेष्ठ लोगों की मैं कब परवाह करता हूँ !

तुम्हारे श्रेष्ठ लोगों की बहुत-सी भलाइयों से मुझे अत्यन्त घृणा है—उनकी बुराइयों से नहीं। क़ाश कि इनके भीतर भी एक पागलपन होता, इस पीले अपराधी की तरह जो उनके विनाश का कारण बन जाता।

क्या ही अच्छा होता कि इस पागलपन का नाम सत्य या वफ़ादारी या न्याय रखा जाता। किन्तु सद्गुण से उनका अभिप्राय तो कुछ और ही होता है, यानी बहुत दिनों तक जीवित रह सकना और एक वीभत्स प्रकार के सुख और ऐश्वर्य के साथ।

मैं तीव्र गति से बहनेवाली पहाड़ी नदी का पुश्ता हूँ; जो भी कोई सहारे के लिए मुझे थामना चाहे थामे किन्तु मैं किसी लँगड़े-अपाहिज़ की बैसाखी नहीं हूँ।

ज़रतुष्ट्र ने यह कहा।

पढ़ना-लिखना

विश्व की समस्त लिखित सामग्री में से मुझे केवल उतना ही भाग प्रिय है जितना लेखक ने अपने रक्त से लिखा है। रक्त से लिख, और तब तुझे ज्ञात हो जाएगा कि रक्त आत्मा है।

दूसरे के रक्त को समझ सकना कोई आसान काम नहीं है। आलसी पाठकों से मुझे अत्यन्त घृणा है।

लेखक यदि अपने पाठकों से परिचित हो जाता तो निश्चय ही वह लिखना बन्द कर देता। पाठक यदि एक शताब्दी और ऐसे ही बने रहे तो फिर आत्मा स्वयं ही सड़ जाएगी और वहाँ से दुर्गन्ध फूट निकलेगी।

प्रत्येक मनुष्य जब पढ़ना सीखने की धृष्टता करने लगेगा तो उसको सहन करना एक ऐसी दुर्घटना होगी जिसके फलस्वरूप न केवल लेखन-कला ही, बल्कि विचार-शक्ति भी अन्ततः विकृत और क्षीण हो जाएगी।

एक समय आत्मा को भगवान् की पदवी प्राप्त थी, फिर यह मनुष्य बनी और अन्त में यह केवल एक बाजारू जमघट बनकर रह गई है।

वह लेखक जो रक्त से लिखता है और कहावतें रचता है, यह नहीं चाहेगा कि लोग केवल उसको पढ़ें, बल्कि यह कि लोग उसे कंठस्थ करें।

पर्वतों की दो चोटियों के बीच की सीधी रेखा ही वहाँ का सबसे छोटा मार्ग होता है, किन्तु उस पर चलने के लिए अत्यन्त लम्बी टाँगें होनी चाहिए। कहावतें भी, गिरिशृंगों के समान गगन-चुम्बी होती हैं। इनको पढ़नेवाले भी महान् और ऊँचे डील-डौलवाले होने चाहिए।

वायु हल्की और शुद्ध, संकट घोर और समीप, हृदय प्रमोद भरी शरारत से छलकता हुआ—ये हैं वे तीन बातें जिनका पारस्परिक संयोग बहुत सुहावना और सुन्दर होता है।

मैं प्रेतों को अपने निकट रखना चाहता हूँ क्योंकि मेरे अन्दर शौर्य है—ऐसा शौर्य जो प्रेतों को डरा भगाता है। वह अपने लिए स्वयं ही प्रेत उत्पन्न कर लेता है। शौर्य हास-उपहास का प्रेमी होता है।

तुझमें और मुझमें अब कोई भी बात सामान्य नहीं है : यह घनघोर घटाएँ, यह गहन कालिमा और बोझल सघनता जो मेरे नीचे फैली हुई है, तू इन्हें बिजलियों का घर समझता है, और मुझे इन पर हँसी आती है।

अपनी उत्कंठा के लिए, ऊँचा उठने के लिए, तुम ऊपर की ओर देखते हो। मैं

तो पहले ही उत्कंठ हूँ, बहुत ऊँचे स्थान पर हूँ, इसलिए मैं नीचे की ओर देखता हूँ।

तुममें से कौन ऐसा है जो उत्कंठ भी हो और हँस भी सकता हो।

वह जो गगनचुम्बी पर्वतों पर चढ़ता है, उसे प्रत्येक शोकान्त पर हँसी आती है चाहे वह कोई शोकान्त नाटक हो, और चाहे जीवन की कोई असाधारण घटना।

विवेक का तकाजा है कि हम बेपरवाह हों, अवहेलना और उग्रता करनेवाले बनें, क्योंकि मानवीय विवेक एक स्त्री के समान है जो योद्धा के अतिरिक्त और किसी को प्रेम नहीं करती।

तुम मुझसे कहते हो—"जीवन एक असह्य भार है," फिर प्रातःकाल का यह इतना अभिमान और सायंकाल की यह इतनी अधीनता क्यों ?

जीवन एक असह्य भार है—मान लिया। किन्तु इतने सुकुमार क्यों बने जाते हो ? हम सभी अच्छे-खासे भारवाही जीव ही तो हैं—भले-चंगे गधे और गधियाँ ही तो हैं।

हम कोई गुलाब की सुकुमार कलियाँ थोड़े ही हैं, जिनकी देह तुहिन कण के भार से भी थर-थर काँपने लगती है।

हम जीवन से प्रेम करते हैं किन्तु इसलिए नहीं कि हम जीवन के अभ्यस्त हो गए हैं, बल्कि इसलिए कि हमें प्रेम करने की आदत पड़ गई है।

प्रेम में सदा एक प्रकार का पागलपन होता है, किन्तु इस पागलपन में भी एक प्रखर विवेक है।

मैं जो कि जीवन का प्रेमी हूँ, यह भी भली भाँति जानता हूँ कि तितलियाँ, साबुन के बुदबुदे, और मनुष्य के भीतर की इसी प्रकार की क्षणभंगुर बातें सबसे अधिक आनन्द का उपभोग करती हैं।

इन हल्के-फुल्के, बेकार, नासमझ, सारहीन और छोटे-छोटे परों पर फुदकते हुए नन्हे कोमल काय के जन्तुओं को देखकर ज़रतुष्ट्र का हृदय आँसुओं और गीतों से भर जाता है।

मैं केवल ऐसे भगवान् को ही अपना भगवान् मान सकता हूँ जो नृत्यकला में निपुण हो।

और जब मैंने अपने शैतान को देखा तो उसे उत्साही, सुघड़, प्रवीण, गहन और गम्भीर पाया, जैसे कि वह गुरुत्व की आत्मा हो, उसका भार प्रत्येक वस्तु को नीचे की ओर खींच लेता है।

मनुष्य क्रोध में क़त्ल नहीं करता, बल्कि अट्टहास में क़त्ल करता है। आओ हम सब मिलकर इस गुरुत्व की आत्मा को क़त्ल कर दें।

मैंने चलना सीख लिया है, और तभी से मैं दौड़ता हूँ। मैंने उड़ना सीख लिया है और अब गतिमान् होने के लिए मुझे किसी प्रेरणा की आवश्यकता नहीं है।

अब मैं भारमुक्त हो गया हूँ। अब मैं उड़ता हूँ। अब मैं अपने आपको अपने नीचे देखता हूँ। अब भगवान् मेरे प्राणों में नृत्य करता है।

ज़रतुष्ट्र ने यह कहा।

पर्वत का वृक्ष

ज़रतुष्ट्र ने देखा कि एक युवक जब कभी उसे मिलता है, कतराकर निकल जाता है। एक रात जब वह अकेला उन पहाड़ियों पर घूम रहा था जो 'चितकबरी गाय' नामक नगर के पास फैली हुई थीं, तो उसने सहसा देखा कि वही युवक एक वृक्ष से पीठ लगाए बैठा है और क्लान्त दृष्टि से घाटी की ओर देख रहा है। ज़रतुष्ट्र उसके निकट गया और उस वृक्ष पर, जिसके सहारे वह युवक बैठा था, हाथ टेककर कहने लगा :

''यदि मैं इस वृक्ष को अपने हाथों से हिलाना चाहूँ तो हिला न सकूँगा। किन्तु वायु, जो हमें दिखाई नहीं देती, इसे जब चाहे झँझोड़ देती है और जिधर चाहे उधर झुका देती है। हमें भी कोई अदृष्ट हाथ जब चाहे बुरी तरह झँझोड़ देते हैं और जिधर चाहें उधर झुका देते हैं।''

यह सुनते ही वह युवक सहमकर खड़ा हो गया और कहने लगा :

''यह तो ज़रतुष्ट्र की-सी बातें हैं, और मैं अभी उसी के ध्यान में बैठा था।''

ज़रतुष्ट्र ने उत्तर दिया : ''इसमें डरने की कौन-सी बात है ? किन्तु यह सत्य है कि मनुष्य की स्थिति इस वृक्ष से कुछ भिन्न नहीं है।

जितना वह प्रकाश की ओर बढ़ता है, उसकी जड़ें उतनी ही धरती की ओर, नीचे की ओर अन्धकार और गहराई की ओर बढ़ती हैं–बुराइयों की दुनिया में धँस जाती हैं।''

''हाँ, बुराइयों की दुनिया में।'' युवक ने चिल्लाकर कहा, ''किन्तु यह तो बता कि मेरी आत्मा को तूने कैसे जान लिया !''

ज़रतुष्ट्र मुस्कराया और बोला, ''बहुत-सी आत्माएँ तो ऐसी हैं कि उनका पता ही नहीं लगता जब तक उनकी उपेक्षा न की जाए।''

''हाँ, बुराइयों की दुनिया में,'' युवक ने एक बार फिर कहा, ''ज़रतुष्ट्र तू सच कहता है। जब से मैं उन्नति की ओर, ऊपर की ओर उभरने लगा हूँ तब से न मुझे स्वयं अपने पर विश्वास रहा है और न कोई मुझ पर विश्वास करता है।...आख़िर इसका कारण क्या है ?

मैं बहुत जल्दी बदल जाता हूँ। मेरा आज मेरे कल का निराकरण कर डालता है। ऊपर चढ़ते समय मैं एक ही बार में कई-कई सीढ़ियाँ फलाँग जाता हूँ, जिसके कारण प्रत्येक सीढ़ी के लिए अक्षम्य बन गया हूँ।

और जब मैं शिखर पर पहुँच जाता हूँ तो वहाँ अपने आप को सदैव एकाकी पाता

हूँ। कोई बात करनेवाला मुझे नहीं मिलता और तब मैं उस घोर विजनता और एकाकीपन के निष्ठुर कुहासे में थर-थर काँपने लगता हूँ।...आख़िर क्या धरा है इस उन्नति में ?...क्या धरा है इस शिखरारोहण में ?

मेरी घृणा और मेरी आकांक्षा, दोनों साथ-साथ बढ़ती हैं, जितना मैं ऊपर चढ़ता हूँ, उतना ही अधिक ऊपर चढ़नेवाले मनुष्य के प्रति मेरी घृणा बढ़ती है। ऊँचाई पर चढ़कर मनुष्य आख़िर करेगा क्या ?...वहाँ क्या धरा है ?

कितना लज्जित हूँ मैं इस ऊपर चढ़ने पर और फिसलने पर। कितनी हँसी आती है मुझे अपने दम फूलने की स्मृति से !...और सुगमता से ऊपर चढ़नेवालों के प्रति मुझे कितनी घृणा है !...ओह, इन ऊँचाइयों पर पहुँचकर कितना थक गया हूँ मैं !''

इतना कहकर वह युवक मौन हो गया और ज़रतुष्ट्र उस वृक्ष को, जिसके पास वे दोनों खड़े थे, ध्यानपूर्वक देखते हुए कहने लगा :–

''यह वृक्ष इस पर्वत पर अकेला खड़ा है; मनुष्यों तथा पशुओं की अपेक्षा यह बहुत ऊँचा बढ़ गया है।

यदि यह बोल सकता तो इसे समझनेवाला कोई न था–यह इतना बढ़ चुका है !

अब यह सिर से पैर तक साकार प्रतीक्षा बना खड़ा है। पर क्यों और किसकी प्रतीक्षा में ?...यह बढ़कर मेघों के बहुत निकट पहुँच गया है; क्या यह अब अपनी साहसी आकांक्षाओं से प्रेरित प्रथम वज्रपात के प्रहार की प्रतीक्षा कर रहा है ?''

ज़रतुष्ट्र की यह बातें सुनकर वह युवक उग्रता के साथ चिल्लाकर बोला, ''हाँ, ज़रतुष्ट्र, तू सच कहता है। अपने विनाश की आकांक्षा से प्रेरित होकर ही मैंने उन्नति का, ऊपर चढ़ने का मार्ग पकड़ा था। और तू वह वज्र है जिसकी मुझे प्रतीक्षा थी। देख, मैं क्या से क्या हो गया हूँ–जब से तू हम लोगों के बीच आया है। तेरे प्रति मेरी यह ईर्ष्या है जिसने मुझे कहीं का नहीं छोड़ा।''---इतना कहकर वह युवक फूट-फूटकर रोने लगा। ज़रतुष्ट्र ने उसे अपनी भुजाओं में बाँध लिया और फिर उसकी कमर में हाथ डालकर उसे अपने साथ ले लिया।

थोड़ी देर इसी तरह साथ-साथ चलने के पश्चात् ज़रतुष्ट्र ने कहा–

मेरा हृदय फटा जा रहा है। मेरे शब्दों से कहीं अधिक तेरी आँखें तेरे जीवन का दुख-सुख मुझसे कह रही हैं।

तू अभी तक स्वतन्त्र नहीं है, केवल स्वतन्त्रता खोज रहा है। तेरी इस खोज ने तुझे थका दिया है, और ज़रतुष्ट्र से भी अधिक सतर्क बना दिया है।

तू स्वच्छन्द बुलन्दियों के लिए तड़फता है, तेरी आत्मा आकाश के तारों की प्यासी है, किन्तु तेरी दूषित भावनाएँ भी तो स्वतन्त्रता की प्यासी हैं।

तेरे जंगली कुत्ते भी स्वतन्त्रता चाहते हैं; जब कभी तेरी आत्मा अपने समस्त कारागारों को तोड़ डालने का प्रयास करती है, यह भयानक कुत्ते भौंक-भौंककर अपने दबड़ों को सिर पर उठा लेते हैं।

मैं तुझे अभी तक एक बन्दी ही पाता हूँ जो अपनी स्वतन्त्रता के केवल

स्वप्न ही देख रहा है। ऐसे बन्दियों की आत्मा साधन-सम्पन्न तो अवश्य हो जाती है, किन्तु अफ़सोस कि साथ-साथ वह कपटी और कलुषित भी हो जाती है।

उन लोगों के लिए भी जिनकी आत्मा ने स्वतन्त्रता प्राप्त कर ली है, यह आवश्यक है कि वे इस आत्मा को पवित्र और निर्मल बनाएँ। अभी तक बन्धन और कीचड़ के बहुत-से तत्त्व उससे चिपटे हुए हैं।...उसकी आँखों को धोकर साफ़ करने की अत्यन्त आवश्यकता है।

हाँ, तो मैं तेरे संकटों से भली भाँति परिचित हूँ, किन्तु अपने प्रेम और आशा की शपथ देकर तुझसे अनुरोध करता हूँ कि अपने प्रेम और अपनी आशा का परित्याग मत करना।

तुझे अभी तक अपनी कुलीनता और भद्रता का आभास है, और दूसरे भी यह जानते और मानते हैं कि तू कुलीन और भद्र है यद्यपि उनके मन में तेरे प्रति क्रोध भरा है और वे तुझे मलिन दृष्टि से देखते हैं। तुझे मालूम होना चाहिए कि संसार का प्रत्येक मनुष्य प्रत्येक कुलीन और भद्र मनुष्य को अपने मार्ग की अड़चन समझता है।

भद्र पुरुष भलाई के लिए के लिए भी एक प्रकार की अड़चन होता है। और जब लोग उसे भलामानस कहते हैं तो इससे उनका यही अभिप्राय होता है कि इस अड़चन को अपने मार्ग से दूर कर दिया जाए।

भद्र पुरुष नवीन वस्तुओं की रचना करता है और एक नवीन सद्गुण को जन्म देता है। कुलीन पुरानी वस्तुओं तथा प्राचीन मर्यादाओं को सुरक्षित रखने का इच्छुक होता है।

किन्तु भद्र पुरुष को एक संकट घेरे रहता है। वह संकट इस बात का नहीं है कि कहीं वह कुलीन न बन जाए, बल्कि इस बात का कि कहीं वह उद्धत, निन्दक और ध्वंसक न बन जाए।

अफ़सोस ! मैंने ऐसे भद्र पुरुष देखे हैं जिनकी उच्चतम आशाएँ नष्ट हो चुकी थीं और परिणाम-स्वरूप वे समस्त ऊँची आशाओं को उपहास और तिरस्कार की दृष्टि से देखने लगे थे।

वे धृष्टतापूर्वक वासनाओं के क्षणभंगुर आनन्द का जीवन व्यतीत करने लगे थे और उनके बहुत कम लक्ष्य ऐसे रह गए थे जो दिन भर की सीमा से आगे बढ़ते हों।

"मन भी तो स्वयं एक वैभव तथा वासना का दूसरा नाम है"—वे कहने लगे और तब उनकी आत्मा के पंख टूट गए और अब वह आत्मा उड़ने के अयोग्य होकर इधर-उधर रेंगती फिरती है, और जिस चीज़ को कुतर लेती है उसे अपवित्र कर डालती है।

एक समय था जब वे सूरमा बनने के स्वप्न देखते थे। आज वही वासना-कीट और दुराचारी बने हुए हैं। सूरमा उनके हृदय का कंटक और छाती का शूल बन गया है।

किन्तु मैं अपने प्रेम और आशा की शपथ देकर तुझसे अनुरोध करता हूँ कि तू अपने उस सूरमा से विमुख न होना जो तेरी आत्मा में आसीन है, और अपनी उच्चतम आशा को सदैव पवित्र और पावन रखना !

ज़रतुष्ट्र ने यह कहा।

यह मृत्यु के उपदेशक

यहाँ मृत्यु के उपदेशक भी हैं, और संसार में ऐसे लोगों की भी कमी नहीं जिनको जीवन-त्याग करने की शिक्षा मिलनी चाहिए।

संसार निरावश्यक लोगों से भरा पड़ा है और इन लोगों की भरमार से जिनकी जनसंख्या अत्यधिक बढ़ चुकी है, जीवन कुंठित हो गया है। क्या ही अच्छा हो यदि उन्हें भविष्य के 'अनन्त जीवन' का प्रलोभन देकर इस जीवन से पृथक किया जा सके।

मृत्यु के उपदेशकों को लोग 'पीताम्बर धारी' कहते हैं, या 'कृष्णाम्बर धारी'। किन्तु मैं इन लोगों को दूसरे रंगों में दिखाऊँगा।

इन लोगों में ऐसे भयंकर लोग भी हैं जो अपने भीतर एक हिंसक पशु लिए फिरते हैं। इनके जीवन में एक ओर वासना है और दूसरी ओर अपने आप को नोच खाने का समारोह। और इनकी यह वासना भी अपने आप को नोच खाने का दूसरा नाम है।

यह अभी तक मनुष्य भी तो नहीं बन पाए हैं—यह भयंकर लोग। इन्हें जीवन-त्याग का उपदेशक बनना ही चाहिए और इससे भी उत्तम यह है कि वे स्वयं जीवन त्याग दें।

इन लोगों में कुछ ऐसे लोग भी हैं जिनकी आत्मा क्षय रोग से पीड़ित है। वे अभी तक ठीक तरह से पैदा भी नहीं हो पाते कि मृत्यु की ओर बढ़ने लगते हैं; और आत्म-त्याग तथा निर्माण के सिद्धान्तों का आश्रय खोजने लगते हैं।

वे मृत्यु की आकांक्षा में जीवित हैं और हमें उनकी इस आकांक्षा का स्वागत करना चाहिए। हमें सावधान रहना चाहिए कि कहीं हम इन चलती-फिरती शव-पेटियों, इन जीवित लाशों को जगा न दें।

जब कभी उनके सामने कोई बीमार, वृद्ध या कोई शव आता है तो वे कह उठते हैं, "देखो, यह जीवन का निराकरण है।"

किन्तु यह निराकरण है स्वयं उनका अपना, और उनकी आभाहीन आँखों का जो अस्तित्व का केवल एक ही पहलू देख सकती हैं।

उदासीनता की मोटी चादर में लिपटे हुए यह लोग उन तुच्छ घटनाओं की क्षुधा में पड़े तरसते और दाँत पीसते रहते हैं जिनके आँचल में मृत्यु छिपी रहती है।

अथवा वे मिठाइयों पर झपटते हैं और इस तरह अपने शैशव का उपहास उड़ाते

हैं। जीवन से वे इस तरह चिपटे रहते हैं जैसे डूबनेवाला तिनके से; और फिर इस तिनके से चिपटे रहने पर वे अपना उपहास स्वयं उड़ाते हैं।

उनकी प्रज्ञा कहती है, "मूर्ख है वह प्राणी जो जीवित रहता है, और इस तरह हम सब स्वयं भी मूर्ख हैं; यही तो जीवन की सबसे बड़ी मूर्खता है।"

"जीवन दुख का ही दूसरा नाम है," यह इन लोगों में से कुछ का कहना है और वे सच ही कहते हैं ! और अब यही उचित है कि वे जीवन से नाता तोड़ दें; सचमुच, इनके लिए अब यही उचित है कि वे अपने जीवन जो इनके निकट दुख का ही दूसरा नाम है, को मूलतः समाप्त कर दें।

इनके सद्गुणों को अब इस सिद्धान्त का प्रचार करना चाहिए, "मनुष्य के लिए यही श्रेष्ठ है कि वह अपने हाथों अपनी हत्या करे और अपनेपन को स्वयं अपने आप से चुरा ले।"

"वासना पाप है," इन मृत्यु के उपदेशकों में से कुछ का कहना है, "हमें अलग-अलग रहना चाहिए, ब्रह्मचर्य का पालन करना चाहिए, क्योंकि सम्भोग करना एक महा पाप है। हमें सन्तान उत्पन्न करनी नहीं चाहिए।"

इनमें से कुछ लोगों का कहना है कि "जन्म देना एक बहुत कष्टप्रद कार्य है। फिर बच्चे क्यों जने जाएँ ? और जो अभागा जन्म पाता है, वह दुखों के संसार में डुबकी लगाता है।" ऐसी बात कहनेवाले यह लोग भी मृत्यु के ही उपदेशक हैं।

इन लोगों का एक तीसरा दल है जो कहता है : "दया भाव आवश्यक है—जो कुछ मेरे पास है वह सब ले लो, जो कुछ मैं हूँ वह भी ले लो ! जीवन का बन्धन जितना कम हो उतना ही अच्छा।"

यह लोग यदि वास्तव में दयार्द्र होते तो निश्चय ही पहले पड़ोसियों को जीवन की शत्रुता का पाठ पढ़ाते। 'बुरा होना ही'—इनकी सबसे बड़ी अच्छाई होती।

किन्तु वे तो जीवन से छुटकारा चाहते हैं; उन्हें इसकी क्या परवाह कि वे अपने उपहारों की जंजीरों से दूसरों को और भी अधिक सख़्ती से जकड़ रहे हैं !

और तुम लोग जो जीवन को एक कृच्छ, कठिन परिश्रम और विषम आकुलता मानते हो, यह तो बताओ कि क्या तुम जीवन से तंग तो नहीं आ गए ?...क्या तुम स्वयं भी मृत्यु का सन्देश प्राप्त करने के सुपात्र नहीं हो ?

और तुम सब ऐसे लोग जिन्हें निरर्थक परिश्रम से प्रेम है और जो अल्पकालिक कार्य को एवं नवीन और अद्भुत पदार्थ को सन्देह की दृष्टि से देखते हो, क्या तुम्हारा सम्पूर्ण उद्योग अपने से भागने का या अपने आप को विस्मृत करने का प्रयास तो नहीं है ?

यदि तुम्हें जीवन पर थोड़ा-सा भी विश्वास होता तो तुम क्षणिक अथवा छोटी-छोटी बातों पर इतना ध्यान न देते। किन्तु सही उद्देश्य और सही समय की प्रतीक्षा करने की तुममें क्षमता ही नहीं है; और कुछ नहीं तो सुस्ताने के लिए बेकार ही बैठ जाते !

चारों ओर उन्हीं लोगों की आवाज़ें गूँज रही हैं जो मृत्यु का उपदेश देते हैं। और संसार भी ऐसे ही लोगों से आच्छादित हुआ पड़ा है जिन्हें मृत्यु का सन्देश मिलना ही चाहिए।

यह ''अनन्त जीवन या लोक-परलोक'' कुछ भी हो, मुझे इसकी परवाह नहीं। मेरे निकट ये दोनों एक ही हैं। मैं तो केवल यही चाहता हूँ कि यह संसार शीघ्र से शीघ्र इनसे छुटकारा पा जाए।

ज़रतुष्ट्र ने यह कहा।

युद्ध और योद्धा

हम नहीं चाहते कि हमारे श्रेष्ठतम शत्रु और हमारे वे श्रेष्ठतम मित्र जिन्हें हम हृदय से प्यार करते हैं, हमारे साथ किसी प्रकार की उदारता या रियायत का व्यवहार करें। इसी नाते मैं उनसे कुछ सच्ची बातें करना चाहता हूँ !

युद्ध में मेरे विरोधी बन्धुओ ! मैं तुम्हें हृदय की गहराई से प्रेम करता हूँ। मैं भी तुम्हारे जैसा ही हूँ और सदा से ऐसा ही था। और फिर, मैं तुम्हारा श्रेष्ठतम शत्रु भी तो हूँ। इसी नाते मैं आज तुमसे कुछ सच्ची बातें कहने लगा हूँ।

मैं तुम्हारे हृदय की घृणा और ईर्ष्या से परिचित हूँ। तुम इतने महान् नहीं हो कि घृणा और ईर्ष्या को हृदय में स्थान न दे सको। किन्तु इतनी महानता तो तुममें होनी ही चाहिए कि इनके कारण तुम्हें लज्जा न आए।

यदि तुम ज्ञान के तत्त्वद्रष्टा योगी नहीं बन सकते, तो कम से कम इसके योद्धा तो तुम्हें बनना ही चाहिए क्योंकि योद्धा लोग ही इस पावन योग के साथी और अग्रदूत हुआ करते हैं।

मुझे बहुत-से सैनिक तो दिखाई देते हैं किन्तु योद्धा नहीं। क़ाश यहाँ बहुत-से योद्धा भी होते। वह वस्त्र जो वे धारण किए हुए हैं उसे वर्दी–समानरूपी वेष कहा जाता है। क़ाश इस समानरूपी वेष के नीचे जो कुछ ये छिपाए हुए हैं वह समानरूपी न हो।

मैं चाहता हूँ कि तुम ऐसे बन जाओ कि तुम्हारी आँखें सदा शत्रु को, अपने शत्रु को खोजती रहें ! और तुममें से कुछ ऐसे भी तो हैं जो देखते ही घृणा करने लगते हैं।

तुम्हें अपने शत्रु को खोजना चाहिए, अपना युद्ध स्वयं लड़ना चाहिए, और वह भी अपने विचारों के लिए ! और तुम्हारे विचार यदि पराजित भी जो जाएँ, तुम्हारी ईमानदारी को तब भी विचलित नहीं होना चाहिए, उसकी विजय-पताका सदैव ऊँची रहनी चाहिए !

तुम्हें शान्ति से प्यार होना चाहिए ताकि उसे नवीन युद्ध का साधन बनाया जा सके; और यह आन्तरिक विराम जितना छोटा हो, उतना ही अच्छा।

मैं तुम्हें काम-काज करने की सम्मति नहीं देता बल्कि युद्ध करने की सम्मति देता हूँ, शान्ति स्थापना की नहीं, प्रत्युत दिग्विजय का मशवरा देता हूँ; तुम्हारे काम-काज का अर्थ होना चाहिए संग्राम और तुम्हारी शान्ति का अर्थ विजय।

मनुष्य तभी शान्तचित्त, सुखी और स्थिर रह सकता है जब उसके हाथ में धनुष और वाण हों; उनके बिना वह झगड़ालू और बकवादी बन जाता है। तुम्हारी शान्ति का अर्थ तुम्हारी विजय होना चाहिए।

तुम कहते हो कि अच्छा उद्देश्य युद्ध तक को शुभ तथा पवित्र बना देता है !...मैं कहता हूँ कि अच्छा युद्ध प्रत्येक उद्देश्य को शुभ और पवित्र बना देता है।

संसार में जितने शुभ तथा श्रेष्ठ कार्य युद्ध और साहस द्वारा परिपूर्ण हुए हैं, उतने दान और दया द्वारा नहीं। वह तुम्हारी दया नहीं, तुम्हारा साहस है जिसने अभी तक दीन और दुखियों की रक्षा की है।

"भलाई क्या है ?" तुम पूछते हो। "शूरवीर होना भलाई है। लड़कियों को बहकने दो कि भला होने का अर्थ सुन्दर और विनीत होना है।"

लोग तुम्हें हृदयहीन कहते हैं, किन्तु तुम्हारा हृदय दृढ़ और निश्चल है–और मुझे तुम्हारे निर्मल मानस की लज्जामाधुरी प्यारी लगती है। तुम्हें अपने उत्थान पर लज्जा आती है, दूसरों को अपने पतन पर।

क्या तुम कुरूप हो ?...अच्छा भाइयो, यों ही सही।...तो फिर तुम अपने आप को प्रतिष्ठा और गौरव के आवरण से सुसज्जित कर लो। यह आवरण कुरूपता-निवारण का अचूक साधन है।

ज्यों-ज्यों तुम्हारी महानता बढ़ती जाती है, तुम्हारे स्वाभिमान में भी वृद्धि होती जाती है। तुम्हारी प्रतिष्ठा के पीछे द्रोह का एक व्यंग्य भी छिपा हुआ है। मैं तुम्हें अच्छी तरह जानता हूँ।

द्रोह एक ऐसा संगम-स्थल है जहाँ बलवान् और निर्बल दोनों मिल जाते हैं, किन्तु ये दोनों एक-दूसरे को पहचान नहीं सकते और न एक-दूसरे को समझ ही सकते हैं। मैं तुम्हें अच्छी तरह से जानता हूँ।

वही लोग शत्रु बनाने योग्य होते हैं जिनसे घृणा की जा सके, न कि वे लोग जिन्हें तुच्छ समझा जाए। तुम्हें अपने शत्रुओं पर अभिमान होना चाहिए और तब ऐसे शत्रु की सफलता में तुम्हारी अपनी भी सफलता है।

विद्रोह ?...यह गुलामों के लिए गौरव की बात हो सकती है, तुम्हारे लिए नहीं। तुम्हारा गौरव तो इसमें है कि तुम आज्ञापालक हो। तुम्हारे आदेश की श्रेष्ठता यह होनी चाहिए कि वह स्वयं आदेश-पालन बन जाए।

"मैं करूँगा" के स्थान पर "तू करेगा" सुनना अच्छे योद्धा को कहीं अधिक प्रिय होता है। प्रत्येक वह वस्तु जो तुम्हें अत्यन्त प्रिय है, उसे उसी समय ग्रहण करना उचित है जब वह आदेश के रूप में तुम्हारे पास आए।

जीवन से प्रेम का अर्थ तुम्हारे लिए अपनी उच्चतम आशाओं से प्रेम होना चाहिए, और तुम्हारी उच्चतम आशा जीवन की उच्चतम धारणा होनी चाहिए।

और यह उच्चतम धारणा तुम्हें मुझसे ग्रहण करनी चाहिए जो मैं आदेश के रूप

में तुम्हें देता हूँ। और वह है–"मनुष्य एक ऐसी वस्तु है जिसका अतिक्रमण करना अत्यन्त आवश्यक है।"

बस बन्धुओ, तुम इसी तरह आदेश-पालन और युद्ध के जीवन को अपनाते रहो ! बहुत दिनों तक जीवित रहने से क्या लाभ ?...वह कौन योद्धा है जो जान छिपाकर अँधेरे में भटकते रहना पसन्द करेगा ?

मैं तुमसे किसी प्रकार की उदारता या रियायत का व्यवहार नहीं करूँगा, ओ मेरे रणक्षेत्र के विरोधी बन्धुओ ! किन्तु मैं तुम्हें अपने हृदय की गहनतम गहराइयों से प्रेम करता हूँ।

ज़रतुष्ट्र ने यह कहा।

यह नई मूर्ति

दूसरे देशों में अभी तक लोग भी हैं और जातियाँ भी, किन्तु हमारे यहाँ नहीं। हमारे यहाँ तो, मेरे बन्धुओ, केवल राज्य ही है।

राज्य ?—यह क्या चीज़ है ?---कान खोलकर सुनो। मैं तुम्हें लोगों के विनाश की बात सुनाता हूँ।

राज्य नाम है एक राक्षस का—एक अत्यन्त क्रूर और हृदयहीन दैत्य का।...यह अत्यन्त निर्दयता और सरलता के साथ झूठ बोला करता है। और झूठ सदैव ही रेंग-रेंग कर उसके मुँह से निकला करते हैं। "राज्य ही जनता है।" यह कहता है वह।

किन्तु यह झूठ है। निर्माता तो वे थे जिन्होंने राष्ट्रों की रचना की थी, कौमों को जन्म दिया था और उनको एक लक्ष्य और प्रेम के सूत्र में बाँधा था। इस प्रकार उन्होंने जीवन की सेवा की थी। किन्तु ये तो विध्वंसकारी हैं जो लोगों को फँसाने के लिए जाल बिछाया करते हैं और उन जालों को राज्य कहते हैं। यह अनगिनत वासनाओं से लोगों को जकड़ते हैं और उनके सिर पर एक नंगी तलवार लटका देते हैं।

जहाँ कहीं अब भी जातियाँ हैं और जनता जीवित है वे राज्य को नहीं मानते। वे इससे घृणा करते हैं और इसको अपने अधिकारों और रीति-रिवाजों के विरुद्ध एक महापाप समझते हैं।

मैं तुम्हें एक बात समझाता हूँ—भलाई और बुराई के सम्बन्ध में प्रत्येक जाति अपनी अलग भाषा बोलती है जो उसके पड़ोसियों की समझ में नहीं आती। प्रत्येक जाति ने अपने रीति-रिवाज़ों और अधिकारों के सम्बन्ध में एक अलग भाषा बना रखी है जिसे वही बोल तथा समझ सकती है।

किन्तु राज्य भलाई और बुराई के सम्बन्ध में प्रत्येक भाषा में झूठ बोलता है। जो कुछ यह कहता है वह केवल झूठ ही होता है और जो कुछ इसके पास है वह चोरी का माल है।

यह झूठा है, सिर से पैर तक झूठा, यह कटखना है और चुराए हुए दाँतों से काटता है। इसकी तो अन्तरात्मा तक झूठी है—कपट से भरी हुई।

भलाई और बुराई सम्बन्धित भाषाओं की सम्भ्रान्ति : यह है राज्य का चिह्न जो मैं तुझे बताना चाहता हूँ, निश्चय ही यह चिह्न है मृत्यु के संकल्प का और आह्वान है मृत्यु के उपदेशकों का !

जन्म पानेवालों की भरमार है इस संसार में। इन फालतू लोगों के लिए ही राज्य का आविष्कार हुआ है।

देखो किन युक्तियों से वह इन फालतू लोगों को फुसला रहा है और फिर किस तरह वह इनको हड़प कर रहा है–चबा-चबाकर, मानो जुगाली कर रहा है।

"कोई नहीं है धरती पर मुझसे बड़ा। मैं भगवान् की कलम हूँ जिसका लिखा कोई नहीं मिटा सकता।" साँड़ की तरह डकार-डकारकर यह राक्षस कहता है और इसे सुनते ही न केवल वे जिनके कान लम्बे और बुद्धि छोटी होती है, अपने घुटने टेककर इसके सामने नाक रगड़ते हैं, बल्कि बहुत-से अन्य लोग भी ऐसा ही करते हैं।

हे महान् लोगो, अफ़सोस है इस बात का कि तुम्हारे कानों तक में इसकी घृणित बातें स्थान पा जाती हैं। अफ़सोस ! यह ऐसे उदार-हृदय लोगों को खोज निकालता है जो अपने आपको न्यौछावर कर देने के लिए सदा तत्पर रहते हैं।

हे पुराने भगवान् को पछाड़नेवालो ! उन्होंने तुम्हें भी खोज निकाला है। इस संग्राम में जब तुम पूरी तरह थक जाते हो, तब तुम्हारी थकान तुम्हारे लिए नए भगवान् की रचना कर डालती है।

शूरवीर और ईमानदार लोगों के आस-पास यह राज्य एक नई मूर्ति की स्थापना करता है। इस हिम-हृदयी राक्षस को यह अत्यन्त प्रिय है कि विशुद्ध आत्माओं के सूर्य के धवल तापमय प्रकाश में बैठकर उनके तेज एवं प्रताप की धूप सेंकना।

तुम्हें यह नई मूर्ति सब कुछ देने को तैयार है, यदि तुम इसके पूजक बन जाओ !...और इस तरह वह अपने लिए तुम्हारे सद्गुणों की ज्योति और तुम्हारी निर्भीक निगाहों का गौरव खरीदने का प्रयत्न किया करती है।

राज्य तुमको अपने कटवे का चारा बनाएगा और फिर इस कटवे से फालतू लोगों की भीड़ का शिकार करेगा। यह उसका गढ़ा हुआ एक शैतानी यन्त्र है, एक विकराल षड्यन्त्र है–मृत्यु का एक ऐसा घोड़ा जिसके चारजामे में दैवी पुरस्कारों तथा धार्मिक प्रतिष्ठा के घुँघरू छनछना रहे हैं।

हाँ, तो यह वास्तव में मनुष्यों को फँसाने के लिए मृत्यु का जाल है, जिसका नाम इस कपटी ने जीवन रखा है। इस आविष्कार पर मृत्यु के सभी उपदेशक कितने प्रसन्न हैं !

मैं बताऊँ राज्य क्या है ? राज्य वह है जहाँ सब लोग, भले भी और बुरे भी, अपने आप को खो बैठते हैं; और जहाँ सामूहिक रूप से समस्त जनता के सिसक-सिसककर आत्मघात करने को 'जीवन' की संज्ञा दी जाती है।

मैं तुमसे अनुरोध करता हूँ कि तुम संसार के इन फालतू लोगों से सावधान रहो ! ये लोग आविष्कार करनेवालों के श्रेय और मेधावी लोगों की अमूल्य निधियों को अपने लिए चुरा लेते हैं। अपनी इस चोरी का नाम इन्होंने संस्कृति रख छोड़ा है। जो कुछ भी इनके हाथों में पहुँच जाता है, वह रोगग्रस्त और अशुभ बनकर रह जाता है।

मैं तुमसे अनुरोध करता हूँ कि तुम संसार के इन फालतू लोगों से सावधान रहो !

सदा से रोगी हैं ये, और जब अपने पित्त का वमन करते हैं तो उसको समाचार-पत्र कहते हैं। वे एक-दूसरे को निगल जाते हैं, किन्तु पचा नहीं सकते।

मैं तुमसे अनुरोध करता हूँ कि तुम संसार के इन फालतू लोगों से सावधान रहो। ये बेहद धन-दौलत बटोरते हैं जिसके कारण अत्यन्त दरिद्र बन जाते हैं। ये शक्ति प्राप्त करना चाहते हैं परन्तु उससे पहले शक्ति का आधार, यानी पैसा–नपुंसक कहीं के !

देखो ये ऊपर किस प्रकार चढ़ते हैं–ये फुर्तीले बन्दर !...ये चढ़ते हैं एक-दूसरे पर गिरते-पड़ते और इस तरह एक-दूसरे को कीचड़ के अगाध गर्त्त में घसीटते हुए !

इनमें से प्रत्येक राज्य-सिंहासन की ओर लार टपकाता हुआ भागता है। भला इस पागलपन की भी कोई सीमा है ? वे समझते हैं कि सुख सिंहासन पर बैठता है, हालाँकि सिंहासन पर अधिकतर या तो गन्दगी प्रतिष्ठित मिलती है, अथवा सिंहासन गन्दगी पर आसीन मिलता है !

पागल लगते हैं मुझे तो ये सब लोग–बन्दरों की तरह हाथापाई करनेवाले तथा आपे से बाहर। इनकी वह मूर्ति–वह हिमहृदयी राक्षस–कितनी सड़ायँध आती है उस में से ! और मुझे तो इन सब मूर्तिपूजकों से भी सड़ायँध ही आती है, अत्यन्त असह्य सड़ायँध।

मेरे बन्धुओं, क्या इस सड़ायँध में, उनकी थूथनियों और उनकी लिप्साओं की सड़ायँध में तुम्हारा दम नहीं घुटता ? फिर क्यों तुम खिड़कियों के किवाड़ तोड़ नहीं डालते और शुद्ध वायु में बाहर नहीं कूद जाते ?

इस असह्य दुर्गन्ध से बचो ! इन फ़ालतू लोगों के धुएँ की सड़ायँध से दूर भागो। मेरा तुमसे यही अनुरोध है।

दूर भागो इस दुर्गन्ध से। इस मानवी आहुति के धुएँ की सड़ायँध से दूर भागो। मेरा तुमसे यही अनुरोध है।

महान् आत्माओं के लिए संसार के कपाट अब भी खुले हैं। अकेले-दुकेले एकान्तवासियों के लिए धरती पर अभी भी ऐसे स्थान हैं जहाँ शान्त समुद्रों की शीतल, मन्द, सुरभित समीर दिन-रात बहा करती है।

महामहिम आत्माओं के लिए स्वच्छन्द जीवन की उन्मुक्त राहें अभी तक खुली हुई हैं। यह एक सत्य है कि जितना किसी का आधिपत्य कम हो, उतनी उसकी अधीनता भी कम होती है। धन्य हैं वे लोग जो सीमित निर्धनता से सम्पन्न हैं।

राज्य के अन्त की सीमा ही इस मानव का प्रारम्भिक परिच्छेद है जो निरर्थक लोगों की भीड़ से बाहर है। वहीं से प्रादुर्भाव होता है आवश्यक लोगों के संगीत का–अद्वितीय तथा एकाकी संगीत का।

जहाँ राज्य के अन्त की परिधि है, मेरे बन्धुओ वहीं ध्यानपूर्वक दृष्टि डालो। क्या तुम्हें वहाँ इन्द्रधनुष और *महामानव* तक पहुँचने का पुल नज़र नहीं आता ?

ज़रतुष्ट्र ने यह कहा।

बाज़ार की मक्खियाँ

भाग, मेरे मित्र भाग; अपने एकान्तवास में भाग जा। मैं देख रहा हूँ कि बड़े आदमियों का शोर तुझे मूर्छित किए जा रहा है; और छोटे आदमियों का दंश तुझे छलनी किए जा रहा है।

वन और शिलाएँ ही तेरी निस्तब्धता के सच्चे साथी हो सकते हैं। तू फिर से अपने उस प्रिय वृक्ष के समान हो जा, जो अपनी बड़ी-बड़ी डालों को फैलाए चुपचाप समुद्र के ऊपर झुका, कान लगाए खड़ा है।

जहाँ निर्जनता समाप्त होती है, वहाँ से बाज़ार शुरू होता है, और जहाँ बाज़ार शुरू होता है, वहीं से बड़े-बड़े अभिनय-कर्त्ताओं का कोलाहल और विषैली मक्खियों की भनभनाहट आरम्भ होती है।

संसार में उत्तम से उत्तम वस्तु भी उस समय तक अर्थहीन रहती है जब तक कोई उसकी प्रदर्शनी करनेवाला न हो। इन्हीं प्रदर्शनी करनेवालों को यह दुनियावाले बड़ा आदमी कहते हैं।

वास्तव में बड़े आदमी को, निर्माता को लोग जानते नहीं। इन लोगों के कान तथा आँखें केवल प्रदर्शनी करनेवालों के लिए हैं, अथवा उन लोगों के लिए जो बड़ेपन का अभिनय करते हैं।

समस्त संसार घूमता है उन लोगों के गिर्द जो नए मूल्यों का निर्माण करते हैं—और वह घूमता है उनके गिर्द अलक्षित रूप से; किन्तु यश और दुनियावाले घूमते हैं उन लोगों के गिर्द जो बड़ेपन का अभिनय रचते हैं—दुनिया इसी का नाम है !

इन अभिनय रचनेवालों के अन्दर बुद्धि तो होती है किन्तु बौद्धिक अन्तःकरण नहीं। इनके भीतर निष्ठा भी होती है, किन्तु उन साधनों के प्रति जिनके प्रयोग से वे अन्य लोगों के भीतर अपने प्रति दृढ़ निष्ठा उत्पन्न कर सकें।

आज इनका एक मत है, तो अगले दिन दूसरा। जनता की भीड़ के समान द्रुतगति तथा परिवर्तनशील धारणाओं का स्वामी होता है वह अभिनय रचनेवाला !—और उसके आचार-विचार भी ऐसे ही अस्थिर और निस्सार होते हैं।

उच्छेदन तथा खण्डन करने को वह सिद्ध करना समझता है। उसकी थोथी बकझक से जब श्रोता परेशान हो जाता है तो वह समझता है कि वह उसका अनुयायी बन गया है, और रक्त उसके निकट अकाट्य तर्क और अन्तिम दलील है ही।

वह सत्य जिसको केवल सूक्ष्मग्राही बुद्धि ही ग्रहण कर सकती है, उसके निकट कोरा

झूठ है–सारहीन और शून्य है। उसकी निष्ठा के पात्र केवल वही हो सकते हैं, जो संसार में अधिक से अधिक शोर मचा सकें और ताल ठोककर गाल बजा सकें।

इस संसार के गम्भीर और प्रतिष्ठित भाँड़ों से बाज़ार भरे पड़े हैं और यह दुनियावाले जब अपने बड़े आदमियों की डींग हाँकते हैं तो उनका अभिप्राय इन्हीं भाँड़ों से होता है। इस घड़ी यही बाज़ार के स्वामी हैं और इन्हीं का प्रभुत्व यहाँ क़ायम है।

प्रभुत्व की यह घड़ी उन्हें मज़बूर कर रही है और बदले में वे तुम्हें मज़बूर कर रहे हैं कि तुम भी 'हाँ' या 'ना' में कोई अधिकृत उत्तर दो। अफ़सोस, क्या तुम "पक्ष और विपक्ष के मध्य आसन ग्रहण करना चाहोगे ?"

हे सत्य के उपासको ! इन निरंकुश और अधीर लोगों से ईर्ष्या मत करो। सत्य ने आज तक, कभी भी, निरंकुशता का सहारा नहीं लिया।

इन जल्दबाज़ों से दूर तू अपने सुरक्षित स्थान पर चला था : बाज़ार में तुझे इनकी 'हाँ या ना' का आग्रह घेर लेगा।

गहरे कुँओं को देर से पता चलता है कि उनकी गहराइयों में क्या गिरा है।

समस्त अच्छाइयाँ और महान् बातें बाज़ार और कीर्ति से दूर जन्म पाती हैं और दूर ही रहते हैं वे सब लोग जो नवीन मूल्यों का आविष्कार करते हैं।

अपने एकान्त में भाग जा, मेरे मित्र !...मैं देख रहा हूँ कि विषैली मक्खियों ने दंश मार-मारकर तुझे सिर से पैर तक छलनी कर दिया है : भाग ऐसी जगह जहाँ तीव्र और प्रबल वायु चलती है।

भाग, अपने एकान्त में भाग जा। तू इन घृणित और तुच्छ लोगों के बहुत समीप पहुँच गया है। इनकी अदृश्य प्रतिहिंसा से दूर भाग जा। तेरे विरुद्ध ये सब प्रतिहिंसा की साकार मूर्ति हैं।

तू इनके विरुद्ध अब अपना हाथ भी मत उठा। ये अगणित हैं और तू कोई मक्खीमार थोड़े है !

अगणित है इन घृणित और क्षुद्र लोगों की संख्या !...क्या तूने नहीं देखा कि कितने ही गगन-चुम्बी और गौरवमण्डित प्रासादों को छोटे-छोटे कणों और क्षुद्र घास-फूस ने खँडहरों में परिणत कर दिया है।

तू तो शिलाखण्ड भी नहीं है। इन छोटे-छोटे अगणित वर्षा कणों की अपार बौछार के प्रहार से तू टूटकर टुकड़े-टुकड़े हो जाएगा।

मैं देख रहा हूँ कि इन विषैली मक्खियों ने यद्यपि तेरी जिन्दगी हराम कर दी है और इनके दंशों से तेरा शरीर लहूलुहान हो रहा है, किन्तु तेरे आत्मगौरव को फिर भी यह सहन नहीं है कि तू इन पर रोष प्रकट करे।

वे अत्यन्त निष्कपट भाव से तेरे लहू के प्यासे हैं। उनकी रक्तविहीन निर्बल आत्मा को रक्त की आवश्यकता है। इसलिए अत्यन्त सरल और निष्पाप भाव से वे तुझे डंक मारते हैं और तेरा लहू चूसते हैं।

किन्तु तेरी–जिसका हृदय अत्यन्त गम्भीर है और गहन है–वेदना भी तो अत्यन्त

गम्भीर और गहन है, चाहे घाव कितना नगण्य क्यों न हो ! इससे पूर्व कि तेरे घाव मिट जाएँ, ये विषैले जन्तु तेरे हाथों पर रेंगने लगेंगे।

यह ठीक है कि तेरा आत्मसम्मान इन चटोरों के गन्दे रक्त से अपने हाथ अपवित्र नहीं करना चाहता, किन्तु इतना ध्यान अवश्य रख कि कहीं इनका विष तेरे रक्त में प्रवेश न कर जाए।

वे चापलूसी करते हैं मानो तू कोई देवता हो या फिर शैतान। वे तेरे सामने गिड़गिड़ाकर नाक रगड़ते हैं मानो तू कोई देवता हो किंवा शैतान। ऐसा करने से उनका कुछ बिगड़ता थोड़े ही है। वे तो पैदा ही हुए हैं गिड़गिड़ाने और चापलूसी करने के लिए।

वे बहुधा तेरे साथ भद्र और शिष्ट व्यवहार भी करते हैं, किन्तु यह तो अनन्त काल से कायरों का छल रहा है। याद रख, कायर सदा धोखेबाज होते हैं।

उनकी संकीर्ण आत्मा तेरे ध्यान में डूबी रहती है। तू सदा उनके लिए अविश्वास और सन्देह का विषय बना रहता है। प्रत्येक वह विषय जिसके सम्बन्ध में अत्यधिक विचार-विनिमय किया जाए वह प्रायः सन्दिग्ध तथा संशयात्मक बन जाया करता है।

वे तुझे तेरे सद्गुणों के अपराध में दण्ड देते हैं और तेरी त्रुटियों को हृदय से क्षम्य मानते हैं।

तेरा मन क्योंकि न्याययुक्त है और सौम्य सम्वेदना से भरा हुआ है इसलिए तू कहता है कि "यदि वे कमीने हैं तो इसमें उनका क्या अपराध ?" वे स्वयं इसके जिम्मेदार थोड़े ही हैं। परन्तु उनकी संकुचित आत्मा कहती है, "हर प्रकार की महानता एक अक्षम्य अपराध है, एक महापाप है।"

जब तू इनके साथ सौम्य व्यवहार करता है तो उन्हें ऐसा लगता है मानो उनका तिरस्कार किया जा रहा है। तेरे उपकारों का बदला वे गुप्त आघातों से चुकाया करते हैं।

तेरा मौन आत्मसम्मान उनके हृदय का शूल बना रहता है। किन्तु उनका हृदय खिल उठता है यदि कभी तेरे विनय का अत्याधिक्य उन्हें दर्प या अभिमान करने पर मजबूर कर दे।

हम किसी के भीतर के जिस गुण-अवगुण को जान-पहचान जाते हैं, उसे प्रायः उकसा ही देते हैं। इसलिए इन तुच्छ और छोटे लोगों से सदा सावधान रहो।

तेरे सामने वे अपने आप को तुच्छ अनुभव करते हैं, उनकी यह तुच्छता जल-भुनकर तेरे विरुद्ध एक अदृश्य प्रतिहिंसा का विकराल रूप धारण कर लेती है।

क्या तूने नहीं देखा कि तेरे पहुँचते ही वे किस तरह चुप हो जाते हैं और उनकी शक्ति उन्हें इस तरह छोड़ देती है जिस तरह बुझती हुई अग्नि को उसका धुँआ।

हाँ, मेरे मित्र तू सचमुच ही अपने पड़ोसियों के मन का पाप है क्योंकि वे इस योग्य नहीं कि तुम्हें अपना सकें। यही कारण है कि वे तुझसे अत्यन्त घृणा करते हैं, और तेरे रक्त के प्यासे हैं।

तेरे पड़ोसी सदा विषैली मक्खियाँ बने रहेंगे। तेरे अन्दर जो कुछ जितना महान् है,

वे उतना ही अधिक उनके विषैलेपन और उनके मक्खीपन को उकसाता है।

भाग, मेरे मित्र भाग। अपने एकान्त की ओर भाग, भाग उधर जहाँ प्रबल और प्रचण्ड वायु बहती है। मक्खीमार बनना तो तेरा काम नहीं है।

ज़रतुष्ट्र ने यह कहा।

कुँवारापन

मुझे अरण्य से प्रेम है। नगरों में रहना अच्छा नहीं लगता। नगरों में कामातुर और वासनान्ध लोगों की भरमार रहती है।

किसी कामासक्त नारी के सपनों में खो जाने की अपेक्षा किसी ज़ल्लाद के पंजों में फँस जाना कहीं अच्छा है।

ज़रा उन पुरुषों की ओर तो देखो, उनकी आँखें स्पष्ट कह रही हैं कि उनके निकट स्त्री के साथ सम्भोग करने से बढ़कर संसार में अन्य कोई आनन्द नहीं।

इनकी आत्मा की तह में कीचड़ और गन्दगी जमी हुई है। क़ाश इस गन्दगी में ही कहीं थोड़ा-सा मन होता।

क़ाश वे सम्पूर्ण ही होते—पशुओं के समान सम्पूर्ण। किन्तु पशु तो निष्पाप और निश्छल होते हैं।

क्या मैं तुमसे यह कहता हूँ कि तुम अपनी इन्द्रियों को नष्ट कर दो ?---नहीं, नहीं। मैं तो केवल यह कहता हूँ कि तुम अपनी इन्द्रियों को निष्पाप बनाओ।

क्या मैं तुम्हें कुँवारेपन का उपदेश देता हूँ ? कुछ लोगों में यह अवश्य एक गुण है, किन्तु अधिक लोगों में इसे एक दुर्गुण ही समझना चाहिए।

ये लोग आत्मसंयमी अवश्य हैं किन्तु वह कुतिया जिसका नाम विलासिता है इनके प्रत्येक कार्य में से, ईर्ष्या के साथ झाँकती नज़र आती है।

यह अधीर जन्तु सदा इनका पीछा करती है, चाहे ये अपने सद्गुणों की उच्चतम पर्वत-शिखाओं पर चढ़ जाएँ और चाहे अपने मन की हिम-शीतल गहराइयों में नीचे उतर आएँ !

और यह विलासिता नामक कुतिया कितनी सरलता के साथ इनकी आत्मा के टुकड़े का ग्रास माँग लेती है; जब मांस का टुकड़ा उसे नहीं मिलता।...कितनी निपुण है यह माँगने की कला में।

क्या तुम्हें दुखद घटनाओं से और ऐसी समस्त बातों से प्रेम है जो हृदय को लहूलुहान कर डालती है ?...किन्तु मैं तुम्हारी कुतिया को अविश्वास की दृष्टि से देखता हूँ।

तुम्हारी आँखों में क्रूरता भरी हुई है जो पीड़ितों को वासना-भरी दृष्टि से देख-देखकर रस लेती है। क्या यह सत्य नहीं है कि विलासिता ने वेष बदलकर अपना नाम दया और सम्वेदना रख लिया है ?

लो, एक कहावत सुनो, ‘‘चले थे शैतान भगाने, सुअर पल्ले पड़ गया।’’ ऐसे लोगों की कमी नहीं जिन पर यह कहावत ठीक बैठती है।

सतीत्व का व्रत ऐसे लोगों के लिए सर्वथा निषिद्ध है जिन्हें इसके लिए दुसह्य परिश्रम करना पड़े। ऐसे लोगों को उनका यह सतीत्व का व्रत घोर नरक के मार्ग पर पहुँचा देगा। उनकी आत्मा गन्दगी और विलासिता से भर जाएगी।

क्या मैं अश्लील और गन्दी बातें करता हूँ ? किन्तु मैं इन्हें इतना बुरा नहीं समझता।

प्रज्ञाशील मनुष्य सत्य के जल में उतरते हुए कभी नहीं झिझकते, चाहे वह गन्दा ही क्यों न हो; किन्तु यदि वह छिछला है तब अवश्य उन्हें आनाकानी होती है।

कुछ लोग सर्वथा सतीत्व सम्पन्न होते हैं। उनमें सौम्य माधुरी और नम्रता होती है। उनकी हँसी में स्नेह और सहृदयता होती है, और वे तुम्हारी अपेक्षा कहीं अधिक हँसते हैं।

वे सतीत्व पर भी हँसते हैं और पूछते हैं, ‘‘आख़िर यह सतीत्व है क्या ?’’

क्या सतीत्व मूर्खता नहीं है ?–किन्तु यह मूर्खता स्वयं हमारे पास आई है, हम इसके पास नहीं गए।

हमने इस अतिथि को अपने हृदय और अपने घर में स्थान दिया है। अब यह हमारे साथ रहता है।...इसे रहने दो जब तक इसका जी चाहे।’’

ज़रतुष्ट्र ने यह कहा।

मित्र

''यह एक का साथ भी मुझे भीड़-सा लगने लगा है।'' एकान्तवासी सोचता है : ''एक के साथ एक मिलकर अन्त में दो ही तो हो जाते हैं।''

यह मेरा 'मैं' सदैव मेरे साथ बातें करता रहता है : यदि कोई मित्र न हो तो इस वार्त्तालाप से बचना असम्भव हो जाए और जीवन हो जाए एकदम दूभर !

किसी भी एकान्तवासी के लिए उसका मित्र सदैव तीसरा आदमी हुआ करता है, और इस तीसरे आदमी की स्थिति एक नाव के समान होती है जो इन दोनों को परस्पर वार्त्तालाप के अतल गर्त्त में डूबने से बचाया करती है।

अफ़सोस ! एकान्तवासियों का मार्ग गहन गड्ढों से और अतल खाइयों से भरा रहता है। इसीलिए उनका हृदय मित्र के लिए तड़पा करता है, और उनकी ऊँचाइयों का सहारा ढूँढ़ा करता है।

दूसरों का भरोसा चाहना इस बात का प्रमाण है कि हमें स्वयं अपने पर भरोसा नहीं। मित्र की आकांक्षा हमारी इस दुर्बलता को प्रमाणित करती है। इससे हमारी पोल खुल जाती है।

मनुष्य बहुधा प्रेम केवल इसलिए करता है ताकि ईर्ष्या का अतिक्रमण कर सके।...और शत्रु इसलिए बनाता है और उस पर आक्रमण करता है ताकि वह अपने पर आक्रमण किए जाने की सम्भावना को छिपा सके।

सच्ची निष्ठा, जिसमें सहृदय साथी बनाने का साहस नहीं है, कहती है, ''कम से कम तू मेरा शत्रु तो बन जा।''

यदि कोई अपने जीवन में मित्र का होना आवश्यक समझता है तो उसे यह भी समझ लेना चाहिए कि उसे मित्र के लिए युद्ध करने के लिए भी तैयार रहना होगा...और युद्ध करने का अर्थ है कि उसके अन्दर शत्रु बनने की योग्यता भी होनी चाहिए।

मित्र के अन्दर शत्रु को न भूलना चाहिए, और इस शत्रु को सदैव आदर तथा सम्मान की दृष्टि से देखना चाहिए। क्या यह सम्भव है कि तू अपने मित्र के निकट हो जाए यदि तू पूर्ण रूप से उसका न हो–अपने आप को उससे पृथक समझे ?

मित्र में श्रेष्ठतम शत्रु भी होता है। तू जब अपने मित्र को किसी बात से रोके-टोकेगा, उसका विरोध करेगा, उस समय तू अपने सम्पूर्ण हृदय से उसके निकटतम होगा।

अपने मित्र से तू कुछ छिपा नहीं;—मित्रता की यही माँग और मर्यादा है कि तू जैसा है वैसा ही उसके सामने रह। सम्भव है कि उसे तेरी कोई बात पसन्द न आए, किन्तु इसके कारण तू उससे कोई गुप्त भेद नहीं रखेगा।

कुछ नहीं छिपाएगा तू अपने मित्र से। अपनी मित्रता के सम्मान में तू उसके सम्मुख बिना आवरण नग्न ही जाएगा। सम्भव है कि उसे तेरी कुछ बातें पसन्द न आएँ, घृणित लगें।

तेरे निरावरण से, सब कुछ प्रकट कर देने से, दूसरे को आघात पहुँच सकता है। सम्भवतः यही कारण है कि तू अपने मित्र के सामने नग्न होने से घबराता है, डरता है। किन्तु तू यदि देवता होता तो वस्त्रों को पहनने से लजाता।

अपने मित्र के लिए तू अपने आप को जितना सुसज्जित कर सकता है कर, क्योंकि तू ही उसके *महामानव* की आकांक्षा है, और उसका वाण है।

क्या तूने कभी अपने मित्र को सुषुप्त अवस्था में देखा है—यह जानने के लिए कि वह कैसा दिखाई देता है, वह किस प्रकार का मनुष्य है ? सामान्यतया उसका चेहरा कैसा दिखाई पड़ता है ?—वह तेरा ही तो प्रतिबिम्ब है जो किसी दोषपूर्ण और अनगढ़ दर्पण में दिखाई देता है।

क्या तूने अपने मित्र को कभी सुषुप्त अवस्था में देखा है ?...उसे वैसा देखकर क्या तुझे दुख और निराशा नहीं हुई है ! हे मेरे मित्र ! मनुष्य का अतिक्रमण करना आवश्यक है।

तेरी करुणा में सूझ का होना आवश्यक है, किन्तु पहले यह तो जान ले कि क्या तेरा मित्र करुणा को पसन्द करेगा ? शायद वह करुणा रहित मित्रता का आकांक्षी हो।

अपने मित्र के प्रति करुणा को तू किसी कठोर आवरण में ढककर रख ताकि जब कभी तू उस तक पहुँचने के लिए दाँत लगाए तो तेरा अपना दाँत टूट जाए। तभी तेरी करुणा में रस और मिठास आ सकती है।

क्या तू अपने मित्र के लिए स्वच्छ वायु, एकान्त, भोजन व औषधि है ? बहुत-से लोग ऐसे हैं जो अपने बन्धन तो काट नहीं सकते, अपने मित्रों के लिए मुक्तिदाता हुआ करते हैं।

क्या तू दास-वृति का है ? तो फिर तू मित्र हो नहीं सकता। क्या तू कठोर और निष्ठुर है ? तो फिर तेरा कोई मित्र हो नहीं सकता।

नारी के भीतर चिरकाल से दासता और अत्याचारी स्वभाव की विशेषताएँ वास कर रही हैं। इसीलिए वह अभी तक मैत्री के योग्य बन नहीं पाई। वह तो केवल प्रेम ही जानती है।

नारी के प्रेम में, उन सबके प्रति जिनसे वह प्रेम नहीं करती, घोर अन्याय और अन्धापन ही हुआ करता है। जिस प्रेम को उसका हृदय पहचानता है उसमें सदा होता है विस्मय, एक बिजली और घनघोर काली रात !

नारी अभी तक मैत्री के योग्य नहीं बन पाई। उसके स्वभाव में तो अभी तक

बिल्लियाँ और चिड़ियाँ ही भरी पड़ी हैं अथवा अधिक से अधिक गाएँ।

नारी अभी तक मैत्री के योग्य नहीं बन पाई है, किन्तु हे पुरुषो, तुम भी तो बताओ तुममें से कौन हैं जो मैत्री के योग्य बन पाए हैं ?

अफ़सोस है तुम्हारी दरिद्रता और कृपणता पर। हे पुरुषो, जितना कुछ तुम अपने मित्र को देते हो, उतना तो मैं अपने शत्रु को दे देता हूँ और फिर भी मेरा कुछ घटता नहीं।

साथी तो संसार में बहुत मिल जाते हैं, क़ाश मित्र भी मिल पाते।

ज़रतुष्ट्र ने यह कहा।

एक हज़ार और एक लक्ष्य

सुनो भाइयो, ज़रतुष्ट्र ने बहुत देश देखे हैं और बहुत जातियाँ भी, और इस तरह उसने अनेक जातियों की भलाइयों और बुराइयों का अनुसन्धान किया है। अन्त में ज़रतुष्ट्र ने पाया कि संसार में भलाई और बुराई के अतिरिक्त और कोई शक्ति नहीं।

कोई भी जाति जीवित नहीं रह सकती जब तक वह पहले अपने लिए मूल्य निर्धारित नहीं कर लेती। यदि उसे जीवित रहना है तो उसे मूल्य निर्धारित करने ही होंगे, किन्तु ऐसे नहीं जैसे उसके पड़ोसी ने किए हैं।

मैंने देखा कि बहुत-सी बातें जिन्हें एक जाति अच्छा समझती है उन्हीं को दूसरी जाति लज्जाजनक कहकर घृणा से ठुकरा देती है। मैंने यह भी देखा कि बहुत-सी बातें जिन्हें एक जगह बुरा समझा जाता है उन्हीं को दूसरी जगह स्वर्ण-समान उत्तम माना जाता है और उन्हें आदर का स्थान दिया जाता है।

एक पड़ोसी दूसरे पड़ोसी को समझने में सदैव असमर्थ रहा है। उसकी आत्मा पड़ोसी के भ्रमों और बुराइयों पर सदा आश्चर्य करती रही है।

प्रत्येक जाति के सिर पर अपने निर्धारित मूल्यों की एक सारणी टँगी रहती है। यह सारणी उसकी विजय-सूची है, उनके संकल्प की हुंकार है।

उनके निकट प्रशंसनीय वह है जो कठिन हो; अच्छा वह है जो आवश्यक भी हो और कठिन भी और पवित्र और उपासनीय वह है जो घोर संकट के समय में रक्षा करे, दुःसाध्य हो, दुर्लभ और अति कठिन हो।

जो चीज़ किसी जाति को अपने पड़ोसी को पछाड़ने और उस पर शासन करने में सहायता दे, जिसके कारण वह चमक उठे और दूसरों के लिए ईर्ष्या तथा भय का विषय बन सके, वही चीज़ उसके लिए उत्तम है, श्रेष्ठ है और अन्य तमाम चीज़ों को परखने की कसौटी एवं उनका सार है।

यह सत्य है, मेरे भाई, कि यदि तू किसी जाति की आवश्यकताओं को, उसकी धरती और उसके आकाश को तथा उसके पड़ोसियों को समझ ले तो फिर उसकी सफलताओं के कारण एवं नियम आसानी से तेरी समझ में आ जाएँगे। तब यह बात भी तेरी समझ में अपने आप आ जाएगी कि अपनी आशा तक पहुँचने के लिए वह क्यों उस सीढ़ी का प्रयोग करते हैं।

''तुम्हें सदैव सबसे आगे और सबसे बढ़-चढ़कर रहना होगा; तुम्हारी ईर्ष्या भरी जागरूक आत्मा को चाहिए कि वह किसी से प्रेम न करे, सिवाय अपने मित्र के।'' यह

लोकोक्ति सुनकर यूनानियों की आत्मा पुलकित हो उठती थी और वे महानता के पथ पर आगे बढ़ जाते थे।

''सच बोल और धनुष-बाण के प्रयोग में निपुणता प्राप्त कर !''–यह कठिन उसूल उस देश के लोगों में अत्यन्त मूल्यवान् समझा जाता था जहाँ से मुझे अपना नाम प्राप्त हुआ है।...वह नाम जो इस उसूल की तरह मेरे लिए मूल्यवान् भी है और कठिन भी।

''माता-पिता का सम्मान कर और अपनी आत्मा की अन्तिम गहराइयों से उनकी आज्ञा का पालन कर !'' यह एक दूसरी जाति की सफलता का मूलसूत्र था, जिसके प्रताप से वह जाति अति बलशाली और अमर बन गई।

''अपने विश्वास में दृढ़ रहो और उसकी रक्षा में अपनी मान-मर्यादा तथा रक्त तक न्यौछावर करने में आनाकानी न करो चाहे कार्य-पथ कितना संकटमय क्यों न हो।'' इस सिद्धान्त को अपनाकर एक अन्य जाति ने अपने पर विजय पाई। उसकी यह आत्म-विजय हिरण्य-गर्भा प्रमाणित हुई और एक महान् शक्तिशाली आशा उसकी कोख में बढ़ने और पलने लगी।

सच्ची बात तो यह है कि मनुष्यों ने अपनी समस्त भलाइयाँ और बुराइयाँ स्वयं अपने हाथों गढ़ी हैं। निश्चय ही उन्होंने न इन्हें किसी से लिया और न कहीं पड़ा पाया ! और न ही उन्हें ये आकाशवाणी के रूप में प्राप्त हुईं।

मनुष्य ने स्वयं अपनी रक्षा के निमित्त ही समस्त चीज़ों के मूल्य निर्धारित किए। सबसे पहले उसने उनको संज्ञा दी–मानुषिक संज्ञा। यही कारण है कि वह स्वयं को 'मनुष्य' कहता है। इससे उसका अभिप्राय होता है, 'मूल्य निर्धारित करनेवाला।'

मूल्य निर्धारित करने का अर्थ है–निर्माण करना। हे सृजनहारो कान खोलकर सुन लो ! मूल्य निर्धारण स्वतः ही एक ख़जाना है, तथा एक रत्न है उन समस्त वस्तुओं का जिनका मूल्य निर्धारित किया गया है।

और यह भी सुन लो, हे निर्माताओ कि मूल्य-निर्धारण से ही मूल्य पैदा होते हैं। बिना मूल्य-निर्धारण के यह सृष्टि एक खोखले अखरोट के समान सर्वथा अर्थहीन रह जाती।

मूल्यों का परिवर्तन, वास्तव में, निर्माण-कर्ताओं का परिवर्तन होता है। जो रचना करता है, नाशक भी वही होता है–यही भाग्य का अटल विधान है।

आरम्भ में जातियाँ सामूहिक रूप से निर्माता होती थीं। फिर यह कार्य व्यक्ति करने लगे और इस प्रकार व्यक्ति स्वयं ही नवीनतम निर्मित वस्तु बन गया।

बहुत समय पहले जातियों ने अपने लिए गुणों की एक सारणी निर्धारित की थी।...यह सारणी क्या थी ?...एक सम्मिलित कृति थी उस प्रेम की जो शासन करना चाहता था और उस प्रेम की जो झुकना चाहता था।

सामूहिक आनन्द व्यक्ति के निजी आनन्द–'मैं' के आनन्द से पुराना है। जब तक भलाई की आत्मा समूह की बपौती समझी जाएगी, केवल बुराई की आत्मा ही अपने आप को 'मैं' घोषित करेगी।

वह मक्कार एवं प्रेम से रीता 'मैं' जो समूह के लाभ में केवल अपना लाभ खोजता है, निश्चय ही समूह का आरम्भ नहीं बल्कि समूह का अन्त है, उसका विध्वंसक है।

वे लोग जिनके हृदय में प्रेम है और निर्माण की शक्ति है वही लोग सदा भलाई और बुराई के निर्माता रहे हैं।...इसीलिए भलाई के समस्त नामों में प्रेमाग्नि की चमक तथा क्रोधाग्नि की धधक लपेटे खाया करती है।

ज़रतुष्ट्र ने बहुत-से देश देखे हैं, और बहुत-सी जातियाँ भी और उसने पाया कि धरती पर प्रेम करनेवालों की कृतियों से बढ़कर अन्य कोई भी शक्ति नहीं है। 'भलाई और बुराई' इनके नाम हैं।

प्रशंसा और निन्दा की शक्ति भी, निश्चय ही, एक महाकाय दैत्य के समान है। कहो भाइयो, इसे कौन परास्त करेगा ? कौन इसके सहस्र कन्धों पर जुआ रखेगा ?

सहस्र लक्ष्य थे संसार के सामने अभी तक क्योंकि यहाँ सहस्र जातियाँ आबाद थीं। किन्तु इन सहस्र कन्धों के लिए अभी तक एक जुए की कमी है—एक लक्ष्य की कमी है। मानव जाति अभी तक एक लक्ष्य से वंचित है।

अब तुम स्वयं ही बताओ, मेरे भाइयो, कि जब मानव जाति का लक्ष्य ही अभी तक अनुपलब्ध है, तो क्या मानव जाति स्वयं ही अभी तक अनुपलब्ध नहीं है ?

ज़रतुष्ट्र ने यह कहा।

पड़ोसियों के प्रति प्रेम

तुम पड़ोसियों के साथ बरबस सम्बन्ध बनाते हो और अपने इस व्यवहार को बड़े सुन्दर नामों से याद करते हो। किन्तु मुझसे सुन लो कि पड़ोसियों के प्रति तुम्हारा यह प्रेम अपने प्रति प्रेम का ही एक विकृत रूप है—इसके अतिरिक्त और कुछ नहीं।

तुम स्वयं से भागकर पड़ोसी की बग़ल में आश्रय लेते हो और इसे अपना गुण बताना चाहते हो !...किन्तु मैं तुम्हारी इस निःस्वार्थता की असलियत को अच्छी तरह जानता हूँ।

मैं की अपेक्षा *तू* कहीं पुराना है, सनातन है। तू श्रद्धेय और पूज्य बन चुका है, किन्तु *मैं* नहीं। इसीलिए लोग पड़ोसियों से बरबस सम्बन्ध बनाते हैं।

क्या मैं तुम्हें पड़ोसियों से प्रेम करने का मशवरा देता हूँ ?---नहीं, इसके विपरीत मैं तो यह सलाह दूँगा कि तुम उनसे कोसों दूर भाग जाओ, और जो तुमसे बहुत परे हैं, उनसे प्रेम करो।

पड़ोसी के प्रेम से कहीं ऊँचा और श्रेष्ठ है 'भविष्य का प्रेम' और उससे प्रेम करना जो बहुत दूर, बहुत ही दूर है। मेरे निकट वस्तुओं का तथा छाया का प्रेम, मनुष्यों के प्रेम की अपेक्षा कहीं ऊँचा तथा उत्तम है।

यह छाया जो तुम्हारे आगे-आगे भागती है, तुम्हारी अपेक्षा कहीं अधिक सुन्दर और प्यारी है। तुम इसे अपना मांस और हड्डियाँ क्यों नहीं दे डालते ?...किन्तु तुम्हें तो इससे भय लगता है, और इसीलिए भागकर पड़ोसी की बग़ल में आश्रय खोजते हो।

ओ मेरे भाइयो ! तुमसे अपनापन सहन नहीं होता। अपने प्रति तुम्हारा प्रेम गहरा नहीं है। इसीलिए अब तुम अपने पड़ोसी पर डोरे डाल रहे हो जिससे वह तुम्हें प्रेम करने लगे और तुम उसकी इस भूल से अपने आप को सुसज्जित कर लो।

मैं चाहूँगा कि तुम न केवल अपने पड़ोसियों को, बल्कि पड़ोसी के पड़ोसियों को भी सहन करना छोड़ दो ताकि तुम स्वयं अपनेपन में से अपना भिन्न और उसका छलछलाता हुआ हृदय पैदा करने के लिए विवश हो जाओ।

जब तुम अपनी प्रशंसा करना चाहते हो तो किसी साक्षी को बुला लाते हो, और जब तुम्हारे बहकाने पर वह तुम्हें प्रशंसनीय समझने लगता है, तो तुम स्वयं भी अपने आप को प्रशंसनीय समझने लगते हो।

केवल वही मनुष्य झूठा नहीं होता जो अपने ज्ञान के प्रतिकूल बात करता है, बल्कि वह और भी अधिक झूठा होता है जो अपने अज्ञान के प्रतिकूल बात करता है। इस

प्रकार की बातें तुम अपने साथियों में बैठकर अपने सम्बन्ध में किया करते हो और पड़ोसी तथा अपने आप को, दोनों को, धोखा दिया करते हो, दोनों से झूठ बोलते हो।

किसी मूर्ख ने खूब कहा है, "मनुष्यों से मेल-जोल चरित्र बिगाड़ देता है, विशेषतः उसका जिसका कोई चरित्र न हो।"

पड़ोसी के पास कोई तो अपने आप को पाने के लिए जाता है, और कोई अपने आप को खोने के लिए। अपने प्रति तुम्हारा कलुषित प्रेम तुम्हारे एकान्तवास को कारागार में परिणत कर देता है।

पड़ोसी के प्रति तुम्हारे प्रेम का मूल्य उन लोगों को चुकाना पड़ता है जो तुमसे बहुत दूर हैं। और जहाँ कहीं तुम पाँच इकट्ठे हो जाते हो, वहाँ छठे को जीवन-त्याग करना ही पड़ता है।

मुझे तुम्हारे उत्सव भी पसन्द नहीं हैं, वहाँ तो अभिनय करनेवालों की एक भीड़ लगी होती है। और बहुधा दर्शक भी अभिनय-कर्त्ताओं की भाँति ही व्यवहार करते हैं।

मैं तुम्हें पड़ोसीपन की शिक्षा नहीं देता, मित्रता की शिक्षा देता हूँ। अपने मित्र को अपने लिए धरती का उत्सव बनने दो और *महामानव* के आगमन का पूर्वाभास।

मैं तुम्हें मित्र को और उसके छलकते हुए हृदय को पाने का उपदेश देता हूँ। किन्तु उसके छलकते हुए हृदय का प्रेम पाने के लिए यह आवश्यक है कि मनुष्य को सोख करने की, स्पंज बनने की, कला आती हो।

मैं तुम्हें उस मित्र को पाने की बात करता हूँ जिसमें समग्र संसार अखण्ड और सम्पूर्ण है, जो सद्गुणों का छलकता हुआ प्याला है, जो सृजनहार है और अखिल विश्व जिसका उपहार है।

यह संसार उसके सामने कागज़ के तख्ते की तरह आप ही आप लिपट जाता है, और आप ही आप खुल जाता है। बुराई में से भलाई उभरने लगती है और संयोग में से लक्ष्य।

भविष्य, दूर-दूर का भविष्य, तुम्हारे आज का प्रेरक होना चाहिए। अपने मित्र से तुम 'महामानव को प्रेरणा' के रूप में प्रेम करो।

भाइयो ! मैं तुम्हें पड़ोसी से प्रेम की सम्मति नहीं देता। मैं तो उनसे प्रेम करने की सम्मति देता हूँ जो तुमसे दूर हैं, बहुत-बहुत दूर।

ज़रतुष्ट्र ने यह कहा।

निर्माता का पक्ष

क्या तू एकान्तवास में जाना चाहता है, मेरे भाई ? अपने मार्ग की खोज में क्या तू अकेला ही निकल जाना चाहता है ? तनिक रुक जा और मेरी बात सुन ले।

"जो खोजता है, वह भटक भी सकता है। एकाकीपन महा कठिन है।"...यह भीड़ का कहना है, और तू भी तो बहुत समय तक भीड़ में ही रहा है।

भीड़ की उक्त धारणा तेरे हृदय में भी अभी तक करवटें बदल रही है। और जब भीड़ को सम्बोधित करके तू यह कहेगा कि "मेरी और तुम्हारी आत्मा में कुछ समानता नहीं है" तो तेरा हृदय शोक और पीड़ा से व्याकुल हो उठेगा।

तेरी यह वेदना उसी आत्मा की उपज है जो भीड़ में रहकर तूने पाई है, और यह उसी आत्मा की अन्तिम परछाईं है जो तेरी पीड़ा पर झिलमिला रही है।

क्या तू अपनी पीड़ा और सन्ताप के पथ पर आगे बढ़ना चाहता है, जो वास्तव में तेरा अपनी ही ओर जाने का पथ है ? यदि तेरा उत्तर हाँ में हो तो मुझे बता कि किस अधिकार से तू यह करना चाहता है, और इसके लिए तेरे अन्दर कितनी शक्ति है ?

क्या तू कोई नई शक्ति और नया अधिकार है ? क्या तू आदिम गति है ?–स्वयं गतिमान् चक्र है ? क्या तू नक्षत्रों को भी अपने गिर्द घूमने के लिए बाध्य कर सकता है ?

हाय, कितनी बड़ी है आगे बढ़ने की, ऊँचाई पर चढ़ने की तेरी यह आकांक्षा ! कितनी संघर्ष-क्षमता और स्पर्द्धा है तुझमें अपनी इस आकांक्षा की पूर्ति के लिए ! प्रमाण दे कि न तो तू लालसा करनेवालों में से है और न उनमें से जो यों ही महत्वाकांक्षी होते हैं !

खेद है उन महान् विचारों पर जो एक धौंकनी से अधिक और कुछ नहीं होते : वे जितना फूलते हैं उतना ही अधिक उनका थोथापन विस्तृत और व्यापक हो जाता है।

तू स्वतन्त्र कहता है अपने आप को ! इसकी परख के लिए मैं तेरे सोचे-सुलझे हुए विचार सुनना चाहता हूँ, न कि यह सूचना कि तू जुआ फेंककर भाग आया है।

क्या तू जुआ फेंकने का अधिकारी था ? बहुत-से लोग ऐसे भी होते हैं जो दासता के परित्याग के साथ-साथ अपने मूल्यों और मर्यादाओं का भी परित्याग कर बैठते हैं।

'तूने किससे स्वतन्त्रता पाई'–इससे मुझे कोई सरोकार नहीं। मैं तो तेरी आँखों में

इस बात का स्पष्ट उत्तर देखना चाहता हूँ कि तूने किस उद्देश्य से, किस लक्ष्य को पाने के लिए स्वतन्त्रता पाई।

क्या तू अपने संकल्प को एक विधान का रूप देकर, अपनी 'भलाई और बुराई' को अपने लिए स्वयं निर्धारित कर सकता है ?...क्या तू अपना विवेचक और निर्णायक बनकर अपने विरुद्ध अपने विधान का समालोचक बन सकता है ?

आत्म-निर्णायक का तथा उसका जो अपने विधान का स्वयं प्रतिशोधन करता है, एकाकीपन अत्यन्त भयानक होता है, ठीक उस नक्षत्र की तरह जिसको एकाकीपन के निःसीम शून्य में फेंक दिया गया हो–जिसे निर्जनता की बर्फीली अन्तहीन व्यापकता में छोड़ दिया गया हो।

तू अभी तक भीड़ से घिरा सन्ताप भोग रहा था, हे एकाकी मनुष्य ! किन्तु फिर भी अभी तक तेरे अन्दर साहस और तेरी आशाएँ अखण्ड रूप से अविशिष्ट हैं।

किन्तु एक दिन तेरा एकाकीपन तुझे थका देगा, तेरा स्वाभिमान हार जाएगा और हिम्मत टूट जाएगी। उस दिन तू चिल्ला उठेगा, ''हाय मैं एकाकी हूँ।''

एक दिन आएगा जब तेरी श्रेष्ठताएँ विलुप्त हो जाएँगी, और तू अपनी हीनताओं के अति निकट पहुँच जाएगा। तू अपनी उत्कृष्टता से ऐसे डरेगा मानो वह कोई प्रेत हो। उस दिन तू चिल्ला उठेगा, ''सब कुछ मिथ्या है।''

कुछ ऐसी भावनाएँ भी हैं जो एकाकी मनुष्यों को मारने की खोज में रहती हैं और जब उन्हें इसमें सफलता नहीं मिलती तो स्वयं मर जाती हैं। किन्तु क्या तेरे अन्दर हत्यारा बनने का साहस है ?

ऐ मेरे भाई, क्या तू घृणा शब्द से परिचित है ?...और अपने न्याय के सन्ताप से भी जो घृणा करनेवालों के प्रति इंसाफ करते समय भोगना पड़ता है।

तू लोगों को बाध्य करता है कि वे नए सिरे से तुझे समझने का प्रयास करें। इसके लिए उनके रोष का पात्र बनना पड़ता है और भारी मूल्य चुकाना होता है। तू उनके निकट पहुँचता है, किन्तु उनके पास से निकल जाता है, इसके लिए वे तुझे कभी भी क्षमा नहीं कर पाते।

तू उनको पार कर जाता है; और जितना तू ऊँचा उभरता है उनकी ईर्ष्या भरी आँखें तुझे उतना ही छोटा देखती हैं और उड़नेवालों के प्रति तो इन लोगों के मन में घृणा भरी ही रहती है।

''किस प्रकार तुम मेरे साथ न्याय कर सकते हो,'' तू कहेगा। ''मुझे तो तुम्हारा अन्याय भी स्वीकार है जो मेरे भाग्य में बदा है।''

एकाकी के लिए इनका उपहार अन्याय और अपमान ही होता है। किन्तु मेरे भाई, यदि तुझे नक्षत्र बनना है तो इन पर भी तुझे समान रूप से चमकना होगा।

इन सदाचारी और धर्म-ध्वजी लोगों से बचकर रहना ! ये उन्हीं लोगों को शूली पर चढ़ाया करते हैं जो स्वयं अपने लिए 'सत्य और भलाई' के मानदण्ड निर्धारित किया करते हैं। ये एकाकियों को अति घृणा की दृष्टि से देखते हैं।

धार्मिक सरलता से भी बचकर रहना ! इनके निकट जो कुछ साधारण नहीं, वह पवित्र भी नहीं। आग की खिलवाड़ भी इन्हें बहुत प्रिय है–उस आग की जिसमें ये विरोधियों को जिन्दा जलाया करते हैं।

और अपने प्रेम के आघातों से भी बचकर रहना ! एकाकी मनुष्य जब भी किसी से मिलता है, उसकी ओर बिना सोचे-समझे मित्रता का हाथ बढ़ा देता है। अधिकांश लोग ऐसे होते हैं कि उनकी ओर मित्रता का हाथ नहीं, बल्कि पंजा बढ़ाना चाहिए।...और मैं तो यह भी चाहूँगा कि उस पंजे में विदीर्ण कर देनेवाले तीखे नख भी हों।

किन्तु तेरा सबसे बड़ा शत्रु तू स्वयं ही होगा, ऐसा शत्रु जो जीवन-पर्यन्त तेरा पीछा नहीं छोड़ेगा। तू स्वयं ही अपने आप को बहकाकर कान्तारों और कन्दराओं में ले जाता है और शत्रु के अरमान पूरे करता है !

हे एकाकी ! तूने यह पथ पकड़ा है जो स्वयं तेरी ओर जाता है और जो तेरे तथा तेरे सातों शैतानों के पास से होकर गुज़र जाता है !

तू अपने लिए स्वयं अपना निषेध होगा, अपनी डंकिनी होगा, टोटकेबाज़, मूर्ख, सर्वशंकी, विकृत और लम्पट होगा।

तुझे स्वयं अपनी अग्नि में अपने आप को जला डालने के लिए तैयार रहना चाहिए। तेरा पुनः निर्माण कैसे हो सकता है जब तक तू भस्म होकर विभूति न बन जाए !

ऐ एकाकी, तेरा पथ निर्माता का पथ है। तुझे अपने सातों शैतानों में से अपने लिए एक देवता निर्मित करना होगा।

तेरा पथ, हे एकाकी, प्रेमियों का पथ है। अपने आप को प्रेम करने के कारण तू अपने आप से घृणा करता है, जैसा प्रेम करनेवाले ही करते हैं। जो अपने प्रेम-पात्र से घृणा नहीं कर सकता उस अभागे को क्या पता कि प्रेम किसे कहते हैं ?

हे मेरे भाई ! अपने प्रेम को और अपनी सृजन-शक्ति को लेकर तू एकान्त में चला जा; फिर देखना कि कुछ समय के पश्चात् न्याय स्वयं की लँगड़ाता-लँगड़ाता तेरे पीछे घिसटता चला आएगा।

अरे भाई ! चला जा तू अपने एकान्त में और लेता जा मेरे आँसुओं को अपने साथ ! मुझे प्रेम है उस मनुष्य से जो अपने आप से बढ़कर कुछ निर्माण करने का संकल्प रखता है, और इस तरह अपने आप को मिटा देता है।

ज़रतुष्ट्र ने यह कहा।

वृद्धा और तरुण स्त्रियाँ

''तू इस धुन्धरि में चोरी-चोरी और डरते-डरते क्यों चल रहा है, हे ज़रतुष्ट्र ? और यह अपने आँचल में, इतनी सावधानी से क्या छिपाए हुए है ?

क्या कोई निधि है जो किसी ने तुझे दे डाली है ?–या यह तेरा नवजात शिशु है ?...और या अब तूने भी चोरी करने का काम शुरू कर दिया है, ओ दुराचारियों के साथी ?''

तू सच कहता है, मेरे भाई; यह एक निधि है जो मुझे दी गई है। यह एक छोटा-सा 'सत्य' है जो मैं लिए जा रहा हूँ।

किन्तु यह एक छोटे बालक के समान बड़ा ही उदण्ड और नटखट है। यदि मैं इसके मुँह पर हाथ न रखूँ, तो यह शोर मचाकर आसमान सिर पर उठा लेगा।

आज सूर्यास्त के समय जब मैं अकेला चला जा रहा था तो मेरी भेंट एक वृद्धा से हुई; मुझे देखते ही वह मेरी आत्मा से कहने लगी :

''हम स्त्रियों के साथ ज़रतुष्ट्र ने अनेक प्रकार की बातें की हैं, किन्तु नारी के सम्बन्ध में उसने हमसे कभी कुछ नहीं कहा।''

मैंने उत्तर दिया, ''नारियों के सम्बन्ध में तो केवल पुरुषों से ही बात करनी चाहिए।''

उसने फिर कहा, ''नारियों के सम्बन्ध में तू मुझे कुछ तो बता दे। मैं इतनी वृद्धा हो चुकी हूँ कि जो कुछ तू मुझे बताएगा, मैं उसे जल्दी ही भूल जाऊँगी।''

यह सुनकर मैंने बुढ़िया का कहना मान लिया और उससे यह कहा : नारी एक साकार पहेली है जिसका एक ही उत्तर है–नारी का काम है गर्भ धारण करना और बच्चे जनना।

नारी के लिए पुरुष एक साधनभर है–इनके संयोग का उद्‌देश्य सदैव बच्चा होता है।...किन्तु पुरुष के लिए नारी क्या है ?

ख़रा पुरुष दो बातें चाहता है : संकट और क्रीड़ा। नारी में यह दोनों विशेषताएँ हैं।...नई बहुत ही ख़तरनाक, अर्थात् संकटमय खिलौना है। यही कारण है कि पुरुष उसे चाहता है।

पुरुष को युद्ध की शिक्षा मिलनी चाहिए और नारी को योद्धा के मनोरंजन बनने की शिक्षा।...इसको छोड़कर अन्य सब बातों का कोई महत्त्व नहीं, वे प्रायः निरर्थक हैं।

योद्धा को अत्यन्त मीठे फल अच्छे नहीं लगते। इसी कारण वह नारी को प्रिय

मानता है। अति मधुर स्वभाव की नारी भी कड़वाहट से भरी रहती है।

पुरुष की अपेक्षा नारी बच्चों को अधिक समझती है, लेकिन बचपना नारी की अपेक्षा पुरुष में अधिक होता है।

प्रत्येक खरे पुरुष के भीतर एक बालक निहित है जो खेलने के लिए सदैव ही उत्सुक रहता है। हे नारियो, उठो, पुरुष के भीतर छिपे बालक को मेरे लिए खोज निकालो।

नारी को एक खिलौना होना चाहिए, रत्न के समान स्वच्छ और सुकुमार, जिसमें उस विश्व के सद्गुण जगमगा रहे हों जो अभी तक भविष्य के गर्भ में है।

नारी के प्रेम में नक्षत्र की किरणें प्रतिबिम्बित होनी चाहिए और उसकी आशा में *महामानव* को जन्म देने की आकांक्षा।

नारी के प्रेम में स्वाभिमान होना चाहिए। स्वाभिमान ही उसके प्रेम की प्रमुख विशेषता है। और उसके प्रेम के स्वाभिमान की यह माँग है कि जितना उससे प्रेम किया जाए, वह उससे बढ़कर प्रेम करे; प्रेम में पुरुष से पीछे न रहे।

नारी जब प्रेम करे तो पुरुष को उससे डरना चाहिए, क्योंकि प्रेम में वह सब कुछ त्यागने के लिए तत्पर रहती है, सब कुछ की आहुति चढ़ा सकती है। प्रेम की तुलना में उसके लिए अन्य सब कुछ महत्त्वहीन और सारहीन है।

नारी जब घृणा करे तो पुरुष को उससे डरना चाहिए। पुरुष की अन्तरात्मा की गहराई में केवल अवगुण होते हैं और नारी में नीचता।

नारी सर्वाधिक घृणा किससे करती है ?...लोहे ने चुम्बक से कहा, "मैं तुझसे अत्यन्त घृणा करता हूँ क्योंकि तू मुझे अपनी ओर आकर्षित तो करता है किन्तु अपनी ओर आकर्षित कर लेने पर अपना बना लेने की शक्ति तुझमें नहीं है।

प्रत्येक पुरुष प्रसन्न होता है, "मैं करूँगा, मेरा संकल्प है," कहकर; और नारी प्रसन्न होती है यह कहकर कि "वह करेगा, उसका संकल्प है।"

जिस समय नारी अपने पूरे प्यार से आत्म-समर्पण करती है तो उस समय उसे लगता है कि "विश्व परिपूर्ण हो गया है।"

आज्ञापालन से नारी में गहनता आती है। नारी की आत्मा की सतह पर होता है, उतावलापन और छिछलेपन की बेचैनी, हलचल और तूफ़ान।

पुरुष के स्वभाव में गहनता होती है—अथाह गहनता ! यह अजस्र धारा के समान चुपचाप नीचे ही नीचे भूमि की कन्दराओं में बहा करती है। नारी को पुरुष की इस शक्ति का आभास तो होता है किन्तु उसको समझ सकना उसके सामर्थ्य से बाहर है।

मेरी इन बातों को सुनकर उस वृद्धा ने कहा, "ज़रतुष्ट्र तूने बहुत-सी सही और अच्छी बातें बताई हैं, विशेषतः उनके लिए जो अभी तक तरुण हैं।

किन्तु यह कितने आश्चर्य की बात है कि यद्यपि तू स्त्रियों को निकटता से नहीं जानता, तो भी उनके विषय में तूने जो कुछ कहा है, वह सम्पूर्णतः सत्य है। इसका कारण यह तो नहीं कि स्त्रियों से हर बात की सम्भावना हो सकती है।"

उसके पश्चात् उसने फिर कहा, ''ज़रतुष्ट्र, अनुग्रह के रूप में यह छोटा-सा सत्य लेता जा। वृद्धा होने के नाते मुझे यह सत्य बता देने का अधिकार है।

इसे ढककर रखना, और सावधानी से इसका मुँह बन्द रखना, नहीं तो यह छोटा-सा सत्य शोर मचाकर आसमान सिर पर उठा लेगा।''

''प्रदान कर अपना सत्य, हे नारी।'' मैंने कहा।

और वह वृद्धा बोली :

''जब तू नारी के पास जाए तो अपने चाबुक को ले जाना न भूलना।''

ज़रतुष्ट्र ने यह कहा।

सर्प-दर्शन

एक दिन जब बहुत सख़्त गर्मी पड़ रही थी, ज़रतुष्ट्र अपने चेहरे को अपनी बाँहों से ढककर, एक अंजीर के वृक्ष की छाया में सो गया। कहीं से एक सर्प आया और उसने उसके कंठ पर ज़ोर से काटा। ज़रतुष्ट्र पीड़ा से चिल्ला उठा। उसने अपने चेहरे पर से बाँहें हटाईं और सर्प की ओर देखा। सर्प ने भी उसे देखा और ज़रतुष्ट्र की आँखें पहचानकर घबराया हुआ वहाँ से खिसकने के लिए पलटा। ''नहीं,'' ज़रतुष्ट्र ने कहा, ''नहीं, अभी मत जा। अभी तक तो मैं तेरे इस उपकार के लिए अपनी कृतज्ञता भी प्रकट नहीं कर पाया कि तूने मुझे ठीक समय पर जगा दिया है; मेरा मार्ग अभी बहुत लम्बा है।''...''नहीं, तेरा मार्ग अब बहुत छोटा रह गया है,'' सर्प ने संतप्त मन से कहा, ''मेरा विष घातक है।''

यह सुनकर ज़रतुष्ट्र मुस्कराया और कहने लगा, ''भला कोई अजगर भी कभी सर्प के विष से मरा है ? तू अपना यह विष चूस ले, इसे वापस ले ले। तू इतना सम्पन्न नहीं है कि इस तरह उपकार बाँटता फिरे।'' यह सुनकर वह सर्प उसके कंठ पर पुनः झुक गया और घाव को चाट लिया।

एक दिन ज़रतुष्ट्र ने यह घटना अपने शिष्यों को सुनाई तो वे पूछने लगे : ''हे ज़रतुष्ट्र ! इस घटना से क्या शिक्षा ग्रहण की जा सकती है ?'' उत्तर में ज़रतुष्ट्र ने यह कहा :

ये सदाचारी और धर्मधारी लोग मुझे नीति और सदाचार का नाशक बताते हैं। मेरी इस घटना में भी 'अनीति और अधर्म' की ही शिक्षा है।

तुम्हारा यदि कोई शत्रु है तो उसकी बुराई का बदला भलाई से मत दो। इससे वह लज्जित होगा। तुम्हें तो उस पर यह सिद्ध करना चाहिए कि उसने तुम्हारे ऊपर बहुत बड़ा उपकार किया है।

किसी को लज्जित करने से तो कहीं अच्छा है कि उस पर रोष प्रकट कर लिया जाए। मैं नहीं चाहता कि गालियाँ देनेवाले को तुम आशीर्वाद दो। बदले में तुम भी गालियाँ बको, यही अच्छा है।

यदि कोई तुम पर बहुत बड़ा अत्याचार करे तो बदले में तुम भी उस पर उतना ही बड़ा अत्याचार कर डालो, और उस एक के अतिरिक्त पाँच और अत्याचार भी करो किन्तु अपेक्षाकृत कुछ छोटे, और यथासत्भव जल्दी ही। घृणास्पद है उस मनुष्य की धृष्टता जो अकेला ही अत्याचारों के नीचे दबा पड़ा रहता है।

क्या तुम जानते हो कि विभाजित अन्याय आधा न्याय होता है ? अन्याय को वही ढोया करता है जो उसे सहन कर ले।

दयामय होने और क्षमा करने की अपेक्षा थोड़ा-सा वैरशोधन कहीं अच्छा है। किन्तु तुम्हारा दण्ड यदि यथोचित नहीं है और इससे अपराधी के सम्मान और निष्ठा में वृद्धि नहीं होती, तो मुझे तुम्हारा वह दण्ड पसन्द नहीं है।

अपनी बात पर अड़े रहने की अपेक्षा यह कहीं उत्तम और श्रेयस्कर है कि भूल मान ली जाए, विशेषतः जब भूल तुम्हारी न हो। किन्तु इसके लिए आवश्यक है कि मनुष्य की आत्मा अच्छी सम्पन्न हो।

मुझे तुम्हारा निर्मम और निष्ठुर न्याय पसन्द नहीं। तुम्हारे न्यायधीशों की आँखों में से सदैव ज़ल्लाद और उनकी ठंडी निष्ठुर तलवार झाँकती है।

बताओ वह न्याय कहाँ है जो प्रेम है और अन्धा नहीं है !

उस प्रेम का आविष्कार करो जो समस्त दण्डों का ही नहीं, समस्त अपराधों का भार भी उठा ले।

उस न्याय का आविष्कार करो जो दण्ड देनेवाले के अतिरिक्त अन्य सबको अपराध-मुक्त कर दे।

एक बात और सुनो : वह मनुष्य जिसका हृदय सम्पूर्णतया न्यायशील होता है, उसके निकट झूठ भी मानव प्रेम में परिणत हो जाता है।

किन्तु मैं पूर्णरूप से न्यायशील कैसे बन सकता हूँ ? किस प्रकार मैं प्रत्येक को वह दे दूँ जो उसका है ? मेरे लिए तो यही काफ़ी है कि मैं सबको वह सब कुछ दे डालूँ, जो मेरा है।

अन्त में, मेरे भाइयो, मैं तुम्हें सावधान करता हूँ कि किसी एकान्तवासी के प्रति कभी अन्याय न करना। वह उसे कैसे भूल सकता है ? वह कैसे उसका प्रतिकार कर सकता है ?

एकान्तवासी एक गहन कूप के समान होता है। उसमें पत्थर फेंक देना तो सरल है, किन्तु जहाँ वह एक बार उसकी तह में पैठ गया, फिर भला कौन उसे वहाँ से बाहर निकाल सकता है ?

एकान्तवासी को कभी कोई आघात मत पहुँचाओ। किन्तु ऐसा यदि करना ही पड़े तो फिर अच्छा यही है कि उसे मार डालो, जीवित मत छोड़ो।

ज़रतुष्ट्र ने यह कहा।

बालक और विवाह

यह प्रश्न केवल तेरे लिए है, मेरे भाई, जिसे मैं एक मापक के रूप में तेरी आत्मा में डालना चाहता हूँ ताकि यह अनुमान लगा सकूँ कि वह कितनी गहरी है।

तू तरुण है और तुझे बालक की और विवाह की इच्छा है। किन्तु मैं तुझसे पूछता हूँ कि क्या तू वह पुरुष है जिसे बालक की इच्छा करनी चाहिए ?

क्या तू विजेता है ?---आत्मसंयमी है ?...अपनी इन्द्रियों का शासक और अपने प्राणों का स्वामी है ?---मैं यही तुझसे पूछना चाहता हूँ।

तेरी इस इच्छा के पीछे कहीं तेरी अन्धी वासना और तेरे भीतर का पशु ही तो नहीं बोल रहा ?...यह कहीं तेरा एकाकीपन या आत्म-संवाद ही तो नहीं है ?---

मैं चाहता हूँ कि तेरी विजय और तेरी स्वाधीनता को सन्तान की इच्छा हो ताकि तू अपनी विजय और अपनी स्वाधीनता के सजीव स्मारक का निर्माण कर सके।

तुझे अपने से बढ़कर, अपने से श्रेष्ठ का निर्माण करना है, किन्तु उससे पूर्व तुझे अपने आप का निर्माण करना होगा–एक आदर्श शरीर और एक आदर्श आत्मा वाला सम्पूर्ण पुरुष बनना होगा।

तुझे अपना विकास न केवल आगे की ओर ही करना चाहिए, बल्कि ऊपर की ओर भी, जिसमें विवाह का यह उपवन तेरा सहायक हो, यही मेरी कामना है।

तुझे एक परम वस्तु का निर्माण करना है : आदिम गति, स्वयं गतिमान चक्र !...तुझे एक सृजनात्मक जीव को उत्पन्न करना है।

विवाह ?...मेरे निकट दो प्राणियों का एक ऐसे तीसरे प्राणी के निर्माण का संकल्प है जो उन दोनों प्राणियों से श्रेष्ठ हो, जो अपने निर्माणकर्त्ताओं से बड़ा हो, उन्नत हो।–विवाह मेरे निकट उस श्रद्धा का नाम है जो दो प्राणियों के बीच एक-दूसरे के प्रति ऐसी हो जैसी श्रेष्ठ निर्माण का संकल्प रखनेवाले दो प्राणियों के बीच हुआ करती है।

तेरे विवाह का यही अर्थ होना चाहिए और यही सच्चाई। किन्तु जानते हो कि जिस चीज़ को यह फालतू लोगों की भीड़ विवाह कहती है, मैं उसे क्या कहता हूँ ?

आह, दो प्राणियों की दोहरी दरिद्रता : दो आत्माओं की दोहरी मलिनता ! और एक अश्लील दोहरी सुविधा !

विवाह इसे वे लोग कहते हैं जो यह भी कहते हैं कि आसमान में ही विधाता

ने उनका यह विवाह रच दिया था।

जहाँ तक मेरा सम्बन्ध है मुझे इन फालतू लोगों का यह आसमान बिल्कुल पसन्द नहीं।...और न ही मुझे एक आँख भाते हैं आसमानी जाल में फँसे हुए ये बेकार के जानवर !

और उस विधाता पर भी मुझे विस्मय होता है जो आशीर्वाद देने के लिए लँगड़ाता हुआ चला आता है उस जोड़ी को जो एक-दूसरे के लिए बनी नहीं है।

हँसो मत ऐसे विवाहों पर ! वह कौन सा बालक है जिसके पास अपने माता-पिता पर रोने का समुचित कारण नहीं होगा ?

एक मनुष्य मैंने देखा जो उपयुक्त भी था और धरती की सार्थकता के लिए परिपक्व भी। किन्तु जब मैंने उसकी पत्नी देखी तो ऐसा लगा मानो यह संसार एक पागलखाना है।

जब किसी भले पुरुष का किसी फूहड़ स्त्री से संयोग होता है, तो मैं चाहने लगता हूँ कि यह धरती फट जाए और भूकम्प में तहस-नहस हो जाए।

हाँ, यह पुरुष एक सूरमे के समान सत्य की खोज में निकला था, किन्तु उसे मिला एक ढका-ढकाया आभूषित झूठ और उसको वह कहता है अपना विवाह !

तीसरा मनुष्य जो ऐसी सेविका की खोज में था जिसके अन्दर फ़रिश्तों के-से गुण हों; उसको देखा कि वह अकस्मात् स्वयं ही एक स्त्री का परम सेवक बनकर रह गया, और अब वह अपने अन्दर फ़रिश्तों जैसे गुणों को देखने का इच्छुक है।

व्यापारियों को मैंने देखा है; सभी सौदा लेने में बड़ी देखभाल और सावधानी से काम लेते हैं। किन्तु पत्नी ही एक ऐसा सौदा है जिसे चतुर से चतुर व्यापारी भी आँख मूँदकर लिपटी-लिपटाई ग्रहण कर लेता है।

ये बहुत सी छोटी-छोटी मूर्खताएँ हैं, और तुम इन्हें प्रेम कहते हो !...किन्तु तुम्हारा विवाह एक ऐसी विशाल और विराट जड़ता है जो तमाम छोटी-बड़ी मूर्खताओं का अन्त कर देती है।

स्त्री के प्रति तुम्हारा प्रेम और पुरुष के प्रति स्त्री का प्रेम—अफ़सोस है इस व्यंजना पर ! इसकी अपेक्षा पीड़ित और अनगढ़ मूर्तियों के प्रति सहानुभूति कहीं अच्छी है। किन्तु एक पशु दूसरे पशु को सूँघकर खोज ही लेता है।

तुम्हारा सर्वश्रेष्ठ प्रेम भी केवल एक उन्मत्त उपमा और सन्तापप्रद उत्कंठा ही तो है। यह एक ज्योति-शिखा है जो तुम्हारे आरोहरण के मार्ग पर प्रकाश डालती है।

एक दिन अवश्य ही तुम्हें अपना प्रेम क्षितिज के पार पहुँचाना होगा। इसलिए सीखो कि प्रेम किस तरह किया जाता है, और यह सीखने के लिए, अपने प्रेम का कड़वा घूँट पीना होगा।

श्रेष्ठतम प्रेम का प्याला भी कड़वाहट के बिना नहीं होता। इसलिए इससे

महामानव की आकांक्षा उत्पन्न होती है; इसलिए इससे, हे निर्माता तेरी प्यास भटकती है।

यह निर्माण की प्यास है, *महामानव* तक पहुँचने की आकांक्षा का वाण है। अब तू ही बता, मेरे भाई, क्या विवाह के संकल्प से तेरा यही अभिप्राय है ?

ऐसा संकल्प मेरे निकट महापवित्र है, और ऐसा विवाह अति पावन।

ज़रतुष्ट्र ने यह कहा।

मनोनीत मृत्यु

अधिकतर लोग उपयुक्त समय के बहुत बाद मरते हैं, और थोड़े-से लोग उपयुक्त समय से बहुत पहले। यद्यपि यह सिद्धान्त असाधारण प्रतीत होता है किन्तु "मरना वही भला जो उपयुक्त समय पर हो।"

उपयुक्त समय पर मरो, ज़रतुष्ट्र की यही शिक्षा है।

किन्तु वह मनुष्य जो उपयुक्त समय तक जीवित ही नहीं रहा वह उपयुक्त समय पर मर कैसे सकता है ? क्या ही अच्छा होता कि वह पैदा ही न हुआ होता !...इन फालतू लोगों को मेरा यही मशवरा है।

किन्तु यह फालतू लोग भी अपनी मृत्यु को बहुत महत्त्व देते हैं। प्रत्येक खोखला अखरोट भी तो यही चाहता है कि उसे भी तोड़ा जाए।

सभी लोग मृत्यु को बहुत महत्त्व की बात समझते हैं किन्तु फिर भी मृत्यु अभी तक समारोह का विषय नहीं बन पाई। मनुष्य अभी तक नहीं जानता कि श्रेष्ठतम समारोह किस तरह मनाए जाते हैं।

मैं तुम्हें उस मृत्यु का दिग्दर्शन कराता हूँ जो मरनेवालों के लिए परम उत्कृष्ट है, और जीवितों के लिए प्रेरणा, आशा और अटल प्रतिज्ञा का सन्देश।

उद्देश्य सम्पन्न पुरुष एक विजयी के समान वीरगति को प्राप्त होता है–उन लोगों से घिरा हुआ जिनकी आशा में होते है प्राण और प्रतिज्ञा में दृढ़ता।

मृत्यु इस तरह की होनी चाहिए; और उस समय तक इसे मृत्यु-समारोह का विषय नहीं बनना चाहिए जब तक मरनेवाला जीवितों की आशा और प्रतीक्षा को दृढ़ता और पावनता प्रदान न कर ले।

इस तरह की मृत्यु निस्सन्देह सर्वश्रेष्ठ है, किन्तु वह मृत्यु भी कुछ कम नहीं जो रणभूमि में प्राप्त होती है क्योंकि वहाँ आत्मा मुक्तहस्त अपने आप को लुटाती है और मुस्कराती है।

किन्तु योद्धा तथा विजेता, दोनों के निकट तुम्हारी वह मृत्यु घृणास्पद है जो गिड़गिड़ाती हुई, चोरों की तरह, चुपके-चुपके, रेंगती हुई तुम्हारे पास आती है और स्वामी बन बैठती है।

प्रशंसनीय है वह मृत्यु, मनोनीत मृत्यु, जो तभी आती है जब व्यक्ति उसका संकल्प करता है। इसी मृत्यु की मैं तुम्हें सलाह देता हूँ।

और ऐसी मृत्यु का संकल्प कब किया जाए ?...जिस समय उसके सामने कोई लक्ष्य

हो और उसका कोई उत्तराधिकारी हो। वह मृत्यु का संकल्प उसी समय करता है जब उसके लक्ष्य और उत्तराधिकारी के लिए वह समय उपयुक्त होता है।

और इस लक्ष्य और उत्तराधिकारी की अभिवन्दना के हेतु वह जीवन-संश्रय के पुण्यद्वार पर मुरझाए फूलों के वन्दनवार नहीं लटकाता।

रस्सी बटनेवालों की तरह मैं कदापि जीवन व्यतीत नहीं करूँगा। ज्यों-ज्यों उनकी रस्सी बटती जाती है, वे स्वयं पीछे की ओर हटते जाते हैं।

बहुत-से लोग इतने वृद्ध हो जाते हैं कि वे स्वयं अपने सत्य और अपनी विजय को नहीं सँभाल सकते : पोपले मुँह को प्रत्येक सत्य का अधिकार नहीं है।

जिस मनुष्य को यश की आकांक्षा हो, उसे ख्याति का प्रलोभन त्याग देना चाहिए, और उपयुक्त समय पर प्रस्थान करने की कठिन कला का अभ्यास करना चाहिए।

जब रस और सौरभ से परिपूर्ण फल की तरह तुम परिपक्व हो जाओ, तो उत्सव के भूखों का ग्रास बनने से बचो। इस रहस्य को वह लोग भली प्रकार जानते हैं जो चिरवांछित बने रहना चाहते हैं।

खट्टे सेब निस्सन्देह बहुत दिनों तक–पतझड़ के अन्तिम दिन तक–डाल पर लटके रहते हैं, किन्तु पकने पर वे पीले, झुर्रियोंवाले और रसहीन हो जाते हैं।

कुछ लोगों के हृदय पर पहले बुढ़ापा आता है; और कुछ लोगों के मन पर; कुछ जवानी में ही बूढ़े हो जाते हैं; किन्तु जो लोग देर से जवान होते हैं, वे देर तक जवान रहते हैं।

निपट विकलता ही कुछ लोगों का जीवन है। उनके हृदय को एक प्रकार का घुन-सा चाटता रहता है। मृत्यु को ही अब उन्हें सफल बनाना चाहिए, यही उनके लिए उचित है।

बहुत-से लोग ऐसे हैं जिनके अन्दर कभी मिठास आती ही नहीं। वे वसन्त में ही गलने लगते हैं। यह उनकी कोरी कायरता ही तो है जो उन्हें डाल से चिपकाए रखती है।

बहुत-से लोग ऐसे हैं जो अनावश्यक लम्बी अवधि तक बने रहते हैं और अपनी डाल पर लटके रहते हैं। क़ाश कि आँधी का कोई प्रचण्ड झोंका आ जाए और इन सब सड़े-गले, कीड़ा-लगे फलों को झँझोड़कर वृक्ष पर से झाड़ दे।

क्या ही अच्छा हो यदि द्रुत मृत्यु के उपदेशक आ जाएँ ! यही लोग वह प्रचण्ड आँधियाँ हैं जो जीवन-वृक्ष के लिए आवश्यक हैं। किन्तु मैं जो सुनता हूँ उससे प्रकट होता है कि ये घिसट-घिसटकर लम्बी मौत मरने के उपदेशक हैं, तथा समस्त सांसारिक बातों को धैर्यपूर्वक सहन करने की शिक्षा देते हैं।

तुम सांसारिक बातों के सम्बन्ध में धैर्यशील होने की शिक्षा देते हो, किन्तु हे धर्म निन्दको, तुम्हें ज्ञात होना चाहिए कि यह सांसारिकता तुम्हारे सम्बन्ध में अधिक से भी ज़्यादा धैर्यशील है।

मैं सत्य कहता हूँ कि वह इब्रानी* बहुत जल्दी मर गया, जिसकी घिसट-घिसटकर

---

* इब्रानी से मेरा आशय ईसा मसीह से है जो समझा जाता है कि तीस या चालीस वर्ष तक जीवित रहा था।

मरने की शिक्षा देनेवाले पूजा करते हैं। उसकी इस अकाल मृत्यु ने बहुत-से लोगों का जीवन अजीर्ण बना दिया है।

यह इब्रानी ईसा अभी दूसरे इब्रानियों के हृदय की घृणा भी जान न पाया था कि उसकी आत्मा मृत्यु के लिए आकुल हो उठी।

यदि वह रेगिस्तान में ही रहता, इन सदाचारियों और धर्मधारियों से दूर तो सम्भव था कि वह जीवित रहता और धरती से प्रेम करना सीख जाता; और साथ ही उसे हँसना भी आ जाता।

विश्वास करो मेरे मित्रो, कि वह बहुत जल्दी मर गया। यदि उसने मेरे बराबर आयु पाई होती तो वह स्वयं ही अपने सिद्धान्तों का खण्डन कर डालता। उसके अन्दर इतनी महानता थी कि वह अपने सिद्धान्तों के खण्डन की आवश्यकता को स्वयं महसूस कर लेता।

किन्तु वह अभी तक प्रौढ़ नहीं हो पाया था। युवक का प्रेम अप्रौढ़ होता है और उसकी घृणा भी अप्रौढ़–अब चाहे यह मनुष्य के प्रति हो और चाहे धरती के प्रति। उसकी आत्मा के पंख जकड़े हुए और उसकी कल्पना की उड़ान बोझिल हुआ करती है।

किन्तु प्रौढ़ मनुष्य के हृदय में युवक की अपेक्षा शिशु अधिक और उदासीनता कम होती है। वह जीवन से भी परिचित होता है और मृत्यु से भी, और इन दोनों के साथ प्रसन्नता से एक-सी सरल समानता का व्यवहार करता है।

वह मृत्यु का ग्रास बनने के लिए भी स्वतन्त्र है और मृत्यु का ग्रास बनकर भी स्वतन्त्र है। वह निर्भीकता के साथ ''नहीं, पवित्र नहीं'' कहता है जब ''हाँ'' कहने का समय बीत चुका हो। यही कारण है कि जीवन और मृत्यु दोनों से वह समानता का व्यवहार करता है।

मैं तुम्हारी आत्मा के माधुर्य से इतना ही चाहता हूँ कि मेरे मित्रो, तुम्हारी मृत्यु मनुष्य तथा धरती के लिए भर्त्सना और लज्जा का विषय न बन पाए।

तुम्हारी मृत्यु में तुम्हारी आत्मा और तुम्हारे सद्‌गुणों की ज्योति इस तरह द्युतिमान रहनी चाहिए जिस तरह सूर्य के अस्त होने के पश्चात् उसकी कान्ति गोधूलि बनकर पृथ्वी पर छा जाती है, नहीं तो तुम्हारी मृत्यु पूर्णतः असफल रह जाएगी।

मैं स्वयं अपने लिए ऐसी ही मृत्यु का संकल्प रखता हूँ, मेरे मित्रो, ताकि तुम मेरे लिए धरती को और भी अधिक प्रेम करने लगो। मेरा संकल्प है कि मैं पुनः मिट्‌टी में मिलकर धरती बन जाऊँ ताकि फिर उसी की गोद में विश्राम कर सकूँ जिसने मुझे जन्म दिया था।

ज़रतुष्ट्र का एक लक्ष्य था और उस लक्ष्य की ओर उसने अपनी गेंद फेंकी है। अब, मेरे मित्रो, तुम्हारा यह कर्तव्य है कि तुम इस लक्ष्य के उत्तराधिकारी बनो। लो यह सोने की गेंद मैं तुम्हारी ओर उछालता हूँ।

मेरे मित्रो, मैं तुम्हें भी गेंद फेंकते हुए देखने का अभिलाषी हूँ। इसके लिए मैं और थोड़ी देर पृथ्वी पर ठहरकर प्रतीक्षा करूँगा। मुझे क्षमा करना मेरी इस धृष्टता के लिए।

ज़रतुष्ट्र ने यह कहा।

सद्गुण : दानशीलता का

ज़रतुष्ट्र ने जब उस नगर से बिदा ली जिसे वह प्रेम करने लगा था और जिसका नाम 'चितली गाय' था, तो बहुत-से नागरिक जो अपने आप को उसका शिष्य कहते थे, घरों से निकलकर उसके साथ हो लिए। चलते-चलते जब वे एक चौराहे पर पहुँचे तो ज़रतुष्ट्र रुक गया और कहने लगा कि वहाँ से वह आगे अकेला ही जाना चाहता है क्योंकि उसे अकेला चलने में आनन्द आता है। बिदा होते समय उन शिष्यों ने ज़रतुष्ट्र को एक छड़ी भेंट की जिसकी सुनहरी मूठ पर सूरज के गिर्द एक कुण्डाकार सर्प बना हुआ था। ज़रतुष्ट्र वह छड़ी पाकर बहुत प्रसन्न हुआ और उसकी टेक लगाकर अपने शिष्यों से कहने लगा :

क्या तुमने कभी यह भी सोचा कि सोने को क्यों अन्य सब वस्तुओं से अधिक मूल्यवान् माना जाता है ?...इसलिए क्योंकि यह दुर्लभ है, और लाभरहित है, इसलिए क्योंकि वह मधुर कान्ति का प्रसार करता है। और सदैव अपने आपको प्रदान करता रहता है।

श्रेष्ठतम सद्गुणों की प्रतिमा के रूप में ही सोने को सबसे अधिक मूल्यवान् समझा जाता है। दानशील मनुष्य की आँखों में स्वर्ण-रश्मियों की-सी दमक होती है और क्षितिज पर वह बिखरा हुआ सोना ही होता है जिसकी मधुर कान्ति सूर्य और चन्द्रमा के बीच सन्धि तथा शान्ति की सूचक है।

श्रेष्ठतम सद्गुण दुर्लभ भी होता है और लाभरहित भी। एक मधुर कान्ति का सौन्दर्य इसे द्युतिमान् रखता है। दानशीलता अर्थात् दे पाने का गुण ही सर्वश्रेष्ठ सद्गुण कहलाता है।

मैं तुम्हारा अभिप्राय ताड़ गया हूँ, मेरे शिष्यो। मेरी तरह तुम भी दे पाने के गुण को अपनाने के आकांक्षी हो, और है भी यह ठीक।...भला बिल्लियों और भेड़ियों से तुम्हारा क्या सम्बन्ध ?

तुम्हारे प्राणों की यही तो पिपासा है कि तुम आहुति और उपहार बन सको। इसी लिए तुम संसार भर की समृद्धियों को अपनी आत्मा में संचय कर लेना चाहते हो।

तुम्हारी आत्मा सदैव समृद्धियों तथा रत्नों के लिए अतृप्त रहती है क्योंकि तुम्हारे सद्गुणों का दान-संकल्प कभी भी शिथिल नहीं हो पाया–तुम्हारी दे पाने की इच्छा की कभी तृप्ति नहीं होती।

तुम संसार की प्रत्येक श्रेष्ठ वस्तु को बलपूर्वक अपने भीतर ले जाना चाहते हो

ताकि वह प्रेम-उपहार बनकर तुम्हारे हृदय-स्रोत में अजस्र बहती रहे।

दानशीलता का प्रेम, निश्चय ही, अखिल विश्व के अन्य सब मूल्यों पर हावी हो जाता है। इस प्रकार की स्वार्थ-परायणता मेरे निकट स्वस्थ और पावन है।

स्वार्थ एक अन्य प्रकार का भी होता है–दरिद्र तथा भूखा, स्वार्थ जो चोरी करने के लिए सदा तैयार रहता है। यह रोगियों का स्वार्थ है–रोगग्रस्त व घृणास्पद स्वार्थ।

प्रत्येक चमकीली वस्तु पर यह चोरों की दृष्टि डालता है; प्रत्येक खाद्य पदार्थ को यह भूखी आँखों से घूरता है; और प्रत्येक दाता के भण्डार के गिर्द यह भिखारियों की तरह मँडराता है।

ऐसी लिप्सा में रोग का सन्ताप होता है, और अनदेखे पतन का आह्वान। स्वार्थ की यह तस्कर लिप्सा रुग्ण शरीर में स्थान पाया करती है, स्वस्थ में नहीं।

क्या तुम बता सकते हो, मेरे भाइयो कि हम किसे बुरा, सबसे बुरा समझते हैं ?...क्या पतन सबसे बुरी वस्तु नहीं है ?...और जिस आत्मा में दानशीलता नहीं है, समझ लो कि उसका पतन हो गया है।

हमारा मार्ग ऊपर की ओर चढ़ता है, विकास से उद्विवास की ओर।...किन्तु भयानक है वह पतित मन जो सोचता है कि संसार में जो कुछ है, वह सब उसके लिए ही है।

ऊपर की ओर उड़ता है हमारा मन–यह हमारे शरीर की प्रतिछाया ही तो है और हमारे उत्थान की प्रतिमा। उत्थान की यही प्रतिमाएँ सद्गुणों के नाम निर्धारित करती हैं।

अस्तित्व पाना, संघर्ष करना–इन्हीं मंजिलों से होता हुआ यह शरीर इतिहास के मार्ग पर आगे बढ़ता चला जाता है।...और यह आत्मा ?---शरीर से इसका क्या सम्बन्ध है ?---सुनो,---यह शरीर की अग्रदूत है, साथी है और इसके संघर्षों और सफलता की प्रतिध्वनि है।

गुणों तथा अवगुणों के सारे नाम केवल उपमाएँ हैं। वे सीधे-सीधे कुछ भी व्यक्त नहीं करतीं, केवल संकेत ही देती हैं। मूर्ख है वह प्राणी जो इनसे ज्ञान-उपलब्धि की इच्छा करे।

मेरे भाइयो, प्रत्येक वह क्षण तुम्हें हृदयंगम कर लेना चाहिए जिसमें तुम्हारी आत्मा उपमाओं और अलंकारों से बात करे। यही तुम्हारे सद्गुणों का आदि स्रोत है।

यहीं तुम्हारा शरीर उत्थान और उत्कर्ष को प्राप्त करता है। इसका आशीर्वाद आत्मा को इतना विह्वल और उन्मत्त कर देता है कि वह संसार की प्रत्येक वस्तु का निर्माण करनेवाली, उसका मूल्य निर्धारित करनेवाली, परखनेवाली, प्रेम करनेवाली तथा उसका उपकार करनेवाली बन जाती है।

जब तुम्हारा हृदय वर्षाकाल की नदी के समान भरकर झलकने लगे और उसका बढ़ता हुआ विस्तार समीप बसनेवालों के लिए मंगल और अमंगल, दोनों ही बन जाए

तो उसका अभिवादन करो क्योंकि यही तुम्हारे सद्गुणों का आदि स्रोत है।

निश्चय ही यह एक नए प्रकार की भलाई और बुराई है। एक नए अगाध का मन्थन है और एक नए स्रोत का कलनाद !

यह एक शक्ति है—अपार शक्ति; यह नया सद्गुण है, यह एक विश्वविजयी विचार है और इसके गिर्द एक विलक्षण तथा मर्मज्ञ आत्मा है; यह सुनहरा सूरज है और उसके गिर्द ज्ञान का फनिधर सर्प।

2

इतना कहकर ज़रतुष्ट्र थोड़े से समय के लिए चुप हो गया और स्नेहभरी दृष्टि से अपने शिष्यों को देखता रहा।...फिर उसने पुनः बोलना शुरू किया, किन्तु अब उसकी आवाज़ बदली हुई थी :

मैं तुमसे सानुरोध कहता हूँ, मेरे भाइयो, कि तुम अपने सद्गुणों की सम्पूर्ण शक्ति के साथ धरती के वफ़ादार रहो और उसमें अपनी पूरी आस्था रखो। अपने दानशील प्रेम तथा ज्ञान को धरती की सार्थकता की सेवा में लगा दो। इसी की मैं तुमसे भिक्षा माँगता हूँ और इसी की तुम्हें शपथ देता हूँ।

देखो, कभी ऐसा न हो कि तुम्हारे सद्गुण धरती को त्यागकर हवा में भटकने लगें; और अनन्त की बेलोच प्राचीरों पर अपने पंख पीटने लगें। हाय ! न जाने कितने सद्गुण इस तरह धरती से पलायन कर वायुमंडल में भटक चुके हैं। मेरा तुमसे अनुरोध है कि धरती से भटके हुए सद्गुणों को धरती पर वापिस ले आओ...हाँ, उन्हें देह और धरती की ओर वापिस बुला लो ताकि वे धरती को सार्थक करें, उसे मानवीय अर्थ प्रदान करें।

आत्मा और सद्गुण, ये दोनों सैकड़ों बार भटक चुके हैं। अनेक विभ्रम और मृगतृष्णाएँ अभी तक हमारे भीतर जीवित हैं और वहाँ इन्होंने देह और संकल्प का रूप धारण कर लिया है।

आत्मा और सद्गुणों दोनों ने सैकड़ों बार विकसित होने के प्रयास किए किन्तु हर बार वे विभ्रम में फँसते गए। ओह, मनुष्य स्वयं ही एक प्रयास बनकर रह गया है। अफ़सोस ! ढेरों अज्ञानताएँ तथा विभ्रम हमारे अन्दर मूर्तिमान् होकर, प्राणों में बस गए हैं।

युग-युगान्तर का संचित ज्ञान ही नहीं, बल्कि उसका उन्माद और भ्रान्ति भी हमारे भीतर प्रस्फुटित हो उठती है। कितना भयानक है उत्तराधिकारी बनना।

हम अभी तक उस दैत्य के साथ पग-पग पर जूझ रहे हैं जिसका नाम संयोग है। और मानव समाज पर अभी तक उसी का साम्राज्य स्थापित है जिसे विभ्रम और मूर्खता कहते हैं।

तुम्हारी आत्मा और तुम्हारे सद्गुणों को धरती के महत्त्व और सार्थकता की सेवा में लग जाना चाहिए, अपने सद्गुणों को धरती की सेवा में अर्पित कर दो, मेरे भाइयो।

संसार की समस्त वस्तुओं का मूल्य नए सिरे से तुम्हें स्वयं निर्धारित करना चाहिए। यही कारण है कि तुम्हें योद्धा और निर्माता बनना होगा।

ज्ञान की सहायता से शरीर अपने आप को स्वच्छ बनाता है, और ज्ञान का सहारा लेकर उत्कर्ष की ओर अग्रसर होता है। ज्ञानशील मनुष्य के निकट समस्त अनुभूतियाँ तथा प्रवृत्तियाँ निर्दोष और पावन होती हैं। और जिस व्यक्ति की आत्मा उत्कर्ष प्राप्त कर चुकी हो, वह सदैव आनन्दविभोर और हर्षमग्न रहता है।

चिकित्सक, पहले तू अपना उपचार कर, तभी तू रोगी की चिकित्सा कर सकेगा। रोगी का सबसे उत्तम इलाज यही है कि स्वयं अपनी आँखों से उसे देख ले जिसने अपने आप को सम्पूर्णतया स्वस्थ बना लिया है।

सहस्रों मार्ग अभी ऐसे पड़े हैं जिन पर कभी किसी ने पदार्पण नहीं किया। ये सहस्रों मार्ग स्वास्थ्य और जीवन के अज्ञात द्वीपों के मार्ग हैं। मनुष्य तथा मनुष्य का संसार, दोनों ही, अभी तक अन्-अन्वेषित और अनजाने हैं। इनका न कोई अन्त है, और न कोई पता।

हे एकान्तवासियो, उठो और कान लगाकर सुनो। देखो, भविष्य की दुनिया का समीर अज्ञात के पंखों पर सवार चला आ रहा है।...यह वाहक है मंगल समाचार का, किन्तु उसके लिए जिसके कानों में सुनने की शक्ति हो।

हे आज के एकान्तवासियो ! हे पृथक और विलग रहनेवालो ! वह दिन दूर नहीं जब तुम भी एक जाति में परिणत हो जाओगे। तुम लोगों में से जिन्होंने अपने आप को चुनकर अलग किया है, उन्हीं से एक चुनी हुई जाति उत्पन्न होगी और उसमें से उत्पन्न होगा, *'महामानव'*।

यह धरती निश्चय ही तब सुख सम्पन्न हो जाएगी ! और वह देखो, अभी से एक नवीन सौरभ की लपटों ने इसे घेर लिया है—मुक्ति का सौरभ, एक नवीन आशा की सुगन्धि।

3

इतना कहने के पश्चात् ज़रतुष्ट्र कुछ समय के लिए चुप-सा हो गया किन्तु उसके हाव-भाव से स्पष्ट था कि अन्तिम बात कहना अभी बाकी है। देर तक वह दुविधा-सी में पड़ा हुआ अपनी हाथ की छड़ी को घुमाता रहा।...और अन्त में जब वह बोला तो उसकी आवाज़ और अधिक बदली हुई थी। उसने कहा :

मेरे मित्रो, अब मैं जाऊँगा और अकेला ही जाऊँगा ! तुम भी जाओ और अकेले ही जाओ। यही मेरी इच्छा है।

मैं तुम्हें मशवरा देता हूँ कि तुम मुझसे अलग हो जाओ और ज़रतुष्ट्र से सावधान रहो ! उसकी संगत पर यदि तुम लज्जित अनुभव करने लगो तो और भी अच्छा ! कौन जाने उसने कहीं तुम्हें धोखा ही दिया हो !

ज्ञानशील मनुष्य के अन्दर न केवल अपने शत्रुओं को प्रेम करने की क्षमता होनी चाहिए, बल्कि अपने मित्रों को घृणा करने का सामर्थ्य भी उसके अन्दर होना चाहिए।

वह मनुष्य अपने गुरु का अनादर करता है जो सदैव शिष्य ही बना रहता है। तुम आगे बढ़कर मेरी माला क्यों नहीं नोच लेते जो मेरे गुरु होने की तथा कीर्ति की सूचक है ?

मेरे प्रति तुम निष्ठा रखते हो; यदि किसी दिन तुम्हारा यह निष्ठावान् अपने स्थान से गिर गया तो फिर क्या होगा ? सावधान ! किसी गिरती हुई मूर्ति के नीचे दबकर कुचल मत जाना !

तुम कहते हो कि ज़रतुष्ट्र में तुम्हारी आस्था है ?...किन्तु ज़रतुष्ट्र का मूल्य ही क्या है ?...तुम मेरे अनुयायी हो, किन्तु अनुयाइयों का मूल्य ही क्या है ?

तुम अभी तक अपने आप को खोज नहीं पाए थे, इसलिए तुमने मुझे खोज लिया। सब अनुयाइयों का यही हाल होता है। इसलिए आस्था, निष्ठा इत्यादि का कुछ भी मूल्य नहीं है।

अब मैं तुमसे अनुरोध करता हूँ कि तुम मुझे खोकर अपने आपको पाओ। जब तक तुम सब मुझसे विमुख नहीं हो जाओगे, मैं पलटकर नहीं आऊँगा।

तब मैं दूसरी ही नज़र से अपने खोए हुए भाइयों की खोज करूँगा। एक दूसरे ही प्रेम से तुम्हें प्यार करूँगा।

और एक बार जब तुम फिर नवीन आशा की सन्तान बन जाओगे, मैं फिर तीसरी बार तुम्हारे पास आऊँगा, ताकि तुम्हारे साथ मिलकर एक महान् मध्याह्न का उत्सव मना सकूँ।

और यह महान् मध्याह्न उस समय आएगा जब मनुष्य अपनी प्रगति के पथ पर 'पशु और महामानव' के बीच खड़ा होगा, और सूर्यास्त की ओर अपने पथ को, अपनी उच्चतम आशाओं का प्रतीक मानकर उसका अभिवादन करेगा, क्योंकि यही वह पथ है जो एक नवीन प्रभात की ओर ले जाता है।

और तब अस्त होनेवाला, अवरोहण करनेवाला अपने आप को धन्य समझेगा क्योंकि वही आरोहण करनेवाला भी है। उसके ज्ञान का सूर्य तब मध्याह्न पर होगा।

"सारे देवता मर चुके हैं। अब हमारे मन में अभिलाषा है *महामानव* के आने की।" मध्याह्न की इस बेला में यही है हमारी अन्तिम इच्छा !

ज़रतुष्ट्र ने यह कहा।

दूसरा भाग

"जब तक तुम सब मुझसे विमुख नहीं हो जाओगे, मैं पलटकर नहीं आऊँगा।
तब मैं दूसरी ही नज़र से अपने खोए हुए भाइयों की खोज करूँगा। एक दूसरे ही प्रेम से तुम्हें प्यार करूँगा।"

(प्रथम भाग, 'दानशील गुण' स)

बालक और दर्पण

इसके बाद ज़रतुष्ट्र पहाड़ों में चला गया और दुनिया से दूर अपनी गुफ़ा के निर्जन एकान्त में रहने लगा—उस किसान की तरह जो बीज बो चुका हो और उनको अंकुरित देखने का अभिलाषी हो ! किन्तु उसकी आत्मा सदा ही उन लोगों के लिए दुखी और बेचैन रहती थी जिनसे उसे प्रेम था क्योंकि उसे अभी भी उन्हें बहुत कुछ देना बाकी था। हाय, कितनी कठिन है यह साधना कि खुला हुआ हाथ बन्द कर लिया जाए और वह भी प्रेम के अनुरोध पर ! क्या किसी दानशील के लिए इससे अधिक मानसिक संकट व संकोच का कोई और भी विषय हो सकता है ?

उसी निर्जन वास में ज़रतुष्ट्र का समय बीतता गया, धीरे-धीरे महीने और फिर वर्ष बीत गए किन्तु समय के साथ-साथ उसके ज्ञान में भी वृद्धि होती गई; यहाँ तक कि ज्ञान का बाहुल्य उसके प्राणों की व्यथा का कारण बन गया और उसे व्याकुल रखने लगा।

एक दिन पौ फटने से पहले उसकी नींद टूट गई और वह बड़ी देर तक अपने बिछौने पर लेटे-लेटे कुछ सोचता रहा और फिर मन ही मन कहने लगा :

यह कैसा सपना था ? मैं इतना डर क्यों गया कि मेरी नींद यों अकस्मात् टूट गई। हाथ में दर्पण लिए हुए क्या एक बालक मेरे पास नहीं आया था ?

"ओ ज़रतुष्ट्र," उस बालक ने कहा, "ज़रा इस दर्पण में अपना चेहरा तो देख।"

"और जब दर्पण में मैंने अपना चेहरा देखा तो मेरा दिल दहल गया और मेरे मुँह से चीख़ निकल गई क्योंकि जो कुछ मैंने दर्पण में देखा वह मैं नहीं था बल्कि घृणा से भरा एक चेहरा था जो दाँत निकाले मुझे चिढ़ा रहा था, मुँह बना-बनाकर मेरा उपहास उड़ा रहा था।

मैं तुरन्त समझ गया कि सपने के क्या अर्थ हैं। वह किस बात के लिए मुझे सावधान कर रहा है।...मैं समझ गया कि मेरा सिद्धान्त ख़तरे में है, और खेत की जंगली घास भी अपने आप को गेहूँ बताने लगी है।

मेरे शत्रु ज़ोर पकड़ गए हैं, उन्होंने मेरे सिद्धान्त को तोड़-मोड़कर उसका रूप, सार व तथ्य ही बिगाड़ दिया है—यहाँ तक कि अब मेरे प्रिय बन्धु भी मेरे उस उपहार से लजाने लगे हैं।

मेरे बन्धु मुझसे विमुख हो गए हैं। अब समय आ गया है कि मैं अपने खोए हुए साथियों को खोजूँ और उन्हें सीधे रास्ते पर डालूँ।"

यह कहते हुए ज़रतुष्ट्र झपटकर उठ खड़ा हुआ, किन्तु किसी भयातुर प्राणी की तरह नहीं कि साँस उखड़ी हुई हो और शरीर काँप रहा हो बल्कि एक भविष्यवक्ता की तरह, एक संगीतज्ञ की तरह जिसे अकस्मात् प्रेरणा हुई हो। उसका साँप और उसका बाज़ पक्षी आश्चर्यचकित उसकी ओर देखने लगे क्योंकि आनेवाले आनन्द की ज्योति बसन्त दिवस की उषा के समान उसकी मुखाकृति पर झलकने लगी थी।

ज़रतुष्ट्र बोला–ओ मेरे जानवरो, यह मुझे क्या हो गया है ? क्या मैं एकदम बदल नहीं गया हूँ ? क्या एक परम कल्याणकारी आनन्द ने बवण्डर की तरह सहसा आकर, मुझे घेर नहीं लिया है ?

नादान है मेरा यह आनन्द और इसलिए नादानी की बातें ही करेगा यह। अभी यह तरुण है–अल्हड़ तरुण, इसके साथ धैर्य से काम लेना होगा।

मैं अपने आनन्द के हाथों घायल हूँ। हर वह प्राणी जो व्यथित है, दुखी है, मेरा चिकित्सक होगा।

आज मैं फिर यहाँ से नीचे उतरकर अपने मित्रों के पास जा सकता हूँ, और अपने शत्रुओं के पास भी। ज़रतुष्ट्र अब फिर प्रवचन दे सकता है, उपहार बाँट सकता है और अपने प्रेम की श्रेष्ठ सेवा से अपने प्रियजनों का अभिवादन कर सकता है।

मेरा अधीर प्रेम नदी की बाढ़ की तरह उछल-उछलकर दोनों दिशाओं, पूर्व और पश्चिम की ओर बह रहा है। निश्चेष्ट पर्वतों को पार करते और पीड़ा की घटाओं को चीरती हुई मेरी आत्मा अब तीव्र वेग के साथ नीचे घाटियों की ओर बढ़ती चली जा रही है।

चिरकाल तक मेरी आकांक्षा एक अनन्त अतीत की छाया में बैठी क्षितिज की ओर निहारती रही है; चिरकाल तक यह मूक विजनता मेरी सहचरी बनकर मेरे एकान्तवास में मेरे साथ रहती रही है; यही कारण है कि अब मैं मौन रहना भूल गया हूँ।

अब मैं साकार वाणी बन गया हूँ, पर्वत शिखाओं पर बृहत शिलाओं में निरन्तर निनादित निर्झरों का अजस्र कलकल नीचे घाटियों की ओर प्रवाहित कर दूँगा।

मेरे उत्ताल प्रेम के तुमुल प्रवाह के लिए यदि कोई रास्ता नहीं है, तो न सही, किन्तु क्या प्रत्येक प्रवाहिणी समुद्र तक पहुँचने के लिए स्वयं ही अपना रास्ता नहीं बना लेती ?

मेरे अन्दर एक झील है, शान्त, अथाह और स्वतः अवलम्बित–किसी निर्जनवासी मुनि की तरह, किन्तु मेरे प्रेम का तुमुल आवेश इसे भी नीचे, समुद्र की ओर बलपूर्वक बहाए लिए जा रहा है।

मैं नवीन रास्तों पर चलता हूँ, एक नवीन भाषा और नवीन आदेश मेरे होठों पर थिरक रहे हैं। मैं पुरानी भाषा से तंग आ गया हूँ–प्रत्येक निर्माता के समान। मेरी आत्मा अब घिसे हुए खड़ाऊँ पहनने से इनकार करती है।

वाणी और भाषा में वह चैतन्य कहाँ जिसकी मुझे आवश्यकता है ? मैं इनकी मन्थर गति से तंग आ गया हूँ। ओ तूफ़ान, अब मैं तेरे रथ पर सवार होता हूँ और तुझे भी अपने आवेश के चाबुक से मार-मारकर हाँकूँगा।

एक गरज और गूँज के समान मैं विराट और असीम समुद्रों के ऊपर से गुज़र जाऊँगा ताकि उन सुखधाम द्वीपों में पहुँच जाऊँ जहाँ मेरे मित्र रहते हैं।

और उनके बीच मेरे शत्रु भी ! कितना प्रिय है मुझे वह प्रत्येक प्राणी जिसके साथ मैं बातें कर सकूँ। मेरे आनन्द और शुभाशीष में मेरे शत्रुओं तक का हिस्सा है, वे भी इससे वंचित नहीं।

जब मैं अपने उद्धत से उद्धत और अत्यन्त मुँहज़ोर घोड़े पर सवार होता हूँ, तो सबसे अधिक मेरा यह भाला ही मेरे काम आता है–यह भाला जो सदा मेरे पैरों से बँधा रहता है।

यह भाला मैं अपने शत्रुओं की ओर फेंकता हूँ। कितना कृतज्ञ हूँ मैं अपने शत्रुओं का जिन्होंने अन्ततः मुझे अपना यह भाला फेंकने का अवसर प्रदान किया है !

मेरे बादल भरे हुए हैं, अत्यधिक भरे हुए। अब मैं विद्युत-अट्टहास की विकराल ध्वनि के साथ अपने भयानक ओलों की बोछार करूँगा।

एक प्रबल आवेग से मेरी छाती उद्वेलित होगी; एक प्रबल आवेग से मैं अपने तूफ़ान को पर्वतों से टकरा दूँगा। तब कहीं जाकर इसे सान्त्वना मिलेगी और इसका बोझ हलका होगा।

मेरा हर्ष और मेरी स्वतन्त्रता, निश्चय ही ये दोनों एक तूफ़ान की तरह आते हैं, किन्तु मेरे शत्रु समझते हैं कि यह कोई महापाप है, कोई बुराई है जो उनके सिरों पर गरज रही है।

हाँ, तुम भी मेरे मित्रो, मेरी उद्धत प्रज्ञा को देखकर भयभीत हो जाओगे। और, यह भी सम्भव है कि तुम भी मेरे शत्रुओं के साथ, डर के मारे भाग जाओ।

क़ाश कि मैं चरवाहे की तरह बंसी बजाकर तुम्हें फुसलाना जानता और वापस बुला सकता ! क़ाश कि मेरी प्रज्ञा रूपी सिंहनी धीमे स्वरों में दहाड़ना सीख जाती। हम पहले भी तो बहुत कुछ एक-दूसरे से सीख चुके हैं।

मेरी उद्धत प्रज्ञा निर्जन पर्वतों पर गर्भिणी हुई थी। शिलाओं और चट्टानों पर उसने अपना बच्चा जना–अपना सबसे पिछला बच्चा।

अब यह इस पथरीले बियाबान में बौराई हुई मारी-मारी फिर रही है किसी हरे-भरे नरम स्थान की खोज में–यह मेरी बूढ़ी उद्धत प्रज्ञा।

तुम्हारे हृदय के हरे-भरे मैदान में, मेरे मित्रो, तुम्हारे स्नेह के नरम बिछौने पर, यह अपने इस लाल को, अपने लाड़ले चहेते बच्चे को लिटा देगी।

ज़रतुष्ट्र ने यह कहा।

सुखधाम द्वीपों में

अंजीर के वृक्षों से अंजीर झड़ रहे हैं, पके, मीठे, अच्छे अंजीर। गिरते ही उनका लाल-लाल छिलका फट जाता है। पके हुए अंजीरों के लिए मैं उत्तरीय वायु का झोंका हूँ।

इन अंजीरों के समान ही मेरे सिद्धान्त भी तुम्हारे सम्मुख आ रहे हैं। मेरे मित्रो, इन्हें ग्रहण करो, इनका रस पीओ। देखो कितना सुहावना समय है, यह शिशिराच्छन्न स्वच्छ आकाश और यह दिन का ढलता हुआ तीसरा पहर !

देखो, हमारे सामने कितनी समृद्धि बिखरी पड़ी है ! और जो दृष्टि इस समृद्धि में से होकर दूर समुद्रों को निहारती है उसके माधुर्य और आनन्द का कौन अनुमान लगा सकता है ?

पुरातन काल में जब लोग दूर से समुद्रों को निहारते थे तो भगवान् के नाम का उच्चारण करते थे, किन्तु अब मैं तुम्हें महामानव का नाम उच्चारण करने की शिक्षा देता हूँ।

भगवान् तो केवल एक अनुमान है; देखना कहीं तुम्हारा अनुमान तुम्हारी सृजनशक्ति को नीचे न दबा दे।

क्या तुम एक भगवान् उत्पन्न कर सकते हो ? यदि नहीं, तो फिर चुप रहो। इतने सारे भगवानों की क्यों चर्चा करते हो ? किन्तु हाँ, तुम महामानव अवश्य उत्पन्न कर सकते हो !

हो सकता है कि तुम स्वयं महामानव न बन सको किन्तु तुम इस ढंग से अपना पुनःनिर्माण तो कर ही सकते हो कि महामानव के पुरखा और अग्रदूत बन सको। भाइयो, तुम्हारा यही कार्य निर्माण का सर्वश्रेष्ठ कार्य माना जाएगा !

भगवान् तो केवल एक अनुमान ही है; किन्तु तुम्हारा अनुमान कम से कम, ऐसा तो होना ही चाहिए कि वह चिन्तन-योग्य और कल्पना-संगत हो।

क्या तुम किसी भगवान् की कल्पना कर सकते हो ? किन्तु सत्य के प्रति तुम्हारा यह संकल्प होना चाहिए कि मनुष्य के सामने उसी वस्तु का निर्माण करो जिसे उसकी बुद्धि ग्रहण कर सके, जिसे वह देख सके और जिसे वह छू सके। तुम्हें अन्त तक अपनी ज्ञानेन्द्रियों का अनुसरण करना चाहिए और वह भी साहसपूर्ण !

और जिसे तुम संसार कहते हो, पहले उसकी सृष्टि तो कर लो।---और, फिर यह संसार स्वयं ही, तुम्हारी चेतना, तुम्हारी कल्पना, तुम्हारा संकल्प और तुम्हारा प्रेम बन

जाएगा ! यह तुम्हारा परम सुख और महान् आशीर्वाद होगा, हे विवेकशील बन्धुओ !

और तुम इस आशा के बिना किस तरह जीवन का भार सहन कर सकते हो, हे विवेकशील बन्धुओ ?...क्योंकि न तो तुम अचिन्त्य जगत् में उत्पन्न हो सकते हो और न अयुक्तिक संसार में ही।

लो, मैं खोलकर दिल की बात सुनाता हूँ : यदि भगवान् का अस्तित्व होता तो यह कैसे सम्भव था कि मैं भगवान् बने बिना रह सकता ! इससे यह स्पष्ट हो जाता है कि कोई भगवान् है ही नहीं।

अपने तर्क से मैंने यह परिणाम निकाला था परन्तु अब यह परिणाम मुझमें से मुझ को ही निकालकर आगे की ओर खींच रहा है।

भगवान् एक अनुमान है। किन्तु कौन है ऐसा जो अपने इस अनुमान के समस्त सन्ताप का गरल पान कर जाए और फिर भी न मरे ? क्या निर्माता का विश्वास नष्ट कर दिया जाए ? क्या बाज़-पक्षियों से संसार तक पहुँचने की ऊँची उड़ान को उनसे छीन लिया जाए ?

भगवान् एक ऐसी कल्पना है जो प्रत्येक सीधी और सरल वस्तु को टेढ़ी-तिरछी बना देती है; और जो खड़ी हो उसे डगमगा देती है। क्या ?---तो फिर काल क्या केवल धोखा है और प्रत्येक अन्तरिम वस्तु एक कोरा झूठ ?

ऐसी विचारधारा एक मानसिक विकार और शारीरिक रोग के अतिरिक्त और कुछ नहीं है : यह तो एक ऐसा रोग है जो मस्तिष्क को चकरा देता है और शरीर को डगमगा देता है...यह मस्तिष्क और शरीर का सर्वनाश कर देता है।

वह सिद्धान्त जो किसी अनन्य, किसी समग्र, किसी सर्वसम्पूर्ण, किसी अचल, किसी समर्थ और किसी अनन्त की शिक्षा देता है, मेरे निकट मानव समाज के प्रति शत्रुता और महापाप का अपराधी है !

अनन्त ?...यह क्या है ?...एक कोरी उपमा है, और कुछ नहीं। और तुम जानते ही हो कि कवि लोग कितना झूठ बोलते हैं।

किन्तु सबसे अच्छी उपमाएँ तो वे समझनी चाहिए जो काल तथा आविर्भाव के सम्बन्ध में हों और इनका प्रयोग नश्वरता की स्तुति में और उसके समर्थन में होना चाहिए !

निर्माण ?...यह एक ऐसा महायज्ञ है जिसके द्वारा दुखों से मुक्ति मिल जाती है और जीवन का भार सहज और सुखद हो जाता है। किन्तु निर्माता के प्रकट होने के लिए पीड़ा तथा बहुमुखी परिवर्तन का होना ज़रूरी है।

हाँ, हे निर्माण करनेवालो, तुम्हें अपने जीवन में अनेक कठिन मौतें मरना होगा !...तभी तुम महान नश्वरता के समर्थक और रक्षक बन सकोगे।

निर्माता को स्वयं एक नवजात शिशु बनना होगा। इसके लिए आवश्यक है कि वह स्वयं ही प्रसूता और प्रसूति की पीड़ा सहन करनेवाला बने।

मेरा पथ सैकड़ों आत्माओं, सैकड़ों पालनों और सैकड़ों प्रसव-वेदनाओं में से होकर

गुज़रा है। अगणित बार मैं विरह-द्वार के उस पार जा चुका हूँ !...और हाय, विदा होने से पहले के वह अन्तिम क्षण !...अगणित बार इन हृदय-विदारक क्षणों का गरल पान कर चुका हूँ।

मेरी भावनाएँ बार-बार यातनाएँ भुगतती हैं और पीड़ा से तड़पती हैं; किन्तु मेरा संकल्प सदा ही मुझे मुक्ति प्रदान करता है और सान्त्वना बनकर मेरे आँसू पोंछता है।

संकल्प से बन्धन मुक्त होते हैं : संकल्प तथा स्वातन्त्र्य का यही सच्चा सिद्धान्त है, और इसी सिद्धान्त की शिक्षा ज़रतुष्ट्र तुम्हें देता है।

जिस जीवन में संकल्प न रहे, मूल्य-निर्धारण की क्षमता न रहे और निर्माण की प्रेरणा न रहे, वह जीवन घोर शिथिलता का जीवन है और उससे मेरा कोई सम्बन्ध नहीं !

ज्ञान की परम अवस्था–मैं संकल्प के उस विकास तथा आनन्द को मानता हूँ जो उसे प्रजनन और प्रादुर्भाव के कार्य में प्राप्त होता है। मेरे ज्ञान में जो कुछ निर्दोषता और निष्कलंकता है उसका कारण यही है कि इसके भीतर प्रजनन का संकल्प विद्यमान है।

यह संकल्प ही मुझे देवताओं से दूर हटा लेता है; यदि देवताओं का अस्तित्व मान लिया जाए तो फिर निर्माण के लिए रह क्या जाएगा ?

किन्तु निर्माण की दग्ध आकांक्षा से विह्वल होकर मैं बार-बार मानव की ओर जाता हूँ, जिस तरह मूर्तिकार का हथौड़ा पत्थर की ओर जाता है।

हाय ! हे मनुष्यो, वह देखो पत्थर में मेरे लिए एक मूर्ति सो रही है–मेरे पुंजीभूत सपनों की मूर्ति। हाय, यह सुकुमार साकार सौन्दर्य और कठोर खुरदरे अनगढ़ पत्थर में उसकी शय्या !

अब मेरा हथौड़ा निर्दयता के साथ इसके कारागार पर धड़ाधड़ बरस रहा है। पत्थर की किरचियाँ चारों ओर उड़ रही हैं : किन्तु मुझे इसकी क्या परवाह ?

मैं अपना कार्य शीघ्र ही सम्पूर्ण कर दूँगा क्योंकि मैं अपने ऊपर एक छाया-सी वस्तु का आभास करने लगा हूँ–एक ऐसी अत्यन्त शान्त, मनोरम और प्रकाशवान् वस्तु जो इससे पहले कभी मेरे जीवन में न आई थी !

यह महामानव का सौन्दर्य है जो छाया बनकर मेरे पास आया है। आह मेरे भाइयो ! अब मुझे देवताओं से क्या मतलब ?

ज़रतुष्ट्र ने यह कहा।

यह दयावान् लोग

बन्धुओ, तुम्हारे मित्र का इन शब्दों में उपहास उड़ाया जा रहा है : "ज़रा ज़रतुष्ट्र को तो देखो, वह हमारे बीच इस तरह रहता है मानो पशुओं के बीच में रह रहा हो।"

किन्तु अच्छा होता यदि यों कहा जाता : "प्रत्येक विवेकशील प्राणी मनुष्यों के बीच इस तरह रहता है मानो वह पशुओं के बीच में रह रहा हो।"

विवेकशील प्राणी के निकट मनुष्य स्वयं एक लाल गालोंवाला पशु है।

किन्तु ऐसा क्यों ?...क्या इसका कारण यह तो नहीं है कि उसको अगणित बार लज्जित होना पड़ता है ?

लज्जा, लज्जा, लज्जा,–हे मित्रो, यह है सारांश मानव इतिहास का; विवेकशील प्राणी की दृष्टि में !

इसीलिए प्रत्येक अभिजात का यह निर्णय है कि वह किसी को लज्जित नहीं करेगा, उसका निर्णय है कि वह पीड़ितों तथा दरिद्रों के सम्मुख स्वयं लज्जित हो जाएगा, दरिद्र और पीड़ित उसके सम्मुख नहीं।

ये दयावान् लोग जो अपनी अनुकम्पा के विलास में विलीन रहते हैं, मुझे बिल्कुल भी पसन्द नहीं। ये लज्जा से वंचित उजड़े हुए अनाथ हैं–लज्जा के अनाथ !

यदि मुझे कभी दया करनी भी पड़ी तब भी दयावान् मैं नहीं कहलाऊँगा। मैं अज्ञात रहूँगा और दूर से छिप-छिपाकर ऐसा करूँगा।

इससे पहले कि लोग मुझे पहचान सकें, मैं अपना मुँह ढक लूंगा और कहीं दूर भाग जाऊँगा। तुमसे भी मेरा यही अनुरोध है, मेरे मित्रो; तुम्हें भी यही करना चाहिए।

क़ाश मेरा भाग्य मुझे अपने पथ पर आगे बढ़ते हुए उस चौराहे पर पहुँचा दे जहाँ तुम जैसे शोकमुक्त हों, जिन्हें मैं अपनी आशा, अपने भोजन तथा अपने मधु का हिस्सेदार बना सकूँ।

यद्यपि मैं पीड़ितों के लिए कभी कुछ और कभी कुछ करता ही रहता हूँ किन्तु सत्य यह है कि मैं वही करता हूँ और उसे सर्वश्रेष्ठ मानकर अधिक कुशलता से करता हूँ जिसमें स्वयं मुझे आनन्द–अत्यधिक आनन्द प्राप्त होता है।

जब से मनुष्य की सृष्टि हुई उसे अच्छा आनन्द भोगना प्राप्त नहीं हुआ। यही हमारा मौलिक पाप है, मेरे भाइयो !

और जब हम अच्छी तरह आनन्द भोगना सीख जाएँगे तो दूसरों को दुख पहुँचाना तथा पीड़ा की परिकल्पना करना स्वतः भूल जाएँगे।

इसीलिए मैं उस हाथ को धो डालता हूँ जिसने दुखियों की सहायता की हो और इसीलिए अपनी आत्मा को भी इस मलिनता से स्वच्छ कर डालता हूँ।

दुखिया की यातना मुझे लज्जा से नतमस्तक कर देती है, क्योंकि मुझे देखकर वह लज्जित हो जाता है; और जब मैं उसकी सहायता के लिए हाथ बढ़ाता हूँ तो निश्चय ही उसके आत्मसम्मान पर कुठाराघात करता हूँ।

महान् उपकारों से कृतज्ञता उत्पन्न नहीं होती, इनसे तो प्रतिरोध तथा प्रतिद्रोह की भावनाएँ जन्म लिया करती हैं। और, प्रत्येक वह छोटी-मोटी उदारता, जिसे तुरन्त भुला न दिया जाए, घुन बनकर प्राणों को चाटने लगती है।

"किसी से कुछ ग्रहण करना अच्छा नहीं होता, यह लज्जा की बात है, इसे वर्जित ही समझना चाहिए।" और हाँ, यदि कुछ ग्रहण करो तो सोच-समझकर करो। मेरा यह मशवरा है उन लोगों को जिनके पास देने को कुछ नहीं है।

किन्तु मैं तो देनेवाला हूँ; सहर्ष देता हूँ, जिस तरह एक मित्र दूसरे मित्र को दिया करता है, किन्तु जो अभ्यागत हैं, अनजाने हैं, दरिद्र और अकिंचन हैं, उनके लिए यही अच्छा है कि वे बिना पूछे ही मेरे वृक्षों से फल तोड़कर ले जाएँ, इसके लिए उन्हें बहुत लज्जित न होना पड़ेगा।

किन्तु इन भिखारियों का तो सफाया ही कर देना उचित है। इन्हें देकर भी बुरा लगता है, और न देकर भी बुरा लगता है।

और यही हाल पापियों और कुत्सित आत्माओं का है ! विश्वास करो, मेरे मित्रो, जिस अन्तःकरण में कोई काँटा खटकता हो वह बाहर भी काँटे ही बोया करता है।

किन्तु नीच शूद्र विचारोंवाले मनुष्य सबसे ही अधम होते हैं। शूद्र विचार की अपेक्षा दुराचार कहीं अच्छा है !

तुम कहते हो : "छोटे-मोटे दुर्गणों का व्यसन हमें बड़े-बड़े दुराचारों के पाप से बचा लेता है" किन्तु यहाँ बचने-बचाने की बात ही नहीं।

बुरा काम एक फोड़े के समान होता है : उसमें खुजली होती है, चुभन होती है और वह फूट बहता है। वह छिपता नहीं, दयानतदारी से बोल उठता है। वह कहता है, "देखो, मैं एक रोग हूँ," और यही उसकी दयानतदारी है।

किन्तु नीच विचार तो विषैले कीटाणुओं के समान होते हैं जो बढ़ते रहते हैं, फैलते रहते हैं और दिखाई नहीं देते। इनसे सारा शरीर भर जाता है और अन्त में गल-सड़कर नष्ट जो जाता है।

जिसके सिर पर शैतान सवार हो, मैं उसके कान में यह कहना चाहता हूँ : "अपने शैतान की सेवा कर कि वह बढ़कर महान् हो जाए, तेरे लिए यही उचित है। तेरे लिए भी महानता का द्वार खुला हुआ है।"

आह, मेरे भाइयो, प्रत्येक मनुष्य दूसरे मनुष्य के सम्बन्ध में कुछ ज़रूरत से ज़्यादा ही जानकारी रखता है और बहुत-से तो ऐसे हैं जिनके आर-पार शीशे की तरह स्पष्ट

देखा जा सकता है, किन्तु उनके भीतर नहीं, ऐसा नहीं कि उनके मन की बात का पता लगाया जा सके।

मनुष्यों के बीच रह सकना अत्यन्त कठिन है क्योंकि मौन रह सकना दुसाध्य तपस्या है।

हमारा घोरतम अन्याय अपने विरोधियों के प्रति नहीं होता; यह होता है उन लोगों के प्रति जिनसे हम उदासीन हों और जिनसे किसी प्रकार का कोई सम्बन्ध न रखते हों।

यदि तेरा कोई मित्र पीड़ित हो तो उसकी पीड़ा के लिए शय्या बन जा; किन्तु एक कठोर शय्या जैसी शिविर-शय्या होती है—यही उसकी सबसे बड़ी सेवा है।

और यदि तेरा कोई मित्र तेरे साथ बुराई करे, तो उसे कह : "जो कुछ तूने मेरे साथ किया है उसके लिए मैं तुम्हें क्षमा करता हूँ; किन्तु ऐसा करके जो बुराई तूने अपने साथ की है उसके लिए मैं तुझे कैसे क्षमा कर सकता हूँ ?"

प्रत्येक महान् प्रेम की यही गाथा है; यह क्षमा और दया से भी बढ़कर है।

मनुष्य के लिए यह आवश्यक है कि वह अपने हृदय पर नियन्त्रण रखे, जहाँ एक बार इसे ढील मिली तो फिर मस्तिष्क भी, तुरन्त ही, नियन्त्रण से बाहर हो जाता है !

क्या दयावान् लोगों से बढ़कर हिमाकत संसार में कभी कोई और भी कर पाया है ?...और, संसार का जितना अहित इन दयावान् लोगों की हिमाक़तों से हुआ है, क्या उतना अहित किसी अन्य कारण से कभी हुआ है ?

धिक्कार है ऐसे लोगों को जो प्रेम तो करते हैं, परन्तु इसमें भी अपनी दया-भावना से ऊपर नहीं उठ पाते !

शैतान ने एक बार मुझसे कहा था : "भगवान् ने भी अपने लिए एक नरक की रचना कर डाली है, और वह है—मानव के प्रति उसका प्रेम"।

और अभी पिछले ही दिनों मैंने उसे कहते सुना : "भगवान् मर चुका है; मानव के प्रति उसकी दया भगवान् की मृत्यु का कारण बन गई।"

दया से डरो ! यह काले मेघों की एक भयानक घटा है जो पल भर में मनुष्य के आकाश को अलोप कर डालती है।...मैं ऋतु-चिह्न पहचानता हूँ, मेरा विश्वास करो।

एक बात और समझ लो, और वह यह कि प्रत्येक महान् प्रेम अपनी दया से ऊपर उठकर ही महान् प्रेम बनता है—क्योंकि वह अपना प्रेमपात्र स्वयं ही निर्मित किया करता है।

"मैं अपने प्रेम की बेदी पर स्वयं अपने आपको आहुति बनाता हूँ, और अपने पड़ोसी की भी अपनी ही तरह।" सब निर्माताओं का यही कहना है।

कठोर होता है प्रत्येक निर्माता।

ज़रतुष्ट्र ने यह कहा।

यह धर्म-प्रचारक लोग

एक दिन ज़रतुष्ट्र ने संकेत से अपने शिष्यों को बुलाया और उनसे यों कहने लगा–

"देखो, यहाँ धर्मप्रचारक उपस्थित हैं; यद्यपि वे मेरे शत्रु हैं, तथापि मेरा आदेश है कि तुम बिना कुछ कहे, चुपचाप उनके पास से आगे निकल जाओ और अपनी तलवारों को म्यान में ही रहने दो।

इन लोगों में सूरमा भी होते है; इनमें से बहुत सारों ने बड़ी-बड़ी यातनाएँ भी भोगी हैं, बहुत कष्ट झेले हैं। इसीलिए अब दूसरों को यातनाएँ देना इनके जीवन का प्रमुख उद्देश्य बन गया है।

ये अशुभ-चिन्तक मित्र हैं, संसार की किसी भी अन्य वस्तु में इतना वैरभाव नहीं होता जितना कि इनकी नम्रता में भरा रहता है। इनके तो स्पर्शमात्र से मनुष्य अपवित्र हो जाता है।

किन्तु ये मेरे आत्मीय हैं। इनका लहू और मेरा लहू एक ही है; और मैं चाहूँगा कि मेरे लहू का सम्मान किया जाए, चाहे वह इनके भीतर ही क्यों न हो।"

और जब वे उनके पास से निकल गए और आगे बढ़ गए तो ज़रतुष्ट्र का हृदय पीड़ा से विह्वल हो उठा। थोड़ी देर वह चुपचाप खड़ा रहा और फिर अपने मनस्ताप को दबाकर कहने लगा :

इन लोगों के लिए मुझे दुख होता है यद्यपि इनका हृदय मेरे प्रति विद्वेष से भरा हुआ है। लेकिन, इससे क्या ?...जब से मैं मनुष्यों के साथ रहने लगा हूँ, ऐसी बातों का मुझ पर प्रभाव नहीं पड़ता।

किन्तु इनके दुख से मैं अब भी दुखी हूँ और पहले भी दुखी था। मेरे निकट तो ये अभागे बन्दी हैं और बन्दी भी ऐसे जिनके माथे दाग़ दिए गए हैं। ये अभागे जिस को अपना मुक्तिदाता मानते हैं उसी ने इनके पैरों में बेड़ियाँ पहना रखी हैं–झूठे मूल्यों और भ्रमात्मक शब्दों के मायाजाल की बेड़ियाँ ! क़ाश कि कोई इन्हें इनके मुक्तिदाता से मुक्ति दिला दे !

समुद्र की लहरों के थपेड़े जब इन्हें इधर-उधर धकेल रहे थे, तो ये जान बचाने के लिए, एक स्थान पर उसे द्वीप समझकर उतर पड़े, किन्तु जिसे वे द्वीप समझे थे वह तो सोया हुआ अजगर निकला !

झूठे मूल्य और भ्रमात्मक शब्दों के मायाजाल; यही तो हैं वे भयानक अजगर

जिनसे बढ़कर मनुष्य का कोई और शत्रु नहीं। प्रलय इनके भीतर, घात लगाए चिरकाल तक चुपचाप सोई रहती है।

किन्तु अन्त में एक दिन यह अजगर जाग उठता है, और उन सबको जिन्होंने उसके ऊपर आश्रय लिया था और अपने अड्डे बनाए थे, उन्हे चबा-चबाकर निगल जाता है।

ज़रा इन अड्डों को, इन बिलों को तो देखो जो इन धर्मप्रचारकों ने बचा रखे हैं ! अपने इन सुगन्धित बिलों का नाम इन्होंने देवालय रख छोड़ा है !

आह, यह मलिन-सा कृत्रिम प्रकाश; यह घुटी हुई अशुद्ध वायु ! आह, यह संवृत स्थान जहाँ आत्मा की ऊँची उड़ान अवरुद्ध हो जाती है !

किन्तु यही तो इनके धर्म का उद्देश्य है। तभी तो वे आदेश देते हैं : "झुको, हे पापियो, द्वार के बाहर ही सीढ़ियों पर झुको, और घुटनों के बल रेंगकर ऊपर आओ।"

कितनी घृणास्पद होती है इन पुजारियों की आकृति उस समय ! श्रद्धा और लज्जा से विकृत इनकी आँखों को देखने से तो कहीं अच्छा है कि किसी निर्लज्ज दुराचारी के दर्शन कर लिए जाएँ।

ये बिल और प्रायश्चित की सीढ़ियाँ; जानते हो किसने बनाई हैं ? क्या ये वही लोग नहीं हैं जो मुँह छिपाते फिरते हैं और मुक्त आकाश से शर्माते हैं ?

जब तक इन बिलों में दरारें नहीं पड़ जाएँगी और इनमें से मुक्त आकाश झाँकने नहीं लगेगा, जब तक इनकी दीवारें फट नहीं जाएँगी और उनमें उगी हुई घास और पोस्त के लाल-लाल फूलों पर स्वच्छ आकाश झिलमिलाने नहीं लगेगा, मेरा हृदय इनके भगवान् के मन्दिर की ओर आकर्षित नहीं होगा।

ये उसको भगवान् कहते हैं जो इनके मार्ग की अड़चन है, और जो इन पर आघात करता रहता है। निश्चय ही इनकी पूजा बड़े साहस और जीवट का काम है !

अपने भगवान् को प्रेम करने का ये लोग केवल एक ही तरीका जानते हैं और वह है मनुष्य को सूली पर चढ़ाना !

ये लाशों की तरह जीवन व्यतीत करना चाहते थे, इसीलिए लाशों की तरह काली कफ़नी ओढ़े रहते हैं। मुझे तो इनकी बातों तक में से मुर्दाघरों और क़बरिस्तानों की दुर्गन्ध आती है।

जो मनुष्य इनके निकट रहता है, वह मानो गन्दे तलाबों के निकट रहता है जिन में से मेंढक निकल-निकलकर अपनी मधुर व्यथा के बेसुरे राग अलापा करते हैं।

उन्हें अच्छे गायन सीखने होंगे, यदि वे चाहें कि मैं उनके मुक्तिदाता पर आस्था रखनी सीखूँ।...और साथ ही उन्हें मुक्ति-प्राप्त प्राणियों जैसा नज़र भी आना चाहिए।

मैं तो उन्हें नग्न देखना चाहता हूँ क्योंकि सौन्दर्य को ही यह अधिकार होना चाहिए कि वह प्रायश्चित का पाठ पढ़ाए। इस शोक और सन्ताप के स्वाँग से भला कौन इनका अनुयायी बन सकता है ?---किसका हृदय बदल सकता है ?

वास्तव में इनके मुक्तिदाता स्वयं ही नहीं जानते कि मुक्ति होती क्या है और मुक्ति का सातवाँ आसमान कहाँ है ? इन अभागों को ज्ञान के आसन पर कभी क़दम भर

रखना नसीब नहीं हुआ।

इन मुक्तिदाताओं की आत्मा एक विराट शून्यता का सघन समूह थी, किन्तु प्रत्येक शून्यता में इन्होंने अपना मायाजाल बुना, शिकार के लिए टट्टी की आड़ बनाई और उसका नाम रखा भगवान्।

दयाभाव के कीचड़ में इनकी आत्मा डूब चुकी थी, और जब इनके भीतर का कीचड़ ऊपर को उछलने लगता था तो सदैव ही कोई बड़ी हिमाकत इनकी सतह पर तैरने लगती थी।

बड़ी संलग्नता के साथ चिल्ला-चिल्लाकर इन चरवाहों ने अपने रेवड़, लकड़ी के पुल पर से उस पार उतारे, मानो इनका वह पुल ही भविष्य की ओर जाने का एकमात्र साधन हो।...भेड़ों के ये रखवाले, वास्तव में, स्वयं भी उन भेड़ों में से ही भेड़ थे।

संकुचित मन और विशाल आत्माएँ थीं इन चरवाहों की : किन्तु मेरे भाइयो, कितना संकीर्ण क्षेत्र पाया है इन महान् आत्मावालों ने !

जिस पथ से भी वे गुज़रे हैं उसी पथ को लहू से रँगते गए हैं। और, अपनी हिमाकत से यह शिक्षा देते हैं कि सत्य का प्रमाण लहू से दिया जाता है।

किन्तु सत्य को सिद्ध करने के लिए लहू की गवाही से बढ़कर कोई दूसरी झूठी गवाही नहीं हो सकती। लहू तो परम पवित्र सिद्धान्त को भी विषैला बना देता है और हृदय की तरलता को भ्रान्ति तथा घृणा में परिणत कर देता है।

अपने सिद्धान्त के लिए यदि कोई अग्नि-परीक्षा में भी उत्तीर्ण हो जाए, तो उससे क्या होता है ? बात तो तब है जब स्वयं अपनी ही अग्नि से अपने सिद्धान्त को जन्म दिया जाए !

तप्त हृदय और शीतल मस्तक–जहाँ ये दोनों मिल जाते हैं वहीं एक बाज़ारू उपदेशक–'एक मुक्तिदाता'–उत्पन्न हो जाता है।

यह बाज़ारू उपदेशक जिन्हें लोग 'मुक्तिदाता' कहते हैं और जिनकी जुबान चाबुक की तरह लोगों को हाँकती है, उनकी अपेक्षा निश्चय ही संसार में कई महान् और अभिजात प्राणी हो चुके हैं।

और तुम्हें भी, मेरे भाइयो, मुक्ति का मार्ग वही दिखा सकता है जो संसार के, आज तक के समस्त 'मुक्तिदाताओं' से कहीं महान् तथा श्रेष्ठ हो !

ये दोनों अभी तक एक जैसे ही हैं। इनमें बड़े से बड़ा भी कोरा मानव है–नितान्त मानव।

ज़रतुष्ट्र ने यह कहा।

यह सदाचारी लोग

वज्रगर्जन और अग्निवर्षा की भाषा में वार्त्ता करनी चाहिए, उन लोगों के साथ जिनके हृदय आलस-विभोर हों और जिनके मन प्रगाढ़ निद्रा में अचेत पड़े हों।

किन्तु सौन्दर्य सदा ही मृदुलवाणी होता है और उसकी कोमल वाणी केवल वही सुन सकता है जिसकी आत्मा सम्पूर्णतया सजग और सचेत हो।

आज मेरी ढाल एक कोमल हास्य से स्पदिन्त थी। यह सौन्दर्य का अलौकिक हास्य तथा स्पन्दन था।

आज तुम पर, हे सदाचारियो, मेरा सौन्दर्य हँस रहा था। उसने कहा : "ये लोग शुल्क के भी इच्छुक हैं।"

सचमुच ही, हे सदाचारियो, क्या तुम शुल्क चाहते हो ? अपने सद्गुणों का दाम माँगते हो ? धरती के बदले में स्वर्ग और आज के बदले में नित्यता के इच्छुक हो ?

मैं कहता हूँ कि न तो कोई प्रतिफल देनेवाला है और न कोई पुरस्कार। क्या तुम मेरे इस सिद्धान्त पर बिगड़ बैठे हो ?...मैं तो अब यह भी कहता हूँ कि स्वयं भलाई भी अपना पुरस्कार नहीं है।

अफ़सोस ! मुझे रोना तो इस बात का है कि लोगों ने प्रत्येक वस्तु की बुनियाद तक में 'दाम' और 'दण्ड' के झूठ का मायाजाल बिछा रखा है। तुम्हारी आत्मा के अन्तरतम स्थल में भी, हे सदाचारियो, इसी झूठ का मायाजाल बिछा हुआ है !

किन्तु मेरे शब्द वन-वराह की थूथनी के समान तुम्हारी आत्मा के अन्तरतम स्थल को खोदकर रख देंगे; अच्छा हो यदि तुम मुझे हल का फाल कहो।

तुम्हारी आत्मा के सम्पूर्ण रहस्यों पर प्रकाश डाला जाएगा।...और जब सूर्य की किरणों के नीचे तुम्हें अच्छी तरह खोलकर और खोदकर फैला दिया जाएगा, तो तुम्हारा झूठ स्वयं ही तुम्हारे सत्य से प्रथक हो जाएगा।

तुम्हारे अपने कथनानुसार तुम्हारा सत्य यही तो है कि तुम 'वैरसाधन,' 'दाम,' 'दण्ड' और 'प्रतिशोध' जैसे शब्दों की मलिनता से कहीं पवित्र हो।

तुम्हें अपने सद्गुण ऐसे प्यारे हैं जैसे माता को अपना बालक।...किन्तु क्या तुमने कभी यह भी सोचा कि क्या किसी माता ने कभी अपने प्रेम का शुल्क माँगा है ?

तुम्हारे सद्गुण तो तुम्हारा अपना आपा हैं जिससे तुम्हें अति घनिष्ठ स्नेह है। तुम्हारे सद्गुण वास्तव में एक चक्राकार अहं का उद्रेक हैं—एक चक्र हैं जिसके घूमने,

चलने और झटपटाने का एकमात्र उद्देश्य फिर से अपने आप तक पहुँचना ही हुआ करता है,...और बस।

और तुम्हारे प्रत्येक सद्गुण का चमत्कार एक बुझे हुए नक्षत्र के समान होता है जिसका प्रकाश अपने उद्गम से टूटकर शून्य में आगे ही आगे भागा चला जाता है। कब समाप्त होगी उसकी यह निष्प्रयोजन अनवरत यात्रा ?

इसी प्रकार तुम्हारे सद्गुण का प्रकाश भी अनवरत भागता चला जाता है, यद्यपि उसका प्रयोजन समाप्त हो चुका है। वह सद्गुण मर चुका है, लोग उसे भूल भी चुके हैं किन्तु उसको विश्राम नहीं, वह आगे ही आगे चला जा रहा है, शून्य में मारा-मारा घूम रहा है।

हे सदाचारियो, तुम्हारी भलाई कोई बाहर की वस्तु नहीं है, यह तो तुम स्वयं ही हो और हो भी अपने नग्न रूप में, जिस पर कोई आवरण नहीं, जिस पर कोई छिलका नहीं। इस सत्य को तुम भी जानते हो और अपनी आत्मा के अन्तरतम स्थल में इस सत्य को मानते भी हो।

किन्तु फिर भी कुछ लोग अभी तक ऐसे भी हैं जिनके लिए चाबुक की मार के नीचे छटपटाने का नाम ही सदाचार है; और तुम तो युग-युगान्तर से ऐसे लोगों की चीख़ें सुनते चले आए हो।

और कुछ लोग ऐसे भी हैं जो अपने पापों और अब अवगुणों की निष्कर्मण्यता तथा शिथिलता को ही सदाचार समझते हैं। जब कभी इन लोगों की घृणा और ईर्ष्या घड़ी भर को पलक झपक लेती है तो इनका 'सदाचार' अँगड़ाई लेकर उठ बैठता है और अपनी निद्रालस आँखें मलने लगता है।

और ऐसे लोगों की भी कमी नहीं जो नीचे की ओर गिरते चले जाते हैं; उनके शैतान उन्हें नीचे घसीटने का काम किया करते हैं; जितना अधिक ये अन्धकार की गहनता में डूबते हैं, उतनी अधिक अपने भगवान् को पाने की आकांक्षा इनकी आँखों में चमकने लगती है।

"जो कुछ मैं स्वयं नहीं हूँ, जिससे मैं सर्वथा वंचित हूँ, वही मेरे लिए भगवान् है और वही सदाचार है।" उनका यह चीत्कार भी, हे सदाचारियो, तुम्हारे कानों तक पहुँच चुका है।

और ऐसे भी बहुत-से लोग हैं जो लदे-फँदे आते हैं और पत्थरों से भरी गाड़ियों की तरह चर्र-मर्र करते ढलान में लुढ़के चले जाते हैं : ये लोग गरिमा, प्रतिष्ठा तथा सदाचार के सम्बन्ध में बहुत बढ़कर बातें बताया करते हैं, और गाड़ी की उस जंजीर को जो पहिए का वेग रोकने और थामने के काम आती है, ये लोग सदाचार समझते हैं !

और कुछ लोग ऐसे भी हैं जो कूक-भरी दीवार-घड़ी के समान दिन-रात टिक-टिक किया करते हैं और समझते हैं कि उनकी यह टिक-टिक ही भगवान्-भक्ति तथा सदाचार है !

वास्तव में, ये, ऐसे लोग मेरे मनोरंजन के साधन हैं : जहाँ कहीं मुझे ये घड़ियाँ मिल

जाती हैं। मैं इनमें अपने उपहास की कूक भर देता हूँ और फिर ये घर्र-घर्र करती रहती हैं !

और ऐसे भी कुछ लोग हैं जो अपने मुट्ठीभर सद्गुणों पर अकड़े फिरते हैं; और इनके बल पर दुनिया भर पर अत्याचार करते फिरते हैं, यहाँ तक कि समस्त संसार इनके अवगुणों तथा दुराचार की गन्दगी में डूब जाता है।

हाय, इनके मुँह में यह 'सदुगुण' शब्द कितना बुरा लगता है और जब वे कहते हैं, "मैं भला हूँ" तो ऐसा लगता है मानो कह रहे हों; "मेरा भली प्रकार वैरशोधन हो चुका है, मैं दिल खोलकर बदला ले चुका हूँ।"

अपनी भलाई के पंजों से वे अपने विरोधियों की आँखें नोच डालने का प्रयत्न किया करते हैं। वे अपने आप को ऊँचा उठाते हैं केवल इसलिए कि दूसरों को नीचा देख सकें।

और मैंने ऐसे लोग भी देखे हैं जो दलदल में फँसे बैठे रहते हैं और वहाँ भी नलसरों तथा अन्य घास-फूस में से मुँह निकालकर कहा करते हैं : "दलदल में फँसे, हाथ पर हाथ धरे बैठे रहना ही सदाचार है।...हम किसी को काटते नहीं, और काटनेवालों से बचकर रहते हैं। और, प्रत्येक विषय के सम्बन्ध में हमारे वही विचार हैं जो हमें सिखाए गए हैं।"

और, ऐसे लोग भी देखे हैं मैंने जिन्हें अभिनय करना अत्यन्त प्रिय होता है। उनका मत है कि सदाचार भी एक प्रकार का अभिनय ही है।

उनके घुटने सदैव उपासना में तल्लीन रहते हैं, और उनके हाथ नाच-नाचकर स्तुतिगान किया करते हैं; किन्तु उनके हृदय अवरुद्ध द्वार के समान होते हैं जहाँ सदाचार और सद्गुण कभी प्रवेश नहीं कर सकते।

और कुछ लोग ऐसे भी होते हैं जिनके निकट यह कहते रहना ही सदाचार की पराकाष्ठा है कि सदाचार अत्यन्त आवश्यक है, किन्तु वास्तव में वे पुलिस को आवश्यक मानते हैं। जब वे सदाचार कहते हैं तो उनका अभिप्राय होता है 'पुलिस'।

और बहुत-से लोग ऐसे भी हैं जो मनुष्य की महानता पर विश्वास नहीं रखते, इसलिए नीचतम और न्यूनतम वस्तुओं की खोज को ही सदाचार समझते हैं। उनके निकट उनकी कुत्सित दृष्टि का दूसरा नाम सदाचार है।

कुछ लोग अपना उत्थान तथा सम्मान चाहते हैं और इसे सदाचार कहते हैं और दूसरे अपना पतन और अवमान चाहते हैं और वे भी इसे सदाचार ही कहते हैं।

इस प्रकार प्रत्येक प्राणी यही समझता है कि सदाचार केवल उसी की बपौती है; कम से कम प्रत्येक मनुष्य इस भ्रम में रहता है कि 'भलाई और बुराई' के सम्बन्ध में वही एकमात्र विशेषज्ञ है।

किन्तु ज़रतुष्ट्र के आने का अभिप्राय यह नहीं है कि वह इन पाखण्डियों तथा मूर्खों से यह कहे कि "तुम्हें क्या पता कि सदाचार किसे कहते हैं, और सदाचार के सम्बन्ध में तुम जान भी क्या सकते हो ?"...बल्कि उसके आने का अभिप्राय यह है कि तुम लोग, हे मेरे मित्रो, उन पुरानी बातों को भूल जाओ जो तुमने इन पाखंडियों तथा मूर्खों

से सीखी हैं।

भूल जाओ यह 'दाम,' 'दण्ड,' 'प्रतिफल,' 'प्रतिशोध' और 'दिव्य प्रकोप' जैसे अर्थहीन शब्द तथा सारहीन बातें।

भूल जाओ इस प्रकार के कथन कि "वही कार्य श्रेष्ठ होता है जो निष्काम भाव से किया जाता है।"

मेरे मित्रो, तुम्हारे प्रत्येक कार्य में अपनापन अर्थात् निजत्व का रहना ज़रूरी है, जैसे कि शिशु के भीतर माता का निजत्व रहता है। तुम्हारे निकट सदाचार का यही अभिप्राय और यही परिभाषा होनी चाहिए।

मैंने, शायद तुमसे तुम्हारी सैकड़ों ऐसी परिभाषाएँ छीन ली हैं जो तुम्हारे सदाचार तथा सद्‌गुणों का खिलौना थीं ! क्या इसके कारण, बच्चों के समान, तुम मुझसे रुष्ट तो नहीं हो गए हो ?

वे समुद्रतट पर बैठे रेत से खेल रहे थे कि एक बड़ी-सी लहर आई और उनके खिलौनों को बहाकर अपने साथ समुद्र में लेती गई : अब वे बैठे रो रहे हैं।

किन्तु समुद्र की यही लहर नए खिलौने लेकर फिर आएगी और रंग-बिरंगी नई सीपियाँ लाकर इनके सामने बखेर देगी।

इससे उन्हें सान्त्वना मिल जाएगी और पूर्ववत् वे फिर हर्ष-विभोर हो जाएँगे। तुम्हें भी, मेरे मित्रो, इसी प्रकार सान्त्वना मिलेगी–और रंग-बिरंगी सीपियाँ भी।

ज़रतुष्ट्र ने यह कहा।

दुनिया की यह अन्धी भीड़

जीवन आनन्द और आह्लाद का स्रोत है, किन्तु यह भीड़ जहाँ कहीं पानी पी लेती है वहाँ के समस्त स्रोत विषैले हो जाते हैं।

शुद्ध और पवित्र वस्तुएँ ही मेरे मन को भाती हैं; मुझे घृणा है इन पसरी हुई थूथनियों से और इन मलिन लोगों की प्यास से।

ये लोग ललचाई हुई दृष्टियाँ कुओं में डालते हैं, और वहाँ से इनकी घृणित मुस्कान का प्रतिबिम्ब मेरी ओर झाँकता है।

जीवन का पुनीत निर्झर, इन्होंने अपनी कामुकता से विषैला बना दिया है, और अपने कुत्सित सपनों का आनन्द कहकर इन्होंने शब्दों को भी विषयुक्त कर दिया है।

जब वे अपने सीलन-खाए हृदय को अग्नि के समीप ले जाते हैं तो वह भी क्रोध से उत्तेजित होकर भड़क उठती है। इस भीड़ को–या भीड़ में से किसी एक को–अग्नि के समीप जाता देखकर स्वयं आत्मा भी, रोष और क्रोध से जल-भुनकर कोयला हो जाती है।

इसके हाथ में पहुँचते ही प्रत्येक फल गलने लगता है, वह एक घिनावनी लेसदार मिठास से भर जाता है; प्रत्येक फलदार वृक्ष इनके दृष्टि-स्पर्श से मुरझाने लगता है और सूखकर धरती पर गिर पड़ने के लिए डगमगाने लगता है।

बहुत-से वे लोग जिन्होंने जीवन का परित्याग किया, वास्तव में उन्होंने इस भीड़ का परित्याग किया था, क्योंकि उनके लिए यह असह्य था कि वे इनके साथ मिलकर पानी, आग व फलों का भोग करें।

और बहुत-से वे लोग जो दुनिया को छोड़कर रेगिस्तान में चले गए, उन्होंने वहाँ जंगली जानवरों के साथ प्यासे मरना कहीं अच्छा समझा, इसकी अपेक्षा कि इन मलिन और कुत्सित ऊँटवानों की संगत में शीतल झरने के किनारे विश्राम किया जाए।

और बहुत-से वे लोग जो ध्वंसक के रूप में आए और जिन्होंने हरी-भरी खेतियों पर तुषारपात किया, वे वास्तव में इतना ही चाहते थे कि इस भीड़ को पैरों तले कुचल दें और इस प्रकार इनकी थूथनी बन्द कर दें।

यह विचार कि जीवन में शत्रुता, मृत्यु तथा सूली की यातनाएँ भी सम्मिलित हैं, कोई ऐसा कड़वा घूँट नहीं कि हलक़ के नीचे ही न उतरे।

किन्तु एक बार अपने हृदय से मैंने एक प्रश्न किया–और प्रश्न मेरे हलक़ में इस

बुरी तरह फँस गया कि साँस का आना-जाना भी असम्भव प्रतीत होने लगा—प्रश्न यह था कि क्या जीवन-यात्रा में भीड़ का संग भी आवश्यक है ?

क्या विषाक्त स्रोत, दुर्गन्ध भरी अग्नि, कुत्सित स्वप्न और कीड़ों से भरी रोटी जीवित रहने के लिए आवश्यक है ?

मेरी घृणा नहीं बल्कि मेरी जुगुप्सा है जो भीतर ही भीतर, घुन की तरह, मेरे जीवन को चाट रही है ! हाय, बुद्धि से भी मुझे तो बहुधा अरुचि होने लगी है जब से मैंने देखा कि भीड़ आध्यात्मिक है !

शासक वर्ग से भी अब मैं विमुख हो गया हूँ जब से मैंने देखा है कि उनके निकट, शासन के अर्थ हैं—अधिकार-प्राप्ति तथा कार्य-साधन के लिए इस भीड़ से सौदेबाज़ी करना।

मैं उन लोगों के बीच रहता हूँ जिनकी भाषा से मैं सर्वथा अपरिचित हूँ। इनकी ओर से मैं अपने कान बन्द रखता हूँ ताकि इस सौदेबाज़ी की भाषा से, और अधिकार-प्राप्ति के लिए मोल-तोल की जबान से सदैव ही अपरिचित रह पाऊँ।

बीते हुए अनगिनत कल और ये सामने खड़े अगणित आज—इनके घटाटोप समूह में से मैं क्रोध से भरा हुआ, नाक दबाकर, बाहर आया हूँ क्योंकि यह सब भीड़ उपलब्ध दुर्लेखकों की असहनीय दुर्गन्ध से भरी हुई है।

मैं चिरकाल से ही उस अपाहिज के समान जीवन व्यतीत कर रहा हूँ जो बहरा भी है और गूँगा भी। और, यह सब इसलिए कि कहीं इस शक्ति-विलासी, लेखनी-विलासी और वासना-विलासी भीड़ के साथ रहना न पड़ जाए।

बड़े परिश्रम तथा सावधानी के साथ मेरी आत्मा सीढ़ियाँ चढ़ पाई है।...प्रहर्ष की भिक्षा इसका जलपान था; यह अन्धे का जीवन था जो लकड़ी के सहारे धीरे-धीरे आगे बढ़ा।

यह क्या हुआ मुझे ?—अपनी घृणा से मैंने कैसे छुटकारा पाया ? मेरी आँखों ने अपनी खोई हुई जवानी कैसे वापस पाई ? मैं कैसे उन शिखरों तक उड़ पाया हूँ जहाँ के स्रोतों को यह भीड़ दूषित नहीं कर पाती ?

क्या यह मेरी घृणा ने ही मुझे पंख दे दिए और वह शक्ति भी जिसके द्वारा स्रोतों को खोज निकाला जाता है। विश्वास करो मेरे भाइयो कि इस आनन्द-स्रोत तक दोबारा पहुँचने के लिए मुझे बहुत ऊँचा—बहुत ही ऊँचा—उड़ना पड़ा।

हाँ, मेरे भाइयो, अन्त में मैंने इसे खोज ही लिया। यहाँ इस उच्चतम शिखर पर आनन्द का वह अजस्र स्रोत मेरे लिए बह रहा है। और यह देखो, जीवन का प्याला भी जिसे भीड़ के होंठ आज तक जूठा नहीं कर पाए।

कितने तीव्र वेग से बह रहा है तू, हे आनन्द के स्रोत ! प्याले को भरते-भरते तू बहुधा उसको रीता ही कर डालता है।

मुझे नम्रतापूर्वक तेरे निकट आना होगा और अपने हृदय को सिखाना होगा कि विनीत भाव से ही वह तेरे निकट पहुँच सकता है—अपने इस आकुल हृदय को, जो

तूफ़ान के परों से उड़कर तेरे निकट आना चाहता है।

मेरा हृदय जिसमें मेरी ग्रीष्म ऋतु जल रही है—यह भयानक, अल्प आयु, उदास तथा परितुष्ट ग्रीष्म ऋतु ! यह मेरा ग्रीष्म-वाहक हृदय कितना आकुल है तेरी तापहर शीतलता के लिए !

बीत चुकी है यह चंचल बसन्त की संत्रस्त अस्थिरता ! बीत चुका है वह शीत-काल में हिमपात का द्वेष भरा उपद्रव ! अब तो मैं साकार ग्रीष्म बन गया हूँ और ग्रीष्म का भी मध्याह्नकाल।

पर्वतों की उच्चतम शिखरों का ग्रीष्म है यह जिसके चारों ओर शीतल जल के स्रोत हैं और अलौकिक निस्तब्धता ! आओ, मेरे मित्रो, आओ, ताकि यह स्तब्धता और भी अधिक अलौकिक बन सके।

यह उच्चतम शिखर तो हमारी अपनी ऊँचाई है। हमारा अपना घर है। यहाँ इन प्यासे और मलिन लोगों की पहुँच से हम बहुत ऊपर हैं। यहाँ की ऊँचाई उनके लिए दुर्गम ही नहीं बल्कि घातक भी है।

मेरे मित्रो, मेरे इस आनन्द-स्रोत पर अपनी दृष्टि डालो ! इससे यह गँदला नहीं हो सकता। यह तो बादलों में हँसकर, अपनी पवित्रता का उपहार तुम्हारी भेंट करेगा।

आओ, हम अपना नीड़ भविष्य के वृक्ष पर बनाते हैं जहाँ बाज़-पक्षी हम एकान्तवासियों के लिए अपनी चोंच में भरकर भोजन लाया करेंगे !

वह निश्चय ही ऐसा भोजन होगा जिसमें अपवित्र लोग हमारे साथ सम्मिलित नहीं हो सकेंगे। उनके लिए वह भोजन अग्नि के समान होगा; जिससे उनकी थूथनियाँ जल कर कोयला हो जाएँगी।

इन अपवित्र लोगों के लिए यहाँ कोई आश्रय-स्थान नहीं होगा ! हमारा यह आनन्द उनके शरीर तथा मन को ऐसा प्रतीत होगा मानो कोई हिम-गुफ़ा हो।

और हम प्रचण्ड वात के समान उनके ऊपर आकाश में रहेंगे—बाज़-पक्षियों के पड़ोसी, हिमाच्छादित शिखरों के पड़ोसी और सूर्य के पड़ोसी। प्रचण्ड वात ऐसे ही पड़ोस में रहती है।

और प्रचण्ड वात के समान ही, मैं एक दिन उनके बीच आऊँगा; और अपने भयानक आवेग से उनकी आत्मा के आवेग को तिनकों की तरह उड़ा दूँगा। मेरे भविष्य का यही संकल्प है।

ज़रतुष्ट्र, निश्चय ही, एक प्रचण्ड वात है उन सबके लिए जो निम्न स्थलों के निवासी हैं। इसलिए वे अपने शत्रुओं से तथा उन सबसे जो थूकते हैं और जो धूल उछालते हैं, कहता है : ''सावधान ! हे मूर्खो, वायु के विरुद्ध न थूको।''

ज़रतुष्ट्र ने यह कहा।

यह तरन्तुला मकड़ियाँ

सावधान, यह तरन्तुला* मकड़ी का बिल है ! क्या तू स्वयं मकड़ी को देखना चाहता है ?...अच्छा तो वह रहा उसका जाला; ज़रा-सा छू ले उसे और वह थरथराने लगेगा।

वह देखो ! वह स्वयं ही निकल आई है। स्वागतम्, हे तरन्तुला ! तेरी पीठ पर तेरा काला त्रिकोण, जो कि तेरा विशेष चिह्न है, स्पष्ट है ही, किन्तु तेरी आत्मा के भीतर क्या छिपा है, मुझे उसका भी पता है।

तेरी आत्मा के भीतर प्रतिशोध भरा हुआ है : जहाँ कहीं तू काटती है वहाँ एक काला खरुंड उभर आता है, तेरा विष आत्मा को प्रतिशोध की भावना से पागल कर डालता है !

हे आत्मा को पागल करनेवालो ! हे समानता की शिक्षा देनेवालो !...यह एक दृष्टान्त के रूप में मैं तुमसे बात कर रहा हूँ। मेरे निकट तुम तरन्तुला मकड़ी के समान हो जो छिपकर पिछले वैर निकालती है।

किन्तु मैं शीघ्र ही तुम्हारे निर्मित स्थानों को प्रकट कर दूँगा, यही कारण है कि मैं अपने उच्च अट्टहास से तुम्हारा स्वागत करता।

यही कारण है कि मैं तुम्हारे जालों को हिला रहा हूँ ताकि तुम क्रोध के मारे अपने इन झूठ से परिपूर्ण बिलों से बाहर निकल आओ; और तुम्हारा प्रतिशोध, जो कि ''न्याय का आवरण ओढ़े हुए है'' उछलकर सामने आ जाए।

मनुष्य को वैरशोधन से मुक्ति दिलाना ही मेरे निकट वह पुल है जो हमें हमारी उच्चतम आशाओं तक पहुँचाता है; यह एक ऐसा इन्द्रधनुष है जो किसी भारी तूफ़ान के बाद प्रकट होता है।

किन्तु तरन्तुला मकड़ियों की धारणा कुछ और ही है, उनका कहना है : ''हम तो न्याय उसी समय समझेंगी जब अखिल विश्व हमारे प्रतिशोध की बाढ़ में डूब जाएगा। हम तो अपनी वैरयातन पूरी करके रहेंगी और उन सबका अपमान करेंगी जो हम जैसे नहीं हैं।'' यह प्रतिज्ञा करती हैं तरन्तुल मकड़ियाँ अपने हृदय में।

''और भविष्य में समानता का संकल्प ही सदाचार कहलाएगा; और उन सबके विरोध में जो बलवान् हैं, शक्तिशाली हैं, हम अपनी आवाज़ उठाएँगी।''

हे समानता के प्रचारको ! यह तुम्हारी नपुंसकता का पागल अत्याचार है जो इस

---

* तरन्तुला : दक्षिणी योरप की एक काली और वृहतकाय मकड़ी जिसके काटने से आदमी पागल हो जाता है और उस पागलपन में सदैव नाचता रहता है। कहते हैं कि संगीत से इस मकड़ी का विष उतारा जाता है।

तरह तुम्हारे भीतर समानता के लिए चिल्लाया करता है। यह तुम्हारे हृदय की अत्यन्त गोपनीय आततायी वासना है जो इस तरह छद्‌म वेष में सदाचार की भाषा के पीछे अपने आप को छिपाया करती है।

कुंठित दर्प, अवरुद्ध ईर्ष्या, और शायद तुम्हारे पूर्वजों का दर्प तथा ईर्ष्या भी, ये सब मिलकर तुम्हारे भीतर प्रतिशोध का पागलपन तथा वैरयातन की ज्वाला के रूप में भड़का करते हैं।

बाप का रहस्य बेटे में प्रकट होता है, और मैंने तो यह भी देखा है कि बेटा बहुधा अपने बाप के ढके पर्दों का एक साकार प्रगटीकरण हुआ करता है।

यद्यपि वे प्रेरणा-सम्पन्न मनुष्य के समान तेजस्वी अवश्य होते हैं, किन्तु उनकी प्रेरणा का स्रोत हृदय न होकर उनका द्वेष तथा वैरशोधन हुआ करता है; वे चातुर्य और गम्भीरता को अपनाते हैं किन्तु ये भी उनके मन की सृष्टि न होकर, उनकी स्पर्द्धा से ही जन्म पाया करते हैं।

उनकी ईर्ष्या उनको विचारकों के क्षेत्र में भी ले जाती है। उनके ईर्ष्यालु होने का यही चिह्न है कि वे इस क्षेत्र में बहुत दूर आगे बढ़ जाते हैं, यहाँ तक कि अन्त में वे थककर बेहाल हो जाते हैं और वहीं कहीं बरफ़ पर लेटकर सो जाते हैं।

उनके विलाप में वैरयातन की ध्वनि होती है, उनकी स्तुति के पीछे द्वेष तथा द्रोह छिपा रहता है; और उनके आनन्द की चरम सीमा तक होती है जब वे दूसरों के गुणों-अवगुणों के निर्णायक बन जाते हैं।

किन्तु मेरे मित्रो, यह मेरी नसीहत है कि ऐसे लोगों का कभी विश्वास मत करना जिनके भीतर दण्ड देने की भावना प्रबल हो और जो निर्णायक बनने के आकांक्षी हों।

ये लोग निम्न श्रेणी के होते हैं और इनके वंश में कुलीनता नहीं होती। इनके चेहरों में से जल्लाद झाँका करता है और खूनी कुत्ते भौंका करते हैं।

ऐसे लोगों का कभी विश्वास मत करना जो बढ़-चढ़कर अपने न्याय की डींगें हाँका करते हैं ! उनकी आत्मा में न केवल मधु का ही अभाव होता है, बल्कि सर्व प्रकार के माधुर्य से भी वह सर्वथा वंचित होती है।

और जब वे अपने आप को 'भले और सदाचारी' कहें, तो यह बात मत भूलना कि वास्तव में वे फ़रीसी* हैं, बस कमी केवल दृढ़ता की है।

मेरे मित्रो, मुझे दूसरों जैसा समझने की भूल मत करना; और न दूसरों का स्थान ही देना।

दुनिया में ऐसे लोग भी हैं जो एक ओर तो जीवन सम्बन्धी मेरे सिद्धान्तों का प्रचार करते हैं और दूसरी ओर समानता तथा तरन्तुला मकड़ियों के सिद्धान्तों की शिक्षा देते हैं।

और जब ये जीवन की सराहना करती हैं–ये बिलों में घुसी हुई जीवन से विमुख

---

* फ़रीसी : यहूदियों की एक कट्टरपंथी शाखा जो कपट और विडम्बना के लिए योरप के कुछ कट्टरपन्थी ईसाइयों में बदनाम है।

विषैली मकड़ियाँ–तो उससे उनका अभिप्राय जीवन का अपकार तथा क्षति करना हुआ करता है।

ये उन लोगों का अपकार चाहती हैं जिनके हाथ में शासन है और जो शक्तिशाली दिखाई पड़ते हैं, क्योंकि इन लोगों के निकट मृत्यु के उपदेशकों की शिक्षा अभी तक ग्राह्य है।

यदि ऐसा न होता तो इन तरन्तुला मकड़ियों की शिक्षा भी दूसरी ही होती, जीवन को वे कदापि सराहनीय न बतातीं।...ये लोग वही तो हैं जो कल तक संसार की भर्त्सना में, तथा धर्म-विरोधियों को जीवित जलाने में सबसे आगे थे।

मैं यह सहन नहीं कर सकता कि मुझे भी समानता के प्रचारकों में सम्मिलित किया जाए और उन जैसा ही समझने की धृष्टता की जाए क्योंकि मेरा न्याय मुझसे कहता है : "सब मनुष्य समान नहीं होते।"

और वे समान होंगे भी नहीं। यदि मैं इसके विपरीत बात कहूँ तो महामानव में मेरी आस्था कैसे हो सकती है ?

हज़ारो पुलों और बीथिकाओं पर से होती हुई ये भीड़ भविष्य की ओर लपकेगी; इसमें सदैव असमानता रहेगी और परस्पर युद्ध होंगे। यह एक सत्य है जिसे प्रकट करने के लिए मेरा महान् प्रेम मुझे मज़बूर करता है।

अपनी शत्रुता के अधीन वे काल्पनिक मूर्तियों तथा प्रेत-चित्रों का आविष्कार करेंगे; और इन मूर्तियों तथा प्रेत-चित्रों के आधार पर वे एक-दूसरे के साथ घोर युद्ध का महान् क्षेत्र रचेंगे।

अच्छा और बुरा, अमीर और गरीब, बड़ा और छोटा, तथा अन्य मूल्यों के समस्त नाम–ये सब इनके शस्त्र होंगे; और होगी एक गरजती हुई घोषणा कि जीवन को अवश्य और बारम्बार अपना अतिक्रमण करना होगा !

स्तम्भों और सोपानों की सहायता से जीवन सदैव अपने आपको ऊँचा उठाने का प्रयास किया करता है। उसका हृदय तड़पता है कि वह सुदूर भविष्य के कार्य में छिपे हुए मादक सौन्दर्य पर दृष्टि डाल सके; इसी कारण से उसे ऊँचाई की आवश्यकता होती है।

और चूँकि उसे ऊँचाई की आवश्यकता है, इसीलिए उसे सीढ़ियों की भी आवश्यकता है और उस संघर्ष की भी जो सीढ़ियों और सीढ़ियों पर चढ़नेवालों के बीच हुआ करता है। जीवन सदैव ही अपने आप को ऊँचा उठाने का प्रयास किया करता है, और ऊँचा उठाने में अपना अतिक्रमण करता है।

और अब यह देखो, मेरे मित्रो, जहाँ तरन्तुला मकड़ी का बिल है, उसके पास ही किसी अत्यन्त प्राचीन मन्दिर के विशाल खँडहर खड़े हैं। इन खण्डरों पर ज़रा ज्ञानोदीप्त नेत्रों से दृष्टि डालो।

जिस मनुष्य ने अपने विचारों का स्तूप आकाश की ओर उड़ते हुए पत्थर के इस स्तम्भ में गढ़ा होगा, निश्चय ही वह मनुष्य किसी अन्तरयामी महात्मा के समान

अखिल जीवन के रहस्य से परिचित था।

इस सिद्धान्त में वह स्पष्टतया हमें बता रहा है कि सौन्दर्य में भी असमानता तथा संघर्ष होता है, और होता है अधिकार-प्राप्ति तथा सत्ता के लिए युद्ध।

कितना अलौकिक है इन गुम्बदों और महराबों के परस्पर भेद का अन्तरद्वन्द्व ! और वह भी कितनी अलौकिक कामना के साथ, धूप में और छाया में ये एक-दूसरे के साथ जुटे हुए हैं।

हमारे शत्रुओं को भी, मेरे मित्रो, इसी प्रकार सुन्दर और सुदृढ़ होना चाहिए ताकि एक अलौकिक भावना से प्रेरित होकर हम एक-दूसरे के साथ संघर्ष कर सकें।

हाय, यह देखो, मेरी पुरानी दुश्मन तरन्तुला ने मुझे काट खाया। कितनी दृढ़ता, सौन्दर्य और अलौकिकता के साथ इसने मेरी उँगली पर काटा है।

"दण्ड तथा न्याय के बिना संसार नहीं चल सकता;" यह कैसे हो सकता है कि कोई शत्रुता की स्तुति को न भुगते ?...यह थी उसकी धारणा।

हाँ, उसने अपना बदला ले लिया है; अफ़सोस तो इस बात का है कि उसका यह बदला अब मेरी आत्मा को भी बदले की भावना से पागल कर डालेगा।

मेरे मित्रो, मुझे स्तम्भ से अच्छी तरह जकड़कर बाँध दो, ताकि मैं अपने इस पागलपन से बच सकूँ। स्तम्भ की मूर्ति बनकर रहना मैं कहीं अच्छा समझता हूँ, इसकी अपेक्षा कि प्रतिद्रोह का बवंडर बनूँ !

ज़रतुष्ट्र निस्सन्देह न तो कोई बवंडर ही है और न कोई तूफ़ान ही।...और यदि वह नर्तक है, तो विश्वास करो कि उसका नृत्य तरन्तुला मकड़ी के विष का परिणाम नहीं है !

ज़रतुष्ट्र ने यह कहा।

यह विख्यात बुद्धिमान् लोग

हे विश्व के विख्यात बुद्धिमान् लोगो, तुमने जनता की तो सेवा की है और जनता के मूढ़ विश्वासों की भी, किन्तु सत्य की सेवा नहीं की !...और यही कारण है कि तुम आस्था तथा श्रद्धा के पात्र बने हुए हो।

और यह जो तुम्हारी अनिष्ठा और आस्थाहीनता सहन की जाती रही है, उसका कारण है कि लोग इसे उपहास और मनोरंजन का विषय समझते हैं। क्या तुमने नहीं देखा कि प्रत्येक स्वामी अपने दासों के भाँड़पन से मन बहलाया करता है और उनकी धृष्टता तक को मनोरंजन का साधन समझता है।

किन्तु, वह मनुष्य जिससे लोग घृणा करते हों, जैसे कुत्ते भेड़िये से करते हैं, वही मनुष्य स्वतन्त्र विचारक है, बन्धनों तथा बेड़ियों का शत्रु है; वह किसी की पूजा नहीं करता और वह निर्द्वन्द्व जंगलों में विचरण किया करता है।

ऐसे मनुष्य को अपनी माँद से मार भगाने का नाम इन लोगों ने 'न्याय परायणता' रक्खा है।...इसके विरुद्ध ये लोग अपने उन कुत्तों को छोड़ते हैं जिनके दाँत अत्यन्त तीक्ष्ण हों।

तुमने सदा यह सिद्ध करने का प्रयास किया कि जिस ढंग से तुम्हारे लोग उपासना करते हैं वही ढंग यथार्थ है।...और, हे विख्यात बुद्धिमानो, तुम इसे सत्य का संकल्प कहते हो !

और तुम्हारा हृदय यह कहते नहीं थकता : "जनता ने मुझे जन्म दिया, और वहीं से मैंने भगवान् का सन्देश पाया।"

जनता की प्रतिक्रियाओं के रूप में जब तुम गर्दन अकड़ाकर चलते हो और चालाकियाँ करते हो तो अच्छे-खासे गधे प्रतीत होते हो।

और बहुत-से ऐसे शक्तिशाली मनुष्य जो जनता के सहायक और समर्थक बनना चाहते थे, उन्होंने अपने बलवान् घोड़े के आगे गधा जोत लिया था, यानी कोई विख्यात बुद्धिमान् पुरुष।

क्या ही अच्छा हो यदि तुम विख्यात बुद्धिमान् लोग इस शेर की खाल को उतार दो जिसके नीचे तुमने अपने आप को छिपा रखा है।

हाँ, हाँ, इस हिंसक पशु की खाल को उतार दो जिस पर धारियाँ पड़ी हैं और गुल बने हैं, और जिस पर निरीक्षकों, अन्वेषकों और विजेताओं जैसी उलझी हुई जटाएँ लहराती हैं।

यदि तुम चाहते हो कि मैं तुम्हारे अन्तःकरण की शुद्धता पर विश्वास करूँ तो फिर तुम्हें सबसे पहले अपने इस भक्ति के संकल्प को नष्ट करना होगा।

मैं तो उसी को असली मानता हूँ जो ईश्वर विहीन बंजर बियाबानों में निकल जाता है और अपने गिड़गिड़ानेवाले हृदय को स्वयं अपने पैरों तले कुचल डालता है।

मरुभूमि के पीले बालू पर खड़ा, धूप में झुलसा हुआ, तृषातुर आँखों से उन हरे-भरे द्वीपों की ओर देखता रहता है जहाँ शीतल स्रोत बहते हैं और जहाँ वृक्षों की घनी छाया के नीचे जीवन तन्द्रामग्न विश्राम कर रहा होता है।

किन्तु वह वहाँ जाता नहीं, उसकी पिपासा भी उन आलस-पुंजों में सम्मिलित हो जाने के लिए उसे मजबूर नहीं कर सकती। वह जानता है कि जहाँ मरु-उद्यान होता है, वहीं मूर्ति-पूजा भी होती है और पूजा की मूर्तियाँ भी।

दासों और सुख-सम्पन्न जीवन से विरक्त, देव-देवताओं तथा उपासकों से मुक्त निर्भय, महान् और एकाकी : यह है सच्ची और असली आत्माओं की प्रेच्छा।

सच्चे और असली लोग सदैव बियाबानों में रहते आए हैं, ये स्वतन्त्र विचारक, ये अरण्य-पति। और नगरों में रहते हैं मोटे, ताज़े, खाते-पीते विख्यात बुद्धिमान् लोग–ये भारवाही पशु।

वे गधे हैं, और इसीलिए सदैव जनता के छकड़े खींचते हैं।

मैं उनकी इस बात पर नाराज़ नहीं हूँ, किन्तु उनको उनके असली रूप में देखे बिना नहीं रह सकता।...वे सेवक हैं, और जुते हुए पशु। अब यदि उनका झूला और उनका पलान सोने-चाँदी से चमकता हो तो इससे उनके पशुत्व में अन्तर नहीं आता।

और बहुधा वे अच्छे सेवक भी होते हैं; और अपने भाड़े के अनुसार अच्छा काम भी करते हैं; क्योंकि उनके सदाचार की शिक्षा है : यदि तुम्हें सेवक ही बनना है तो फिर ऐसे स्वामी की खोज करो, जिसे तुम्हारी सेवा से अधिक से अधिक लाभ प्राप्त हो।

तुम्हारे स्वामी के मन तथा सदाचार को बढ़ना तथा उभरना चाहिए क्योंकि तुम उसके सेवक हो : और इस प्रकार तुम स्वयं भी उसके मन और सदाचार में उभरने और बढ़ने लगोगे।

हे विख्यात बुद्धिमान् लोगो ! हे जनता के सेवको ! यह बात तुम्हें माननी पड़ेगी कि तुम स्वयं भी जनता के मन तथा सदाचार के साथ बढ़े, फले और फूले हो और जनता तुम्हारे कारण ! यह अवश्य तुम्हारे लिए गौरव की बात है।

किन्तु इन सद्गुणों के रहते हुए भी, तुम मेरी दृष्टि में जनता जैसे ही हो, ऐसी जनता जैसे जिसकी आँखें चुँधली हैं, जिसको यह पता नहीं कि मन किस वस्तु का नाम है।

मन जीवन की उस धारा का नाम है जो स्वयं जीवन के धरातल को काटती हुई बह निकलती है। मन स्वयं अपनी पीड़ा द्वारा अपने ज्ञान की वृद्धि करता है। क्या यह बात तुम्हें पहले से ज्ञात थी ?

और मन का आनन्द इसमें है कि उसको बलिदान के लिए आँसुओं द्वारा स्वच्छ

और पवित्र बनाया जाए और फूलों से सजाया जाए। क्या यह बात भी तुम जानते थे ?

और अन्धे का अन्धापन, तथा उसका टटोलना और ठोकरें खाना, स्वयं ही सूर्य की उस प्रबल शक्ति का प्रमाण होगा जिसकी ओर उसने घूरा था। क्या यह बात भी तुम जानते थे ?

विवेकशील पुरुष को, भवन-निर्माण में, पर्वतों को सामग्री के रूप में प्रयोग करना सीखना होगा। मन के लिए पर्वतों को हिला देना एक तुच्छ-सी बात है। क्या यह बात भी तुझे ज्ञात थी ?

तुम तो केवल मन की उड़ती हुई चिंगारियाँ ही जानते हो, तुम नहीं देखते कि यह एक निहाई भी है, और हथौड़े की निर्दयता तुझे दिखाई नहीं पड़ती।

मन का अभिमान तो, निस्सन्देह ही तुम नहीं जानते; किन्तु मन की विनम्रता भी यदि तुम्हारे सामने बोलने लगे तो वह तुम्हारे लिए और भी असह्य होगी।

तुम कभी भी अपना मन किसी हिमाच्छादित कन्दरा में नहीं फेंक सकते, क्योंकि तुम्हारे अन्दर इतनी गर्मी ही नहीं है; और इसीलिए तुम इसकी शीतलता के आनन्द से भी अपरिचित हो।

किन्तु तुम हो कि हर बात में, मन के साथ अपनी घनिष्ठता और आत्मीयता का बखान करते नहीं थकते; और प्रज्ञा तो तुम्हारे निकट मानो एक अस्पताल तथा पुण्यशाला है जहाँ निम्न श्रेणी के कवि आश्रय पाया करते हैं।

तुम बाज़पक्षी नहीं हो, इसीलिए उस सुख से भी वंचित हो जो संकट और आतंक के समय मन अनुभव किया करता है। वह जो पक्षी नहीं है उसे अगाध गर्त्त के ऊपर निवास न बनाना चाहिए।

तुम्हारे भीतर मन्द उष्णता है किन्तु गम्भीर ज्ञान की धारा तो शीतल होती है। हिम-शीतल होते हैं मन के अन्तरतम् स्रोत–और इसीलिए सुखप्रद होते हैं परिश्रमियों तथा तपे हुए हाथों के लिए।

सम्मान और गर्व की अकड़ में अलोच खड़े हो तुम, विख्यात बुद्धिमान् लोग ! न कोई प्रचण्ड वात का झोंका कभी तुमने देखा है और न किसी उत्कट संकल्प का वेग।

क्या समुद्रों की विशाल छाती पर उड़ता हुआ तुमने कभी कोई बादवान नहीं देखा जो तूफ़ानों के आतंक से कभी झुकता है, कभी फूलता है और कभी थरथराने लगता है।

उसी बादवान के समान मन के प्रचण्ड आतंक से थरथराता हुआ मेरा ज्ञान भी–मेरा उग्र तथा स्वच्छन्द ज्ञान भी समुद्रों की छाती पर उड़ता चला जाता है।

किन्तु तुम, हे जनता के सेवको ! हे विख्यात बुद्धिमान् लोगो ! भला तुम मेरे साथ किस तरह चल सकते हो !

ज़रतुष्ट्र ने यह कहा।

निशा-गान

रात्रि का समय है : अब सारे स्रोत और भी अधिक स्पष्टता से कलनाद करने लगते हैं। मेरी आत्मा भी तो एक उबलता हुआ स्रोत ही है।

रात्रि का समय है : ऐसी बेला में सारे प्रेमियों के हृदय में गीत करवटें बदलने लगते हैं।---मेरी आत्मा भी तो किसी प्रेमी का ही एक सुन्दर संगीत है।

एक ऐसी वस्तु, जो कभी शान्त नहीं हुई, जिसे कभी शान्त नहीं किया जा सकता, मेरे भीतर है; वह व्यक्त होना चाहती है। प्रेम की आकांक्षा मेरे भीतर है और यह प्रेम की निजी भाषा ही बोलती है।

मैं प्रकाश हूँ : हाय, अफ़सोस कि मैं रात्रि न हुआ किन्तु यह मेरा एकाकीपन है जिसे प्रकाश की मेखला पहननी पड़ती है।

हाय, अफ़सोस कि मैं रात्रि के समान अन्धकारमय न हुआ ! कितने हर्ष के साथ मैं तब प्रकाश के स्थानों को होठों से चूमता !

और फिर, हे नन्हे-नन्हे टिमटिमाते नक्षत्रो, हे आकाश के चमकनेवाले जुगनुओ, तुम्हें भी मैं आशीर्वाद देता और स्वयं भी तुम्हारे प्रकाश के उपहार का आशीर्वाद पाता।

किन्तु मैं तो स्वयं अपने ही प्रकाश में रहता हूँ, और स्वयं ही ज्वाला के उस भभूके को पी लेता हूँ जो मुझमें से ही फूटा करता है।

मैं प्रापक के सुख से अनभिज्ञ हूँ–किन्तु बहुधा सोचा करता हूँ कि पाने की अपेक्षा चोरी करना कहीं अधिक सुखप्रद होना चाहिए।

यह मेरी निर्धनता है जो मेरे हाथों की दानशीलता को रुकने नहीं देती; यह मेरी ईर्ष्या है जिसके कारण मैं प्रतीक्षा भरी आँखें और आकांक्षा-भरी तारकदीप्त रातें देखता हूँ।

हाय रे, दाता की अमंगल भावना ! हाय रे, मेरे सूर्य का अन्धकार ! हाय रे, अभिलाषा की आकांक्षा ! हाय रे, तृप्ति में श्रद्धा की दहन !

वे मुझसे ग्रहण करते हैं ; किन्तु क्या कभी मैं उनकी आत्मा को स्पर्श कर पाया हूँ ? आदान और प्रदान के बीच एक बहुत बड़ी झील फैली रहती है; झील जितनी छोटी होती है, उतनी देर से, सबसे अन्त में, उसका पुल बाँधा जाता है।

मेरे सौन्दर्य से एक क्षुधा उत्पन्न होती है : जिनको मैंने प्रकाश दिया उन पर ही आघात करना चाहता हूँ; जिनको मैंने उपहार दिए उनको ही लूटना चाहता हूँ;–इस प्रकार मेरे भीतर दुष्टाचार की क्षुधा भड़क रही है।

अपना हाथ खींच लेता हूँ जबकि दूसरों का हाथ उसकी ओर बढ़ रहा हो; झिझकता हूँ जलप्रपात के समान जो गिरते-गिरते वायु में झटका-सा जाता है। इस प्रकार मेरे

भीतर दुष्टाचार की क्षुधा भड़क रही है।

मेरी प्रचुरता इस प्रकार के प्रतिशोध सोचा करती है; मेरे एकाकीपन से इस प्रकार की दुष्ट भावनाएँ उभरा करती हैं।

मेरी दानशीलता का सुख, दान देते-देते मर चुका है। मेरे सद्गुण स्वयं अपनी प्रचुरता के भार तले मुरझा चुके हैं।

वह जो सदा दान देता है, इस शंका को भी मोल लेता है कि कहीं उसकी लज्जा तथा विनम्रता उससे विमुख न हो जाए। वह जो अबाध वितरण करता है, उसका हृदय और उसके हाथ कठोर हो जाते हैं, केवल बाँटते-बाँटते ही।

माँगनेवालों की लज्जा से अब मेरी आँखों में आँसू नहीं छलकते; मेरे हाथ इतने कठोर हो चुके हैं कि भिक्षा पाए हुए भरे हाथों का कम्पन अब इन्हें महसूस नहीं होता।

कहाँ गए मेरी आँखों के आँसू ?...कहाँ गई मेरे हृदय ही कोमलता ? हाय रे, दानियों का एकाकीपन ! हाय रे, चमकनेवालों की निर्वाक् स्तब्धता !

अगणित सूर्य इस शून्य में चक्कर काट रहे हैं : जो कुछ अन्धकार है, उस सबसे वे प्रकाश की भाषा में बात करते हैं–किन्तु मुझसे नहीं बोलते।

हाय, यह शत्रुता है प्रकाश की उसके विरुद्ध जो चमकनेवाला है ! निर्दयता के साथ बढ़ा चला जाता है, यह हृदयहीन प्रकाश अपने शून्य के मार्ग पर।

हृदय में, उसके प्रति जो चमकनेवाला है, अन्याय की ज्वाला भरे हुए और दूसरे सूर्यों को उदासीनता की हिमशीत दृष्टि से देखता हुआ, बढ़ा चला जाता है प्रत्येक सूर्य अपने शून्य के मार्ग पर।

झंझा के समान चलते हैं ये सूर्य अपने मार्ग पर।...उनके चलने का यही तरीका है। वे अपने हठीले तथा निष्करुण संकल्प का अनुसरण करते हैं–यही है उनके हृदय की हिमशीत उदासीनता।

तुम्ही हो, हे अन्धकारवालो, हे रात्रि के लाड़लो–केवल तुम्ही हो जो चमकनेवालों से, उनकी उष्णता ग्रहण करते हो। तुम्ही हो, केवल तुम्ही हो जो प्रकाश के स्थानों से दुग्ध तथा स्फूर्ति-पान करते हो।

हाय, अफ़सोस, मेरे चारों ओर बर्फ ही बर्फ है और इस बर्फ के स्पर्श से मेरे हाथ जले जाते हैं। आह, मेरे प्राणों की एक प्यास है जो तेरी प्यास के लिए तड़प रही है।

यह घोर रात्रि है : अफ़सोस कि मुझे प्रकाश बनना होगा और निशा-वंशजों के लिए प्यास भी...और निर्जनता भी।

यह घोर रात्रि है : अब मेरी आकांक्षा उभरने लगी है। मुझे बोलने की अभिलाषा है।

यह घोर रात्रि है : अब सारे स्रोत तथा निर्झर अधिक स्पष्टता से कलनाद करने लगते हैं। मेरी आत्मा भी तीव्र गति से बहते हुए स्रोत सदृश ही तो है।

यह घोर रात्रि है : ऐसी बेला में सारे प्रेमियों के हृदयों में गीत करवटें बदलने लगते हैं। मेरी आत्मा भी तो किसी प्रेमी का ही मधुर संगीत है।

ज़रतुष्ट्र ने यह कहा।

नृत्य-गान

सूर्यास्त के समय एक दिन ज़रतुष्ट्र अपने शिष्यों सहित वन-विहार को निकला। वहाँ वह किसी स्रोत को खोज रहा था कि अकस्मात् एक ऐसे हरे-भरे और सुनसान चरागाह में पहुँच गया, जो चारों ओर से सुन्दर वृक्षों तथा मनोरम झाड़ियों से घिरा, रत्नजड़ित प्रतीत होता था। इस चरागाह में बहुत-सी किशोरियाँ आपस में मिलकर नृत्य कर रही थीं। ज़रतुष्ट्र के पहुँचते ही इन किशोरियों ने अपना नृत्य बन्द कर दिया। ज़रतुष्ट्र स्नेहपूर्ण मुस्कान लेकर उनके पास गया और कहने लगा :

नाचना बन्द न करो, हे सुन्दर किशोरियो ! यह कोई कुदृष्टिवाला विनोदनाशक नहीं है जो तुम्हारे पास आया है और न किशोरियों का शत्रु है।

मैं तो शैतान के दरबार में भगवान् का दूत हूँ जो स्वयं भी एक अत्यंत गम्भीर और प्रबल आत्मा है। फिर भला, हे पवन की साकार प्रतिमाओ, यह कैसे हो सकता है कि मैं तुम्हारे दिव्य नृत्य को या कोमल टखनोंवाले तुम्हारे सुकुमार चरणों को विरोधात्मक दृष्टि से देखूँ ?

यह सत्य है कि मैं बीहड़ अरण्य हूँ और गुँजान वृक्षों की घन श्यामल छाया। किन्तु जो मेरे दारुण तिमिर से त्रसित नहीं होता, वह निश्चय ही मेरे देवदार वृक्षों की छाया में गुलाब की मंजरित झाड़ियों के निकुंज पाता है।

और वहाँ वह नन्हा देवता भी निश्चय ही मिलता है, जिसे किशोरियाँ हृदय से प्यार किया करती हैं। निर्झरनी के तट पर, आलस से आँखें मूँदे चुपचाप पड़ा है वहाँ वह नन्हा देवता।

वह तो दिन में ही सोया पड़ा है, वह देखो,–आलसी कहीं का। क्या वह बहुत देर तक तितलियों के पीछे भागता रहा है ?

रुष्ट मत होना, हे सुन्दर नर्तकियो, यदि मैं इस नन्हे देवता की थोड़ी-सी ताड़ना करूँ। वह रोएगा और चिल्लाएगा तो अवश्य, किन्तु उसका रोना भी कुछ ऐसा है जिस पर हँसी आ जाती है।

वह अश्रुसिक्त आँखों से तुम्हारे पास आएगा और अपने साथ नाचने की प्रार्थना करेगा; और मैं उसके नृत्य का गीत गाऊँगा–एक नृत्यगान, एक ऐसा गान जो गुरुता की आत्मा का उपहास करेगा, क्योंकि मेरे निकट सबसे बड़ा और सबसे बलवान् यही शैतान है; और लोग इसी को 'विश्व का स्वामी' कहते हैं।

और यह है वह गान जो ज़रतुष्ट्र ने गाया जबकि कामदेव और किशोरियाँ मिलकर

नृत्य कर रही थीं :

मैंने, हे जिन्दगी तेरी आँखों में आँखें डालकर देखा। मुझे लगा मानो मैं उनकी अथाह गहराइयों में डूब गया हूँ।

किन्तु तूने अपना सुनहरी काँटा डालकर, मुझे वहाँ से बाहर खींच लिया; और तू ठट्ठा मारकर हँसी जब मैंने तुझे अथाह कहा।

"सब मछलियाँ यही कहती हैं," तूने कहा, "जिसकी थाह तक वे नहीं पहुँच पातीं, उनके लिए वही अथाह बन जाता है।"

किन्तु मैं तो केवल चंचल स्वभाव, चपल तथा स्वेच्छाचारी हूँ, यानी एक नारी हूँ...केवल एक नारी।

यद्यपि तुम पुरुषों द्वारा मुझे 'गूढ़,' 'गम्भीर,' 'वफ़ादार,' 'निष्ठावान्,' 'अनन्त,' 'रहस्यमय' इत्यादि कहा जाता है।

किन्तु हे पुरुषो, ये तो तुम्हारे अपने गुण हैं जिनसे तुम हमको आभूषित किया करते हो। हाँ, कितने सद्गुण सम्पन्न हो तुम पुरुष !"

इस प्रकार हँसी उड़ाती थी, वह झूठी निर्लज्ज कहीं की। किन्तु जब वह अपनी निन्दा स्वयं करती है तो मैं कभी उसका विश्वास नहीं करता और न उसकी हँसी का।

किन्तु जब मैं एकान्त में अपनी निरंकुश प्रज्ञा से बातें करने लगा तो वह बिगड़कर कहने लगी : "तेरे भीतर संकल्प है, प्रेच्छा है, तथा प्रेम है, इसी कारण–केवल इसी कारण–तू जीवन की स्तुति करता है।"

मैंने भी प्रायः बिगड़कर ही उस बिफरी हुई को उत्तर दिया और ख़री-ख़री सच्ची बातें कह सुनाईं।---मनुष्य को क्रोध आ ही जाता है जब वह अपनी ही प्रज्ञा को खरी-ख़री बातें कहने के लिए बाध्य हो जाए।

यह स्थिति है अब हम तीनों के बीच।...वास्तविक प्रेम तो मैं केवल जिन्दगी को ही करता हूँ, विशेषतः जब उसके प्रति घृणा मेरे हृदय में भरी हो।

और यह जो प्रज्ञा के प्रति मेरा प्रेम है,...और कभी-कभी बहुत गहरा प्रेम–तो इसका भी यही कारण है कि मुझे, उसके द्वारा जिन्दगी का स्मरण हो उठता है।

जिन्दगी जैसी ही आँखें हैं प्रज्ञा कीट वैसा ही अट्टाहास, यहाँ तक कि मछली पकड़ने की छोटी-सी छड़ भी वैसी है।–अब इन तीनों में यदि इतनी समानता हो तो इसमें मेरा क्या दोष ?

और एक बार जिन्दगी ने जब मुझसे पूछा, "प्रज्ञा ! यह कौन है ?"...तो जल्दी से मैं यही उत्तर दे पाया, "प्रज्ञा, हाँ प्रज्ञा ही !

लोग उसकी प्यास में तड़पते हैं और वह प्यास कभी मिटती नहीं, बुझती नहीं। लोग उसकी खोज में अपने अवगुण्ठन उघाड़ते हैं; अपने बुने हुए जालों से जूझते हैं।

क्या वह सुन्दर है ? मुझे क्या पता, किन्तु, इतना जानता हूँ कि काइयाँ से काइयाँ बुढ़िया मछली उसके काँटे पर झपट पड़ती है।

चंचल स्वभाव है वह, और है अवहेला की साकार मूर्ति। मैंने उसे बहुधा होंठ चबाते

और केशों में नीचे से ऊपर की ओर उलटी कंघी करते देखा है।

सम्भवतः वह पातकिन और कपटी भी है और चतुराई की भी उसमें कमी नहीं, किन्तु जिस समय वह आप अपनी निन्दा करने लगती है तो सुननेवाले का हृदय मोहासक्त होकर उसके पैरों में बिछ जाता है।"

जब प्रज्ञा के सम्बन्ध में, जिन्दगी से मैंने उक्त कथा कही तो उसने बड़े ज़ोर से दुर्भावनापूर्ण अट्टहास लगाया और आँखें मूँदकर कहने लगी, "यह तू किसके सम्बन्ध में बात कर रहा है ? कहीं मेरे सम्बन्ध में तो नहीं ?

और यदि यह मान भी लिया जाए कि तू ठीक कहता है, तो भला कहीं इस तरह भी किसी के मुँह पर कहा जाता है ?

अच्छा छोड़, अब तू कुछ अपनी प्रज्ञा के सम्बन्ध में भी तो बता।"

आह, मेरी प्रेयसी जिन्दगी, अब तूने फिर अपनी आँखें खोल दी हैं।...और मुझे फिर यह प्रतीत होने लगा है मानो मैं किसी अथाह गहराई में डूब गया हूँ।

यह था ज़रतुष्ट्र का गीत। किन्तु जब नृत्य समाप्त हो गया और किशोरियाँ चली गईं तो ज़रतुष्ट्र का हृदय शोकातुर हो उठा।

अन्त में वह कहने लगा, "सूर्य कभी का अस्त हो चुका है, चरागाह की घास ओस से भीग गई है, और अरण्य की ओर से अतिशीत ठिठुरती हुई पवन बढ़ती चली आ रही है।

किसी अज्ञात वस्तु की उपस्थिति को मैं अपने निकट अनुभव कर रहा हूँ। वह चिन्ता-मग्न सी घूर रही है !"

क्या तू अभी तक जीवित है, ज़रतुष्ट्र ?

क्यों ? कैसे ?...किस कारण ? किसके लिए ? कहाँ ?...किस तरह ?...क्या अभी तक जीवित रहना मूर्खता नहीं है ?

आह, मेरे मित्रो, यह मेरे प्राणों की सन्ध्या-बेला है जो इस प्रकार प्रश्न कर रही है। अपने इस विषाद के लिए मैं क्षमा-याचना करता हूँ।

सन्ध्या-बेला आ पहुँची है। मेरे मित्रो, मुझे क्षमा करो; क्योंकि सन्ध्या हो गई है।

सन्ध्या-बेला का यों गीत गाया ज़रतुष्ट्र ने।

समाधि-गान

"वह रहा सामने समाधियों का द्वीप, एक सुनसान निर्जन स्थान; और वे रहीं सामने मेरे यौवन की समाधियाँ भी।--उन पर चढ़ाने के लिए, मैं जीवन के पुष्प–सदाहरित पुष्प–ले जाऊँगा।"

मैंने यह संकल्प कर लिया है, और इसीलिए अपनी नाव समुद्र में डाल दी है।

मेरा यौवन मेरी आँखों के सामने घूम रहा है–हाय रे, यौवन के ये दृश्य और झाँकियाँ ! हाय रे, अनुरागमयी दृष्टि के वे कोमल स्पर्श–वे अनन्त घड़ियाँ ! बताओ तो सही तुम्हें क्या हुआ ?...तुम इतनी जल्दी कैसे मर गईं ?...आज तुम किसी अतीत के समान, किसी देवगत प्रेयसी के समान, एक स्मृति मात्र रह गई हो।

तुम में से, हे मेरी देवगत प्रेयसियो, मेरी ओर एक ऐसा सुन्दर सौरभ बह रहा है जिससे मेरा हृदय और मेरे आँसू, दोनों ही अबाध बहने लगे हैं। हाय, यह बात ही ऐसी है जो उजड़े हुए नाविक के हृदय को तड़पाकर बेबस कर देती है।

किन्तु मैं–मैं उजड़ा हुआ एकाकी–फिर भी सबसे अधिक सम्पन्न तथा ईर्ष्यानीय हूँ।...तुम्हीं बताओ कि मेरे अतिरिक्त अन्य कौन ऐसा भाग्यशाली पुरुष हुआ है जिसके अंचल में, ऐसे गुलाबी सेब, वृक्ष पर से स्वयं ही झूम-झूमकर टपके हों !

मैं तुम्हारे प्रेम का वारिस भी हूँ और विरासत भी। तुम्हारे प्रेम की स्मृति छाया में, हे प्रियतम्, मैं आज भी वन पुष्पों जैसे रंग-बिरंगे तथा स्वच्छन्द सद्गुणों से प्रफुल्लित हो रहा हूँ।

हाय, हम तो एक-दूसरे के लिए बनाए गए थे, हे प्रेयसियो।...और तुम भी किसी डरे हुए पखेरू के समान मेरे तथा मेरी वासना के पास थोड़े ही आई थीं ! नहीं तुम तो ऐसे आई थीं जैसे कोई विश्वस्त प्राणी अपने विश्वासपात्र के पास आता है।

हाँ, तुम तो मेरी तरह वफ़ादारी और प्रणय-विभोर नित्यता के लिए रची गई थीं; किन्तु अब, हे दिव्य चितवनो, हे स्वर्गीय घड़ियो, तुम्हारी इस बेवफ़ादारी के लिए तुम्हें क्या कहूँ ?

आँख झपकते ही तुमने मृत्यु का द्वार खटखटाया, और जीवन-प्रांगण से भाग गईं, किन्तु हे प्रपलायिको ! तुमने मेरे पास से पलायन नहीं किया और न मैं तुम्हारे पास से भागा हूँ।...इसीलिए हम दोनों, एक-दूसरे के प्रति विश्वासघात के, बेवफ़ाई के अपराधी नहीं हैं।

मुझे मारने के लिए, हे मेरी आशा के चहचहाते पखेरुओ, उन्होंने तुम्हारा गला

घोंटा। हाँ, मेरी प्रेयसियो, द्वेष ने तुम पर वाण चलाए ताकि वह मेरे हृदय को छेद सकें।

और इसमें वह सफल रहा, मेरा हृदय उसने छेद दिया क्योंकि तुम जो वहाँ मौजूद थे, तुम जो मेरे हृदय की सर्वप्रिय निधि हो, तुम जो मेरे हृदय की अधिष्ठात्री भी हो और अधिष्ठित भी। हाय, इसी कारण ठीक युवावस्था में तुम्हारी मृत्यु हो गई;...हाय, इतनी शीघ्र !

मेरी वह निधि जो मेरा मर्मस्थल भी था, वही वाणों से बेधा गया;...और वह निधि तुम थीं जिसका कवच रोएँ जैसा कोमल तथा एक ऐसी मुस्कान जैसा सूक्ष्म था, जिसको केवल दृष्टि का स्पर्श भर मार डालने के लिए पर्याप्त होता है।

किन्तु मैं अपने शत्रुओं से यह कहना चाहता हूँ कि जो कुछ तुमने मेरे साथ किया है उसकी तुलना में नरहत्या का कुछ भी महत्त्व नहीं है।

नरहत्या की अपेक्षा तुमने कहीं अधिक अधर्म और द्वेष का कार्य किया है, मेरे विरुद्ध। तुमने मुझसे एक ऐसी वस्तु छीन ली है जो अब कभी भी वापस नहीं मिल सकती। इसीलिए मैं तुम्हें अपना शत्रु कहता हूँ।

तुमने मेरे यौवन के मधुर स्वप्नों तथा अद्भुत दिव्य आत्माओं का वध किया है। हाय, ये तो मेरे खेल-कूद के साथी थे–ये पुण्य आत्माएँ; और तुमने मुझे इनसे वंचित कर दिया। अब यहाँ उनकी पुण्य-स्मृति में मैं यह पुष्प चढ़ाता हूँ, और यह अभिशाप भी।

यह अभिशाप तुम्हारे लिए है, मेरे शत्रुओ; क्योंकि तुमने मेरे अनन्त का अन्त कर दिया मानो कोई स्वरलहरी हिम-शीत रात्रि के आँचल में निस्पन्द हो गई हो।...किसी दिव्य नेत्र के दृष्टिपात के समान थिरकती हुई यह मेरे पास आई थी; किन्तु हाय, निमिष भर भी न ठहर पाई।

एक शुभ घड़ी में मेरी पावनता ने कहा था : "समस्त प्राणी मेरे निकट दिव्य हैं।"

और तब तुम्हारी मलिन छाया ने मुझे ढक लिया। हाय, वह शुभ घड़ी तब से न जाने कहाँ अलोप हो गई ?

"साल के सारे दिन मेरे लिए शुभ हैं।" मेरे यौवन की प्रज्ञा ने एक समय कहा था। निश्चय ही यह कथन एक हर्ष-विभोर प्रज्ञा का था।

किन्तु तुमने, हे मेरे शत्रुओ, मुझसे मेरी रातें चुरा लीं और उन्हें निद्राहीन पीड़ा के हाथों बेच दिया। हाय, न जाने वह हर्ष-विभोर प्रज्ञा अब कहाँ भाग गई ?

कभी मैं मंगल शकुन के लिए पक्षियों को देखा करता था। तब तुम्हारे संकेत पर एक भयानक उल्लू ने रास्ता काटा–एक अमंगल शकुन। हाय, न जाने मेरी कोमल आशाएँ तब से कहाँ अलोप हो गईं ?

एक बार मैंने प्रण किया कि हर प्रकार की घृणा को त्याग दूँगा। तब तूने मेरी और मेरे आस-पास की समस्त दुनिया को पीपभरे फोड़ों में बदल दिया। हाय, न जाने मेरा वह पवित्र प्रण तब से कहाँ चला गया ?

एक समय था कि मैं आँखें मूँदकर, अन्धों के समान, सुख और शान्ति के पवित्र मार्गों पर चला करता था। तब तुमने अन्धे के मार्ग में गन्दगी फैला दी। हाय, अब अपने चिर-परिचित मार्गों से अन्धे को कितनी घृणा हो गई है।

और जब मैंने अपनी कठिनाइयों पर विजय पाई और विजय का उत्सव मनाना चाहा, तो तुमने उन लोगों को जो मुझसे प्रेम करते थे कुछ इस प्रकार भड़काया कि वे चीख़ उठे मानो मैंने उन पर कोई भयंकर आघात किया हो।

तुम सदैव ऐसी ही बातें करते चले आए हो; तुमने मेरा श्रेष्टतम मधु विषाक्त बनाया और मेरी अत्यन्त अच्छी मधुमक्खियों के परिश्रम को व्यर्थ किया।

मेरी उदारता के पास तुमने अत्यन्त ढीठ भिखारियों को भेजा; मेरी दया के सामने निर्लज्जता तथा धृष्टता के हाथ फैलाए, और इस प्रकार तुमने मेरे सद्गुणों के विश्वास को आहत किया।

और, जब कभी मैं अपनी कोई अत्यन्त पावन आहुति लेकर आया तो तुरन्त ही तुम्हारी भी 'धर्मनिष्ठा' जाग उठी और चिकने-चुपड़े उपहार लेकर उसके बराबर रख दिए। इस प्रकार तुमने अपने चिकने-चुपड़े उपहारों की दुर्गन्ध से मेरी अति पावन आहुति का दम घोटा। और एक बार मैंने चाहा कि नृत्य करूँ—ऐसा नृत्य जो उससे पहले कभी नहीं किया था, नृत्य करते-करते आकाश पर और फिर समस्त आकाशों के परे पहुँच जाऊँ। तब, तुमने मेरे सर्व-वांछनीय गायक को बहका दिया; जिसके कारण उसने एक बहुत ही बेजान तथा बेसुरा राग अलापा; हाय, वह कितना कर्कश नाद था जो उसने मेरे कानों में बजाया !

ओ हत्यारे गायक, ओ दुष्ट के शस्त्र, निर्बोध शस्त्र ! मैं तैयार खड़ा था अद्भुत नृत्य के लिए और तूने अपने बेसुरे राग से मेरे हर्षोन्माद की हत्या कर डाली !

केवल नृत्य द्वारा ही मैं सर्वसूक्ष्म अनुभूतियों को, अत्यन्त गूढ़ रहस्य को, दृष्टान्त के रूप में प्रकट कर सकता था। किन्तु अब मेरा सर्वश्रेष्ठ दृष्टान्त मेरे अंगों में ही निहित तथा अनकहा रह गया है !

अनकही और अनखिली रह गई है मेरी उच्चतम आशा ! और मेरे यौवन के सारे स्वप्न तथा सुख मुरझाकर सूख गए हैं !

कैसे सहन किया मैंने यह सब कुछ ?...किस तरह सँभाले और सहारे मैंने यह घाव ? किस प्रकार उठी मेरी आत्मा पुनः उन कब्रों में से ?

हाँ, मेरे भीतर एक ऐसी वस्तु है जो न घायल की जा सकती है और न कब्रों में दबाई ही जा सकती है। वह शिलाओं तक को फाड़ डालती है और वह है मेरा 'संकल्प'। यह अजेय है, काल भी इसको छू नहीं सकता। वह दिनों और सालों को चीरता हुआ, बिना रोक-टोक, चुपचाप और अपरिवर्तित बढ़ा चला जाता है।

मेरे पैरों से चलकर पार करता है यह अपना रास्ता—यह मेरा पुरातन संकल्प। इसका हृदय कठोर तथा अभेद्य है।

मैं भी अभेद्य हूँ किन्तु अपनी एड़ियों में ही। और तू इन एड़ियों में ही सदैव रहता

है। हे स्वयं स्वरूप परम सन्तोषी कल्प ! प्रत्येक कब्र के बन्धन को तूने सदैव तोड़ा, और आज भी यही कर रहा है।

मेरा अनखिला तथा प्यासा यौवन अब भी तेरे भीतर जीवित है। और तू, जीवन के समान, यौवन के समान, इन टूटी हुई कब्रों के उजाड़ खण्डरों में आशा लगाए बैठा है।

हाँ, तू अब भी मेरे निकट संसार भर की कब्रों को ढानेवाली शक्ति है। जिन्दाबाद मेरे संकल्प ! जहाँ कब्रें होती हैं पुनर्जन्म भी वहीं होता होता है।

ज़रतुष्ट्र ने यह कहा।

आत्म-अतिक्रमण

जो तुम्हें उत्साहित और प्रेरित करता है, हे बुद्धिमान् लोगो, क्या तुम उसी को ही सत्य-रूप नहीं कहते हो ?

और मैं तुम्हारी इस धारणा को विश्व को चिन्तनशील बनाने का संकल्प कहता हूँ।

अखिल विश्व को अब तुम चिन्तनशील बनाने का प्रयत्न कर रहे हो क्योंकि तुम्हें सन्देह है, और तुम्हारा यह सन्देह सर्वथा निराधार भी नहीं है, कि यह कभी चिन्तनशील हो भी सकता है, या नहीं।

किन्तु यह परास्त होकर तुम्हारे सामने झुकेगा। यही तो तुम चाहते हो और यही तुम्हारा प्रयास है। यह सरल होकर तुम्हारे अधीन हो जाएगा जैसे कि दर्पण और प्रतिबिम्ब।

यह है तुम्हारा सम्पूर्ण संकल्प, हे परम ज्ञानियो, यही है तुम्हारा प्रभुत्व पाने का दृढ़ निश्चय।...तुम्हारा प्रभुत्व पाने का संकल्प उस समय भी तुमसे अलग नहीं होता जब तुम भलाई और बुराई के सम्बन्ध में बातें करते हो, और करते हो नवीन मूल्यों के निर्धारण की बातें।

तुम विश्व के निर्माण का संकल्प करते हो ताकि उसके सामने नतमस्तक होकर घुटने टेक सको। यह है तुम्हारी अन्तिम आशा तथा तुम्हारे हर्षोन्माद की पराकाष्ठा।

यह मूर्ख अज्ञानी, यानी यह जनता एक नदी के समान है जिस पर एक नाव तैर रही है : और इस नाव में सजे-धजे, गम्भीर मुद्रा का आवरण पहने बैठे हैं मूल्यों के परिमाप।

अपने संकल्प तथा अपने मूल्य तुमने नदी पर छोड़ दिए हैं जहाँ से तैरते हुए वे बहे चले जा रहे हैं, ये मूल्य—ये नेकी और बदी की धारणाएँ जिनमें जनता का विश्वास है मुझे तो वही पुराने शक्ति-संकल्प ही नजर आते हैं; इनमें वही प्रभुत्व की प्रेच्छा ही दिखाई पड़ती है।

ये तुम्हीं हो, हे परम बुद्धिमानो, जिन्होंने ऐसे अतिथियों को इस नाव में बिठाया और उन्हें धूमधाम, आडम्बर तथा गौरवपूर्ण नामों से सजाया।...हाँ, तुम्हीं ने और तुम्हारी प्रभुत्व की आकांक्षा ने ही सब किया है।

अब यह नदी तुम्हारी नाव को बहाए लिए जा रही है, सुदूर आगे की ओर, इसे आगे की ओर अवश्य बहाना ही चाहिए। यदि तुमल तरंगों का फेनिल क्रोध इसके

बहाव में कुछ विघ्न-बाधा डालता है तो उसकी क्या चिन्ता।

यह नदी नहीं है जो तुम्हारे या तुम्हारी नेकी-बदी की धारणा के लिए विनाश का कारण बनेगी, हे परम बुद्धिमान् लोगो, तुम्हारे विनाश का कारण तो स्वयं तुम्हारा संकल्प होगा—वही प्रभुत्व का संकल्प—अजस्र सृजनहार संकल्प।

नेकी और बदी के सम्बन्ध में ताकि तुम मेरी बात समझ सको, मैं तुम्हें जीवन के सम्बन्ध में अपनी बात बताना चाहता हूँ :—

मैं जीवन-स्पन्दन के पीछे भीड़ी से भीड़ी और चौड़ी से चौड़ी गलियों में घूमता फिरा हूँ, इस आशय से कि इसकी प्रकृति को समझ सकूँ।

जब यह मौन थी तो मैंने एक सौ-मुखी दर्पण में इसकी दृष्टि का प्रतिबिम्ब देखा, दिल खोलकर देखा, इस आशा से कि सम्भवतः इसकी आँखें ही मुझे कुछ बता सकें, और उन्होंने मुझे बहुत कुछ बताया।

किन्तु जहाँ कहीं भी मैंने कोई जीवित वस्तु पाई, वहीं मैंने आज्ञापालन की बात भी सुनी। समस्त जीवन आज्ञापालन ही तो है।

और दूसरी बात मैंने यह सुनी : आज्ञा उसी को दी जाती है जो स्वयं अपनी आज्ञा का पालन करने का सामर्थ्य नहीं रखता। जीवित वस्तुओं की यही प्रकृति है।

किन्तु तीसरी बात जो मैंने सुनी वह यह है : आज्ञा देना आज्ञा पालन की अपेक्षा कहीं अधिक कठिन है। और यह इस कारण नहीं कि आदेशदाता सारे आज्ञापालनों का भार अपने ऊपर उठाता है और यह कि वह भार उसे कुचल भी सकता है बल्कि इसलिए कि हर प्रकार का समादेशन स्वयं ही एक रांपरीक्षण तथा संकट का कार्य होता है; यही मेरी धारणा है। जो जीवित वस्तु समादेशन करती है, वह निश्चय ही अपने जीवन को संकट में डालती है :

समादेशन चाहे अपने ही प्रति क्यों न हो, तब भी आदेश देने का मूल्य चुकाना पड़ता है। उसे स्वयं ही अपना न्याय बनना होगा, तथा न्याय-बलि और न्यायाधीश भी।

यह होता कैसे है ? मैंने अपने आप से पूछा; वह क्या है जो जीवित वस्तु को इस बात के लिए बाध्य करता है कि वह समादेश देते समय समादेश-पालक भी बना रहे ?

अब मेरी बात सुनो, हे परम बुद्धिमान् लोगो, इस बात को अच्छी तरह जाँच और समझ लो कि मैं जीवन के हृदय तक में पहुँच चुका हूँ—बल्कि हृदय की अन्तिम गहराइयों तक में पहुँच चुका हूँ।

जहाँ कहीं मैंने जीवित वस्तुओं को पाया, वहीं मैंने प्रभुत्व का संकल्प भी पाया, यहाँ तक कि सेवक के मन में भी स्वामी बनने का संकल्प देखा।

बलवान् की सेवा करने के लिए निर्बल को वही निश्चय, अर्थ-संकल्प बाध्य करता है जो उसमें अपने से अधिक निर्बल पर प्रभुत्व जमाने की आकांक्षा होती है। यही उसका एकमात्र ऐसा आनन्द है जिस पर वह सब कुछ निछावर कर सकता है।

इसी प्रकार लघु स्थिति का व्यक्ति बड़े जन की अधीनता स्वीकार करता है ताकि उसको अपने से छोटे जन की अधीनता और अधीनता का सुख प्राप्त हो सके; इस

प्रकार प्रभुत्व-प्राप्ति के लिए प्राणों तक की बाज़ी लगा देता है।

वह संकट को चुनौती देता है और जीवन को दाँव पर लगाता है; यही उसकी तपस्या है और यही उसकी प्रभुत्व पाने की आकांक्षा।

जहाँ कहीं तुम त्याग, सेवा और प्रेम इत्यादि का आडम्बर देखो तो निश्चय जानो कि इनके पीछे भी वही प्रभुत्व पाने की आकांक्षा छिपी है। ये बलहीन लोगों के हथकण्डे हैं और इस तरह बलवान् के दुर्ग में, और उसके हृदय में, चोर दरवाज़े से चुपके-चुपके, रेंग-रेंगकर घुसते हैं, और वहाँ जाकर उसके बल को चुरा लेते हैं।

यह रहस्य की बात स्वयं जीवन ने मुझे बताई थी। "...देख," उसने कहा था, "मैं वह हूँ जिसको अपना अतिक्रमण करना ही होगा।"

तुम इसे निस्सन्देह निर्माता का संकल्प कहते हो, लक्ष्य की ओर आकर्षण कहते हो; उच्च से उच्चतर की ओर, दूर से दूरन्त की ओर और एक से अनेक की ओर आह्वान कहते हो; किन्तु वास्तव में ये सब एक ही वस्तु के कई नाम हैं और इन सबका एक ही रहस्य है।

किन्तु यह एक वस्तु ऐसी है जिसको छोड़ने की अपेक्षा मर जाना कहीं अच्छा है। और, जहाँ कहीं ह्रास होगा और पात झड़ते मिलेंगे वहाँ निश्चय ही जीवन भी अपना बलिदान करता मिलेगा–प्रभुत्व-प्राप्ति के लिए।

मुझे कुछ बनना होगा, लक्ष्य तथा लक्ष्यों का परस्पर संधर्ष बनना होगा। आह, जो कोई मेरे संकल्प को समझता है, उसे कितने दुर्गम तथा आँके-बाँके मार्गों पर चलना होगा।

चाहे मैं कुछ भी निर्माण करूँ और उसे कितना ही प्रेम करूँ, मैं शीघ्र ही उसका तथा अपने प्रेम का विरोधी बन जाता हूँ। मेरे संकल्प की यही इच्छा है।

और तुम भी, हे विवेकशील पुरुषो, मेरे संकल्प के लिए एक पथ हो और पथ का चिह्न! मेरा प्रभुत्व का संकल्प, वास्तव में, सत्य के पैरों पर चला करता है !

वह मनुष्य कभी भी सत्य तक नहीं पहुँच सकता जो सदा उसी तरह बने रहने के संकल्प का प्रयोग करता है। इस प्रकार के संकल्प का कोई अस्तित्व ही नहीं है।

जिस वस्तु का आरम्भ से ही अस्तित्व न हो, वह संकल्प कैसे कर सकती है। और जिस वस्तु का अस्तित्व है, वह अस्तित्व पाने का प्रयास क्यों करे ?

जहाँ कहीं जीवन होता है संकल्प भी केवल वहीं होता है, बने रहने का अर्थात् जीवन-के-संकल्प की नहीं, मैं तुम्हें 'प्रभुत्व-के-संकल्प' की शिक्षा देता हूँ।

यह है वह शिक्षा जो जीवन ने मुझे दी; और इसी की सहायता से, हे परम बुद्धिमान् लोगो, मैं तुम्हारे हृदय की गुत्थियों को सुलझा सकता हूँ, तुम्हारे रहस्यों को पढ़ सकता हूँ।

मैं तुमसे कहता हूँ : चिरस्थायी भलाई और बुराई–इनका कोई अस्तित्व नहीं है ! सदा बदलते रहना और अपना अतिक्रमण करते रहना ही इनका नैसर्गिक स्वभाव है।

अपने मूल्यों तथा नेकी-बदी के अपने आदर्शों द्वारा ही, हे मूल्य निर्धारित

करनेवालो, तुम अपना आधिपत्य जमाए हुए हो; यही तुम्हारा गुप्त प्रेम है और यही तुम्हारी आत्मा का काँपता हुआ, चमकता हुआ उफान है।

किन्तु तुम्हारे मूल्य अपने से अधिक प्रबल शक्ति को जन्म देते हैं और एक नए अतिक्रमण को : यह शक्ति अंडे को भी तोड़ती है और अंडे के खोल को भी।

वह मनुष्य जो नेकी-बदी का निर्माता होना चाहता है, उसे निश्चय ही पहले ध्वंसकारी बनना होगा और मूल्यों को तोड़-फोड़कर टुकड़े-टुकड़े करना होगा।

और इस प्रकार बुरी से बुरी बदी का सम्बन्ध अच्छी से अच्छी नेकी से जुड़ा हुआ है। यही है रचनात्मक कार्य।

आओ, हे बुद्धिमान् लोगो, हम हर बात को स्पष्ट कहना सीखें, चाहे वह बदी के सम्बन्ध में ही क्यों न हो। चुप रहना तो और भी बुरा है : अनकहा सत्य विष बन जाता है।

और, हमारे सत्य के आधार पर जो कुछ टूटता है, उसे टूटने दो। अभी तो अगणित भवन निर्माण करने हैं।

ज़रतुष्ट्र ने यह कहा।

यह प्रतिष्ठित लोग

कितनी प्रशान्त है मेरे समुद्र की गहराइयाँ !...कौन कह सकता है कि इसके भीतर खिलाड़ी अजगर भी छिपे रहते हैं !

अविचल हैं मेरी गहराइयाँ, किन्तु तैरती हुई समस्याओं और अट्टहासों से जगमगा रही हैं ये।

आज एक प्रतिष्ठित मनुष्य को मैंने देखा–देखने में था वह अति गम्भीर; किन्तु अपनी बुद्धि और विवेक से कितना असन्तुष्ट था वह।...वह पश्चात्ताप कर रहा था। ओह, उसके उस मलिन रूप पर मेरी आत्मा किस प्रकार हँस रही थी !

छाती फुलाए हुए, वह प्रतिष्ठित मनुष्य उन लोगों की तरह खड़ा था जो दम साधे खड़े हों–बिल्कुल गुमसुम और अकड़ा हुआ।

वह सिर से पैर तक ढका हुआ था भद्दी सच्चाइयों के आवरण से, जो उसके आखेट की उपलब्धियाँ थीं; फटे हुए वस्त्रों की सम्पन्नता उसकी शोभा थी, बहुत-से काँटे भी उसके कपड़ों में अटके हुए थे–किन्तु फूल मुझे एक भी दिखाई नहीं पड़ा उनमें।

अब तक न उसने हँसना सीखा था और न सौन्दर्य को परखना। नाक-भौं चढ़ाए वह शिकारी अभी-अभी पलटकर आया था ज्ञान के बीहड़ जंगलों से...अत्यन्त खिन्न मन और बुझा हुआ।

हिंसक पशुओं के साथ जूझकर वह घर वापस आया था; किन्तु एक हिंसक पशु उसकी गम्भीरता में से झाँकता हुआ दिखाई दे रहा था–वह था वह हिंसक पशु जिसे वह परास्त नहीं कर पाया था।

वह वहाँ खड़ा था, तना हुआ, उस सिंह के समान जो उछलने की तैयारी में हो।...किन्तु इन तनी हुई आत्माओं से मुझे तनिक भी प्रेम नहीं है, और न ये गुमसुम लोग मुझे अच्छे लगते हैं। ये लोग मेरी रुचि के अनुरूप नहीं हैं।

और मित्रो, तुम अब भी मुझसे यही कहते हो कि रुचियों के सम्बन्ध में कोई झगड़ा व अपवाद ही नहीं होता ! किन्तु यह तो समस्त जीवन ही रुचि-सम्बन्धी एक अपवाद है।

रुचि–यह तो एक साथ तोल भी है, और तुला भी और तुलैया भी;...और धिक्कार है उन समस्त प्राणियों पर जो तोल और तुला और तुलैया के सम्बन्ध में बिना बिचारे या मतभेद किए अपना जीवन व्यतीत करते हैं।

यह प्रतिष्ठित मनुष्य जब कभी प्रतिष्ठा से उकता जाएगा, केवल तभी इसका

सौन्दर्य निखर पाएगा; और तभी मैं भी इसे अपनी रुचि के अनुकूल पा सकूँगा।

और जब तक वह अपने आप से विमुख नहीं होगा, अपने पर आप ही पीठ नहीं फेर लेता तब तक वह अपनी छाया को लाँघकर अपने प्रकाश में–सीधा अपने सूर्य के आलोक में, नहीं पहुँच पाएगा।

वह दीर्घकाल तक, प्रकाश से दूर, घनी छाया में बैठा रहा है, इस प्रायश्चित कर्त्ता का चेहरा पीला पड़ गया है; वह अपनी आशाओं से भरी थाली के सम्मुख बैठा लगभग भूखों मर चुका है।

उसकी आँखों में अब भी घृणा भरी हुई है; उसके चेहरे पर उपेक्षा की मुद्रा झलक रही है। वह इस समय विश्राम अवश्य कर रहा है किन्तु धूप में विश्राम करना उसे अभी तक प्राप्त नहीं हुआ।

उसे तो बैल का अनुसरण करना चाहिए, उसके हर्ष में से धरती की सुगन्ध आनी चाहिए, न कि धरती के प्रति घृणा की दुर्गन्ध।

मैं उसे देखना चाहता हूँ एक गोरे बैल के रूप में जो फुंकारता, डकारता हुआ हल के आगे चलता है। उनकी इन फुंकारों और डकारों से केवल स्तुति प्रकट होनी चाहिए उन समस्त पदार्थों के प्रति जो सम्पूर्णतया भौतिक और सांसारिक हैं।

उसके चेहरे पर अभी तक धुँधलापन छाया हुआ है, उसके चेहरे पर हाथ की छाया नाच रही है। इसी छाया से अभी तक उसके नेत्रों का प्रकाश ढका हुआ है।

और यह स्वयं उसकी अपनी कृति ही तो है जो छाया बनकर उसे घेरे हुए है; कार्यलीन हाथ ने स्वयं ही कार्यकर्त्ता को ढक लिया है; वह अभी तक अपनी करनी की सीमा को उलाँघ नहीं पाया।

उसकी बैल जैसी गर्दन तो मुझे पसन्द है ही, किन्तु मैं उसमें फरिश्तों जैसी आँखें भी देखना चाहता हूँ।

अपनी नायक-वृत्ति और नायक-प्रेच्छा को उसे भुलाना होगा, उसे प्रतिष्ठा से बढ़कर उत्कृष्टता की ओर आरोहण करना होगा; और इसके लिए उसे कुछ स्वयं न करना होगा, व्योम-तरंगें स्वयं ही उसे ऊँचाई पर पहुँचा देंगी !

उसने बड़े-बड़े दुष्टों को परास्त किया है, उसने बड़ी-बड़ी समस्याओं को सुलझाया है। किन्तु उसे अपने भीतर की समस्याओं और विकृतियों से भी जूझना होगा, उन पर विजय पानी होगी, और उन्हें बालकों सदृश सहज और स्वाभाविक बनाना होगा।

उसकी प्रज्ञा ने न तो अब तक मुस्कराना सीखा है और न यह ही सीखा है कि ईर्ष्या से क्योंकर मुक्ति प्राप्त की जाए। उसके तूफ़ानी उद्‌गार भी अभी तक सौन्दर्य की गहनता में शान्त होना नहीं सीख पाए।

अघाने से तथा निरति से उसकी वासना को सन्तुष्टि तथा शान्ति नहीं मिल सकती। यह तो केवल सौन्दर्य ही से मिल सकती है। अनुग्रह है एक अभिन्न अंग, उदार आत्मा की उदारता का !

अपनी भुजा को सिर पर रक्खे हुए वीर पुरुष को विश्राम करना चाहिए और इसी अवस्था में विश्राम को पूर्णतः प्राप्त कर लेना चाहिए।

किन्तु मनुष्यों के लिए, विशेषकर वीर पुरुष के लिए जिस वस्तु को पाना सबसे कठिन है, वह है 'सौन्दर्य'। अप्राप्य होता है सौन्दर्य प्रचण्ड इच्छाओं के लिए।

कुछ कम, कुछ अधिक–यहाँ इतना ही बहुत है,...बल्कि अत्यधिक है।

पेशियों को ढीला छोड़कर और अपनी इच्छाओं और आकांक्षाओं को छोड़कर खड़े रहना, हे प्रतिष्ठित लोगो, तुम्हारे लिए यह एक असाध्य साधना है।

जब शक्ति में दयाभाव आ जाए और वह अपनी विनम्रता को प्रकट करने लगे, तो उस विनम्रता को मैं सौन्दर्य कहता हूँ।

और इस सौन्दर्य की अभियाचना जिस उत्कंठा से मैं तुझसे कहता हूँ, हे शक्तिशाली पुरुष, उतनी किसी अन्य से नहीं कहता। तेरी सौम्यता को तेरी अन्तिम आत्म-विजय होना चाहिए।

मैं तेरे भीतर हर प्रकार की बुराई की सम्भावना पाता हूँ, इसीलिए तुझसे नेकी की आशा करता हूँ।

कितनी हँसी आती है मुझे उन शक्तिविहीन लोगों पर जो अपने आप को नेक इसलिए मानते हैं क्योंकि उनके पंजों में नख नहीं हैं।

तुम्हें स्तम्भ जैसे गुण अपनाने का प्रयास करना चाहिए। वह जितना ऊँचा होता जाता है उतना ही रम्य तथा लालित्यमय होता जाता है किन्तु अन्दर से उसकी भार सहन करने की शक्ति तथा दृढ़ता भी बढ़ती जाती है।

हाँ, हे प्रतिष्ठित पुरुष, एक दिन आएगा कि तू भी सुन्दर हो जाएगा और अपने सौन्दर्य को दर्पण दिखा सकेगा।

तब तेरी आत्मा देवताओं जैसी कामनाओं से जगमगा उठेगी और तेरे दर्प तक में नम्रता तथा भक्ति भर जाएगी।

अहं का यह रहस्य है : जब वीर पुरुष इसे त्याग देता है तब कहीं जाकर उसको अपने सपने में अतिवीर पुरुष के दर्शन होते हैं।

ज़रतुष्ट्र ने यह कहा।

यह सभ्य देश

भविष्य की दिशा में मैं बहुत दूर आगे बढ़ गया था कि सहसा भय ने मुझे आ दबोचा।

और जब मैंने आस-पास दृष्टि डाली तो वहाँ केवल काल यानी समय को ही अपना समकालीन पाया।

तब मैं बड़े वेग से–अत्यन्त वेग से–घर की ओर पलटा। इस प्रकार, हे आज के लोगो, वर्तमान के निवासियो, मैं तुम्हारे पास आया हूँ, और आया हूँ संस्कृति-समृद्ध इस सभ्य देश में।

यह पहला अवसर है कि तुम्हें देखने के लिए मैं, खुली आँखें और शुभ इच्छाएँ लेकर आया हूँ। विश्वास करो, मैं हृदय में उत्कंठा भरकर तुम्हारे पास आया हूँ।

किन्तु फिर, मुझे यह क्या हुआ ?...इतना भयभीत होने पर भी मेरी हँसी रोके नहीं रुकती। इससे पहले कभी भी मेरी आँखों ने ऐसा चितकबरा, ऐसा ऊटपटांग दृश्य नहीं देखा था।

पचासों रंग-बिरंगे धब्बों का लेपन किए बैठे हो तुम अपने चेहरों पर तथा अपने शरीरों पर, हे वर्तमान के निवासियो। इन्हें देखकर मैं चकित हो गया हूँ, मेरी हँसी फूटी पड़ती है !

और पचासों दर्पण जुटा रखे हैं तुमने अपने चारों ओर जिनमें अपने आपको देखकर तुम खुश हो रहे हो। ये दर्पण तुम्हारी चापलूसी कर रहे हैं, रंगों की पच्चीकारी को दोहराते हैं।

निश्चय ही, हे वर्तमान के निवासियो, तुम्हारे अपने चेहरों से बढ़कर तुम्हारे लिए कोई अन्य मुखौटा नहीं हो सकता ! इसको ओढ़ने के पश्चात् तुम्हें पहचान कौन सकता है ?

भूतकाल के लेखों तथा चिह्नों पर लिपे इन मुखौटों पर नवीन चिह्न पुते हुए हैं।...इस तरह तुमने अपने आपको भली भाँति छिपा रखा है उन लोगों की दृष्टि से जिन्हें चिह्न पढ़ना आता है, और जो चिह्नों की व्याख्या कर सकते हैं।

और यदि कोई चिह्न पढ़ना सीख भी ले तो यह विश्वास कैसे हो कि तुम्हारा कोई अपना अस्तित्व है। ऐसा लगता है तुम केवल बहुत-से रंगों के पकाए हुए और गोंद से चिपकाई हुई कागज़ की धज्जियों के पुतले हो।

तुम्हारे इन मुखौटों में से समस्त युग, समस्त जातियाँ अजीब रंग-बिरंगी तथा चितकबरी-सी झाँकती नज़र आती हैं; तुम्हारे हाव-भावों द्वारा समस्त रीति-रिवाज़ तथा

धर्म-ध्येय रंग-बिरंगी बोलियाँ बोलते सुनाई पड़ते हैं।

यदि कोई तुम्हें तुम्हारे मुखौटों, आवरणों, रंगों तथा भाव-भंगियों से वंचित कर दे, तो तुम केवल पक्षियों को डरानेवाली विभीषिका बनकर रह जाओगे, उससे अधिक कुछ नहीं।

मैं स्वयं भी एक डरे हुए पक्षी जैसा ही हूँ जिसने क्षणभर के लिए तुम्हें नग्न तथा रंग-विहीन देख लिया था, और जैसे ही उस कंकाल ने मेरी ओर प्यार से घूरा कि मैं उड़ गया।

मैं प्रेतलोक में यातनाएँ भुगतना तथा अतीत की परछाइयों में रहना कहीं अच्छा समझता हूँ इसकी अपेक्षा कि तुम्हारे साथ रहा जाए। प्रेतलोक की परछाइयाँ भी तुम्हारी अपेक्षा कहीं सजीव और ठोस होती हैं।

यह बात, हाँ यही बात तो मेरी आँतों को कटुता से भर देती है कि मैं तुम्हें न तो तुम्हारे नग्न रूप में ही सहन कर सकता हूँ और न आवृत रूप में, हे वर्तमान के निवासियो।

अज्ञात भविष्य का भय तथा वे समस्त विभीषिकाएँ जिनसे भूले-भटके पक्षी भयभीत रहते हैं, निस्सन्देह तुम्हारी 'वास्तविकता' की अपेक्षा कहीं सुखद और परिचित प्रतीत होते हैं।

और इस पर तुम कहते हो "हम सर्वथा वास्तविक हैं, विश्वास तथा अन्धविश्वास की सीमा से बाहर हैं।" इस बात पर तुम कितने फूले फिरते हो यद्यपि फूलने के लिए सीना तुम्हारे पास है ही नहीं।

किन्तु, हे चितकबरे लोगो, तुम किसी विश्वास को कैसे अपना सकते हो ? तुम तो दुनिया भर के मत-मतान्तरों की एक चितकबरी तस्वीर हो जिसमें समस्त विश्वासों के रंग परस्पर गड़बड़ा गए हैं !

तुम तो स्वयं विश्वास का एक चलता-फिरता खण्डन हो; और हो विचारों के समस्त अंगों का अन्धकारमय विस्थापन। मैं तुम्हें अविश्वस्त कहता हूँ, हे वर्तमान के वासियो।

आज तक के सारे युग तुम्हारे मन के भीतर परस्पर विरोध में जुटे हुए हैं, एक-दूसरे की दुर्दशा करने में लगे हुए हैं। तुम्हारे जाग्रत विचारों की अपेक्षा तो गत युगों के समस्त सपने तथा बकवादी बातें भी कहीं अधिक सत्य और यथार्थ थीं।

तुम फलविहीन हो, बाँझ हो; इसीलिए विश्वास से वंचित हो; किन्तु जो निर्माता ढोता है उसके फलपूर्ण सपने भविष्य का संकेत बनकर सदैव आकाश में मँडराया करते हैं, और विश्वास पर उसका विश्वास होता है।

तुम तो अधखुले द्वार हो जहाँ कब्र-खोद प्रतीक्षा में खड़े रहते हैं। और तुम्हारा सत्य यही तो है कि "यहाँ की प्रत्येक वस्तु नाशवान् है।"

आह, हे बाँझ पुरुषो, कैसी चिपकी हुई नज़र आती हैं तुम्हारी पसलियाँ। और तुम में से भी तो अधिकतर लोगों ने स्वयं अपनी यह दशा देखी है।

और कई एक ने कहा है : "जब मैं सोया पड़ा था तो शायद किसी भगवान् ने

चुपके से मेरी कोई चीज़ उड़ा ली ! और, निश्चय ही वह चीज़ उसके लिए अपने लिए नारी की रचना करने के लिए काफ़ी थी।''

वर्तमान के निवासियों में से बहुत-से कहते हैं : ''मेरी पसलियों की दरिद्रता कितनी आश्चर्यजनक है।''

आह, कितनी हँसी आती है मुझे तुम पर, हे वर्तमान के निवासियो, विशेषतः उस समय जब तुम अपने आप को अद्भुत समझकर आश्चर्यचकित होते हो।

धिक्कार है मुझ पर यदि मैं तुम्हारे आश्चर्य पर न हँसूँ, और तुम्हारी थाली की घिनावनी जूठन को निगलने के लिए मज़बूर हो जाऊँ !

किन्तु मैं, जो कि असाधारण तथा सारगर्भित बातों का भार सहन करनेवाला हूँ, तुम लोगों से चिन्तित नहीं हूँ, क्योंकि तुम, मेरी दृष्टि में एक साधारण-सी वस्तु हो। जहाँ मैं इतना भार उठाए हुए हूँ, वहाँ, यदि उस पर कोई पतंगा या कीड़ा आकर बैठ जाए तो उससे क्या होगा !

निश्चय ही इससे मेरा भार अधिक बोझल नहीं हो जाएगा और न ही, हे वर्तमान के निवासियो, तुम्हारे कारण मुझमें कोई शिथिलता ही आएगी।

आह, अपनी आकांक्षा को लेकर अब मैं किधर जाऊँ ! सब पर्वतों में मैं खोजता हूँ, मातृभूमियों और पितृभूमियों को।

किन्तु कहीं भी मुझे घर नहीं मिला। प्रत्येक नगर में मैं मुसाफिर ही हूँ, कहीं विश्राम नहीं पाता, एक द्वार से प्रवेश करता हूँ और दूसरे से निकल जाता हूँ।

ये वर्तमान के निवासी, जिनके निकट मेरा हृदय मुझे खींच लाया था, मेरे लिए सर्वथा अजनबी हैं और एक तीव्र उपहास भी। मैं निर्वासित हूँ प्रत्येक मातृभूमि से और प्रत्येक पितृभूमि से।

इसलिए अब मैं केवल अपनी सन्तान की भूमि से प्रेम करता हूँ जो अभी तक कहीं सुदूर समुद्रों के पार अज्ञात पड़ी है और उसी की खोज में मैं अब अपने पतवार डाल रहा हूँ।

सन्तान होने के नाते अपने पूर्वजों की कमजोरियों का निराकरण मैं अपनी सन्तान में करूँगा और वर्तमान की कमजोरियों का निराकरण भविष्य में।

ज़रतुष्ट्र ने यह कहा।

निष्कलंक अनुभव

कल रात जब चाँद उदय हुआ तो मुझे लगा कि वह एक सूर्य को जन्म देनेवाला है : वह इतना भरा-भरा और फूला-फूला सा पड़ा था क्षितिज पर।

किन्तु झूठा था वह और झूठी थी उसकी गर्भावस्था।...यदि मुझसे कोई कहे कि चाँद में आदमी रहता है, तो शायद मैं इस अनहोनी बात का विश्वास कर लूँ किन्तु किसी नारी पर विश्वास नहीं कर सकता।

रातों को चोरी-चोरी घूमनेवाले इस निशाचर में अंशमात्र भी पुरुष नहीं है। निश्चय ही वह बुरी भावनाओं के साथ लोगों की छतों पर घूमा करता है, क्योंकि वह ईर्ष्यालु है और कामी भी। यह चाँद में रहनेवाला साधु। यह लालची है धरती की वासना का और प्रेमियों के लिए क्रीड़ा का।

नहीं, मुझे वह बिल्कुल भी पसन्द नहीं, वह छतों पर घूमनेवाला, बन-विड़ाल। ऐसे सब प्राणियों से, जो आधी खुली खिड़कियों के आस-पास, दबे पैर, चक्कर काटा करते हैं, मुझे घृणा से मतली आने लगती है।

कैसे भक्तिभाव से चुपचाप चला जा रहा है वह नक्षरों के गलीचे पर, किन्तु मुझे पसन्द नहीं है पुरुषों की यह कोमल नीरव पदचाप। उनमें तो घुड़सवारी के बूट-काँटे की ख़नक होनी चाहिए।

प्रत्येक दयानतदार पुरुष के पदचापों में ललकार होती है—वे बोलते हैं; किन्तु वन-विड़ाल धरती पर से रेंगता हुआ चुपचाप निकल जाता है; वह देखो, वन-विड़ाल के समान चला जा रहा है चाँद, चोरी-चोरी और कपटतापूर्वक।

यह तुम्हारे लिए दृष्टान्त है, हे भावनाओं से खेलनेवाले पाखंडियो, हे 'विशुद्ध ज्ञानियो,' मैं तुम्हें लम्पट कहता हूँ।

धरती को और धरती के पदार्थों को तुम भी प्रेम करते हो—मैं तुम्हें खूब समझता हूँ ! किन्तु तुम्हारे प्रेम में लज्जा है, लिप्सा है, और हैं बुरी भावनाएँ।...तुम चाँद के समान हो।

तुम्हारा मन तो यह मानने लगा है कि सांसारिक पदार्थों से घृणा करनी चाहिए, किन्तु तुम्हारा उदर नहीं और यह उदर ही तुम्हारे भीतर सबसे बलवान् वस्तु है !

और अब तुम्हारा मन उदर की अधीनता पर लज्जित है। अपनी इस लज्जा को छिपाने के लिए तुम्हारा मन झूठ बोलता है और दबे पैर चोर गलियों में चक्कर काटता है।

"श्रेष्ठ यही है कि इच्छाओं और कामनाओं से विरक्त होकर जीवन को दूर से देखा जाए न कि कुत्ते के समान जीभ से लारें टपकाते हुए।" तुम्हारा मन भीतर ही भीतर कहा करता है :

"केवल दूर से देखकर सन्तुष्ट रहना जिसमें न स्वार्थ की लालसा हो और न उसकी पकड़। समस्त देह शिथिल तथा राख के समान ठंडी हो, किन्तु आँखें चाँद के समान चढ़ी हुई तथा बहकी-बहकी।"

"मेरी परम इच्छा बस यही है," विकृत मन अपने आप को बहकाने के लिए कहता है, "मैं भी चाँद की तरह धरती को प्रेम करूँ–केवल आँखों से उसके सौन्दर्य को स्पर्श करूँ।"

वस्तुओं का निष्कलंक बोध, कहता हूँ मैं इसे क्योंकि इसमें वस्तुओं के सम्बन्ध में कोई कामना नहीं है–बस, इनके सम्मुख मुझे केवल एक शत-नेत्रीय दर्पण के समान पड़ा रहने दिया जाए।"

हे सूक्ष्मबुद्धिवाले पाखंडियो, हे लम्पटो, तुम्हारी वासना में पवित्रता नहीं है; इसी कारण तुम वासना की निन्दा करते हो।

तुम धरती को प्रेम तो करते हो, किन्तु यह भी सत्य है कि तुम्हारे प्रेम में निर्माता का प्रेम नहीं है, सृजनकर्ता का प्रेम नहीं है, और न ही रचनाकार के मन का उल्लास।

किन्तु प्रेम में पवित्रता कहाँ पाई जाती है ?...वहाँ जहाँ सृजन की इच्छा हो, और वह मनुष्य जो निर्माण करने का निश्चय रखता है, मेरी दृष्टि में पवित्र इच्छाओं का स्वामी है।

सौन्दर्य कहाँ पाया जाता है ? वहाँ जहाँ मैं पूरी निष्ठा के साथ संकल्प करता हूँ...जहाँ मैं प्रेम करने और मिट जाने का संकल्प इस उद्देश्य से करता हूँ कि मेरी कोई धारणा केवल धारणा मात्र ही न रह जाए।

प्रेम करना और उसके लिए मर-मिट जाना : यह इस जोड़ी का तो आदिकाल से ही सम्बन्ध है। 'प्रेम करने का संकल्प'–इसका दूसरा अर्थ मृत्यु के लिए तैयार रहना भी है। हे कायरो, यह तुमसे मेरा कहना है।

तिरछी निष्प्रभ आँखों से घूरते रहने को तुम चिन्तन कहते हो, और जो तुम्हारी कायर आँखों के दृष्टि-स्पर्श को सहन कर जाए उसका नाम तुमने सौन्दर्य रख लिया है। ओ तुम उत्तम नामों को दूषित करनेवालो !

किन्तु तुम्हारे लिए अब यही अभिशाप है, हे "निष्कलंक वादियो,' 'हे परम ज्ञानियो' कि तुम सदैव निष्फल ही रहोगे, कभी भी कोई निर्माण नहीं कर पाओगे, चाहे तुम कितने ही फूले-फूले और भरे-भरे क्षितिज पर पड़े रहना।

उत्तम तथा सुन्दर शब्दों से निस्सन्देह तुम्हारा मुँह भरा हुआ है और हम लोगों को तुम यह विश्वास दिलाना चाहते हो कि तुम्हारे हृदय में उदारता का स्रोत फूटा पड़ा जा रहा है, हे मिथ्या वादियो !

मेरे शब्द यद्यपि क्षुद्र, घृणायोग्य तथा कुत्सित शब्द हैं, लेकिन यह तुम्हारी ही जूठन तो है जो मैंने तुम्हारे सहभोज की पत्तलों पर से सहर्ष बटोरी है।

किन्तु पाखंडियों को खरी-खरी सुनाने के लिए ये पर्याप्त है, यही तुम्हारी अपनी जूठन, यानी मछली के काँटे, अण्डों के छिलके, खाली घोंघे, खुरदरे पत्ते इत्यादि। इनसे, मुझे आशा है कि पाखंडियों की नासिकाएँ गुदगुदाई जा सकेंगी।

तुम्हारे और तुम्हारे सहभोजों के आस-पास का वातावरण अत्यन्त दूषित तथा घिनावना होता है, क्योंकि तुम्हारे कामुकताग्रस्त विचार, तुम्हारा लाम्पट्य, तुम्हारा झूठ और तुम्हारे गुप्त आचरण सदैव वहाँ के वायुमण्डल पर छाए रहते हैं।

पहले अपने में विश्वास करने का साहस करो—हाँ, अपने में और अपने भीतर के सब अंगों में। जो व्यक्ति स्वयं अपना विश्वास नहीं कर सकता, वह नीच, झूठ होता है—सदा-सदा का झूठा।

तुम अपने आप को, 'हे पवित्र लोगो,' देवता के आवरण में छिपाए हुए हो। तुम्हारी घिनावने कीड़े की वास्तविकता इस देवता के आवरण में रेंग आई है।

निश्चय ही तुम धोखा देते हो, 'हे ध्यानमग्न मुनियो'। ज़रतुष्ट्र भी एक बार तुम्हारे देवताओं जैसे छद्मवेश का धोखा खा चुका है। उसे यह पता ही न लगा कि उसके वेश के भीतर साँपों जैसे कीड़े भरे हुए हैं।

एक बार मुझे लगा कि तुम्हारी क्रीड़ा में भगवान् की आत्मा खेल रही है, 'हे विशुद्ध ज्ञानियो।' मैं समझने लगा कि तुम्हारी कला ही सर्वश्रेष्ठ कला है।

दूरी के कारण साँपों की गन्दगी तथा दुर्गन्ध मुझसे छिपी रही, और यह भी छिपा रहा कि छिपकलियों जैसा कामातुर कपट वहाँ, दबे पैर, चारों ओर मँडरा रहा है।

किन्तु जैसे ही मैं तुम्हारे समीप पहुँचा मेरी रात झट गई और उजाला हो गया।...तुम्हारे लिए भी अब रात्रि का अन्त है—यह चाँद का प्यार अब अधिक नहीं चलेगा।

वह देखो, कैसा पीला और बिगड़ा हुआ-सा खड़ा है वह उषा की छाया में।

देखो, वह आ ही पहुँची—वह सूर्य-ज्योति, धरती के लिए उसके प्रेम की प्रचुरता आ पहुँची है। सूर्य के प्रेम में सारल्य तथा निर्दोषता होती है और होती है रचनात्मक अभिलाषा।

वह देखो, कितने प्रचण्ड वेग से समुद्रों को पार करती हुई चली आ रही है वह सूर्य-ज्योति। प्यास की प्रचण्डता से क्या तुम्हारा कंठ सूख नहीं रहा है ? क्या तुम उसके प्यार की प्यास और उसके साँसों की गर्मी अनुभव नहीं कर रहे ?

वह समुद्र को चूस लेगी और उसकी गहराइयों को खींचकर अपनी ऊँचाइयों में मिला लेगी। समुद्र की मचली हुई वासना अपने सहस्रों उठे हुए उरोज भेंट कर रही है।

इसकी कामना है कि सूर्य की पिपासा इनका चुम्बन करे, और इनको चूसे। इसकी

कामना है कि वह वाष्प बने और ऊँचाई प्राप्त करे–प्रकाश का मार्ग बने और फिर स्वयं प्रकाश बन जाए।

निश्चय ही, सूर्य के समान मैं भी जीवन को प्रेम करता हूँ, तथा समस्त गहरे समुद्रों को।

और मैं इसी को ज्ञान कहता हूँ: वह सब जो गहरा है वह ऊपर उठेगा–उसे अपनी ऊँचाइयों तक ऊँचा उठाया जाए।

ज़रतुष्ट्र ने यह कहा।

यह पंडित लोग

जब मैं सोया पड़ा था तो एक भेड़ सिरपेंचे के फूलों से बने उस हार को खाने लगी जो मेरे बालों में गुँथा था। उसे खा लेने के तुरन्त बाद उसने कहा : ''ज़रतुष्ट्र अब पंडित नहीं रहा।''

यह कहकर वह भेड़ घमंडियों की तरह अकड़ती हुई चली गई। मुझे यह एक बालक ने बताया।

टूटी-फूटी दीवारों के निकट जहाँ गोखस तथा पोस्त के लाल-लाल फूलों के बीच बालक खेला करते हैं, मुझे चुपचाप पड़े रहना बहुत अच्छा लगता है।

बालक, गोखस और पोस्त के लाल-लाल फूल मुझे अब भी पंडित समझते हैं। उनकी उदण्डता में भी पवित्रता होती है।

किन्तु भेड़ों के निकट अब मैं पंडित नहीं रहा; मैं भी यही चाहता था–धन्य हैं मेरे भाग्य !

सत्य भी यही है : मैं पंडितों का घर त्याग आया हूँ, और अपने पीछे कसकर दरवाजा भेड़ आया हूँ।

मेरी आत्मा, मुद्दतों उनके भोजन-पटल के समीप भूखों तड़पती रही है; ज्ञान-चर्चा करना अथवा अख़रोट तोड़ना उनके निकट, ये दोनों, एक-सी बातें हैं।...मुझसे यह नहीं हो पाया।

मुझे स्वतन्त्रता प्रिय है, और धरती की स्वच्छ, स्वच्छन्द वायु। मैं कच्चे चर्म को अपना आसन बना सकता हूँ किन्तु उनके आदर तथा सत्कार के मंच को नहीं। उनमें से मुझे दुर्गन्ध आती है।

मैं अत्यन्त उत्तप्त हूँ, अपने ही विचारों से जला जा रहा हूँ; कभी-कभी तो इन से मेरा दम घुटने लगता है। और सब धूल-धूसरित घरों को त्यागकर मैं खुली वायु में जाने के लिए बाध्य हो जाता हूँ।

किन्तु वे लोग, शीतल छाया में आराम से बैठे रहते हैं। उन्हें केवल दर्शक बनना पसन्द है, सब चीज़ों के दर्शक। इतना ध्यान वे अवश्य रखते हैं कि किसी ऐसे स्थान पर न बैठ जाएँ जहाँ जलती-जलाती धूप पड़ रही हो।

उन लोगों के समान जो मार्ग पर खड़े रहकर आने-जानेवाले लोगों को देखा करते हैं, ये लोग भी खड़े रहते हैं, और आँखें फाड़-फाड़कर अन्य विचारकों के सोचे हुए विचारों को घूरा करते हैं।

यदि उन्हें कोई स्पर्श कर लेता है, तो अनाज की चोरी के समान इनमें से आप ही आप धूल झड़ने लगती है : किन्तु कौन कह सकता है कि इनकी यह धूल अनाज की धूल है और बसन्त ऋतु के खेतों का स्वर्ण उल्लास है ?

जब वे पंडित होने की डींगें हाँकते हैं तो उनके 'महावाक्यों' तथा प्रवचनों को सुनकर मुझे झुरी सी आने लगती है। उनके पांडित्य में से मुझे तो दलदलों की-सी दुर्गन्ध आती है, और मैंने तो मेंढकों के टर्राने की आवाज़ भी इनमें से सुनी है।

वे बड़े चतुर होते हैं और उनकी उँगलियों की निपुणता का तो कहना ही क्या है ! मेरी सरलता का उनके गुण-बाहुल्य से क्या मुकाबला ? उनकी उँगलियाँ सीने-पिरोने, काढ़ने और बुनने के काम में अत्यन्त दक्ष हैं, इसीलिए वे मस्तिष्क के लिए मोज़े बुना करती हैं।

वे लोग बढ़िया क़िस्म की घड़ियाँ हैं, किन्तु उनमें कूक भरते समय सावधानी से काम लेना पड़ता है। ठीक तरह से कूक भरने पर ही वे ठीक समय बताती हैं और ठीक तरह से टिक-टिक करती रहती हैं।

यदि उनमें, अनाज डाल दिया जाए तो वे मूसलों तथा चक्कियों का काम करते हैं। वे भली-भाँति जानते हैं कि अनाज किस प्रकार पीसा जाता है और किस प्रकार उसको धवल धूलि में परिणत किया जा सकता है।

वे एक-दूसरे की ताड़ में रहते हैं, और एक-दूसरे का विश्वास नहीं करते। वे ओछे हथियारों तथा घटिया दाँव-पेंचों में प्रवीण होते हैं।...ऐसे लोगों की प्रतीक्षा में वे चुपचाप घात लगाए बैठे रहते हैं जिनका ज्ञान पंगु पदों पर लँगड़ाता हुआ चल रहा हो। वे मकड़ियाँ हैं जो चुपचाप दम साधे शिकार की प्रतीक्षा में बैठी रहती हैं।

मैंने देखा है कि वे सदैव कितनी सावधानी के साथ विष तैयार किया करते हैं, ऐसा करते समय वे शीशे के दस्ताने पहनना कभी नहीं भूलते।

इसके अतिरिक्त वे यह भी जानते हैं कि झूठे पाँसों से किस प्रकार खेला जाता है; खेलते समय वे इतने दत्तचित्त तथा जोश में होते हैं कि उन्हें पसीना आ जाता है।

उनके बीच मैं एक आगन्तुक परदेसी के समान रहता हूँ; उनके कपट तथा झूठे पाँसे तो मैं फिर भी सहन कर सकता हूँ किन्तु उनके सद्गुण मेरे लिए एकदम असह्य हैं।

उनके बीच रहते हुए भी मैं सदैव उनकी दुनिया से ऊँचा रहता हूँ, और इसीलिए वे मेरे प्रति कटु भावनाओं से भरे रहते हैं।

उन्हें यह सुनना पसन्द नहीं कि कोई उनके सिरों के ऊपर से गुज़र जाता है; इसलिए उन्होंने मेरे पैरों और अपने सिरों के बीच लकड़ियाँ, मिट्टी तथा कूड़ा-करकट पाट लिया है।

इस प्रकार मेरे क़दमों की आहट दबाने में वे सफल हो पाए हैं, और इसी कारण, अभी तक उनका बड़े से बड़ा पंडित मुझे कम से कम सुन पाया है।

समस्त मानव समाज के कपट तथा त्रुटियाँ उन्होंने मेरे और अपने बीच तान

रखी हैं। इसको वे अपने घरों की 'चादर-छत' कहते हैं।

किन्तु, फिर भी मैं और मेरे विचार उनके सिरों के ऊपर से ही गुज़रते हैं। और, यदि मैं अपनी त्रुटियों को भी अपने चलने का मार्ग बनाऊँ, तब भी उनसे और उनके सिरों से ऊपर ही रहूँगा।

सारे मनुष्य, एक समान नहीं होते : न्याय यही कहता है। और इसीलिए जो मैं कर सकता हूँ, वह निश्चय ही ये लोग नहीं कर सकते।

ज़रतुष्ट्र ने यह कहा।

यह कवि लोग

"जब से मैंने शरीर के महत्त्व को समझा है," ज़रतुष्ट्र ने अपने एक शिष्य से कहा, "तब से मन को केवल काल्पनिक वस्तु समझने लगा हूँ और जहाँ तक 'अनश्वरता अर्थात् अमरत्व' का सम्बन्ध है वह तो है ही कोरी कल्पना।"

"यह बात मैं तुमसे पहले भी सुन चुका हूँ।" शिष्य ने उत्तर दिया, "और उस समय तुमने यह भी कहा था कि 'ये कवि लोग हद से ज़्यादा झूठ बोलते हैं।...तुमने क्यों कहा था यह कि कवि लोग बेहद झूठ बोलते हैं ?"

"क्यों ?...तुम पूछते हो, क्यों ?" ज़रतुष्ट्र बोला। "मैं उन लोगों में से नहीं हूँ जिनकी बात को टोका जा सकता है।---'क्यों' और 'क्या' पूछा जा सकता है।

क्या मेरे अनुभवों की आयु केवल एक दिवस है ! युग बीत गए हैं मुझे अपने विचारों को अनुभवों की कसौटी पर परखते हुए।

यदि मुझे अपने विचारों के सब आधार याद रखने पड़ें तो निस्सन्देह मैं स्मृतियों का एक पीपा बनकर रह जाऊँगा।

मुझे तो अपने विचारों को ही सँभालकर रखना काफ़ी मुश्किल पड़ रहा है।...इनमें से अनेक पक्षियों की तरह अपने पंख फैलाकर जब-तब उड़ जाते हैं।

और कभी-कभी मेरी काबुक में भी कोई बाहर का भटका हुआ पक्षी आ बैठता है; अपरिचित होता है वह मेरे लिए और जब मैं उस पर हाथ रखता हूँ तो वह थर-थर काँपने लगता है।

किन्तु ज़रतुष्ट्र ने तुमसे एक बार क्या कहा था ?...यह कि कवि लोग बेहद झूठ बोलते हैं; किन्तु ज़रतुष्ट्र स्वयं भी तो कवि है।

क्या अब तुम्हें विश्वास है कि उसने सच ही कहा था ?...यह विश्वास क्यों है ?"

शिष्य ने उत्तर में कहा : "मुझे ज़रतुष्ट्र पर विश्वास है।" किन्तु ज़रतुष्ट्र ने अपना सिर हिलाया और मुस्कुराकर कहने लगा :

विश्वास से मैं प्रसन्न नहीं होता, विशेषतः उस विश्वास से जो मुझ पर हो।

किन्तु यदि यह मान लिया जाए कि किसी ने गम्भीरतापूर्वक यह कहा है कि कवि लोग बेहद झूठ बोलते हैं, तो उसमें अत्युक्ति की कोई बात नहीं : हम सभी बेहद झूठे हैं।

हमारा ज्ञान बहुत सीमित होता है और हम अच्छे शिष्य या सीखनेवाले भी नहीं होते। इसीलिए हमें झूठ का सहारा लेना पड़ता है।

और हम कवियों में ऐसा कौन कवि है जिसने अपनी सुरा में मिलावट न की हो ? हमारे सुरागारों में कैसे-कैसे विष तैयार नहीं होते ?...कैसी-कैसी अनहोनी और मनगढ़न्त बातें वहाँ नहीं की जातीं !

क्योंकि हम स्वयं ज्ञान से वंचित होते हैं, इसलिए हमारे प्रेम के पात्र वही बन जाते हैं जिनकी बुद्धि मन्द हो, विशेषतः मन्दबुद्धि की तरुण नारियाँ।

और हम तो उन कहानियों के लिए भी लालायित रहते हैं जो बूढ़ी स्त्रियाँ रात के समय एक-दूसरे को सुनाया करती हैं और इसको हम, आपस में 'अनन्त नारीत्व' कहते हैं।

ज्ञान के मन्दिर का मानो कोई विशेष गुफ़ा-द्वार है जो उन लोगों के लिए बन्द कर दिया गया हो जो ज्ञान उपलब्ध करना चाहते हैं–इसलिए अब हम लोगों व लोक-कथाओं पर विश्वास रखने लगे हैं।

सभी कवियों का यह विश्वास है कि यदि कोई सुनसान घाटियों में या लहलहाती हरी घास पर लेटकर कान लगाकर सुनता रहे तो उसे उन वस्तुओं का बहुत कुछ ज्ञान प्राप्त हो सकता है जो धरती और आकाश के बीच भरी पड़ी हैं।

और जब कवियों के हृदय में कोमल भावनाएँ जाग्रत होती हैं तो वे सदैव यही स्वप्न देखने लगते हैं कि प्रकृति स्वयं उन पर आसक्त हो गई है।

और दबे पैर इनके निकट आकर इनके कान में प्रेम तथा रहस्य की बातें कर रही है। इस पर वे फूले नहीं समाते और अन्य नश्वर प्राणियों के सामने डींगें हाँकने लगते हैं।

आह ! धरती और आकाश के बीच ऐसी अनगिनत वस्तुएँ भरी पड़ी हैं जिनके सम्बन्ध में केवल कवि लोग ही थोड़ी-बहुत कल्पना कर पाए हैं।

और आकाश के ऊपर तो और भी अधिक : ये देव और देवता क्या हैं ?...केवल कवियों की कल्पना तथा कवियों की छलना ही तो हैं।

वास्तव में, हम सदैव ऊपर की ओर आकर्षित होते हैं, वहाँ जहाँ बादलों का साम्राज्य है। उन बादलों पर हम अपनी रंगीन और भड़कीली कठपुतलियाँ आसीन करते हैं, और फिर उनको भगवान् तथा महामानव कहने लगते हैं।

उनका हलकापन इन आसनों के लिए ठीक ही है–इन भगवानों तथा महामानवों का हलकापन।

हाय, मैं कितना तंग आ गया हूँ इन समस्त कृत्रिम बातों से जिनको ये लोग वास्तविकताएँ कहने पर अड़े हुए हैं। उफ़ मैं कितना तंग हूँ इन कवियों से !

ज़रतुष्ट्र की यह बातें सुन उसके शिष्य को बड़ा क्रोध आया किन्तु वह चुप रहा। ज़रतुष्ट्र भी चुप हो गया; और उसकी आँखें, अपने ही भीतर की ओर देखने में जुट गईं मानो वह कहीं दूर, अत्यन्त दूर की वस्तुओं का निरीक्षण करने लगा हो। अन्त में उसने एक आह भरी और एक लम्बी साँस ली और फिर कहने लगा–

यद्यपि मैं आज का और बीते हुए दिनों का वाहक हूँ किन्तु मेरे अन्दर कुछ ऐसा

भी है जिसका सम्बन्ध आनेवाले काल और उसके बाद के काल और फिर अत्यन्त सुदूर के भविष्य के काल से है।

मैं कवियों से तंग आ चुका हूँ, पुराने कवियों से भी और नए कवियों से भी। मुझे वे सब थोथे लगते हैं, छिछले समुद्रों जैसे।

वे गम्भीर विचारों पर चिन्तन करने में असमर्थ हैं। और इसीलिए उनकी भावनाएँ गहराइयों तक, नीचे तल तक नहीं पहुँच पातीं।

थोड़ी-सी विलासता और थोड़ी-सी क्लान्ति : बस अब तक यही उनके श्रेष्ठ चिन्तन का विषय रहे हैं।

जब वे अपने रूबाब से तार पीटते हैं तो उनके स्वर मुझे भूतों की सरसराहट तथा भूतों के विश्वास प्रतीत होते हैं। उन्हें क्या पता कि संगीत की उत्कण्ठा तथा आनन्द किसे कहते हैं ?

इसके अतिरिक्त, मैंने उन्हें कभी साफ़-सुथरा भी न पाया, अपने स्रोत को वे गँदला कर लेते हैं ताकि गहन प्रतीत हो।

अपने आप को वे सन्धि करानेवाले समझते हैं किन्तु मुझे तो वे बिचौलिया लगते हैं, और लगते हैं हस्तक्षेपक–दोगले, मलिन तथा कुत्सित।

मैंने उनके समुद्र में जाल डाला था इस आशा से कि कुछ अच्छी मछलियाँ पकड़ सकूँगा। किन्तु मुझे अफ़सोस है कि हर बार किसी न किसी पुराने भगवान् की खोपड़ी ही जाल में फँसी।

समुद्र ने, इस प्रकार, भूखे को पत्थर ही दिया। वे स्वयं भी शायद समुद्र से ही उत्पन्न हुए हैं।

यह सत्य है कि इनमें मोती भी मिलते हैं, यही कारण है कि इनकी आकृति कठोर सीपी से इतनी अधिक मिलती-जुलती है। और आत्मा के स्थान पर इनके भीतर मैंने बहुधा खारा पानी ही देखा है।

इन्होंने अहंकार भी समुद्र से ही सीखा है : सौ मोरों का एक मोर होता है यह समुद्र।

कुरूप से कुरूप भैंसे के सामने भी यह अपनी दुम फैला देता है; अपने गोटा-किनारी के रेशमी पंखों को देख-देखकर इसका दिल नहीं भरता।

बड़ी क्रूर दृष्टि से घूरता है तब वह भैंसा, जिसकी आत्मा में भरा रहता है बालू का अंश और उससे अधिक झाड़ियों का और सबसे अधिक दलदलों का अंश।

भला सौन्दर्य से, समुद्र तथा मोर की शोभा से उसका क्या सम्बन्ध ?...यह वह पहेली है जो मैं कवियों के सम्मुख रख रहा हूँ।

स्वयं उनका अपना मन सौ मोरों का एक मोर होता है और अहंकार का समुद्र।

कवि की आत्मा दर्शकों के लिए आकुल रहती है–चाहे वे दर्शक भैंसे ही क्यों न हों।

किन्तु मैं ऐसी आत्मा से ऊब चुका हूँ; और वह समय भी दूर नहीं जब यह आत्मा स्वयं भी अपने आप से ऊब जाएगी।

मैं अभी से कवियों के अन्दर परिवर्तन देख रहा हूँ; और देख रहा हूँ कि वे स्वयं अपने विरुद्ध अपनी आँखें फेर रहे हैं।

अपने विचारों को लेकर कुछ पश्चात्ताप करनेवालों का आगमन मैं देख रहा हूँ– कवियों से ही इनका जन्म हुआ है।

ज़रतुष्ट्र ने यह कहा।

यह महत्त्वपूर्ण घटनाएँ

ज़रतुष्ट्र के 'सुखधाम' नामी द्वीपों के समीप ही समुद्र में एक अन्य द्वीप भी है, जहाँ दिन-रात लावा उबलता रहता है, और धुआँ उठता रहता है। इसके सम्बन्ध में लोगों का विश्वास है, विशेषतः बूढ़ी स्त्रियों का, कि यह द्वीप शिला के रूप में पाताल का मुँह ढके हुए है ताकि वहाँ का रास्ता बन्द हो जाए। किन्तु जिस मार्ग से लावा और धुआँ निकलता है, ज्वालामुखी के उसी मुख में से होकर एक सँकरा रास्ता नीचे की ओर भी जाता है जो सीधा पाताल के प्रवेशद्वार पर पहुँचा देता है।

उन दिनों जबकि ज़रतुष्ट्र अपने 'सुखधाम द्वीपों' में ठहरा हुआ था, एक जहाज़ आया और आकर उस द्वीप के पास ठहर गया जहाँ ज्वालामुखी पर्वत से धुँआ निकला करता था। जहाज़ के मल्लाह तट पर उतर आए और खरगोशों इत्यादि का शिकार खोजने लगे। दोपहर के समय जब जहाज़ का कप्तान और उसके साथी फिर एकत्र हुए तो क्या देखते हैं कि अचानक एक मनुष्य वायु में उड़ता हुआ उनके समीप आया। यह आवाज़ वायुमण्डल में फैल गई : "समय निकट आ गया है, समय सिर पर आ पहुँचा है।" किन्तु मनुष्य का वह आकार जब उनके बहुत ही समीप आ पहुँचा (अत्यन्त वेग से उड़ता हुआ, वह आकार छाया के समान उनके पास से गुज़रा और ज्वालामुखी पर्वत की ओर चला गया) तो उन्होंने आश्चर्यचकित होकर देखा कि वह तो ज़रतुष्ट्र था; कप्तान के अतिरिक्त वे सभी लोग ज़रतुष्ट्र को पहचानते थे और उसे प्रेम करते थे—ऐसा प्रेम जिसमें आदर और भय का समावेश होता है।

"वह देखो," बूढ़ा मल्लाह चिल्लाया, "वह जा रहा है ज़रतुष्ट्र सीधा नरक के मुँह में।"

ठीक उसी समय जब वे मल्लाह उस ज्वालामुखी द्वीप पर उतरे थे, चारों ओर यह चर्चा फैल गई कि ज़रतुष्ट्र कहीं अलोप हो गया है; और जब लोगों ने उसके मित्रों से पूछताछ की तो उन्होंने बताया कि वह रात के समय जहाज़ पर सवार होकर कहीं चला गया है, बिना बताए कि वह कहाँ जा रहा है।

यह सुनकर लोगों के मन शंका से भर गए और जब तीसरे दिन मल्लाहों ने अपनी आँखों देखी बात बताई तो उनकी यह शंका और भी अधिक बढ़ गई। लोगों ने कहना आरम्भ कर दिया कि ज़रतुष्ट्र को तो शैतान उठाकर ले गया है। यह सुनकर उसके शिष्य बहुत हँसे और एक ने तो यहाँ तक कह दिया कि "शैतान तो ज़रतुष्ट्र को क्या उठा ले जाएगा, कहीं ज़रतुष्ट्र ही शैतान को न उठा ले गया हो।" वे हँसते अवश्य थे किन्तु

भीतर से उनका हृदय शोक और प्रतीक्षा से विह्वल हो रहा था। और जब पाँचवें दिन ज़रतुष्ट्र फिर उनके बीच आ उपस्थित हुआ तो उनके हर्ष और आनन्द की सीमा न रही।

और अब यह है वृत्तान्त उस बातचीत का जो नरक के कुत्ते के साथ ज़रतुष्ट्र की हुई और जो उसने पलटकर अपने शिष्यों को सुनाई :

धरती की भी खाल होती है, उसने कहा, और यह खाल अनेक प्रकार के रोगों से भरी पड़ी है; उदाहरणतया, इनमें से एक रोग वह है जिसका नाम 'मनुष्य' है।

और दूसरे रोग का नाम है 'नरक का कुत्ता' जिसके सम्बन्ध में लोगों ने बहुत बेसिर-पैर की बाते कही और सुनी हैं।

इस रहस्य को समझने के लिए मैं समुद्र पार गया था, और वहाँ मैंने सत्य को नग्न रूप में देखा–पैर से सिर तक नग्न रूप में।

नरक के कुत्ते सम्बन्धी जो सत्य है, वह मैं समझ गया हूँ, और साथ ही यह सत्य भी जो विप्लव और विनाश के शैतानों से सम्बन्ध रखता है–इनसे केवल बूढ़ी स्त्रियाँ ही भयातुर नहीं रहतीं।

''नरक के कुत्ते, ऊपर आ,'' मैंने चिल्लाकर कहा, ''और बता ये गहराइयाँ कितनी गहरी हैं। और साथ यह भी बता कि जो कुछ तू सूँघता है, वह कहाँ से आता है और क्या है ?''

तू इतना अधिक, इतनी प्रचुर मात्रा में, समुद्र का पानी पीता है, तेरी वाक्-पटुता की कड़वाहट इसकी साक्षी है। पाताल का कुत्ता होकर ऊपर आना और यहाँ आकर इतना ठूँस-ठूँसकर खाना तेरे लिए उचित नहीं है।

तू धरती का भ्रमवादी है और बस। इससे अधिक मैं तुझे कुछ नहीं समझता। ...जब कभी मैं विप्लव और विनाश के शैतानों का हा-हुल्लड़ सुनता हूँ तो मुझे तेरी याद आ जाती है : वे भी तेरी तरह ही कड़वे, दग़ाबाज़, कपटी तथा थोथे होते हैं।

तुम भौंकना जानते हो और राख उछालकर आकाश को मलिन करना भी। तुम सबसे बड़े दम्भी तथा आत्मश्लाघा हो; और कीचड़ तक को उबाल सकते हो।

जहाँ कहीं तुम होगे, वहाँ कीचड़ भी अवश्य होगा और वह भी सब कुछ जो गला-सड़ा है, थोथा है और दबा हुआ है। तुम्हें देखते ही इस प्रकार की सब वस्तुएँ उभर आती हैं।

'स्वतन्त्रता, स्वतन्त्रता' चिल्लाना तुम्हें बहुत भाता है परन्तु उन महान् घटनाओं पर से अब मैं अपना विश्वास खो बैठा हूँ जिनके गिर्द हा-हुल्लड़ तथा धूल-धप्पड़ लिपटा रहता है।

और विश्वास करो, हे कोलाहली मित्र, हमारी महान् घटनाएँ हा-हुल्लड़ की घड़ियों से उत्पन्न नहीं होती, बल्कि परम शान्ति और नीरवता की घड़ियों में से।

यह संसार उन लोगों के गिर्द नहीं घूमा करता जो नए कोलाहलों को ईजाद करते

हैं, यह घूमता है उन लोगों के गिर्द जो नए मूल्यों का आविष्कार करते हैं, और घूमता भी है निस्तब्ध और नीरव।

तेरे कोलाहल और धुएँ से कभी कहीं कुछ हुआ भी है ? यह तो तुझे स्वीकार करना ही होगा कि कोलाहल और धुएँ के छटते ही तूने प्रत्येक स्थान पर यही पाया, कि कुछ नहीं पाया, ...क्या हुआ यदि कोई नगर परिकुंचित हो गया या कोई मूर्ति कीचड़ में गिर गई !

मूर्तियाँ गिरानेवालों से मुझे केवल यही पूछना है कि समुद्र में नमक फेंकनेवालों को वे मूर्ख कहेंगे या नहीं ? यदि हाँ, तो फिर कीचड़ में मूर्तियाँ फेंकनेवालों को क्या कहेंगे ?...निस्सन्देह ही मूर्खता की यह पराकाष्ठा है।

अपने तिरस्कार के कीचड़ में तुमने मूर्तियाँ फेंकी हैं : किन्तु तुम नहीं जानते कि तिरस्कार से ही उन्हें पुनर्जन्म मिलता है, और मिलता है सजीव सौन्दर्य। यही उनके अस्तित्व का अटल नियम है।

वह देखो, वह उठ रही हैं तुम्हारी गिराई हुई मूर्तियाँ, अधिक सुन्दर होकर, अधिक सजीव होकर; उनकी आकृति में अलौकिकता भर गई है; पीड़ा ने उन्हें और अधिक आकर्षक तथा मादक बना दिया है। वे अवश्य ही एक दिन तुम्हारा धन्यवाद करेंगी कि तुमने उन्हें गिराया था, हे मूर्तियाँ गिरानेवालो।

नरेशों, कलीसाओं तथा उन सबसे भी जिन्हें बुढ़ापे तथा सदाचार ने दुर्बल कर दिया है, मेरा यही कहना है कि 'जो तुम्हें गिराता है, उसे गिराने दो–इसी में तुम्हारा कल्याण है। हो सकता है कि तुम जीवन के पास पलट आओ, और तुम्हारा खोया हुआ सदाचार तुम्हारे पास पलट आए।'

नरक के कुत्ते से मैं इतना ही कह पाया था कि उसने गुर्राकर मुझे टोका, और नाक-भौं चढ़ाकर पूछा, "कलीसा ?...यह क्या है ?"

"कलीसा ?" मैंने उत्तर दिया, "यह भी एक प्रकार का राज्य होता है–अत्यन्त झूठा तथा दग़ाबाज़। किन्तु व्यर्थ की बकवाद क्यों करता है पाखंडी कुत्ते। निश्चय ही तू इन सबको भली भाँति जानता है; ये तेरे आत्मीय तो हैं।

राज्य भी तेरे जैसा ही एक पाखंडी कुत्ता है, जो तेरे समान ही धुएँ तथा कोलाहल की भाषा में बात करता है, और तेरे समान ही यह भी विश्वास करता है कि प्रत्येक वस्तु का गूढ़तम रहस्य केवल उसी की वाणी से प्रकट होता है।

उसका समस्त प्रयास इसी में व्यय होता है कि संसार की सर्व-आवश्यक तथा सबसे अधिक महत्त्वपूर्ण वस्तु उसी को समझा जाए–राज्य को ही सर्वश्रेष्ठ जन्तु माना जाए।...और मज़े की बात यह है कि लोग इसको ऐसा ही समझते हैं।"

यह सुनकर वह नरक का कुत्ता, ईर्ष्या से मानो पागल-सा हो गया।..."क्या ?... वह चिल्लाने लगा, संसार का सबसे अधिक महत्त्वपर्ण जन्तु ?...और लोग उसे ऐसा ही मानते भी हैं।" और फिर उसके कंठ से एक ऐसी घरघराहट तथा वाष्प-सी निकलने लगी कि मुझे लगा कि वह क्रोध और ईर्ष्या के मारे दम घुटकर मर जाएगा।

कुछ समय के पश्चात् वह तनिक शान्त हुआ और उसकी उखड़ी हुई साँस ठिकाने पर आई। किन्तु उसके शान्त होते ही मेरी हँसी निकल गई और मैंने कहा :

''तुझे क्रोध आ गया है, नरक के कुत्ते। इसे देखकर मुझे विश्वास हो गया है कि तेरे बारे में मेरी धारणा न्याययुक्त ही है !

अपनी इस न्याययुक्ति की पुष्टि में मैं तुझे एक अन्य नरक के कुत्ते का वृत्तान्त सुनाता हूँ जो सचमुच ही धरती के हृदय में बैठकर बोलता है।

उसके श्वास सोना उगलते हैं तथा सोना बरसाते हैं। यही संकल्प है उसके हृदय का। फिर राख तथा धुएँ व तृप्त झाग से उसका क्या सम्बन्ध ?

गुलाबी मेघों के समान उसके अट्टहास वायु में तैरा करते हैं, तेरा खँखारना, थूकना तथा तेरी अन्तड़ियों की ऐंठन उसे पसन्द नहीं है।

किन्तु अपना सोना तथा अपने अट्टहास, वह धरती के हृदय में से प्राप्त किया करता है। काश, तुझे पता होता कि धरती की छाती में सोने का हृदय है।''

इतना सुनने के पश्चात् इस नरक के कुत्ते में और अधिक सुनने का धैर्य न रहा। लज्जा के मारे उसने दुम दबा ली और शिथिल हृदय से दबी-दबी सी भौं-भौं करता हुआ अपनी माँद में घुस गया।

यह कहानी सुनाई ज़रतुष्ट्र ने अपनी, किन्तु उसके शिष्यों का ध्यान कहीं और ही था :...वे तो मल्लाहों की, ख़रगोशों की तथा उड़ते हुए मनुष्य की बात सुनाने के लिए उतावले हो रहे थे।

''इससे मैं क्या परिणाम निकालूँ ?'' ज़रतुष्ट्र ने पूछा, ''तो क्या फिर मैं कोई प्रेत हूँ ?

किन्तु हो सकता है कि वह मेरी छाया हो। तुमने परिव्राजक की तथा उसकी छाया की कथा तो अवश्य सुनी होगी ?

किन्तु यह बात निर्विवाद है कि मुझे अब इसको रोक-थामकर रखना होगा, नहीं तो यह मुझे बदनाम कर देगी।''

ज़रतुष्ट्र ने फिर अपना सिर हिलाया और आश्चर्य से पूछने लगा, ''इससे मैं क्या परिणाम निकालू ?

उस प्रेत ने क्यों यह कहा था–'समय निकट आ पहुँचा है' ?

आख़िर किस बात का समय निकट आ पहुँचा है ?''

ज़रतुष्ट्र ने यह कहा।

भविष्यवक्ता

और मैंने देखा कि एक महान् संकट ने मनुष्यों को घेर लिया है।...जो उनमें से श्रेष्ठ थे, वे अपने धन्धों से उकता गए हैं।

एक नवीन सिद्धान्त की शिक्षा दी जा रही है जिसके अनुसार, "सब कुछ थोथा है, सब कुछ समान है, सब कुछ वही है जो पहले भी था !"

सारे पर्वतों से भी यही प्रतिध्वनि आ रही है : "सब कुछ थोथा है, सब कुछ समान है, सब कुछ वही है जो पहले भी था।"

हमने अपनी फ़सल तो बटोर ली है; किन्तु क्यों हमारा सारा अंग पीला पड़ गया है, और सारे फल गल-सड़ गए हैं ? पिछली रात के मनहूस चाँद ने यह कौन-सा विष बरसा दिया है ?

हमारी सारी मेहनत अकारथ गई, हमारे अंगूर गल गए और मदिरा ज़हर बन गई; हमारे खेतों तथा हृदयों को किसी की कुदृष्टि ने झुलसाकर भस्म कर दिया है।

हम स्वयं शुष्क और जर्जर होकर रह गए हैं; अब यदि कोई छोटी-सी चिंगारी भी हम पर आ पड़े तो हमारा सर्वस्व क्षण भर में भस्म होकर धूल में मिल जाएगा। हमसे तो अग्नि भी उकता चुकी है।

हमारी सारी नदियाँ और सारे अन्य स्रोत सूख चुके हैं; स्वयं समुद्र भी पीछे हट गया है। धरती में दरारें पड़ गई हैं, किन्तु वहाँ भी हम समा नहीं सकते—वह भी हमें निगलने से इनकार करती है।

"हाय, कोई समुद्र भी तो कहीं दिखाई नहीं पड़ता कि उसी में जा डूब मरते।" यह है हमारा आर्तनाद जो छिछले दलदलों पर से गूँजता हुआ पार निकल जाता है।

सत्य तो यह है कि अपनी शिथिलता के कारण अब हममें मरने भर की हिम्मत नहीं रही। हम जी अवश्य रहे हैं किन्तु ठीक ऐसे ही जैसे क़ब्रों में शव।

यह बातें ज़रतुष्ट्र ने एक भविष्यवक्ता से सुनीं; इस भविष्यवाणी ने उसके हृदय को छुआ और उसे कुछ-से-कुछ बना दिया। क्षुब्ध और क्लान्त वह मारा इधर-उधर फिरने लगा। और उन लोगों जैसा ही बन गया जिनका वर्णन उसने भविष्यवक्ता से सुना था।

वह चौंका और अपने शिष्यों की ओर देखकर कहने लगा : थोड़ी देर और, और उसके पश्चात् सन्ध्या का एक दीर्घ धुँधलापन। हाय, मैं कैसे अपने प्रकाश को बचा

कर इसके पार उतर पाऊँगा।

कहीं ऐसा न हो कि इस अगाध विषाद में, मेरा यह प्रकाश बुझकर रह जाए; क्योंकि इसका उद्देश्य है उन संसारों को ज्योतिर्मय बनाना जो अभी बहुत दूर हैं, उन रातों को प्रकाशमान करना जो अभी सुदूर भविष्य के गर्भ में सोई पड़ी हैं।

और फिर ज़रतुष्ट्र व्यथित तथा शोकातुर, घर से निकल खड़ा हुआ और मारा-मारा फिरने लगा। तीन दिन और तीन रात न उसने कुछ खाया, न पिया, न विश्राम ही किया और न किसी से बोला।...अन्त में ऐसी अवस्था हो गई कि वह अचेत होकर गिर पड़ा, और एक गहरी नींद ने उसे आ दबोचा। उसके शिष्य रात-रात भर शोक में डूबे हुए उसके पास बैठे रहते और सशंक हृदय से सोचते रहते कि क्या वह फिर कभी जाग पाएगा और क्या कभी वह अपने इस अवसाद से मुक्ति प्राप्त कर सकेगा ?

एक लम्बी अवधि के पश्चात् उसकी आँख खुली, और उठते ही उसने यह प्रवचन दिया, किन्तु उसकी आवाज़ उसके शिष्यों को ऐसी लग रही थी मानो कहीं बहुत दूर से आ रही हो :

मित्रो, मेरा सपना सुनो जो मैंने इसी निद्रा में देखा है; और इसकी व्याख्या करने में मेरी सहायता करो।

यह स्वप्न अभी तक मेरे लिए एक पहेली है। इसके अर्थ अभी तक इसी में छिपे हुए हैं और वे वहीं कहीं इसके भीतर ही उलझे हुए छटपटा रहे हैं। उन्होंने अभी तक स्वच्छन्दतापूर्वक पंख फैलाकर, स्वप्न से बाहर, उड़ना आरम्भ नहीं किया है।

मैंने स्वप्न में देखा कि मैं जीवन से सम्पूर्णतया विरक्त हो गया हूँ और मृत्यु के एक सुनसान पहाड़ी दुर्ग में रात का पहरेदार तथा वहाँ की क़ब्रों का चौकीदार बन गया हूँ।

मैंने देखा कि वहाँ मैं ताबूतों की रखवाली कर रहा हूँ। उस दुर्ग के सीले तहख़ाने में विजय चिह्नों के रूप में पुराने पराजित जीवन के अंश भरे पड़े हैं और शीशे के ताबूतों में से पराजित जीवन मेरी ओर झाँक रहा है।

मैं धूल-धूसरित अनन्त काल की दुर्गन्ध में साँस ले रहा हूँ : मेरी आत्मा झुलसी हुई और धूल में अटी हुई अचेत पड़ी है।...ऐसे स्थान में भला कौन आत्मा को स्वच्छ वायु का सेवन करा सकता है ?

मध्यरात्रि की उज्ज्वल सघनता सदैव मेरे आस-पास विद्यमान रहती थी; अनन्त निर्जनता भी सहमी-सहमी ढकी-ढकाई मुझसे लिपटी रहती थी; और इनके अतिरिक्त जो तीसरा साथी मुझे वहाँ मिला, वह थी मृत्यु के उखड़े हुए तथा घरघराते साँसों की स्तब्धता।

मेरे पास कुंजियाँ थीं, अत्यधिक ज़ंग खाई हुई कुंजियाँ; और उनसे मैं द्वार खोल सकता था–अत्यधिक चरचरानेवाले द्वार। "वे द्वार जब अपनी चूलों पर घूमते थे तो उनकी भयानक आवाज़ किसी दुराशीष के समान, वहाँ के लम्बे-लम्बे दालानों में, दूर-दूर तक, गूँज उठती; मानो कोई क्रुद्ध कौवा, जिसकी निद्रा असमय भंग हो गई हो, गला फाड़-फाड़कर कोस रहा है।

किन्तु इसके बाद की स्तब्धता और भी विषम तथा हृदय-विदारक थी : चारों ओर सन्नाटा छा जाता था और उस द्रोही नीरवता के साथ मैं अकेला रह जाता था।

बस, इस प्रकार धीरे-धीरे समय रेंगता हुआ बीतता गया—यदि इसको समय कहा जा सके तो ! मैं इसके सम्बन्ध में कुछ नहीं जानता। किन्तु अन्त में एक ऐसी घटना घटी जिसने मुझे जगा दिया।

वज्रपात के समान तीन बार किसी ने ज़ोर-ज़ोर से फाटक खटखटाया; तीन बार तहख़ाने से प्रतिध्वनि तथा चीत्कार की गूँज उठी;...और तब मैं फाटक के पास गया।

"आल्पा ! अल्पा !..." मैंने चिल्लाकर पूछा, "यह कौन है जो अपनी भस्म पर्वत पर लिए जा रहा है ?...आल्पा ! अल्पा ! यह कौन अपनी भस्म पर्वत पर लिए जा रहा है ?"

मैंने कुंजी घुमाई और फाटक को खोलना चाहा, बहुत ज़ोर लगाया किन्तु वह फाटक उँगली भर भी न सरका।

तब साँय-साँय करती, सीटियाँ बजाती बड़ी तीव्र गति से एक प्रचण्ड आँधी आई जिसने फाटक के दोनों कपाट धड़ से खोल दिए और काले रंग का एक ताबूत मेरे पैरों के पास पटक दिया।

आँधी के उस शोरगुल और चीख़-चिंघाड़ के बीच वह ताबूत फट गया और सहस्र ध्वनियोंवाला एक कर्कश अट्टहास उसमें से निकलकर फैले हुए कोलाहल पर छा गया।

और, बच्चों, फ़रिश्तों, उल्लुओं, मूर्खों तथा बालकों जितनी बड़ी-बड़ी तितलियों के सहस्रों मुखौटे ठट्ठे मार-मारकर, हाथ नचा-नचाकर, मेरा मज़ाक उड़ाने लगे।

मैं भय से सहम गया और धरती पर गिर पड़ा। भय के मारे मेरी चीख़ें निकल गईं, इतनी ज़ोर-ज़ोर से कि इससे पूर्व कभी ऐसा न हुआ था।

किन्तु मेरी इन अपनी चीख़ों ने मेरी निद्रा भंग कर दी, और मैं सचेत हो उठा।

अपना यह स्वप्न सुनाकर ज़रतुष्ट्र मौन हो गया क्योंकि अभी तक वह इस स्वप्न की व्याख्या न जानता था। किन्तु उसका एक शिष्य जो उसे बहुत प्रिय था, झट से उठा और ज़रतुष्ट्र का हाथ पकड़कर कहने लगा :

"हे ज़रतुष्ट्र, यह तो स्वयं तेरी अपनी जीवनी है जो इस स्वप्न द्वारा हमारे सामने प्रकट हुई।

क्या तू स्वयं ही वह साँय-साँय करती हुई प्रचण्ड आँधी नहीं है जो मृत्यु के दुर्ग का फाटक तोड़ देती है ?

क्या तू स्वयं ही वह ताबूत नहीं है जिसमें जीवन की रंगारंग शैतानियाँ तथा फ़रिश्तों के मुस्कराते चेहरे भरे हुए हैं ?

वास्तव में यह ज़रतुष्ट्र ही तो है जो बालकों के सहस्र-परत अट्टहासों के समान प्रत्येक शवागार में प्रवेश करता है, और वहाँ जाकर, रात के पहरेदारों का, क़ब्रों के चौकीदारों का तथा उन सबका जो मनहूस कुंजियाँ छनछनाते फिरते हैं, मज़ाक उड़ाता है।

तुम्हारे अट्टहास से वे सब भयभीत तथा पराजित जो जाएँगे; उनका बेहोश होना तथा होश में आना इस बात का प्रमाण है कि वे सब तुम्हारी अधीनता स्वीकार करेंगे !

और उस समय भी जब सन्ध्या का दीर्घ धुँधलका चारों ओर छा जाएगा, और मृत्यु की जर्जर क्लान्ति नस-नस में समा जाएगी, हे जीवन-समर्थक ज़रतुष्ट्र, तू उस समय भी हमारे आकाश पर से अस्त नहीं होगा।

तूने हमें नवीन तारक दिखाए हैं, और रात्रि की नवीन विभूतियाँ भी; तूने हमारे सिरों पर, रंग-बिरंगे तम्बू के समान, आनन्द-विभोर अट्टहास की चादर तान दी है।

अब सदैव ही, ताबूतों को फाड़कर बालकों की मधुर हँसी उछला करेगी। अब सदैव ही, मृत्यु की शिथिलता पर विजय प्राप्त करते हुए प्रचण्ड वायु के तीव्र झोंके बहा करेंगे; तू स्वयं ही इसका साक्षी तथा भविष्यवक्ता होगा।

इस स्वप्न में, निस्सन्देह तूने अपने आप को अपने शत्रुओं के रूप में देखा है।...कितना भयानक था तेरा वह स्वप्न–सब सपनों से भयानक स्वप्न !

किन्तु जिस प्रकार तू, उन सबमें से जागकर अपने आप में पलट आया है, वे भी उसी प्रकार, अपने आप में जागकर तेरे पास पलट आएँगे।

यह था जो शिष्य ने कहा, और फिर अन्य सारे लोग ज़रतुष्ट्र के गिर्द एकत्र हो गए और उसका हाथ पकड़कर अनुरोध करने लगे कि वह अपनी शय्या तथा विषाद त्यागकर उनके पास लौट आए।

किन्तु ज़रतुष्ट्र अपनी शय्या पर निश्चल बैठा ख़ाली-सी दृष्टि से इधर-उधर देखता रहा। थोड़ी देर के पश्चात् उसने अपनी दृष्टि अपने शिष्यों की ओर घुमाई और उनके चेहरों को इस प्रकार देखने लगा मानो कोई प्राणी बहुत लम्बे अरसे के बाद विदेश से लौटा हो और घरवालों को पहचानने का प्रयत्न कर रहा हो, किन्तु ठीक तरह पहचान न पा रहा हो।...किन्तु जब उन्होंने उसे उठाकर पैरों के बल खड़ा कर दिया तो क्षण भर में उसकी आँखों का रंग बदल गया; जो कुछ बीता था, वह सब उसकी समझ में आ गया। उसने अपनी दाढ़ी पर हाथ फेरा और विश्वास भरी ऊँची आवाज़ में कहने लगा :

"उठो, समय आ पहुँचा है।...किन्तु हे मेरे शिष्यो, पहले अच्छे भोजन का प्रबन्ध करो और वह भी तुरन्त ही ! इस प्रकार मैं इन भयानक सपनों का प्रायश्चित करूँगा।

किन्तु वह भविष्यवक्ता भी मेरे साथ भोजन करेगा; और फिर मैं उसको समुद्र दिखा दूँगा जिसमें वह अवश्य ही डूब सकेगा।"

यह था जो ज़रतुष्ट्र ने कहा; और फिर वह बड़ी देर तक अपने उस शिष्य की ओर निहारता रहा जिसने उसके स्वप्न की व्याख्या की थी।–कुछ देर तक इसी तरह एकटक निहारते रहने के बाद उसने अपना सिर हिलाया।

मुक्ति

एक दिन ज़रतुष्ट्र जब बड़े पुल पर से गुज़र रहा था तो बहुत-से अपाहिज़ों तथा भिखारियों ने उसे आ घेरा और एक कुबड़ा उससे यों कहने लगा :

"तुझे सभी लोग जानते हैं, हे ज़रतुष्ट्र, और तुझसे शिक्षा भी ग्रहण करते हैं। वे तेरी शिक्षा में विश्वास भी करते हैं; किन्तु यदि तू चाहे कि वे सम्पूर्णतया तेरे अनुयायी बन जाएँ तो निश्चय ही, इसके लिए एक अन्य बात की आवश्यकता है और वह यह है कि तुझे सबसे पहले अपाहिजों के सामने अपनी शक्ति का प्रमाण देना होगा। यह तेरे लिए एक सुनहरा अवसर है—तेरी उन्नति व तेरी मनोरथ-सिद्धि के लिए।...यदि तू अन्धों को अच्छा कर दे, लँगड़ों को चला दे और जिसकी पीठ पर अधिक भार हो उसको कुछ हल्का कर दे, तो मेरे विचार में यह एक ऐसा सरल उपाय होगा जिससे अपाहिजों को ज़रतुष्ट्र पर विश्वास हो जाएगा।"

जिसने यह बात कही थी उसको सम्बोधित करते हुए ज़रतुष्ट्र ने उत्तर दिया : लोगों का कहना है कि जो कोई कुबड़े को उसके कूबड़ से मुक्त करेगा वह उसको उसकी आत्मा से भी वंचित कर डालेगा। यदि अन्धे को आँखें दे दी जाएँ तो वह संसार की अगणित बुराइयाँ देखने लगेगा और अन्त में जिसने उसे आँखें दी थीं, उसे वह दुराशीषें देने पर बाध्य हो जाएगा।...किन्तु जो कोई लँगड़े को चलने की शक्ति देता है वह उसको सबसे अधिक हानि पहुँचाता है, क्योंकि उसके चलते ही उसके अनेक दुष्कर्म तथा दुराचार भी उसके साथ चलने लगते हैं।...यह है अपाहिजों के सम्बन्ध में लोगों का कहना। भला फिर, ज़रतुष्ट्र भी क्यों न लोगों की शिक्षा ग्रहण करे जबकि लोग ज़रतुष्ट्र की शिक्षा ग्रहण करते हैं ?

किन्तु जब से मैं मनुष्यों में रहने लगा हूँ मेरी धारणा बन गई है कि आँख या नाक, या कान, या टाँग या ज़बान, या मस्तिष्क से वंचित हो जाना कोई ऐसी बात नहीं है जिसको बहुत बड़ी आपत्ति या बुराई समझा जाए।

मैंने तो ऐसी बुराइयाँ देखी हैं, और देख रहा हूँ जिसके सामने ये कुछ भी नहीं हैं। उनमें से कुछ तो इतनी घृणास्पद हैं कि उनके सम्बन्ध में बोलते भी मुझे घिन्न आती है और कुछ उनसे भी बढ़कर हैं—वे ऐसी हैं कि उनके सम्बन्ध में न बोलना भी घृणास्पद है। और बोले बिना रहा भी नहीं जाता : जैसे वे लोग जो अन्य सब अंगों की जगह केवल किसी एक अंग को अपना लेते हैं और वही एक अंग अन्य सभी अंगों पर छा जाता है, जैसे वे लोग जो केवल एक विशाल दृग बनकर रह जाते हैं, या एक विशाल

मुख, या एक विशाल उदर या कोई अन्य अंग अथवा वस्तु। ऐसे लोगों को मैं अधोवर्तित पंगु कहता हूँ।

और जब मैं अपने एकान्तवास से निकलकर पहली बार इस पुल पर से गुज़रा था, तो मुझे अपनी आँखों पर विश्वास नहीं हो रहा था। मैं बार-बार देखता था और आश्चर्यचकित होकर मन ही मन कहता था, ''ओह, कितना बड़ा कान है वह ...आदमी के बराबर कान !''--और जब उसके निकट जाकर, मैंने ध्यान से उसे देखा तो उस कान के नीचे कुछ हिलता-सा दिखाई दिया, बहुत ही छोटा-सा, तुच्छ, नगण्य और अति क्षीण था वह–ऐसा कि उसे देखकर दया आती थी। वह दैत्याकार कान एक बहुत ही सूखे-सड़े और अधमरे से आधार पर टिका हुआ था–और वह आधार था एक पुरुष। यदि उस आधार को कोई खुर्दबीन से देखने का प्रयास करता तो उसे एक छोटा-सा और ईर्ष्या से भरा चेहरा भी दिखाई पड़ सकता था। इसके अतिरिक्त, एक छोटी-सी और अभिमान से भरी आत्मा भी उस तिनके जैसे आधार पर लटकी हुई नज़र आती थी। किन्तु लोग कहते हैं कि वह विशाल कान न केवल एक पुरुष ही है बल्कि एक महान् पुरुष है–एक चमत्कारी आत्मा है। ये लोग जब कभी महान् पुरुषों की बात करते हैं तो मैं कभी उनका विश्वास नहीं करता। उस पुरुष के सम्बन्ध में भी मेरी यही धारणा है। मेरे निकट वह केवल एक अधोवर्तित पंगु है, जिसके पास सब चीज़ों का अभाव है किन्तु एक चीज़ का बाहुल्य।

जब ज़रतुष्ट्र कुबड़े को तथा उनको जिनका वह प्रतिनिधित्व कर रहा था, उत्तर दे चुका तो वह अपने शिष्यों की ओर पलटा और बहुत खिन्न-मन से उनसे कहने लगा :

विश्वास करो, मेरे मित्रो, कि जब मैं मनुष्यों के बीच जाता हूँ तो मुझे लगता है मानो मैं मनुष्यों की देह के टुकड़ों तथा कटे हुए अंगों के बीच घूम रहा हूँ।

कितना भयानक है मेरी आँखों के लिए यह दृश्य कि मैं लोगों की देहों को छोटे-छोटे टुकड़ों में इधर-उधर बिखरा हुआ पाऊँ, मानो मैं किसी रणभूमि में या बूचड़खाने में खड़ा हूँ।

यह देखकर मेरी आँखें वर्तमान से भूतकाल की ओर भागती हैं; वहाँ भी मुझे यही दृश्य मिलते हैं–कटे हुए अंगों के छोटे-छोटे टुकड़े, क्रूर तथा कराल दुर्घटनाएँ।...यदि नहीं मिलता तो केवल मनुष्य नहीं मिलता।

पृथ्वी का वर्तमान तथा भूत–हाय, मेरे मित्रो, यह मेरा सबसे विषम तथा दुस्सह भार है। यदि मैं भविष्यद्रष्टा न होता, तो मैं नहीं जानता मैं कैसे जीवित रहता; मैं कभी का मर गया होता।

ज़रतुष्ट्र क्या है ?...एक सिद्ध पुरुष, एक संकल्पपरायण मनुष्य, एक निर्माता, भविष्य तथा भविष्य तक पहुँचने का एक पुल–और, हाय, उस पुल पर का एक दीन अपाहिज़ भी।...यही सब तो है जरतुष्ट्र।

और तुम्हारे मन में भी तो अनेक बार यह प्रश्न उठता है कि आख़िर यह ज़रतुष्ट्र

हमारा होता क्या है ? हम उसे किस नाम से पुकारें ?...और फिर तुमने भी मेरी तरह अपने प्रश्नों के उत्तर प्रश्नों में ही दिए हैं।

क्या वह वचन देनेवालों में से हैं या पूरा करनेवालों में से ? वह विजेता है या दाय-प्रापक ? खलिहान है या हलस ? एक चिकित्सक या हाल में ही रोगमुक्त हुआ रोगी ?

क्या वह कवि है या सत्य बोलनेवाला ?..क्या वह मुक्ति प्रदान करनेवाला है या बन्दी बनानेवाला ?...भला आदमी है या बुरा ?

मैं लोगों के बीच इस तरह जाता हूँ मानो वह भविष्य के खण्ड हों–उस भविष्य के जिसका मैं मनन करता हूँ।

मैं अपनी सम्पूर्ण चेष्टा तथा चिन्तन से उस सबको समेटकर जोड़ देना चाहता हूँ जो खण्ड-खण्ड है, जो एक पहेली है और जो भयानक दुर्घटना है।

मनुष्य बनना मैं कैसे सहन कर सकता यदि मनुष्य कवि न होता, पहेली बूझने वाला न होता और दुर्घटनाओं का निवारण करने योग्य न होता।

भूतकाल के बन्धनों से मनुष्य को मुक्त करना तथा प्रत्येक 'ऐसा था' को 'ऐसा-होना-होगा' में परिणत करना, मेरे निकट इसी का नाम मुक्ति है।

'संकल्प' नाम है मुक्तिदाता और आनन्ददाता का, और इसी की शिक्षा, मेरे मित्रो, मैंने तुम्हें दी है; किन्तु आज इतना और सीख लो कि संकल्प स्वयं अभी तक बन्दी है।

संकल्प से बन्धन-मुक्त होते हैं। संकल्प बन्धन-विमोचक है, किन्तु जो बन्धन-विमोचक को भी बन्धनों में जकड़ देता है, बेड़ियाँ पहना देता है, उसका क्या नाम है ?

उसका नाम है–'ऐसा था' और यही नाम संकल्प के दाँत पीसने तथा निर्जन विलाप करने का भी है। जो मनुष्य क्लीवता-पूर्ण यह कहता है कि 'जो हुआ, सो हुआ,' वह वास्तव में अतीत के समस्त संसार का अहित-चिन्तक तथा द्रोही दर्शक है।

संकल्प का यह एकमात्र दुर्भाग्य है कि वह अतीत को प्रभावित नहीं कर सकता और न ही काल तथा काल की लिप्सा को पराजित कर सकता है।

संकल्प से बन्धनमुक्त होते हैं; किन्तु संकल्प स्वयं अपनी मुक्ति के लिए तथा अपना कारागार तोड़ने के लिए क्या कर सकता है ?

हाय, अफ़सोस, प्रत्येक बन्दी की बुद्धि भ्रष्ट हो जाती है ! संकल्प का भी यही हाल है, और इसीलिए वह अपनी मुक्ति के लिए मूर्खता से ही काम लेता है।

इसे क्रोध है इस बात पर कि काल का चक्र पीछे की ओर नहीं घूमता। जो बीत चुका है, उसको यह एक ऐसी शिला समझता है जिसे लुढ़काया नहीं जा सकता।

और अब यह क्रोध तथा उपेक्षा से उद्विग्न होकर पत्थर मार रहा है, बदला ले रहा है उन सबसे जो इसकी तरह क्रोध और उपेक्षा से उद्विग्न नहीं हैं।

और इस प्रकार संकल्प मुक्तिदाता से सन्तापक बन जाता है और उन सबसे जो यातना सहन कर सकते हैं, बदला लेता है क्योंकि वह स्वयं भूत की ओर निवर्तन नहीं

कर सकता।

'काल' और 'ऐसा था' के प्रति संकल्प की प्रचण्ड घृणा—यही, यही तो उसका एकमात्र बदला है, उसकी एकमात्र प्रतिहिंसा है।

हमारे संकल्प के भीतर, निस्सन्देह, एक गहरी विमूढ़ता का निवास है। इससे अधिक मानव जाति का और क्या दुर्भाग्य हो सकता है कि इस विमूढ़ता ने चेतना भी पा ली है।

मानवीय चिन्तन की सर्वश्रेष्ठ कल्पना ने, मेरे मित्रो, अभी तक वैरशोधन की भावना की ही उत्पत्ति की है—प्रतिहिंसा की भावना ही इसकी सबसे मूल्यवान् निधि है। और इसीलिए यह धारणा भी है कि जहाँ कहीं संकल्प होता है, दंड भी उसके साथ होता है।

'दण्ड' यह केवल वैरशोधन का ही दूसरा नाम है; इसी नाम की आड़ में झूठे शब्दों का सुन्दर आवरण पहनकर वैरशोधन लोगों पर प्रकट होता रहता है।

और चूँकि संकल्प करनेवाले का यह दुर्भाग्य है, जो उसका सन्ताप भी है कि उसका संकल्प अतीत-प्रभावी नहीं हो सकता, इसलिए स्वयं संकल्प करने और जीवित रहने को ही एक प्रकार का दण्ड मान लिया गया है।

यह मान लेने के पश्चात् फिर क्या था, एक के बाद एक, और एक से बढ़कर एक काले और घने बादल उठे और मन पर छा गए।...और जब इस निपट अन्धकार से मन पागल हो गया तो शिक्षा देने लगा कि संसार की प्रत्येक वस्तु चूँकि नाशवान है, इसलिए इसका विनाश होना ही उचित है।—यही समय का विधान है और न्याय भी कि अपनी सन्तान का भक्षण कर लें। यह थी पागलपन की शिक्षा।

नैतिक सिद्धान्तों के अनुसार, संसार की प्रत्येक वस्तु न्याय के आधार पर व्यवस्थित की गई है। हाय, फिर वस्तुओं के प्रवाह और दण्ड के अस्तित्व से मुक्ति कहाँ है ? यह है पागलपन की शिक्षा !

यदि न्याय का अस्तित्व चिरन्तन है तो क्या इसके होते हुए मुक्ति हो सकती है ?...हाय, असम्भव है इस 'ऐसा था' की शिला को लुढ़का सकना। इसलिए सभी प्रकार के दण्डों का चिरन्तन तथा अमर होना भी अनिवार्य है। यह है पागलपन की शिक्षा।

किसी कर्म का विनाश नहीं हो सकता : फिर भला कोई भी दण्ड किसी भी कर्म का उन्मूलन कैसे कर सकता है ? जीवन रूपी दण्ड में केवल यही एक बात चिरन्तन तथा अमर है कि जीवन स्वयं ही, निरन्तर रूप से, कर्म तथा अपराधों के चक्कर में फँसा रहता है—वह बार-बार कर्म करता है और बार-बार अपराध करता है।

यह चक्र उसी समय बन्द हो सकता है जब संकल्प विश्राम पा जाए और स्वयं संकल्प संकल्पविहीनता में परिवर्तित हो जाए।...किन्तु भाइयो, यह तो पागलपन का अलंकृत काव्य है, कल्पना की उछृंखलता है जो तुम सभी जानते हो।

इस प्रकार के अलंकृत काव्य से दूर रहने के लिए ही मैंने तुम्हें यह शिक्षा दी थी

कि 'संकल्प निर्माता है।'

'ऐसा था' का समस्त संसार उस समय तक केवल एक तुच्छ खण्ड, एक पहेली और एक कराल दुर्घटना ही है जब तक कि संकल्प की निर्माण शक्ति इसको यह नहीं कहती कि 'ऐसा था नहीं,' इसे 'ऐसा-होना-होगा।'

और जब तक ''निर्माता-संकल्प'' यह न कहे कि यह मेरी इच्छा है, और इसको 'ऐसा-ही-होना-होगा,' संकल्प अपने सन्ताप से मुक्त नहीं हो सकता।

किन्तु क्या संकल्प ने कभी इस प्रकार कहा है ? वह कब इस प्रकार कह पाएगा ? ...क्या संकल्प के कन्धों पर से उसकी अपनी त्रुटियों का जुआ उतर चुका है ?

क्या संकल्प स्वयं अपने लिए मुक्तिदाता तथा हर्षदूत बन पाया है ?...क्या वह प्रतिहिंसा की भावना से छुटकारा पा चुका है ? और क्या वह क्रोध से दाँत पीसना भूल सका है ?

काल से समझौता करने की विधि तथा वह जो सब प्रकार के समझौतों से श्रेष्ठतर है–इसको किसने सिखाई ?

वह संकल्प–जो शक्ति का संकल्प है, उसके लिए यही उचित है कि वह उसका संकल्प करे जो समस्त समझौतों से उच्चतर है : किन्तु यह करे कैसे ? और इसको अतीत-प्रभावी संकल्प की विधि किसने सिखाई ?

इतना कह चुकने के बाद, ज़रतुष्ट्र बोलते-बोलते सहसा चुप हो गया, और भयातुर दृष्टि से अपने शिष्यों की ओर देखने लगा। उसकी दृष्टि तीर के समान उनके विचारों को छेदती हुई, उनके गहनतम विचारों तक के पार निकलती प्रतीत होती थी। कुछ क्षणों तक इसी प्रकार चुपचाप घूरते रहने के बाद वह सहसा हँस पड़ा और फिर बड़े सन्तोष के साथ कहने लगा :

''मनुष्यों के बीच रहना बहुत ही कठिन कार्य है, क्योंकि मौन रहना एक असाध्य साधना है, विशेषतया उस प्राणी के लिए जो बहुत बातूनी हो।''

यह था ज़रतुष्ट्र का वक्तव्य, जिसको कुबड़ा बड़े ध्यानपूर्वक सुन रहा था, किन्तु मुँह ढककर। जैसे ही उसने ज़रतुष्ट्र के हँसने की आवाज़ सुनी, वह चौंक पड़ा और फिर ऊपर की ओर निहारते हुए धीरे-धीरे कहने लगा :

''ज़रतुष्ट्र की बातें हम लोगों से भिन्न होती हैं, और उनसे भी भिन्न जो वह अपने शिष्यों से करता है। यह क्यों ?''

ज़रतुष्ट्र ने उत्तर दिया : ''इसमें आश्चर्य की कौन-सी बात है ?...कुबड़े के साथ तो कुबड़ी बातें ही हो सकती हैं, और वही मैंने की हैं।

''ठीक है,'' कुबड़े ने कहा, ''और विद्यार्थियों के साथ पाठशाला की ही बातें होनी चाहिए।

किन्तु फिर इसका क्या कारण है कि ज़रतुष्ट्र अपने शिष्यों से भिन्न बातें करता है और अपने आप से भिन्न ?''

साहसी दूरदर्शिता

ऊँचाई नहीं भयानक होती, ढलान होती है। वह ढलान जहाँ दृष्टि नीचे की ओर फिसलती है और हाथ ऊपर की ओर सहारा टटोलते हैं; वही स्थान है जहाँ हृदय चकराने लगता है क्योंकि वह दो परस्पर विरोधी इच्छाओं में–दोहरे संकल्प में, फँस जाता है।

आह, मेरे मित्रो, क्या तुमने मेरे हृदय की दोहरी इच्छाओं का रूप भाँप लिया है ?

मेरी ढलान तथा मेरा संकट यही तो है कि मेरी दृष्टि ऊपर की ओर उड़ती है और मेरे हाथ नीचे की ओर बढ़ते हैं–गहराइयों का सहारा खोजते हैं।

मेरा मन मनुष्य से लिपटता है, और मैं अपने आप को मनुष्य के साथ बेड़ियों से जकड़ लेता हूँ और मेरा आकर्षण ऊपर महामानव की ओर है। अतः मेरा दूसरा संकल्प मुझे उसकी ओर धकेलता है।

और यही कारण है कि मैं आँखों पर पट्‌टी बाँधकर मनुष्यों के बीच रहता हूँ मानो मैं उन्हें जानता ही नहीं–और वह इसलिए कि कहीं मेरा मन दृढ़ता–निश्चय की दृढ़ता–पर विश्वास न खो बैठे।

मैं मनुष्यों को नहीं जानता–यह अन्धकार तथा सन्तोष मुझे बहुधा घेरे रहता है।

मैं फाटक पर बैठा रहता हूँ प्रत्येक धूर्त की सेवा के लिए, और पूछता हूँ : कौन मुझे धोखा देना चाहता है ? कौन मुझे लूटना चाहता है ?

मनुष्य के प्रति यह मेरी पहली बुद्धिमत्ता अथवा समझदारी है कि मैं स्वेच्छापूर्वक धोखा खाता हूँ ताकि धोखेबाज़ों से मुझे अपनी रक्षा न करनी पड़े।

आह, यदि मनुष्य से मैं अपनी रक्षा करता होता, उसे सन्देह की दृष्टि से देखता होता, तो फिर मेरे विश्वास का शिलाधार कैसे बन पाता ?---मेरे गुब्बारे के लिए लंगर का काम कैसे देता ?...यह गुब्बारा तो मुझे सहज ही ऊपर की ओर खेंचकर दूर, बहुत दूर, फेंक दे सकता है।

मेरे भाग्य की यह दूरदर्शिता है कि मैं हर प्रकार की चौकसी से दूर रहूँ।

मनुष्यों के बीच रहकर जो मनुष्य प्यासा मरना नहीं चाहता, उसके लिए आवश्यक है कि वह हर प्रकार के पात्र को मुँह लगाना सीखे; प्रत्येक कटोरे से पीने के लिए तैयार रहे। और वह मनुष्य जो मनुष्यों के बीच रहकर निर्मल और स्वच्छ रहना चाहता है, उसके लिए यह सीखना आवश्यक है कि किस प्रकार गन्दे पानी के प्रयोग से भी अपने आप को स्वच्छ और निर्मल रखा जा सकता है।

अपनी सान्त्वना के लिए मैं बहुधा अपने हृदय से कहा करता हूँ : "साहस कर,

मेरे लिए सखा, एक दुर्भाग्य से तू बच निकला है, इसे अपना सौभाग्य समझ और आनन्द की बंसी बजा।''

मनुष्य के प्रति यह मेरी दूसरी समझदारी है कि मैं घमण्डी की अपेक्षा अभिमानी को बुरा समझता हूँ।

क्या यह सत्य नहीं है कि समस्त शोकान्त घटनाओं का जन्म आहत घमण्ड की कोख से होता है, किन्तु गर्वित मनुष्य का अभिमान जब आहत होता है तो उससे एक ऐसी वस्तु उत्पन्न होती है जो अभिमान से अधिक अच्छी और श्रेष्ठ होती है।

जीवन के अभिनय को आकर्षक तथा मनोरम बनाने के लिए यह आवश्यक है कि उसे कुशलतापूर्वक खेला जाए। किन्तु इसके लिए कुशल तथा चतुर अभिनेताओं की आवश्यकता है।

मेरी धारणा है कि घमण्डी लोग अत्यन्त चतुर अभिनेता होते हैं। अभिनय करने से उनका केवल यही अभिप्राय होता है कि लोग मुग्ध होकर उनका खेल देखें और वाह-वाह करें। इसीलिए वे पूरी तरह मन लगाकर अभिनय किया करते हैं।

वे अपने आप को ही प्रकट करते हैं, अपनी उपज्ञा करते हैं; उनकी संगत में जीवन का तमाशा देखना मुझे अच्छा लगता है क्योंकि वे मेरी उदासीनता, मानसिक खिन्नता के उपचारक हैं।

यही कारण है कि मैं घमंडी लोगों को बुरा नहीं कहता; वे मेरी खिन्नता के उपचारक हैं और मेरे मनोरंजन का साधन। इनके कारण मैं मनुष्य से ऐसा बँधा रहता हूँ जैसा कि किसी मनोरंजक नाटक से।

इसके अतिरिक्त, घमंडी मनुष्य के हृदय की नम्रता की गहराई का कौन अनुमान लगा सकता है ! उसको इसी नम्रता के कारण मेरा हृदय उनके प्रति सहानुभूति तथा करुणा से भरा हुआ है।

अपने आत्मविश्वास के लिए वह सदा तुम पर निर्भर करता है; तुम्हारी दृष्टि उसे शक्ति प्रदान करती है। प्रशंसा उसका चारा है जिसे पाने के लिए वह तुम्हारे हाथों की ओर देखता रहता है; वह जीवित ही तुम्हारी प्रशंसा पर है, तुम्हारी झूठी प्रशंसा पर।

उसकी प्रशंसा में जब तुम झूठ बोलते हो तो वह तुम्हारे झूठ पर विश्वास करता है, क्योंकि उसका हृदय अन्दर ही अन्दर ठंडी साँसें भरकर कहा करता है, ''आख़िर मैं हूँ क्या ?''

यदि सच्चा सद्गुण यही है कि स्वयं सद्गुण को अपना ज्ञान न हो, तो फिर घमंडी मनुष्य को भी अपनी नम्रता का ज्ञान नहीं होता।

मनुष्य के प्रति मेरी तीसरी साहसी समझदारी यह है कि मैं धूर्तों की शठता का तमाशा देखता हूँ और अपने इस आनन्द में तुम्हारी भीरुता को बाधा नहीं बनने देता।

मैं आनन्द लूटता हूँ उन चमत्कारों का जो सूर्य के ताप से जन्म लेते हैं, जैसे सिंह, ताड़ के वृक्ष, विषैले साँप।

मनुष्यों के बीच भी तप्त सूर्य की यह सुन्दर सन्तान विद्यमान है : ये धूर्त लोग

और उनके अनोखे चमत्कार।

यह सत्य है कि जिस प्रकार तुम्हारे परम बुद्धिमान् लोगों में मुझे कुछ विशेष बुद्धिमत्ता नहीं मिलती, उसी प्रकार मनुष्य की धूर्तता भी मुझे उतनी धूर्त नहीं मिली जितनी कि वह समझी जाती है।

मैं बहुधा खेद के साथ पूछा करता हूँ, "तुम क्यों फुंकारें मारते हो, हे विषैले सर्पो ?"

निस्सन्देह धूर्तता का भी भविष्य है। और दक्षिण का सबसे उष्ण प्रदेश अभी तक मनुष्य के लिए अनाविष्कृत पड़ा है।

आजकल न जाने कितनी बातों तथा वस्तुओं को धूर्तता की पराकाष्ठा कहा जाता है जो ले-देकर मुश्किल से बारह फुट चौड़ी और तीन महीने लम्बी है। किन्तु वह दिन दूर नहीं जब बड़े अजगर–इन सबसे बड़े अजगर–संसार में आएँगे।

इस आशय से कि महामानव अपने अजगर से–अपनी प्रतिष्ठा के उपयुक्त अजगर से–वंचित न रह जाए, अभी अगणित सूर्यों को चिरकाल तक जलसिक्त अक्षुण्ण वनों पर चमकते रहना पड़ेगा !

तुम्हारे जंगली बिल्लों को सिंह, और तुम्हारे मेंढकों को घड़ियाल बनना होगा ताकि अच्छे शिकारी को अच्छा शिकार मिल सके।

हे सदाचारी व न्यायशील लोगो, तुम्हारी आत्मा हास्यप्रद बातों से भरी पड़ी है; और तुम्हारा वह भय तो सबसे अधिक उपहासजनक है जो तुम्हारे मन में उनके प्रति है जिन्हें तुम अभी तक शैतान कहते चले आए हो।

महानता से तुम्हारी आत्मा इतनी अपरिचित है कि महामानव की साधुता तुम्हें भयंकर प्रतीत होगी।

हे बुद्धिमान् और विवेकशील लोगो, ज्ञान के जिस दाहक सूर्य की किरणों में महामानव नग्न होकर सानन्द स्नान करता है, उसकी तपन के भय से तुम कोसों दूर भाग जाओगे।

हे सर्वश्रेष्ठ आदरणीय लोगो, तुम जो मेरे सम्मुख हो तुम्हें देखकर मुझे सन्देह होता है तथा हँसी भी आती है कि तुम मेरे महामानव को अवश्य 'शैतान' कहोगे।

आह, मैं इन उच्च और आदरणीय मनुष्यों से तंग आ गया हूँ : काश कि मैं इनकी ऊँचाइयों से ऊपर, दूर, बहुत दूर, महामानव के पास पहुँच सकता !

आदरणीय मनुष्यों को नग्न रूप में देखकर मेरा कलेजा धक से रह जाता है : और तब किसी अज्ञात दूरस्थ भविष्य की ओर उड़ जाने के लिए मैं अपने पंख पसार देता हूँ।

दूर, दूरस्थ भविष्य की ओर, दक्षिण से भी दक्षिण में, ऐसे भव्य प्रदेशों की ओर, जिनका कलाकारों तक को, स्वप्न में भी, आभास न हुआ होगा : वहाँ जहाँ देवताओं को हर प्रकार के आवरण से लज्जा आती है।

किन्तु तुम्हें, हे मेरे पड़ोसियो तथा समकालीन लोगो, मैं तुम्हें वस्त्रों से ढका हुआ

ही देखना चाहता हूँ; गोपन वेश में ही तुम अच्छे लगते हो : भले, सजीले, अहंकारी, गणमान्य तथा सदाचारी लोगों के वेश में।

और मैं भी तुम लोगों के बीच वेश बदलकर बैठूँगा ताकि न तुमको पहचान सकूँ और न अपने आपको ही; मनुष्यों के प्रति मेरी यह अन्तिम समझदारी व दूरदर्शिता होगी।

ज़रतुष्ट्र ने यह कहा।

नीरव बेला

यह आज मुझे क्या हो गया, मेरे मित्रो ?...तुम देख रहे हो कि मैं क्षुब्ध मन से, मुरझाया हुआ, अनिच्छापूर्ण आज्ञाकारी-सा बिदा होने के लिए तैयार बैठा हूँ—और वह भी तुमसे बिदा लेने के लिए; हाय, यह कैसी है लाचारी !

हाँ, एक बार फिर ज़रतुष्ट्र अपना एकान्तवास खोजने जा रहा है : किन्तु इस बार वह भालू बड़े दुखी हृदय से अपनी गुफ़ा में पलटकर जा रहा है।

यह मुझे क्या हो गया ?...यह किसका निर्देशन है ? हाय, हाय, यह मेरी क्रुद्ध संगिनी की इच्छा है, उसी ने मुझसे कहा था—पर, हाँ, क्या कभी मैंने तुम्हें उसका नाम बताया है ?

उसका नाम है नीरव बेला।...कल सन्ध्या के समय मेरी इस विकट संगिनी ने बातें की थीं।

उसी का यह परिणाम है कि मैं तुमसे बिदा होने पर मजबूर हूँ।...मैं तुमसे कुछ छिपाना नहीं चाहता; सब कुछ स्पष्ट कह रहा हूँ ताकि तुम्हारा हृदय उसके प्रति कठोर न हो जाए जो मैं इस प्रकार अकस्मात् तुमसे बिदा हो रहा हूँ।

क्या तुम उस प्राणी के भय का अनुमान लगा सकते हो जिसको निद्रा ने सहसा आ दबोचा हो ? सिर से पैर तक वह साकार भय बन जाता है क्योंकि धरती उसके नीचे से निकल चुकती है और स्वप्न उसके ऊपर छा जाने लगता है।

एक आख्यान सुनो : कल नीरव बेला में धरती मेरे नीचे से गिर गई और स्वप्न आरम्भ हुआ।

घड़ी की सूई आगे सरकती गई और मेरे जीवन की घड़ी ने साँस ली—इतनी घोर नीरवता, इससे पहले मैंने कभी अपने आस-पास नहीं पाई थी, हाँ, हाँ, कभी नहीं सुनी थी। उसकी भीषणता से मेरा हृदय सहम गया।

तब शब्द-विहीन मौन वाणी ने मुझसे कहा, "क्या तू यह जानता है ज़रतुष्ट्र ?"

इस नीरव सम्बोधन से भयातुर होकर मैं चिल्ला उठा, मेरे चेहरे का रंग उड़ गया, किन्तु मैंने कुछ उत्तर नहीं दिया।

उस मौन वाणी ने फिर मुझसे कहा, "तू जानता तो है, पर बताता नहीं।"

अन्त में मैंने बिगड़कर उत्तर दिया, "हाँ, जानता हूँ किन्तु बताऊँगा नहीं।"

उस मौन वाणी ने फिर मुझसे पूछा : "तू नहीं बताएगा, ज़रतुष्ट्र ? क्या सच कहता है ?...देख अपनी इस बेपरवाही के पीछे अपने आप को मत छिपा।"

यह सुनकर मैं एक बालक के समान काँपने तथा रोने लगा और बोला : "हाय, बताना तो चाहता हूँ किन्तु किस तरह बताऊँ ? मुझे मेरी इस लाचारी के लिए क्षमा कर दो। यह मेरी शक्ति से बाहर की बात है।"

उस मौन वाणी ने फिर मुझसे कहा, "क्यों घबराता है, ज़रतुष्ट्र ?...तुझे जो कुछ कहना है, कह डाल और फिर खण्ड-खण्ड हो जा।"

मैंने उत्तर दिया, "मैं कहूँ कुछ ? मैं हूँ क्या ?...इसके लिए मुझे एक उपयुक्त पुरुष की प्रतीक्षा है।...मैं तो इस योग्य भी नहीं कि खण्ड-खण्ड होकर उसके चरणों पर अर्पित हो जाऊँ।"

उस नीरव वाणी ने फिर मुझसे कहा : "यह क्या है ? तेरे भीतर अभी तक उपयुक्त नम्रता नहीं आई। नम्रता की चमड़ी बड़ी मोटी होती है।"

मैंने उत्तर दिया : "मेरी नम्रता की चमड़ी ने क्या कुछ सहन नहीं किया ?...मैं अपनी ऊँचाइयों की तलहटी में रहता हूँ, मेरी चोटियाँ कितनी ऊँची हैं, यह कोई भी आज तक मुझे नहीं बता पाया। हाँ, अपनी घाटियों को मैं अवश्य भली प्रकार जानता हूँ।"

उस मौन वाणी ने फिर कहा : "हे ज़रतुष्ट्र, पर्वतों को हिलानेवाला मनुष्य घाटियों तथा तलपट मैदानों को भी अवश्य हिलाता है।"

मैंने उत्तर दिया : "अभी तक मेरी किसी बात ने कोई पर्वत नहीं हिलाया और जो कुछ मैंने कहा वह अभी तक मनुष्यों तक भी नहीं पहुँच पाया। मैं मनुष्यों तक गया तो हूँ किन्तु अभी तक उनके पास पहुँच नहीं पाया।"

उस शब्दहीन वाणी ने फिर कहा, "तुम्हें इन बातों का क्या पता ? रात्रि की सम्पूर्ण मौन घाटियों में ही, घास पर, ओस गिरा करती है।"

मैंने उत्तर दिया, "जब मैंने अपना पथ खोज लिया और उस पर चल पड़ा, तो लोग मेरा उपहास उड़ाने लगे, उनके उपहास में मेरे पैर डगमगाने लगते हैं।

यह देखकर वे कहते हैं : तू अपना पथ तो भूला ही था किन्तु अब चलना भी भूल गया।"

वह मूक वाणी फिर बोली, "उनके उपहास का मूल्य ही क्या है ? तू तो वह है जो आदेश-पालन भूल चुका है, तुझे अब आदेशदाता बनना है।

क्या तू जानता है कि संसार के लिए कौन सबसे अधिक आवश्यक है ?...महान् आदेशदाता ! संसार की महान् वस्तुओं का निर्देशक।

बड़े-बड़े काम करना, निस्सन्देह बड़ा कठिन होता है, किन्तु इससे भी कठिन होता है बड़े-बड़े कामों का निर्देशन करना।

यह तेरा सबसे अधिक अक्षम्य दोष है कि यद्यपि तेरे भीतर शक्ति है, किन्तु फिर भी तू शासन करना नहीं चाहता।"

मैंने उत्तर दिया : "समादेश देने के लिए मेरे पास सिंह की गरजन नहीं है।"

तब फिर किसी ने अति मन्द आवाज़ में कहा, "वे अति नीरव वाक्य ही होते हैं

जिनसे अति प्रचण्ड तूफ़ान उत्पन्न हो जाते हैं। वे विचार जो कपोल के कोमल पदों से पदार्पण करते हैं, संसार पर अपना साम्राज्य स्थापित कर लेते हैं।

हे ज़रतुष्ट्र, तुझे छाया के समान चलना होगा–भविष्य की छाया के समान। और इस प्रकार तू समादेशन करेगा और समादेशन करते हुए भविष्य का अग्रदूत बनेगा।''

मैंने उत्तर दिया : ''मुझे लज्जा आती है।''

वह मौन वाणी फिर बोली, ''तुझे पुनः बालक बनना होगा जो नहीं जानता लज्जा क्या होती है।

तेरे भीतर अभी तक यौवन का गर्व है : बड़ी देर से तूने युवावस्था में प्रवेश किया किन्तु जिस मनुष्य को फिर से बालक बनना है, अपने यौवन का मोह भी त्यागना होगा...यौवन का भी अतिक्रमण करना होगा।''

बहुत देर तक मैं चुपचाप सोचता रहा और काँपता रहा। किन्तु अन्त में मैंने वही उत्तर दिया जो पहले दे चुका था : ''नहीं, नहीं, यह नहीं होगा।''

और तब अट्टहास मेरे चारों ओर गूँज उठा। आह, उस अट्टहास की कर्कशता ने मेरी अन्तड़ियाँ तक मरोड़ दीं और मेरे हृदय को चीर दिया।

वह मौन वाणी अन्तिम बार फिर गूँजी और बोली, ''हे ज़रतुष्ट्र, तेरे फल पककर तैयार हैं किन्तु तू अपने फलों के लिए अभी तक पककर तैयार नहीं हुआ।

इसलिए, एक बार फिर तुझे अवश्य अपने एकान्तवास में जाना होगा ताकि तू पककर तैयार हो सके।''

और वह अट्टहास एक बार फिर गूँजा और गूँजकर शून्य में मिल गया। उसके पश्चात्, मेरे चारों ओर एक भीषण सन्नाटा छा गया–एक शत्-परत सघन सन्नाटा। मैं धरती पर गिर पड़ा और मेरे अंग-अंग से पसीना बहने लगा।

अब तुम सब कुछ सुन चुके हो–मुझसे, जो कि मनुष्यों में सबसे अधिक चुपचाप रहनेवाला प्राणी है; और भविष्य में भी ऐसा ही रहना चाहता है।

हाय अफ़सोस, मेरे मित्रो, अभी बहुत कुछ तुम्हें कहने को मेरे पास बाकी है; अभी बहुत कुछ तुम्हें देने को मेरे पास बचा है।...फिर मैं देता क्यों नहीं ?...क्या मैं कृपण हूँ ?

यह वाक्य कह चुकने के पश्चात् एक विशाल तथा प्रखर विषाद ने सहसा ज़रतुष्ट्र को अर्धमूर्छित-सा बना दिया, क्योंकि मित्रों से बिदा होने का समय निकट आ पहुँचा था। वह फूट-फूटकर रोने लगा, किसी के चुप कराए चुप न होता था, यहाँ तक कि रात हो गई। और तब वह रात्रि के अन्धकार में मित्रों को छोड़कर चला गया–अकेला और विषाद के दुःसह भार से दबा हुआ।

तीसरा भाग

अपनी उत्कंठा के लिए, ऊँचा उठने के लिए, तुम ऊपर की ओर देखते हो। मैं तो पहले ही उत्कंठ हूँ, बहुत ऊँचे स्थान पर हूँ, इसलिए मैं नीचे की ओर देखता हूँ।

तुममें से कौन ऐसा है जो उत्कंठ भी हो और हँस भी सकता हो।

वह जो गगनचुम्बी पर्वतों पर चढ़ता है, उसे प्रत्येक शोकान्त पर हँसी आती है चाहे वह कोई शोकान्त नाटक हो, और चाहे जीवन की कोई असाधारण घटना।

(प्रथम भाग, 'पढ़ना और लिखना' से)

परिव्राजक

आधी रात के करीब ज़रतुष्ट्र ने टापू में चलना आरम्भ किया जिससे वह प्रातःकाल दूसरे तट पर पहुँच जाए क्योंकि वह वहाँ जहाज़ पर सवार होना चाहता था। उस जगह एक छोटा-सा बन्दरगाह था जहाँ दूसरे देशों के जहाज़ भी आकर लंगर डालते थे और सुखधाम टापुओं से बहुत-से यात्रियों को समुद्रपार ले जाते थे। जब ज़रतुष्ट्र पहाड़ी पर चढ़ा तो उसे यौवनावस्था से लेकर तब तक के बहुत-से एकान्त भ्रमण याद आए। वे सारे पर्वत, कूट और चोटियाँ, जिन पर वह चढ़ चुका था, एक-एक करके उसके मन में घूमने लगे।

मैं एक परिव्राजक हूँ, पर्वतारोही हूँ, उसने अपने मन से कहा, मैदानों में मेरा मन नहीं लगता, और मुझे ऐसा प्रतीत होता है कि अब मैं बहुत देर तक चुप नहीं बैठ सकता।

मेरे भाग्य में और चाहे जो कुछ भी हो और चाहे जो कुछ अनुभव मेरे प्रालब्ध में बँधे हों, यह निश्चित ही है कि भ्रमण और पर्वतारोहण अवश्य ही उसमें होगा। आख़िर मनुष्य वही कुछ तो अनुभव करता है जो वह स्वयं होता है।

मेरे लिए घटनाओं और दुर्घटनाओं का समय बीत चुका है, अब भला वह कौन-सी चीज़ बाकी है जो पहले से ही मेरी अपनी न हो ?

यह मेरा स्वयंत्व ही तो है जो अन्त में मेरे पास अपने घर को लौट रहा है—और साथ में इसका वह भाग भी जो चिरकाल से विदेश में था और वस्तुओं व घटनाओं में बिखरा पड़ा था।

एक बात मैं और जानता हूँ : अब मैं अपने अन्तिम शिखर के सम्मुख खड़ा हूँ जो दीर्घकाल से मेरे लिए सुरक्षित है। आह, अब मुझे अपने कठिनतम मार्ग पर चढ़ना है, मैंने अपना सबसे निर्जन भ्रमण आरम्भ कर दिया है।

किन्तु वह मनुष्य जिसने मुझ जैसी प्रकृति पाई हो, ऐसी घड़ी से मुँह नहीं मोड़ता—ऐसी घड़ी जो उसे कहती हो, महानता के मार्ग पर चलने का अब तेरा यही समय है। ऊँचे शिखर और अगाध गर्त, अब ये दोनों तेरे लिए समाविष्ट कर दिए गए हैं।

तू अपनी महानता के मार्ग पर जा रहा है; जो तेरा अन्तिम संकट था वह अब तेरा अन्तिम शरणदाता, तेरा अन्तिम आश्रय बन गया है।

तू अपनी महानता के मार्ग पर जा रहा है। तेरे उत्कट साहस का अब यही

कर्तव्य है कि तेरे पीछे तेरे लौटने का कोई मार्ग बाकी न रहे।

तू अपनी महानता के मार्ग पर जा रहा है, यहाँ तेरे पीछे कोई नहीं आ सकेगा। तेरे चरण स्वयं ही अपने पीछे के मार्ग मिटा देते हैं। और उस पर अब अंकित है, 'असम्भव'।

और यदि अब तुझे कोई भी सीढ़ी न मिले तो अपने सिर के बल ही तुझे चढ़ना सीखना होगा; नहीं तो कौन-से अन्य उपाय से तू ऊपर चढ़ेगा ?

स्वयं अपने सिर के बल और अपने हृदय के उस पार। अब तेरे भीतर की सबसे कोमल वस्तु को भी कठोरतम होना होगा।

आत्मनिरति की अति करनेवाला अन्त में इस आत्मनिरति की अति से स्वयं थक जाता है, अस्वस्थ हो जाता है। श्लाघ्य है वह वस्तु जो सुदृढ़ता प्रदान करे ! मेरे निकट वह स्थान प्रशंसनीय नहीं है जहाँ मधु और मक्खन की नदियाँ बहती हों।

यह आवश्यक है कि अपनेपन से हटकर देखना सीखा जाए ताकि बहुत-सी वस्तुएँ देखी जा सकें। प्रत्येक पर्वतारोही के लिए यह दृढ़ता अनिवार्य होती है।

किन्तु वह मनुष्य जो विवेकशील होने के कारण अपनी आँखों को अन्तरमुखी बना डालता है वह किसी भी वस्तु की पुरोभूमि देखने के अतिरिक्त और क्या देख सकता है ?

किन्तु तू, हे ज़रतुष्ट्र प्रत्येक वस्तु का आधार, उसकी पुरोभूमि तथा पृष्ठभूमि देखने का इच्छुक है। तुझे चाहिए कि तू अपने से भी ऊँचा हो जाए—ऊँचा, बहुत ऊँचा, यहाँ तक कि तेरे अपने तारक भी तेरे नीचे हो जाएँ।

हाँ, ऊपर से स्वयं अपने आपको नीचे देखना, यहाँ तक कि अपने तारकों को भी नीचे देखना;...इसी को मैं अपना शिखर समझता हूँ और यही अन्तिम शिखर अब मेरे लिए बाकी रह गया है।

यह था जो ज़रतुष्ट्र ने पहाड़ी पर चढ़ते हुए अपने मन से कहा था, वह कठोर सूत्रों से अपने दिल को धैर्य दे रहा था क्योंकि उसका हृदय इतना खिन्न था जितना उससे पहले कभी न हुआ था। और जब वह पहाड़ी के ऊपर पहुँचा तो क्या देखता है कि एक अन्य समुद्र उसके सामने बिछा पड़ा है। वह निश्चल खड़ा का खड़ा रह गया और बहुत देर तक उसी तरह निर्वाक् खड़ा रहा। उस ऊँचाई पर रात्रि अति शीतल थी और निखरी हुई थी, और तारों से जगमगा रही थी।

अन्त में उसने क्षुब्ध होकर कहा, मैं अपने भाग्य को पहचानता हूँ। अच्छा, मैं तैयार हूँ। मेरा अन्तिम एकाकीपन आ पहुँचा है।

आह, यह तिमिर गहन आकुल समुद्र मेरे नीचे ! आह, यह तम-आच्छादित निशा का सन्ताप ! आह, यह भाग्य और समुद्र ! मुझे अब तुम्हारे पास नीचे उतरना ही होगा।

मैं अपने उच्चतम पर्वत और अति दीर्घ यात्रा के सम्मुख खड़ा हूँ, इसलिए सबसे पहले अब मुझे इतनी दूर तक नीचे गहराइयों में उतरना होगा जितना इससे पहले कभी

न उतरा था।

नीचे व्यथा की गहराइयों में मुझे दूर तक उतरना होगा जिससे कि मैं इसके अन्धकारमय तथा अति भयानक तूफ़ानों के तल तक पहुँच जाऊँ–इतनी अतल गहराइयों तक कि इससे पहले कभी न उतरा था। यही है मेरे भाग्य का विधान ! अच्छा, तो मैं तैयार हूँ।

ये ऊँचे पर्वत कहाँ से आए हैं ?...यह प्रश्न मैंने एक बार पूछा था। तब मुझे ज्ञात हुआ था कि ये समुद्र की गहराइयों में से उत्पन्न हुए हैं–यह अति ऊँचे पर्वत।

यह लेख खुदा हुआ है इनकी शिलाओं पर और इनके शिखरों की प्राचीरों पर। अत्यन्त गहरी वस्तुओं की कोख से ही उच्चतम वस्तुएँ उत्पन्न होकर ऊँचाइयाँ प्राप्त करती हैं।

यह था जो ज़रतुष्ट्र ने कहा, पहाड़ की चोटी पर जहाँ कड़ाके की सरदी थी। जब वह समुद्र के निकट पहुँचा और उसके तट की निर्जन चट्टानों के बीच अपने आपको एकाकी खड़ा पाया तो सहसा मार्ग के एकाकीपन ने उसे आ घेरा और वह परिश्रान्त हो गया जिसने उसकी उत्सुकता को और अधिक उत्तेजित कर दिया।

प्रत्येक वस्तु अभी तक सो रही है, उसने कहा, यहाँ तक कि समुद्र भी सो रहा है और अपने तन्द्रालस नेत्रों से चकित मेरी ओर देख रहा है।

किन्तु उसकी साँसों में गर्मी है, मैं इसे अनुभव कर रहा हूँ। और, यह भी अनुभव कर रहा हूँ कि वह स्वप्न देख रहा है। स्वप्नावस्था में वह किस प्रकार कठोर तकियों पर बार-बार करवटें बदल रहा है।

सुनो, सुनो, विगत दुराचारों की स्मृति से वह कैसे कराह रहा है !...या यह भविष्य के दुराचारों की प्रत्याशा है क्या ?

आह, हे धूम्र-वरण अजगर, तेरे साथ मैं भी उदास हूँ, और तेरे कारण मैं स्वयं अपने आप से नाराज़ भी हूँ।

हाय, तेरी भुजाओं में पर्याप्त बल नहीं है ! मैं कितना प्रसन्न होता तुझे तेरे दुःस्वप्नों से छुटकारा दिलाकर !

और जब ज़रतुष्ट्र ने यह कहा तो वह स्वयं क्षोभ और कटुता से अपने ऊपर हँसने लगा। 'क्यों ज़रतुष्ट्र ?' उसने कहा, क्या तू समुद्र के लिए भी सान्त्वना के गीत गाएगा ?

आह, हे सुशील मूर्ख ज़रतुष्ट्र ! हे अत्यन्त अन्धविश्वासी मूर्ख, क्या तू सर्वदा ऐसा ही था ?...तूने सदैव ही समस्त भयानक वस्तुओं तथा संकटों को विश्वासपूर्ण अपनाया है।

प्रत्येक अजगर को तू पुचकारकर थपकना चाहता है।...थोड़ी-सी गर्म साँस, पंजे पर थोड़े-से नरम बालों का गुच्छा और तू उसे चुमकारने, फुसलाने और प्यार करने के लिए तैयार हो जाता है।

प्रेम एकान्तवासी के लिए अत्यन्त संकटास्पद हुआ करता है, चाहे वह किसी से भी हो बशर्ते कि वह जीवित रहे। प्रेम में मेरी मूर्खता और नम्रता निस्सन्देह ही अत्यन्त उपहासजनक है।

ज़रतुष्ट्र ने यह कहा और एक बार फिर हँसने लगा। सहसा उसे अपने बिछड़े हुए मित्रों की याद आई–और तब अपने इन विचारों के कारण उसे अपने पर बड़ा क्रोध आया, मानो इन विचारों द्वारा उसने अपने मित्रों के प्रति अन्याय किया हो। और तब अकस्मात् यह हुआ कि उसका वह अट्टहास रोने लगा–क्रोध और मिलन की कामना के आवेश से ज़रतुष्ट्र फूट-फूटकर रोने लगा।

आभास और रहस्य

जब नाविकों में यह बात फैली कि ज़रतुष्ट्र भी जहाज़ पर है (यह बात एक मनुष्य ने जो सुखधाम टापुओं से उसके साथ जहाज़ पर सवार हुआ था, फैला दी थी) तो उनकी उत्सुकता तथा प्रत्याशा की सीमा न रही। किन्तु ज़रतुष्ट्र दो दिन और दो रात निर्वाक् और गुमसुम रहा; शोक तथा सन्ताप ने उसे बहरा और बेजान-सा बना दिया था, यहाँ तक कि वह न निगाहों का जवाब देता था और न प्रश्नों का। दूसरे दिन, कहीं सन्ध्या समय उसने अपने कान खोले, यद्यपि वह रहा मौन ही, क्योंकि उस जहाज़ पर बहुत-सी विचित्र और भयानक बातें सुनने में आती थीं जो दूर-दूर से आई थीं और जिन्हें अभी और भी अधिक दूर जाना था। ज़रतुष्ट्र को क्योंकि ऐसे तमाम लोगों से प्रेम था जो दूर-दराज़ देशों की यात्रा करते थे और जिनको संकटविहीन जीवन से घृणा थी, इसलिए उनकी बातें सुनते-सुनते उसकी अपनी जबान भी सहसा खुल गई; और उसके हृदय पर छाई हुई बरफ़ पिघल गई, और तब वह यों कहने लगा :

तुम जैसे, हे साहसी युवको, हे वीर अन्वेषण-कर्ताओ, तुम जैसे जो द्रोही बादबानों के साथ भयंकर समुद्रों की यात्रा करते हैं–

हाँ, तुम जैसे, हे रहस्योन्मत्त लोगो ! हे प्रदोष-विभोर वीरो जिनकी आत्मा को प्रत्येक खाडी का द्रोही अगाध गर्त अपनी वंशी की ध्वनि से लुभा लेता है–

–क्योंकि तुम भीरु हाथों से टटोल-टटोलकर रस्सी का सहारा नहीं ढूँढ़ते और जहाँ तुम अनुमान लगा सकते हो वहाँ तुम हानि-लाभ के चक्कर में नहीं फँसते–

केवल तुम पर ही मैं यह रहस्य प्रकट करना चाहता हूँ जो मैंने देखा था–यानी वह एक आभास जो एक निपट एकान्तवासी को हुआ था :

अभी पिछले दिनों मैं गोधूलि के शव-रञ्जित धुँधलके में शोकातुर घूम रहा था– क्षुब्ध, निर्मम और गुमसुम। केवल एक ही सूर्य अस्त नहीं हुआ था मेरे लिए, सब ओर अँधेरा ही अँधेरा था, गहन अँधेरा।

एक पगडंडी जो गिरती-पड़ती सी साहसपूर्वक चट्टानों में से होकर ऊपर को चढ़ रही थी, एक अशुभ निर्जन पगडंडी जिसको न किसी हरियाली ने मुँह लगाया था और न किसी झाड़ी ने; एक हठीली पगडण्डी मेरे पैरों के नीचे चरमर कर रही थी।

कंकरों की घृणाभरी चरमराहट पर चुपचाप चलते हुए और उस चट्टान को पैरों तले दबाते हुए जिस पर वे कंकर-पत्थर फिसल रहे थे, मेरे पैर बहुत कठिनाई के साथ अपना मार्ग ऊपर की ओर धकेलने लगे।

ऊपर की ओर : उस दुरात्मा के होते हुए भी जो इन्हें नीचे को खेंचती है–नीचे रसातल की ओर, वह गुरुता की आत्मा जो मेरी आद्य शत्रु है, जो मेरा शैतान है। ऊपर की ओर : यद्यपि मेरे ऊपर लदा हुआ था आधा बौना और आधा छछूँदर जिससे मुझे अधरंग-सा हो रहा था और वह मेरे कानों में राँगा और मेरे मस्तिष्क में राँगे की बूँदों के समान विचार टपका रहा था।

उसने घृणा के साथ शब्दों को उछालकर कहा, "हे ज़रतुष्ट्र ! हे पाषाण विवेकी ! तूने अपने आपको ऊपर की ओर फेंका है, किन्तु जो पत्थर ऊपर की ओर फेंका जाता है वह अवश्य नीचे गिरता है।

"हे ज़रतुष्ट्र ! हे पाषाण विवेकी ! हे पत्थर फेंकनेवाले ! हे तारों के विनाशकर्त्ता ! तूने अपने आप को इतना ऊँचा फेंका है–किन्तु प्रत्येक ऊँचा फेंका हुआ पत्थर अवश्य नीचे गिरता है !

तू स्वयं दंडित है और अपने ही पत्थरों से दंडित ! हे ज़रतुष्ट्र तूने अवश्य अपना पत्थर बहुत ऊँचा फेंका है–किन्तु वह स्वयं तेरे ही ऊपर आकर गिरेगा।"

इतना कहकर वह बौना चुप हो गया और बहुत देर तक चुप रहा किन्तु उसका वह मौन मुझे कुचलने लगा और मेरे लिए असहनीय हो गया। एकान्तवासी का एकाकीपन और भी अधिक बढ़ जाता है जब कोई दूसरा उसका साथी बन जाए–दुकेले होकर अकेले की विजनता और भी घनीभूत हो जाती है।

मैं चढ़ता गया, और भी ऊपर चढ़ता गया; मैं स्वप्न देखता गया, और सोचता गया।...किन्तु हर एक बात बोझल लगती थी, मुझे कुचलती-सी प्रतीत होती थी। मैं उस रोगी के समान था जो अपनी पीड़ा से शिथिल हो गया हो और जिसको आँख झपकते ही भयानक स्वप्न जगा देते हों।

किन्तु मेरे अन्दर एक वस्तु है जिसे मैं साहस कहता हूँ; इसने मेरी अभी तक प्रत्येक भीरुता और अवसाद को परास्त करके उसका अन्त कर दिया है। मेरे इसी साहस ने अन्त में मुझे प्रेरणा दी कि मैं खड़ा होकर चुनौती दूँ और कहूँ–'ओ बौने ! तू या मैं ?'

साहस ही सबसे बड़ा परास्तकर्ता, सबसे उत्तम घातक होता है–वह साहस जो आक्रमण करना जानता है क्योंकि प्रत्येक आक्रमण में विजय की ध्वनि गूँजती रहती है।

मनुष्य, निस्सन्देह, सबसे अधिक साहसी जन्तु है। इसी कारण उसने अन्य सभी जन्तुओं को अपने अधीन कर रखा है। विजयध्वनि के साथ उसने प्रत्येक बाधा और पीड़ा को परास्त किया है, किन्तु मानवी पीड़ा घोरतम पीड़ा होती है।

साहस सिर के उस चकराने का भी अन्त कर डालता जो अगाध गर्त में झाँकने से होता है; वह कौन-सा स्थान है जहाँ मनुष्य खड़ा हो और उसके पैरों के तले कोई अगाध गर्त में देखना मुँह फाड़े फैला न पड़ा हो ?...क्या देखना स्वयं ही अगाध गर्त में देखना नहीं है।

साहस सबसे उत्तम घातक होता है; साहस मन की वेदना का भी वध कर डालता है। यह मानवी वेदना ही वास्तव में सबसे बड़ा अगाध गर्त है : जीवन पर मनुष्य जितनी गहरी दृष्टि डालता है उतनी ही गहरी वेदना से, उतने ही गहरे दुखों से, उसका साक्षात् होता है।

साहस सबसे बड़ा घातक होता है—वह साहस जो आक्रमण करना जानता हो वह स्वयं मृत्यु का भी वध कर डालता है, क्योंकि वह कहता है : क्या जीवन यही था ?. ..अच्छा तो एक बार और सही।

इस कथन में विजय-ध्वनि की घोषणा गूँजती है।...जिसके कानों में सुनने की क्षमता हो, वह इसे सुन ले।

2

''ठहर बौने,'' मैंने कहा, ''मैं या तू ?...किन्तु हम दोनों में से मैं अधिक बलवान् हूँ: तुझे मेरे अगाधगर्तीय विचारों का पता नहीं। तू उनको सहन नहीं कर सकता।''

तब एक ऐसी घटना घटी जिससे मेरा भार हलका हो गया। वह बौना, वह गुप्तचर भूत, मेरे कन्धे पर से कूद पड़ा और मेरे सम्मुख एक शिला पर जा बैठा, किन्तु जिस स्थान पर हम ठहरे थे, ठीक वहीं एक फाटक भी था।

''इस फाटक को देख, ओ बौने,'' मैंने कहा, ''इसके दो मुख हैं, और यहाँ दो सड़कें आकर मिलती हैं। इनके अन्त तक अभी कोई पहुँच नहीं पाया है।

यह लम्बी गली जो पीछे की ओर है, अनन्त तक चली जा रही है और वह दूसरी लम्बी गली जो आगे की ओर है, वह भी अनन्त काल तक ज्यों की त्यों बनी रहनेवाली है।

ये दोनों पथ एक-दूसरे के प्रतिरोधी हैं; इन दोनों के सिर एक-दूसरे से टकराते हैं। और यहीं, इसी स्थान पर जहाँ यह फाटक है, ये दोनों एक-दूसरे से मिलते हैं। इस फाटक का नाम ऊपर खुदा हुआ है : 'यह क्षण'।

किन्तु यदि कोई मनुष्य इन सड़कों पर चले और चलता जाए और आगे बढ़ता जाए, तो ओ बौने, क्या तू समझता है कि ये सड़कें सदैव एक-दूसरे की प्रतिरोधी ही बनी रहेंगी ?''

''प्रत्येक सीधी वस्तु झूठी होती है,'' वह बौना घृणा भरे शब्दों में बुड़बुड़ाया। ''प्रत्येक सत्य वक्र तथा कुटिल होता है; काल स्वयं भी चक्राकार है।''

''हे बोझलपन की आत्मा !'' मैंने क्रोध से बिगड़कर कहा, ''इसे हलकी बात मत समझ, नहीं तो मैं तुझे, हे अपाहिज, यहीं बैठा छोड़ जाऊँगा जहाँ तू बैठा है। आख़िर मैंने ही तो तुझे उठाया था।

''देख'' ! मैं बोलता गया, ''इस क्षण को, इस क्षण नामी फाटक को, इससे एक

लम्बी अनन्तनीय गली पीछे की ओर जाती है : हमारे पीछे एक नित्यता फैली हुई है।

प्रत्येक वह वस्तु जो अपना गतिचक्र पूरा कर सकती है, क्या वह इस गली में एक बार पहले भी न चली होगी ?...क्या प्रत्येक वह घटना जो घट सकती है, एक बार घटकर, परिणाम देकर पहले समाप्त न होगी ?

और यदि प्रत्येक वस्तु पहले हो चुकी है, तो फिर, ओ बौने, तू 'इस क्षण' नामी फाटक के सम्बन्ध में क्या सोचता है ? तो क्या यह फाटक पहले नहीं था ?

और क्या तमाम वस्तुएँ आपस में इस प्रकार गुँथी हुई नहीं हैं कि यह फाटक–'यह क्षण नामी फाटक'–आनेवाली समस्त वस्तुओं को और फलस्वरूप अपने आपको भी अपनी ओर खेंच लेता है ?

क्योंकि प्रत्येक वह वस्तु जो अपना गति-चक्र पूरा करती है, अवश्य ही एक बार फिर इस बाहर जानेवाली लम्बी गली से होकर गुज़रेगी।

और यह सुस्त मकड़ी जो चाँदनी में रेंग रही है और स्वयं यह चाँदनी भी और तू और मैं जो इस फाटक में खड़े कानाफूसी कर रहे हैं, नित्यता के सम्बन्ध में कानाफूसी कर रहे हैं–हम सबका क्या पहले अस्तित्व नहीं था ?

और क्या हमें फिर उस सामनेवाली दूसरी गली में–उस लम्बी भयानक गली में–अनन्त बार पलटते नहीं रहना होगा ?"

मैं यों बोल रहा था और बोलते-बोलते अपने स्वर को धीमा करता जाता था क्योंकि मुझे स्वयं अपने विचारों तथा अवशिष्ट विचारों से भय प्रतीत हो रहा था। तब सहसा मैंने अपने निकट एक कुत्ते के उत्क्रन्दन की आवाज़ सुनी।

क्या मैंने कभी पहले भी किसी कुत्ते को इस प्रकार उत्क्रन्दन करते सुना है ? मेरे विचार पीछे की ओर पलटे। हाँ, जब मैं बालक था, बाल्यावस्था के दीर्घ अतीत में।...तब मैंने एक कुत्ते को इस प्रकार उत्क्रन्दन करते सुना था; और उसको देखा भी था। उसके बाल खड़े थे, उसने अपना सिर ऊपर को उठा रखा था। निगूढ़ रात्रि की निस्तब्धता में कुत्ते भी भूत-प्रेतों में विश्वास करने लगते हैं। वह भय से थरथर काँप रहा था।

उसकी उस दशा पर मेरी दयाभावना आकुल हो उठी थी। और तब सहसा पूर्णिमा का चाँद, मृत्यु के समान मौन, एक मकान के पीछे ढलक गया था। क्षण भर के लिए वह उस चौड़ी छत पर ठिठक गया था,–निश्चल, निस्तब्ध, मानो वह किसी दूसरे की सम्पत्ति पर खड़ा हो।

उसी कारण वह कुत्ता डर गया था, क्योंकि कुत्ते चोरों और भूत-प्रेतों में विश्वास करते हैं।...और जब उस प्रकार का उत्क्रन्दन मैंने फिर सुना तो एक बार फिर मेरी दया भावना उद्वेलित हो उठी।

और तब वह बौना जाने कहाँ अलोप हो गया था, और वह फाटक भी, और वह मकड़ी भी। और, वह सारी कानाफूसी भी। क्या मैंने स्पप्न देखा था ? क्या मैं अब जाग उठा हूँ ? और तब सहसा मैंने अपने आप को उन भयानक चट्टानों के बीच अकेला

पाया, और पाया अपने आपको उदास और सुनसान उस अत्यन्त सुनसान और उदास चाँदनी में।

किन्तु वहाँ तो एक मनुष्य पड़ा था ! और वही कुत्ता भी। वह उछल रहा था, उसके बाल खड़े थे और वह कराह रहा था। जब उसने मुझे आते देखा तो वह फिर उत्क्रन्दन करने लगा और चिल्लाने लगा। क्या पहले भी मैंने कभी किसी कुत्ते को इस प्रकार सहायता के लिए चिल्लाते हुए सुना है ?

सत्य तो यह है कि जो कुछ मैंने वहाँ उस समय देखा वैसा पहले कभी नहीं देखा था। मैंने एक तरुण गड़रिये को देखा जो तड़प रहा था, जिसका चेहरा ऐंठ गया था और जिसके मुख से एक भारी काला साँप लटक रहा था।

क्या मैंने पहले भी कभी किसी के चेहरे पर इतना घिनौनापन और ऐसा पांडुर त्रास देखा था ?...सम्भवतः वह सो रहा था जब उसके कंठ में वह साँप घुस गया था और अपने दाँत उसके कंठ के भीतर घुसाकर लटक गया था।

मैंने अपने हाथ से साँप को खींचा, बहुत खींचा, किन्तु सफल न हुआ। उसके कंठ में से साँप को खींचने में मैं असफल रहा; तब मैंने ज़ोर से चिल्लाकर कहा, "काट डाल, काट डाल। इसका सिर दाँतों से काट डाल।" यह आवाज़ मेरे अन्दर से निकली; मेरा भय, मेरी घृणा, मेरी दया, मेरी समस्त भलाइयाँ और बुराइयाँ, सब एक साथ मेरे अन्दर से चिल्ला उठी थीं।

हे मेरे आस-पास के साहसी युवको, हे वीर उपकर्मियो तथा अन्वेषणकर्त्ताओ, हे द्रोही बादबानों के साथ अनजाने समुद्रों में यात्रा करनेवालो, हे रहस्य उन्मत्त लोगो ! मेरे लिए इस रहस्य का निर्वचन करो जो मैंने उस समय देखा था। एकाकी पुरुष के उस अनुभव की व्याख्या करो जो अभी तुम्हें सुनाकर हटा हूँ।

वह सब क्या था जो मैंने देखा था, क्योंकि वह एक मानसिक हृदय भी था और भविष्य दर्शन भी। दृष्टान्त के रूप में मैंने क्या देखा था ? वह आदमी कौन है जो अवश्य आनेवाला है !

वह गड़रिया कौन है जिसके कंठ में इस प्रकार साँप घुस गया था ? वह कौन मनुष्य है जिसके कंठ में प्रत्येक भारी से भारी और काली से काली वस्तु इस प्रकार घुसेगी ?

उस गड़रिये ने अन्त में, मेरे चिल्लाने पर वही किया जिसका मैंने आदेश दिया था, यानी उसने ज़ोर से दाँत से काटा, अच्छी तरह काटा और फिर साँप का सिर दूर थूककर वह उछलकर उठ खड़ा हुआ।

अब न वह गड़रिया रहा था और न मनुष्य—वह एक रूपान्तरित प्राणी बन गया था—एक दिव्य प्राणी जिसके चारों ओर प्रकाश छाया हुआ था और वह हँस रहा था।...संसार में कोई मनुष्य आज तक ऐसा न हँसा होगा जैसा कि वह हँस रहा था।

हे भाइयो ! मैंने ऐसी हँसी सुनी है जो किसी मनुष्य की हँसी न थी। और अब

एक प्यास मुझे सता रही है, एक ऐसी अभिलाषा मेरे प्राणों को खाए जा रही है जो कभी कम न होगी।

उस हँसी की अभिलाषा मुझे खाए जा रही है : हाय मैं इस जीवन को अब कैसे सहन करूँ ! और इस समय मृत्यु को भी कैसे सहन कर सकता हूँ !

ज़रतुष्ट्र ने यह कहा।

अनैच्छिक आनन्द

ऐसी उलझनों और कड़वाहटों को हृदय में लिए हुए ज़रतुष्ट्र ने समुद्र की यात्रा आरम्भ की। किन्तु जब वह सुखधाम द्वीपों तथा अपने मित्रों से चार दिन की दूरी पर चला गया तो उसने अपने प्राणों की व्यथा को परास्त कर लिया। वह विजेता के समान अविचल क़दमों से अपने भाग्य के सम्मुख डट गया; और तब अपनी प्रफुल्ल आत्मा से यों कहने लगा :

अब मैं फिर अकेला हूँ, और अकेला ही रहना चाहता हूँ–निर्मल आकाश और विस्तृत समुद्र के साथ अकेला; और ढलती हुई दोपहर फिर मेरे इर्द-गिर्द छा गई है।

दिन ढलने के समय ही पहली बार मेरे मित्र मुझे मिले थे; और दूसरी बार भी दिन ढलने के समय ही–ऐसे समय जब प्रकाश में कुछ स्थिरता और धीमापन आ जाता है, मैंने अपने मित्रों को पाया था।

क्योंकि आनन्द का जो कुछ अंश अभी तक आकाश से धरती की ओर उतर रहा है, वह अपने निवास के लिए किसी दीप्त आत्मा की खोज में लगा हुआ है : आनन्द के कारण अब समस्त प्रकाश में कुछ स्थिरता और धीमापन आ गया है।

हे मेरे जीवन की ढलती हुई दोपहर ! मैंने क्या त्याग नहीं किया केवल एक वस्तु पाने के लिए, अर्थात् अपने विचारों के इस सजीव रोपण के लिए और अपनी उच्चतम आशाओं की इस उषा के लिए।

एक समय निर्माता ने साथियों को, अपनी आशा की सन्तान को खोया, किन्तु उसकी खोज उस समय तक निष्फल रही जब तक कि वह स्वयं ही उन्हें पहले पैदा न कर ले।

और बस, अब मैं अपने कार्य में व्यस्त हूँ, अपनी सन्तान के पास आने और जाने में : अपनी सन्तान के निमित्त ज़रतुष्ट्र को अब अवश्य ही आदर्श बनना होगा।

हृदय से मनुष्य क्योंकि केवल अपनी सन्तान और अपने कार्य को ही प्रेम करता है, इसलिए जब यह प्रेम किसी को अत्यन्त उत्कंठा के साथ स्वयं अपने से ही हो जाए, तो यह है निशानी गर्भावस्था की, मेरा यही अनुभव है।

मेरी सन्तान अभी अपने पहले बसन्त में ही है और हरियाली से चमचमा रही है। वे एक-दूसरे से सटे खड़े हैं और वायु के झोंके से एक साथ लहरा रहे हैं–ये मेरे उद्यान तथा मेरी सर्वश्रेष्ठ भूमि के वृक्ष।

निस्सन्देह, जहाँ इस प्रकार से वृक्ष एक-दूसरे के साथ सटे खड़े हों, बस वही सुखधाम द्वीप है।

किन्तु एक दिन मैं इन्हें उखाड़ूँगा और प्रत्येक वृक्ष को अलग-अलग लगाऊँगा ताकि वे एकाकीपन, स्वाधीनता और प्रज्ञा के गुण सीख लें।

तब वे समुद्र के तट पर अपनी लचीली दृढ़ता के साथ ग्रन्थिल और टेढ़े-मेढ़े होकर खड़ा होना जान जाएँगे, एक अजेय जीवन का सजीव जलदीप बनकर।

वह सामने जहाँ आँधियाँ समुद्र में छलाँगें मारती हैं, और जहाँ पर्वतों की सूँड़ें पानी पीती हैं, वहाँ हर एक को, दिन-रात, बारी-बारी पहरा देना होगा–अपनी परीक्षा, अपनी पहचान और स्वीकरण के लिए।

प्रत्येक के लिए यह स्वीकरण, पहचान व परीक्षा आवश्यक है, यह जाँचने के लिए कि वह मेरे वंश से, और मेरे जैसा है या नहीं। क्या वह एक दीर्घ संकल्प का स्वामी है ?...क्या वह बोलते समय भी मौन रहता है ?---क्या वह इस प्रकार दान करता है कि देते समय भी जैसे लेता ही हो ?

यह सब इसलिए ताकि वह एक दिन मेरा साथी बन सके, ज़रतुष्ट्र के साथ मिलकर निर्माण करे तथा उत्सव मनाए : ऐसा मनुष्य जो मेरी सारणियों पर मेरा संकल्प लिख सके जिससे कि समस्त वस्तुएँ पूर्णतया अपनी सम्पूर्णता को प्राप्त हो जाएँ।

उसके निमित्त तथा उस जैसे मनुष्यों के निमित्त अब मुझे स्वयं भी सम्पूर्णतया सम्पन्न होना होगा। इसी कारण अब मैं अपने आनन्द से दूर भागता हूँ और अपने आप को प्रत्येक दुर्भाग्य के सामने उपस्थित कर देता हूँ। यही मेरी अन्तिम परीक्षा तथा पहचान व स्वीकरण है।

और, निस्सन्देह, अब समय आ पहुँचा है कि मैं बिदा हो जाऊँ; और परिव्राजक की छाया, तथा अत्यधिक थकान और अति स्थिर बेला, इनमें से प्रत्येक ने मुझे यही कहा है "सही समय आ पहुँचा है।"

कुंजी-छिद्र में से होकर एक शब्द, आँधी के झोंके पर सवार, मेरे निकट आया और बोला : "आ"। सहसा बहुत सावधानी के साथ फाटक खुला और बोला, "जा"।

किन्तु मेरी सन्तान का प्रेम बेड़ियाँ बनकर मुझे जकड़े हुए था : अभिलाषा ने, प्रेम की अभिलाषा ने, मेरे लिए यह फन्दा डाल रखा था ताकि मैं अपनी सन्तान की बलि बन जाऊँ और अपने आप को उनमें गँवा दूँ।

अभिलाषी होकर–जिसका अब मेरे लिए अर्थ है, अपने आप को गँवाकर, हे मेरे बच्चो, मैंने तुम्हें प्राप्त किया है। इस प्राप्ति में अब प्रत्येक वस्तु को आश्वासन बनना होगा, अभिलाषा नहीं।

किन्तु मेरे प्रेम का सूर्य चिन्ताग्रस्त मेरे ऊपर छाया हुआ था मानो वह अंडे से रहा था। ज़रतुष्ट्र स्वयं भी उसमें उबल रहा था। और तब समस्त परछाइयाँ तथा सन्देह मेरे ऊपर से हटकर उड़ गए।

अब तुषार और हेमन्त के लिए मेरा जी चाहता है–काश कि तुषार और हेमन्त

के कारण मैं फिर फटने और चरमराने लगूँ—मैंने ठंडी साँस भरकर कहा; और तब मेरे भीतर से हिम-शीत कुहासे के बादल से उठने लगे।

मेरा अतीत अपनी क़ब्र फाड़कर बाहर निकल आया और बहुत-सी वेदनाएँ भी जो इसी तरह दबी पड़ी थीं, अपनी क़ब्रों में से उठ खड़ी हुईं : शव-वस्त्रों में छिपी हुई वे केवल प्रगाढ़ निद्रा में मग्न थीं।

प्रत्येक वस्तु मुझे संकेत से कह रही थी : "समय आ पहुँचा है," किन्तु मैंने किसी की नहीं सुनी, यहाँ तक कि अन्त में मेरा अगाध गर्त हिलने लगा और मेरे विचारों ने मुझे काट खाया।

हे अगाध विचार, तू जो मेरा विचार है मुझे बता, मुझमें इतनी शक्ति कब आएगी कि मैं तेरे सुरंग खोदने की आवाज़ सुन, और भय से थर-थर न काँपूँ।

जब मैं उन्हें खोदते हुए सुनता हूँ, तो मेरा हृदय कंठ तक धड़कने लगता है; और तेरा मौन तो मेरे गले का फन्दा ही बन जाता है, हे अगाध मौनधारी !

अभी तक तुझे ऊपर बुलाने का साहस मुझमें कभी नहीं हुआ; मेरे लिए यही बहुत था कि मैं तुझे लादे-लादे फिरता रहा। अभी तक सिंह की-सी मस्ती तथा खिलाड़ीपन के लिए मेरे भीतर पर्याप्त शक्ति नहीं है।

तेरा भार मेरे लिए सदैव ही दुस्सह बना रहा है, किन्तु एक दिन अवश्य ही मेरे अन्दर वह शक्ति और सिंह की-सी गरजन आनेवाली है जो तुझे ऊपर बुला सकेगी।

जब मैं इन बातों में अपने आप को जीत लूँगा, अपना अतिक्रमण कर लूँगा तो फिर इनसे बड़ी बातों में भी अपना अतिक्रमण कर पाऊँगा, और तब एक विजय मेरी परिपूर्णता की छाप होगी।

इस समय तक मैं अज्ञात और सन्दिग्ध समुद्रों का भ्रमण कर रहा हूँ और संयोग मेरी चापलूसी कर रहा है, ये मीठी-मीठी बातें बनानेवाला संयोग। मैं आगे-पीछे दृष्टि दौड़ा रहा हूँ किन्तु मुझे अभी तक कोई तट, कोई अन्त दिखाई नहीं पड़ता।

अभी तक मेरे अन्तिम संघर्ष की घड़ी नहीं आई—सम्भवतः वह अभी-अभी आ पहुँची है। आह, यह समुद्र तथा जीवन अपने अभिशापक, द्रोही सौन्दर्य के साथ मुझे चारों ओर से देख रहा है।

हे मेरे जीवन की ढलती हुई दोपहर, हे सन्ध्या से पूर्व का शान्त प्रमोद, हे उत्तंग समुद्र की दिव्यता, हे अनिश्चित क्षणों की सुख-शान्ति, मुझे तुम सब पर कितना अविश्वास है !

निश्चय ही मुझे तुम्हारे अभिशापक सौन्दर्य पर तनिक-सा भी विश्वास नहीं है। मैं उस प्रेमी के समान हूँ जो प्रत्येक उस मुस्कान को सन्देह की दृष्टि से देखता है जिसका माधुर्य अत्यधिक लावण्यमय हो।

जिस प्रकार वह अपनी अत्यन्त प्रिय प्रेयसी को अपने हाथों अपने सामने से धकेल देता है और वह ईर्ष्या का मारा उस कठोरता में भी कोमलता से ही काम लेता है, उसी प्रकार मैं भी इस पुण्य घड़ी को अपने हाथों दूर धकेल रहा हूँ।

दूर हो यहाँ से, हे पुण्य घड़ी, हे आनन्दविभोर अवसर, तेरे साथ मेरे लिए अनैच्छिक आनन्द आया है ! मैं अपनी अति घोर वेदना के लिए यहाँ तैयार खड़ा हूँ। तू बड़े ग़लत समय पर आई है, हे पुण्य घड़ी !

दूर हो यहाँ से पुण्य घड़ी; अच्छा हो यदि तू आश्रय ले ले वहाँ, मेरे बच्चों के पास। जल्दी कर और सन्ध्या से पूर्व ही मेरे शान्त प्रमोद से उन्हें आशीर्वाद दे।

देख, वह सन्ध्या बढ़ी चली आ रही है, सूर्य डूब रहा है, दूर हो मेरे शान्त प्रमोद।

यह था जो ज़रतुष्ट्र ने कहा, और वह रात भर अपने दुर्भाग्य की प्रतीक्षा करता रहा; किन्तु विफल प्रतीक्षा। रात उसी प्रकार शान्त और निर्मल बनी रही और उसका हर्ष और प्रमोद उसके निकट, और भी निकट आता गया। इसी प्रकार सवेरा हो गया और तब सहसा ज़रतुष्ट्र हँस पड़ा और व्यंग्य भरे शब्दों में कहने लगा, ''खुशी मेरे पीछे-पीछे भागी चली आ रही है। इसका कारण यह है कि मैं स्त्रियों के पीछे नहीं भागता, और यह खुशी एक स्त्री ही तो है।''

सूर्योदय से पूर्व

हे मेरे सिर पर आच्छादित आकाश ! हे स्वच्छ, पवित्र और गहन आकाश ! हे प्रकाश के अपरिमित पुंज ! जब मैं तुझे देखता हूँ दिव्य भावनाओं से मेरा शरीर काँपने लगता है।

अपने आपको तेरी ऊँचाइयों तक उछालना–यही है मेरी गहराई। तेरी पवित्रता में अपने आप को छिपाना–यह है मेरा सारल्य, मेरी पवित्रता !

भगवान् अपने सौन्दर्य को अवगुंठित रखता है : तू भी अपनी तारावली को छिपाए रहता है; तू मौन रहता है और इस प्रकार मुझ पर अपनी बुद्धिमत्ता को प्रकट करता है।

आज तू मेरे कारण झंझात्रस्त क्रुद्ध समुद्र के ऊपर चुपचाप उदय हो रहा है। तेरे प्रेम, तेरी नम्रता और तेरी सुशीलता ने मेरी झंझाग्रस्त आत्मा को एक दिव्य दृश्य से सम्पन्न कर दिया है।

इसलिए कि तू सौन्दर्य की साकार मूर्ति बना हुआ अपने सौन्दर्य का अवगुंठन ओढ़कर मेरे पास आया और अपनी निर्विवाद बुद्धिमानी के कारण तूने मौन भाषा में मेरे साथ बातें कीं।

आह, यह भला कैसे सम्भव है कि मैं तेरी आत्मा की विराट सुशीलता को पहचान न सकूँ। सूर्य से पहले तू मेरे पास आया–मुझ निपट एकाकी के पास।

हम दोनों आदि से ही एक-दूसरे के मित्र हैं : एक-दूसरे के दुख, भीषणता और भूमि में हमारी सामान्य साझेदारी है, यहाँ तक कि सूर्य भी हम दोनों का एक ही है।

हम एक-दूसरे से बातें नहीं करते क्योंकि हम एक-दूसरे को अत्यधिक जानते हैं। हम एक-दूसरे के सम्मुख मौन रहते हैं, हम अपनी जानकारी को मुस्कान द्वारा एक-दूसरे पर प्रकट किया करते हैं।

क्या तू मेरी अग्नि का प्रकाश नहीं है ? क्या तेरे भीतर मेरी अन्तर्दृष्टि की सहोदर आत्मा नहीं है ?

हम दोनों ने एक साथ मिलकर ही सब कुछ सीखा है, हम दोनों ने अपने से ऊँचे उठकर अपने तक पहुँचना तथा खुलकर मुस्कराना भी साथ-साथ सीखा है।

नीचे की ओर, कोसों दूर, शुभ्र चमकीली आँखों से खुलकर मुस्कराना, जबकि हमारे नीचे प्रतिबन्ध, प्रयोजन और अपराध वर्षा के समान अन्धाधुन्ध बरस रहे हैं।

और जब मैं अकेला भटकता फिरता था तो निर्जन रातों में तथा गहन कुटिल

भूलभुलैयों के मार्गों में मेरी आत्मा किस चीज़ की भूखी थी ? उसे किस चीज़ की तलाश थी ? और जब मैं पर्वतों पर चढ़ता था तो यदि तेरी नहीं तो अन्य किसकी खोज में मैं अनवरत भटकता रहता था ?

और मेरी यह समस्त यात्राएँ तथा पर्वतारोहण–यह तो एक मज़बूरी थी और अनाड़ी का कामचलाऊ प्रयास था : मेरे सारे संकल्पों की उत्कट इच्छा तो उड़ने की थी, उड़कर तुझमें मिल जाने की।

और मुझे सबसे अधिक घृणा थी उड़ते हुए बादलों से, तथा प्रत्येक उस वस्तु से जो तुझको कलुषित करती हो। मैं तो स्वयं अपनी घृणा से भी घृणा करने लगा था क्योंकि वह भीं तो तुझको कलुषित करती है।

इन उड़ते हुए बादलों से तो मुझे अत्यन्त घृणा है–यह घात लगानेवाली चोर बिल्लियाँ। यह हम दोनों को उस वस्तु से वंचित करते हैं जो हम दोनों में साझी हैं–यानी एक विशाल और अबाध 'हाँ' तथा 'एवमस्तु' कहने से।

इन मध्यस्थियों से हमें अत्यन्त घृणा है–इन उड़ते बादलों से : इन आधे-आधों से जिन्होंने हृदय से न आशीर्वाद देना सीखा है और न अभिशाप देना।

मैं यह अच्छा समझूँगा कि अवरुद्ध आकाश के नीचे टब में बैठा रहूँ, या आकाश विहीन किसी अगाध गर्त्त में पड़ा रहूँ, इसकी अपेक्षा कि, हे द्युतिमान् आकाश, तुझे उड़ते हुए बादलों से कलुषित होते हुए देखूँ।

और बहुधा मेरा जी चाहता है कि इनको बिजली के आँके-बाँके सुनहले तारों से जकड़ लूँ और फिर उनके फूले हुए पेटों पर विद्युत गरजन के समान ढोल पीटूँ–एक क्रुद्ध ढोलची के समान; क्योंकि वह मुझे तेरी 'हाँ' तथा 'एवमस्तु' से वंचित करते हैं। हे मुझ पर आच्छादित आकाश, हे शुभ्र, निर्मल, द्युतिमान् आकाश ! हे प्रकाश के अपरिमित पुंज ! क्योंकि वह तुझे मेरी 'हाँ' तथा 'एवमस्तु' से वंचित करते हैं।

मैं इस सावधान, संशयी बिल्ली की-सी निस्तब्धता की अपेक्षा शोरगुल, वज्रध्वनि और झंझाजनित कोलाहल को कहीं अधिक अच्छा समझता हूँ। मुझे अत्यधिक घृणा है दबे पाँव चलनेवाले आधम-आधे दोगले मनुष्यों से तथा संशयी, दुविधाग्रस्त उड़ते हुए बादलों से।

और "जो आशीर्वाद नहीं दे सकता, वह अभिशाप देना सीखेगा," यह दीप्त प्रकथन मुझे निर्मल आकाश से प्राप्त हुआ था। और ध्रुवतारक के समान मेरी अँधेरी रातों में भी मेरे आकाश पर चमकता रहता है।

किन्तु मैं आशीर्वाद देता हूँ और हाँ कहता हूँ यदि, हे निर्मल द्युतिमान् प्रकाश के पुंज, तू मेरे पास हो ! तेरा सम्पर्क पाकर तो मैं, हे प्रकाश के अगाध गर्त, अपना 'हाँ' कहनेवाला आशीर्वाद प्रत्येक अगाध गर्त में ले जाता हूँ।

मैं आशीर्वाद देनेवाला और 'हाँ' कहनेवाला बन गया हूँ। इसके लिए मैंने चिरकाल तक संघर्ष किया है और दुस्सह प्रयास, ताकि मैं एक दिन अपने हाथों को

आशीर्वाद देने के लिए मुक्त कर सकूँ।

और मेरा आशीर्वाद यह है : 'हर वस्तु के ऊपर होना,'–आकाश के समान, उसकी महराबी छत के समान, नीले गुम्बद के समान और उसकी चिर-स्थायी सुरक्षा के समान।

नित्यता के स्रोत में तथा नेकी और बदी के उस पार प्रत्येक वस्तु का पावन संस्कार हो चुका है, किन्तु यह नेकी और बदी तो स्वयं चलती-फिरती अन्तरित परछाइयाँ हैं और आर्द्र सन्ताप है और प्रवाहित बादल हैं।

मेरी यह शिक्षा, निस्सन्देह, कोई बकवाद नहीं है बल्कि आशीर्वाद है–प्रत्येक वस्तु पर छाया हुआ है संयोग का आकाश, निर्दोषिता व पवित्रता का आकाश, संकट का आकाश।

'श्रीमान् संकट' यह धरती पर कुलीनता की सबसे प्राचीन उपाधि है, मैंने प्रत्येक वस्तु को यह उपाधि पुनः प्रदान कर दी है, प्रयोजन तथा लक्ष्य के बन्धन से मैंने इन सबको मुक्त कर दिया है।

इस मुक्ति को तथा खगोलीय दिव्यता को मैंने प्रत्येक वस्तु के ऊपर नीले गुम्बद के समान फैला रखा है जबकि यह शिक्षा देता था कि इनके ऊपर और इनके द्वारा कोई भी 'अमर संकल्प' नहीं होता।

उस संकल्प के स्थान पर मैंने चंचल विलासीपन, खिलवाड़पन तथा मूर्खता का प्रचार किया था अपनी इस शिक्षा द्वारा कि "प्रत्येक वस्तु में ऐसी वस्तु का होना असम्भव है–और यह है विवेकशीलता।"

हाँ, थोड़ा-सा विवेक, एक सितारे से दूसरे सितारे तक प्रज्ञा के बिखरे हुए बीज–यह ख़मीर समस्त वस्तुओं में मिला रहता है : मूर्खता के निमित्त प्रज्ञा प्रत्येक वस्तु में मिली रहती है।

सम्भवतः थोड़ी-सी प्रज्ञा किन्तु यह पावन निर्भरता मैंने प्रत्येक वस्तु में पाई है कि संयोग के पैरों से नाचना उन्हें कहीं अधिक प्रिय है।

हे मेरे ऊपर आच्छादित आकाश ! हे विशाल पवित्र आकाश ! मेरे निकट तू इसलिए पवित्र है क्योंकि तुझमें न तो विवेक की अमर मकड़ियाँ हैं और न विवेक रूपी मकड़ियों के जाल–

–और इसलिए कि मेरे निकट तू दैवी संयोगों की नृत्यशाला है, और इसलिए कि तू दैवी पाँसों तथा पाँसा फेंकनेवालों के लिए एक दैवी जुआ-पटल है।

ओह, तू तो लज्जारंजित हो गया ? क्या मैंने कोई अनुचित बात कह डाली है ?...क्या मेरे मुँह से कोई निन्दनीय शब्द निकल गए हैं जबकि मेरा अभिप्राय आशीर्वाद देने का था ?

और या यह मेरे मिलाप का कारण है जिससे तू लजा गया है ?...क्या तू मुझे चुप रहने और चले जाने का आदेश दे रहा है क्योंकि अब दिन निकल आया है।

संसार बहुत गहन है : इतना गहन कि दिवस कभी इसकी कल्पना भी नहीं कर

सकता। दिन के सम्मुख प्रत्येक बात कह देना उचित नहीं होता और प्रत्येक बात दिन में अपने आप को प्रकट भी नहीं कर सकती।...किन्तु दिन का आगमन हो रहा है, और हमको जुदा हो जाना चाहिए।

हे मेरे सिर पर आच्छादित आकाश ! हे लज्जारंजित, द्युतिमान् आकाश ! हे सूर्योदय से पूर्व के मेरे आशीर्वाद ! दिन का आगमन हो गया है। अब हमें अलग-अलग हो जाना चाहिए।

ज़रतुष्ट्र ने यह कहा।

छोटा बना देनेवाले सद्गुण

जब ज़रतुष्ट्र फिर महाद्वीप पर उतरा तो वह सीधा अपने पर्वतों तथा अपनी गुफ़ा की ओर नहीं गया, बल्कि यहाँ-वहाँ घूमने लगा, इधर-उधर से प्रश्न पूछ-पूछकर अपनी जानकारी बढ़ाता रहा; यहाँ तक कि वह स्वयं अपना उपहास करते हुए कहने लगा : "देखो, इस नदी को जो घूम-फिरकर इधर-उधर बहती हुई और चक्कर काटती हुई स्वयं ही अपने स्रोत की ओर उलटी बह रही है।" ज़रतुष्ट्र जानना चाहता था कि इस बीच मनुष्यों पर क्या कुछ बीती है; उन्होंने उत्कृष्टता प्राप्त की है या लघुता, वे बढ़े हैं या घटे। और तब सहसा उसकी दृष्टि कुछ नए मकानों पर पड़ी जो एक पंक्ति में खड़े थे। उन्हें देखकर उसे बड़ा आश्चर्य हुआ और वह कहने लगा :

"इन मकानों का क्या अर्थ है ? निस्सन्देह यह कोई महान् आत्मा नहीं हो सकती जिसने अपने प्रतिरूप के अनुरूप इन्हें बनाया हो।

क्या किसी अबोध बालक ने अपने खिलौनों के डिब्बे में से निकालकर इन्हें यहाँ ला खड़ा किया है ? अच्छा हो यदि कोई दूसरा बालक इन्हें फिर से अपने डिब्बे में बन्द कर ले !

और ये कोठरियाँ और कमरे–क्या कोई मनुष्य इनके भीतर आ-जा सकते हैं ? मेरे विचार में तो ये रेशमी गुड़ियों के लिए बनाए गए हैं अथवा सूक्ष्मभोजी व्यक्तियों के लिए जो सम्भवतः दूसरों को अपने-सा खिलाते-पिलाते रहते हैं।"

ज़रतुष्ट्र विचारमग्न चुपचाप खड़ा का खड़ा रह गया; अन्त में उसने विषाद के साथ कहा, "प्रत्येक वस्तु छोटी हो गई है।"

हर जगह मुझे नीचे द्वार दिखाई देते हैं : मेरे सदृश लोग इनमें जा तो सकते हैं, किन्तु झुककर।

आह, मैं फिर कब अपने घर वापस जा सकूँगा जहाँ झुकना नहीं पड़ता और ज़रतुष्ट्र ने एक दीर्घ श्वास भरी और क्षितिज की ओर देखने लगा।

और उसी दिन उसने छोटा बना देनेवाले सद्गुणों के सम्बन्ध में अपना प्रवचन सुनाया।

2

मैं इन लोगों के बीच में होकर जाता हूँ और अपनी आँखें खुली रखता हूँ। ये लोग मेरी

इस धृष्टता को अक्षम्य समझते हैं कि मुझे उनके सद्गुणों पर ईर्ष्या नहीं होती।

वे मुझे काटने दौड़ते हैं क्योंकि मैं उनसे कहता हूँ कि छोटे लोगों को छोटी नेकियों की आवश्यकता है–और क्योंकि मेरे लिए यह समझ सकना कठिन है कि क्या छोटे लोगों का होना आवश्यक है।

मैं तो यहाँ उस मुर्गे के समान हूँ जो किसी पराए दड़बे में बन्द हो और जिसे मुर्गियाँ तक काटने को दौड़ती हों; किन्तु इसके कारण इन मुर्गियों की ओर से मेरे दिल में कोई मैल नहीं है।

मैं इनसे शिष्टता का व्यवहार करता हूँ जैसा कि सभी क्षुद्र अड़चनों तथा छोटी-मोटी उलझनों के प्रति होना चाहिए : छोटों के प्रति कँटीले हो जाना, क्षुद्र की हिमाकत पर पंजे निकाल लेना, मेरे निकट कँटीले जंगली चूहे जैसी बुद्धि का परिचय देना है।

सन्ध्या के समय जब वे अग्नि तापने के लिए उसके ईर्द-गिर्द बैठते हैं तो वे सब मेरे सम्बन्ध में बातें करते हैं–मेरे सम्बन्ध में वे सब बातें तो अवश्य करते हैं, किन्तु मेरे सम्बन्ध में उनमें से सोचता कोई नहीं।

एक नवीन प्रकार की नीरवता है जिसका मुझको अनुभव हुआ; मेरे आस-पास उनका कोलाहल एक चादर के समान फैलकर मेरे विचारों को ढक देता है।

वे आपस में गुल-गुड़ापा करते हैं और चिल्लाते हैं : ‘‘यह काला बादल हमारे बीच क्या करने आया है ? हमें सावधान रहना चाहिए कि हमारे बीच यह कोई महामारी न फैला दे।’’

और अभी कल की बात है कि एक स्त्री ने अपने बालक को, जो मेरे पास आना चाहता था, पकड़कर अपनी ओर खींच लिया और चिल्लाकर कहने लगी, ‘‘बच्चों को यहाँ से हटा दो; इस जैसी आँखें बच्चों की आत्मा को झुलस देती हैं।’’

जब मैं बोलता हूँ तो वे खाँसने लगते हैं : खाँसना, उनके निकट, झंझावात का प्रतिशोध है–उन्हें मेरे झंझा-प्रचण्ड आशीर्वाद का क्या पता !

‘‘हमारे पास ज़रतुष्ट्र के लिए समय नहीं है।’’ किन्तु उस काल का क्या मूल्य हो सकता है जिसमें ज़रतुष्ट्र के लिए ‘‘समय न हो ?’’

और यदि वे कभी मेरी प्रशंसा करें तो उनकी उस प्रशंसा पर क्या मुझे कभी चैन की नींद आ सकती है ? उनकी प्रशंसा तो काँटों का हार है जो उतारकर फेंकते समय भी चुभता है।

और उनके साथ रहकर मुझे यह भी अनुभव हुआ है कि प्रशंसा करनेवाला यद्यपि यह ज़ाहिर करता है कि वह कुछ दे रहा है जबकि वास्तव में वह और अधिक उपहार पाने का इच्छुक होता है।

यह मत पूछो कि क्या उनकी खुशामद तथा प्रशंसा का संगीत अच्छा है ! निश्चय ही उनकी इस धबड़-धबड़ और पीं-पीं के साथ न तो वे नाच सकते हैं और न ही निश्चल खड़े रह सकते हैं।

वे चाहेंगे कि अपनी खुशामद तथा प्रशंसा से फुसलाकर मुझे क्षुद्र सद्गुणों की ओर

ले जाएँ; वे चाहेंगे कि मेरे पैरों को फुसलाकर अपनी धबड़-धबड़ के क्षुद्र आह्लाद की ओर ले जाएँ।

मैं इन लोगों के बीच से होकर निकल जाता हूँ और अपनी आँखें खुली रखता हूँ : वे और छोटे हो गए हैं और दिन-प्रतिदिन छोटे होते जा रहे हैं—इसका कारण है 'उनका आह्लाद तथा सद्गुण सम्बन्धी सिद्धान्त'।

वे अपने सद्गुणों में भी संयताचार से ही काम लेते हैं क्योंकि उन्हें आराम और सुगमता से प्यार है। सुगमता और संयत-सद्गुण, इन दोनों का घनिष्ठ सम्बन्ध होता है।

यह सत्य है कि वे अपने ढंग से चलना भी सीखते हैं, और आगे बढ़ना भी : मैं इसे उनका लँगड़ाना कहता हूँ। और अपने इस लँगड़ेपन में वे प्रत्येक द्रुतगामी के लिए मार्ग की अड़चन बन जाते हैं।

और इनमें से बहुत-से ऐसे हैं जो चलते तो आगे की ओर हैं किन्तु अकड़ी हुई गर्दन से देखते हैं पीछे की ओर : ऐसे लोगों से टकराना मुझे अच्छा लगता है।

पैर और आँख झूठ नही बोलेंगे, और न एक-दूसरे को झुठलाएँगे। किन्तु छोटे लोगों में झूठ बोलना अत्यधिक पाया जाता है।

कुछ तो इनमें से अवश्य संकल्प कर सकते हैं परन्तु अधिकांश पराए संकल्पों के अधीन होते हैं। इनमें से कुछ तो खरे और असली होते हैं किन्तु अधिकांश घटिया किस्म के अभिनेता और भाँड़ होते हैं।

वे आपस में अभिनय करते हैं—बिना जाने हुए और बिना इच्छा के। असली इनमें बहुत कम होते हैं, विशेषतया असली अभिनेता।

इनमें पौरुष का निपट अभाव होता है; इसलिए इनकी नारियाँ नर-समान बन जाती हैं। जिस पुरुष के भीतर पर्याप्त मात्रा में पौरुष हो, वही पुरुष नारी के भीतर के नारीत्व की रक्षा कर सकता है।

और इनका यह पाखण्ड मुझे बहुत ही अखरता है कि इनमें से वे लोग भी जो शासक हैं, स्वामी हैं—अपने-अपने सेवकों जैसी नेकियाँ दिखाना चाहते हैं।

"मैं सेवक हूँ, तू सेवक है, हम सेवक हैं," यह हैं इनके शासकों के पाखण्ड की बातें। बड़े से बड़ा शासक यदि बड़े से बड़ा सेवक ही हो, तो धिक्कार है ऐसे शासन पर !

मेरी आँखों की उत्सुकता से उनके पाखण्ड तक छिपे नहीं रह सकते। मैं खिड़कियों के शीशे की धूप पर उनके मक्खियों जैसे आह्लाद की भिनभिनाहट को भली प्रकार समझ गया हूँ।

मैं जितनी अनुकंपा तथा कृपा देखता हूँ उतनी ही निर्बलता, दया तथा दुर्बलता का भी आभास करता हूँ।

एक-दूसरे के प्रति उनका व्यवहार बड़ा सरल, सुचारु तथा दयार्द्र होता है, जिस प्रकार रेत के गोल कणों का व्यवहार रेत के अन्य गोल कणों के साथ सरल, सुचारु

तथा दयापूर्ण हुआ करता है।

बड़ी नम्रता के साथ किसी छोटे-से सुख का आलिंगन करना–इसको वे 'आत्म-समर्पण' कहते हैं; और साथ-साथ इसी प्रकार के किसी क्षुद्र-से सुख को विनम्रता के साथ कनखियों से खोजते भी रहते हैं।

हृदय से वे केवल एक ही बात के इच्छुक रहते हैं–और वह है यह कि उन्हें कोई दुख न पहुँचाए। यही कारण है कि वे सबके शुभचिन्तक रहते हैं और सबसे भलाई करते हैं।

किन्तु यह तो भीरुता है, यद्यपि ये लोग इसे सद्गुण कहते हैं।

और यदि ये छोटे लोग कभी कठोरता से बोलते भी हैं तो ऐसा लगता है मानो इनका गला बैठा हुआ है–प्रत्येक श्वास इनकी आवाज़ को और भी भारी करता जाता है।

वे सयाने तो हैं और उनके सद्गुणों की उँगलियाँ भी सयानी हैं; किन्तु इनके पास मुट्ठी का अभाव है, उनकी उँगलियाँ नहीं जानतीं कि किस तरह भींचकर मुट्ठी का रूप धारण किया जाता है।

इनके निकट नेकी उस वस्तु का नाम है जो मनुष्य को विनम्र तथा पालतू बना देती हो। इसके प्रयोग से उन्होंने भेड़िये को कुत्ता बना लिया है और स्वयं मनुष्य को मनुष्य का सबसे उत्तम पालतू व घरेलू जानवर।

''हम तो बीच में बैठते हैं,'' उनका नख़रा मुझसे कहता है–''मरते हुए खड्ग मल्लों से उतनी ही दूर जितना कि सन्तुष्ट सुअरों से।''

किन्तु यह तो थोथापन है, यद्यपि ये लोग इसको संयताचार कहते हैं।

3

मैं इन लोगों के बीच से अपने शब्द बिखेरता हुआ निकल जाता हूँ, किन्तु ये लोग न तो उनको लेना ही जानते हैं और न लेकर रखना ही।

उन्हें आश्चर्य होता है कि मैं वासनाओं और अवगुणों की निन्दा करने क्यों नहीं आया हूँ; और सत्य भी यही है कि मैं उन्हें जेबकतरों से सावधान करने नहीं आया हूँ।

उन्हें आश्चर्य होता है कि मैं क्यों उनके चातुर्य को तीक्ष्ण तथा तीव्र करने नहीं आया हूँ मानो उनके पास अपने लालभुजक्कड़ों की कमी हो जिनकी आवाज़ सलेटी-पेंसिल के समान मेरे कानों को खुरचती-सी प्रतीत होती है।

और जब मैं चिल्लाकर यह कहता हूँ : ''धिक्कार है तुम्हारे भीतर के भीरु शैतानों को जो हाथ जोड़कर गिड़गिड़ाते हैं और स्तुति करते हैं।''–तो वे गला फाड़-फाड़कर जवाब देते हैं, ''ज़रतुष्ट्र विधर्मी है, ज़रतुष्ट्र नास्तिक है।''

आज्ञापालन की शिक्षा देनेवाले उनके शिक्षक उन्हें विशेष रूप से यही कहते हैं। इन्हीं शिक्षकों के कानों में चिल्ला-चिल्लाकर मुझे यह कहने में आनन्द आता है कि :

''हाँ मैं ही हूँ ज़रतुष्ट्र–नास्तिक, विधर्मी ज़रतुष्ट्र।''

आज्ञापालन के ये शिक्षक जहाँ कहीं क्षुद्रता, बीमारी, दद्रु तथा खुरण्ड हो वहीं ये जुओं के समान रेंगकर पहुँच जाते हैं; यदि इनसे मुझे घिन्न न आती होती तो मैं इन्हें कभी का मसल डालता, नाखूनों पर चटका-चटकाकर मार डालता।

लो, यह मेरा उपदेश है उनके कानों के लिए; ''मैं हूँ नास्तिक, विधर्मी ज़रतुष्ट्र, जो यह कहता है : मुझसे बढ़कर कौन बड़ा विधर्मी है जिसकी शिक्षा का आनन्द मैं ग्रहण कर सकूँ।''

मैं हूँ विधर्मी ज़रतुष्ट्र : मुझे कहाँ मिल सकता है कोई दूसरा मेरे जैसा ?...मेरे जैसा वही हो सकता है जो स्वयं अपना संकल्प हो और जिसने सर्व प्रकार की अधीनता तथा अनुवर्तन त्याग दिया हो।

मैं हूँ ज़रतुष्ट्र विधर्मी तथा नास्तिक : मैं प्रत्येक संयोग को अपने निजी पात्र में पकाता हूँ और जब तक वह उसमें अच्छी तरह पककर तैयार नहीं हो जाता मैं उसे अपनी खाद्य-सामग्री नहीं बनाता।

बहुत-से संयोग अभिमान से भरे हुए मेरे पास आए, किन्तु मेरे संकल्प ने जब और भी अधिक अभिमान से बात की तो वे पैरों पर गिरकर गिड़गिड़ाने लगे–और याचना करने लगे कि मैं उन्हें अपने हृदय में स्थान दे दूँ। वे खुशामद करते थे और कहते थे, ''देख तो सही, हे ज़रतुष्ट्र, किस प्रकार एक मित्र दूसरे मित्र के पास आया है।''

किन्तु जिसके पास मेरी बात सुनने के लिए कान न हों, मैं वहाँ क्यों बोलूँ ? इस लिए अब मैं चारों ओर की वायु को सम्बोधित करके पोषणा करता हूँ :

हे छोटे लोगो, तुम दिन-प्रति-दिन घटते जाते हो ! हे आरामतलब लोगो, तुम मुरझाते और टूटते जाते हो ! वह दिन दूर नहीं जब तुम्हारा सर्वनाश हो जाएगा।

तुम्हारा सर्वनाश होगा तुम्हारे अपने बहुत-से क्षुद्र सद्गुणों के कारण, और तुम्हारी अपनी बहुत-सी क्षुद्र भूल-चूकों के कारण, अपनी अत्यधिक अधीनताओं तथा आज्ञापालनों के कारण।

बहुत ही नरम, बहुत ही दबती हुई है तुम्हारी धरती। किन्तु उस वृक्ष के लिए जो ऊँचा और बड़ा होना चाहता है, यह आवश्यक है कि उसकी सुदृढ़ जड़ें सख़्त और सुदृढ़ चट्टानों के गिर्द लिपट जाएँ।

तुम्हारी भूलचूक भी–तुम्हारा अकृत्य कार्य भी–मानव मात्र के समस्त भविष्य का जाला बुनता है, यहाँ तक कि तुम्हारा शून्य भी एक मकड़ी का जाला है, और एक ऐसी मकड़ी का जो भविष्य के रक्त पर जीवित रहती है।

और जब तुम कोई वस्तु लेते हो, तो लगता है, मानो चोरी कर रहे हो, हे क्षुद्र सदाचारियो ! किन्तु चोरों के भीतर भी एक मान-मर्यादा होती है जिनका कहना है कि ''चोरी करना उसी समय उचित है जब डाका डालना असम्भव हो।''

''प्रदान करना,'' यह भी आज्ञापालन तथा अनुवर्तन के सिद्धान्त की एक शिक्षा है। किन्तु हे आरामतलबो, मैं तुमसे ग्रहण करने की बात कहता हूँ–विश्वास करो कि

दिन-प्रति-दिन तुमसे अत्यधिक लिया जाएगा, ग्रहण किया जाएगा।

क़ाश कि तुम अपने अर्धसंकल्प का परित्याग कर सकते और अपने आलस्य तथा निकम्मेपन में भी उतनी ही सुदृढ़ता तथ संलग्नता का परिचय देते जितना कि किसी कार्य में देते हो।

क़ाश कि तुम मेरी यह बात समझ सकते कि "जो चाहो सो करो" किन्तु पहले तुम उन जैसे बन जाओ जो संकल्प कर सकते हैं।

अपने पड़ोसी से अपने समान ही प्रेम करो–किन्तु पहले उन जैसे बन जाओ जो अपने आप से प्रेम करते हैं।

उन जैसे जिनके प्रेम में महान् अनुराग होता है, जिनके प्रेम में महान् घृणा होती है, यह कहना है नास्तिक ज़रतुष्ट्र का।

किन्तु मैं क्यों बोल रहा हूँ जब कि किसी के पास मेरी बात सुनने के लिए कान ही नहीं हैं। किन्तु अभी बहुत तड़का है, कोई घंटा भर पहले मैं यहाँ पहुँच गया हूँ।

इन लोगों में अपने लिए मैं अपना ही अग्रदूत हूँ; इन अँधेरी गलियों में, अपने लिए मैं आप ही मुरग़े की बाँग हूँ।

किन्तु उनकी घड़ी आ पहुँची है ! और साथ-साथ मेरी भी। पल-प्रति-पल वे और छोटे, और हीन तथा और फल-विहीन होते जा रहे हैं–ये हीन पौधे, यह हीन भूमि !

और शीघ्र ही वे सूखी घास के समान, शुष्क बंजर भूमि के समान मेरे सामने खड़े होंगे, अपने से तंग और जीवन से बेजार–और पानी की अपेक्षा दावानल के इच्छुक !

हे वज्रपात के पावन क्षण ! हे मध्याह्न पूर्व के मौन रहस्य !–एक दिन मैं इन्हें प्रचण्ड ज्वाला के धधकते हुए धावन शोले बनाकर छोड़ूँगा और ऐसे अग्रदूत जिनकी जिह्वा ज्वाला उगलेगी।

वे ज्वाला उगलती हुई जिह्वा से घोषणा करेंगे : वह आ रही है, वह आ पहुँची है, "वह महान् मध्याह्न बेला !"

ज़रतुष्ट्र ने यह कहा।

जैतून-पर्वत के ऊपर

हेमन्त, यह एक असह्य अतिथि है जो मेरे साथ घर के भीतर घुसा बैठा है; उसके प्रेमपूर्वक हाथ मिलाते ही मेरे हाथ नीले पड़ गए।

मैं अपने इस असभ्य अतिथि का आदर तो करता हूँ, किन्तु यह चाहता हूँ कि वह अकेला ही बैठा रहे। मैं इससे दूर भागता हूँ; कोई जितना तेज़ भाग सकता हो, उतना ही वह इससे बच सकता है।

उत्तम चरण और उत्तम विचार लेकर मैं उस ओर भागता हूँ जहाँ तेज़ हवा नहीं लगती–यानी अपने जैतून-पर्वत पर सुनहरी धूप के आँचल में।

वहाँ पहुँचकर मैं अपने इस निर्दय अतिथि पर हँसता हूँ, किन्तु फिर भी वह मुझे अच्छा ही लगता है, क्योंकि वह मेरे घर को मक्खियों से तथा छोटे-मोटे शोर-शराबे से मुक्त कर देता है।

उसके लिए भुनगों तक का–इकले-दुकले भुगनों तक का–भिनभिनाना असह्य है; वह गली-कूचों तक को इतना सुनसान बना देता है कि वहाँ रात के समय, भय के मारे, चाँदनी भी थरथर काँपती है।

वह बड़ा कठोर अतिथि है, किन्तु मैं उसका आदर करता हूँ; और मैं दुर्बलों के समान उस बड़ी तोंदवाले देवता, अग्नि-देवता, की पूजा नहीं करता हूँ।

मूर्तिपूजा की अपेक्षा दाँत बजाना और ठिठुरना कहीं अच्छा है ! यह है मुझ जैसे मनुष्य का संकल्प। मुझे घृणा है विशेषतः इन सारे कामातुर, लोलुप, धुआँधार और श्वासरोधक अग्नि-देवताओं से।

जिसे मैं प्रेम करता हूँ उसे गरमियों की अपेक्षा सरदियों में अधिक और तीव्र प्रेम करता हूँ : और अब जबकि शीत ऋतु मेरे घर में बैठी है, मैं अपने शत्रुओं का अधिक और तीव्र उपहास उड़ाता हूँ।

बड़े मुक्त हृदय से, उस समय भी जबकि मैं बिछौने में दुबक रहा होता हूँ, मेरा निहित उल्लास हँसता है और उपहास उड़ाता है–मेरे मायावी स्वप्न भी हँसते हैं।

मैं और दुबकनेवाला ! किसी बड़ी से बड़ी शक्ति के सामने भी मैं जीवन भर नहीं दुबका; और यदि मैंने कभी झूठ बोला है तो वह केवल प्रेम के कारण। इसीलिए अब मैं आनन्दमग्न हूँ, अपने सरदियों के बिछौने तक में।

दरिद्र बिछौना मुझे अधिक गरमाई पहुँचाता है किसी सम्पन्न बिछौने की अपेक्षा :

मैं अपनी दरिद्रता से ईर्ष्या करता हूँ। सरदियों में मेरा यह बिछौना बहुत ही स्वामिभक्त होता है।

थोड़ी-सी दुष्टता के साथ मैं अपना दिन आरम्भ करता हूँ; शीत जल से स्नान करके मैं शीत-ऋतु का उपहास किया करता हूँ : इस पर मेरा यह अतिथि बुड़बुड़ाया करता है।

इसे छोटी-सी मोमबत्ती से गुदगुदाने में भी मुझे आनन्द आता है, ताकि वह तंग आकर भस्म-धूसर उषा को हटा दे और आकाश को खोल दे।

विशेषतः मैं सवेरे के समय अत्यधिक नटखट हो जाता हूँ : प्रातःकाल जब कि कुओं पर डोल खड़खड़ाता है, गागरें खनकती हैं और धुन्ध-धूसर गलियों में असील घोड़े हिनहिनाकर अपने मुँह से गरम वाष्प छोड़ते हैं।

और तब मैं बड़ी अधीरता के साथ शुभ्र आकाश के खुल जाने की प्रतीक्षा करता हूँ–बरफ़ जैसी श्वेत दाढ़ीवाले हेमन्ती आकाश की, वृद्ध, श्वेत शीर्षवाले आकाश की।

यह मूक हेमन्ती आकाश, जो बहुधा अपने सूर्य तक को दबाकर मौन तथा ओझल कर देता है।

शायद मैंने भी अपना निर्बाध, शुभ्र, स्पष्ट और दीर्घ मौन इसी से सीखा है ?... अथवा इसने मुझसे सीखा है ?...और या हम दोनों ने पृथक-पृथक, स्वतन्त्र रूप से, इसका आविष्कार किया है।

प्रत्येक उत्तम वस्तु का स्रोत सहस्रमुखी होता है–समस्त उत्तम तथा नटखट वस्तुएँ आनन्द के लिए उत्पन्न होती हैं : फिर भला यह कैसे सम्भव है कि केवल एक बार ही ऐसा हो।

यह दीर्घ मौन भी एक अच्छी तथा नटखट चीज़ है। वैसी ही जैसी कि हेमन्ती आकाश को गोल-गोल चकित आँखोंवाले चमकीले चेहरे से निरत निहारते रहना।

और इसी के समान अपने सूर्य तथा अपने अलोच दृढ़ सूर्य-संकल्प को, दबाकर मौन तथा ओझल रखना–निस्सन्देह यह कला तथा यह हेमन्ती नटखटपन मैंने भली प्रकार सीख लिया है।

मेरी एकान्तप्रिय नटखटता तथा मेरी कला यह है कि मेरा मौन अपने गुप्त रहस्यों को मौन द्वारा प्रकट नहीं होने देता।

शब्दों और पाँसों की खड़खड़ाहट में मैं उन सबको भ्रम में डाल देता हूँ जो गम्भीरतापूर्वक आशा लगाए बैठे रहते हैं : मेरा संकल्प और मेरा प्रयोजन इन समस्त कठोर पहरेदारों से बचकर निकल जाएगा–ताकि कोई भी प्राणी मेरी अतल थाह तक तथा मेरे अन्तिम संकल्प तक दृष्टि न पहुँचा सके, मैंने अपने लिए यह दीर्घ तथा दीप्त मौन का निर्माण किया है।

बहुत-से चतुर लोगों को मैंने देखा जो अपना चेहरा ढके रहते हैं, और अपने जल को गँदला कर लेते हैं : इसलिए कि कोई उनके आर-पार और उनके भीतर न देख सके।

किन्तु इन्हीं लोगों के पास, विशेषकर अधिक चतुर और अविश्वासी लोग–

भाँड़ाफोड़ लोग आते हैं और इनकी छिपाई हुई सर्वोत्तम मछलियाँ पकड़ ले जाते हैं।

किन्तु स्वच्छ, स्पष्ट तथा निर्मल–मेरे निकट इस प्रकार के मौनधारी ही सबसे अधिक चतुर होते हैं क्योंकि इनका तल इतना गहन और गम्भीर होता है कि विशुद्ध तथा स्वच्छतम जल के भीतर से भी उसमें देखा नहीं जा सकता।

हे बरफ़ की-सी सफेद दाढ़ीवाले शीत ऋतु के मौन आकाश ! कितनी समानता है तेरे दिव्य आकार में और मेरी आत्मा के उल्लास में।

क्या यह आवश्यक नहीं है कि मैं अपने आपको उस मनुष्य के समान छिपा लूँ जिसने सोना निगल लिया हो, ताकि ये लोग मेरी आत्मा को चीर न डालें।

क्या यह आवश्यक नहीं है कि मैं कठघोड़ी पर चढ़कर चलूँ, ताकि मेरी लम्बी टाँगें इन ईर्ष्यालु तथा दुर्भावपूर्ण लोगों की कुदृष्टि से सुरक्षित रहें जो मेरे आसपास फैले हुए हैं।

यह आत्माएँ–यह धूम्र-धूसर, घुटी हुई फफूँद लगी, शिथिल तथा अशिष्ट आत्माएँ– भला इनकी ईर्ष्या मेरा आनन्द कैसे सहन कर सकती है ?

किन्तु मैं इन्हें अपने पर्वत-शिखरों की केवल शीत ऋतु तथा हिम ही दिखाऊँगा और इसका आभास न होने दूँगा कि सूर्य की समस्त मेखलाएँ मेरे पर्वत की कटि पर शोभायमान हैं।

वे केवल मेरी हेमन्ती सँझा का कोलाहल ही सुन पाते हैं–वे नहीं जानते कि मैं दक्षिण की अनुरागभरी बोझल और गर्म वायु के समान गर्म समुद्रों के ऊपर भी यात्रा करता हूँ।

उन्हें मेरे संयोगों तथा आकस्मिक घटनाओं पर दया आती है–किन्तु मैं कहता हूँ, ''जो भी संयोग हो उसे निधड़क आने दो–वह तो बच्चों के समान निरपराध है।''

वे मेरे आनन्द को क्योंकर सहन कर सकते थे यदि मैं इसको घटनाओं, हेमन्ती कठिनाइयों, पोस्तीनी टोपियों तथा हिमाच्छादित आकाशों में लपेटकर न रखता !

यदि मैं उनकी दया पर–ईर्ष्यालु तथा अशुभचिन्तक लोगों की दया पर–दया न करता।

यदि मैं स्वयं ही उनके सामने उच्छ्वास न भरता, सर्दी से दाँत न बजाता और अपने आपको उनकी दया में चुपचाप न लिपटने देता !

यह मेरी आत्मा की धूर्त बुद्धिमानी तथा दया-भावना है कि वे अपनी हेमन्त ऋतु तथा हेमन्ती झंझाओं को नहीं छिपाती और न ही अपने पैर की बिवाइयों को छिपाती है।

एक एकान्त वह होता है जिसमें रोगी भागकर आश्रय पाता है और दूसरा एकान्त वह होता है जिसमें रोगी से भागकर आश्रय मिलता है।

इन दरिद्र, भैंगे प्रवंचकों को मुझे सर्दी में ठिठुरते तथा उच्छ्वास भरते सुनने दो। इनके अत्यन्त गरम कमरों से मैं दूर भागता हूँ–मेरा ठिठुरना तथा उच्छ्वास भरना कहीं अधिक अच्छा है।

मेरे पैर की विबाइयाँ देखकर उन्हें ठंडी साँसें भरने दो तथा दया दिखाने दो। खिन्नता प्रकट करते हुए वे कहते हैं : "प्रज्ञा की हिम में वह एक दिन ठिठुरकर मर जाएगा।"

और तब तक मैं अपने जैतून-पर्वत पर प्रदीप्त चरणों के साथ इधर-उधर भ्रमण करता फिरता हूँ : अपने जैतून-पर्वत पर धूपवाले स्थानों में बैठकर मैं दया पर हँसता और गाता हूँ।

ज़रतुष्ट्र ने यह कहा।

चलते-चलते

इसी प्रकार धीरे-धीरे घूमते-फिरते, अनेक जातियों तथा भिन्न-भिन्न नगरों में से गुज़रता हुआ, ज़रतुष्ट्र अन्त में, एक लम्बे मार्ग से अपने पर्वतों तथा अपनी गुफ़ा में वापस आया। और देखता क्या है कि अनजाने में उसकी उस यात्रा ने सहसा उसे विशाल नगर नामी एक शहर के फाटक पर पहुँचा दिया। यहाँ एक पागल, जिसके मुँह से झाग निकल रहे थे, बाँहें फैलाए उसकी ओर लपका और उसका रास्ता रोककर खड़ा हो गया। यह वही पागल था जिसे लोग 'ज़रतुष्ट्र का बन्दर' कहा करते थे, क्योंकि उसने कुछ-कुछ ज़रतुष्ट्र की नक़ल करना सीख लिया था और जहाँ-तहाँ उसके जैसे शब्दों तथा उस जैसी शैली का प्रयोग किया करता था। इसके अतिरिक्त, उसने शायद जान-बूझकर यह भी प्रयत्न किया था कि वह ज़रतुष्ट्र की प्रज्ञा-निधि में से कुछ धन उधार माँग ले और फिर उसे अपना निजी धन बताकर लोगों के सामने रखे। वह पागल ज़रतुष्ट्र से यों कहने लगा–

हे ज़रतुष्ट्र, यह विशाल नगर है, यहाँ तुझे कुछ मिल तो नहीं सकता, हाँ, जो कुछ तेरे पास है, उसे तू गँवा अवश्य सकता है।

फिर क्यों तू इस कीचड़ में प्रवेश कर रहा है ? क्यों इसे पार करना चाहता है ?...अपने पैरों पर दया कर। तेरे लिए यही अच्छा है कि तू इस नगर के फाटक पर थूक दे–और पलट जा।

यह नरक है, एकान्तवासियों के विचारों के लिए : यहाँ महान् विचारों को जीवित जलाया जाता है, और जलाकर भस्म कर दिया जाता है।

यहाँ महान् उद्गारों पर फफूँदी लग जाती है और उन्हें सड़ने दिया जाता है; यहाँ तो केवल तुच्छ उद्गारों के सूखे कंकालों को खड़खड़ाने तथा चरमराने की आज्ञा दी जाती है।

क्या तुझे यहाँ आत्मा के बूचड़खानों और रसोईघरों की दुर्गन्ध नहीं आती ? क्या यह नगरी वध-आत्माओं की दुर्गन्ध से सड़ नहीं रही है ?

क्या तू नहीं देखता कि यहाँ आत्माएँ सड़े-गले, फटे-पुराने चिथड़ों की तरह लटक रही हैं ?–और ये लोग इन चिथड़ों से समाचारपत्र बनाते हैं !

क्या तू नहीं जानता कि यहाँ आत्माएँ केवल शब्दों का गोरखधन्धा बनकर रह गई हैं ? यहाँ शाब्दिक बातों की अत्यन्त घिनावनी वमन की जाती है !–और इस घिनावनी वमन-वाति को भी यहाँ समाचारपत्रों का रूप दे दिया जाता है।

वे एक-दूसरे को भगाते हैं किन्तु नहीं जानते किधर ! वे एक-दूसरे को आगबबूला बनाते हैं किन्तु नहीं जानते क्यों ! वे अपना पीतल खनकाते हैं; अपना-अपना सोना ठनकाते हैं !

वे ठंडे हैं और आसुत जल में गरमाई खोजते हैं; वे तप्त हैं और श्यान-आत्माओं में शीतलता खोजते हैं; वे सब रोगी हैं और उनके शरीर लोक-मत के फोड़े-फुनसियों से भरे हुए हैं।

हर प्रकार के दुर्गुणों तथा व्यसनों का यह घर है; किन्तु यहाँ कुछ भले लोग भी हैं और उपयोगी व्यावहारिक सद्गुण भी।

बहुत-से उपयोगी सद्गुण ऐसे हैं जिनकी उँगलियाँ मुंशियों जैसी हैं और जिनके नितम्ब बैठने और प्रतीक्षा करते रहने से पत्थर के समान कठोर हो गए हैं, जिनको ऐसी सन्तान का सौभाग्य प्राप्त है जिनके चिपके हुए वक्षस्थल पदकों से आभूषित हैं और सूखे हुए नितम्बों पर गद्दियाँ बँधी हैं।

और यहाँ धर्मनिष्ठा भी बहुत है : अत्यधिक श्रद्धा-भक्ति से शक्ति के देवताओं की खुशामद करना और उनका थूक चाटना।

यहाँ 'ऊपर से' पदक रूपी थूक टपकता है, और प्रत्येक अनाभूषित वक्षस्थल की अभिलाषायुक्त आँखें ऊपर की ओर लगी रहती हैं।

चाँद की अपनी सभा है और सभा के अपने चन्द्रमुखी बछड़े : किन्तु यह भिखारी लोग और इनकी सारी भिखारी-नेकियाँ सभा में से आनेवाली प्रत्येक वस्तु के सामने गिड़गिड़ाकर प्रार्थना करती हैं।

"मैं सेवा करता हूँ, तू सेवा करता है, हम सब सेवा करते हैं..." यह है प्रार्थना इन उपयोगी सद्गुणों की जो कि वे राजा के सामने करते हैं, इस आशा में कि उनके पिचके हुए वक्षस्थल इस सुअर्जित पदक से कभी न कभी तो आभूषित होंगे।

परन्तु चन्द्रमा प्रत्येक भौतिक वस्तु के गिर्द घूमता है : और इसीलिए राजा भी इस सबसे ठोस भौतिक वस्तु के गिर्द–यानी दुकानदार के सोने के गिर्द–घूमता है।

शक्ति का स्वामी सोने की ईंटों का स्वामी नहीं होता; राजा तो केवल प्रस्थापना करता है, निरवर्त्तन करता है दुकानदार।

जो कुछ तेरे भीतर द्युतिमान् है, प्रबल है और प्रशंसनीय है मैं तुझे उन सबकी शपथ देकर कहता हूँ, हे ज़रतुष्ट्र, कि इन दुकानदारों की नगदी पर थूक दे और पलट जा।

यहाँ प्रत्येक की नाड़ियों में सड़ा हुआ, लगभग ठंडा तथा फेनदूषित रक्त बहता है; थूक इस विशाल नगर पर–इस विशाल मल-प्रणाल पर जहाँ दुनिया भर की गन्दगी सदा सड़ती रहती है।

थूक इस भिंजी हुई आत्माओं तथा हीनांगी मनुष्यों की नगरी पर, भूखी आँखों तथा चिपचिपी हथेलियों की नगरी पर।

थूक इस नगरी पर जो निर्लज्जों और लेखनी तथा कंठ के मुँहफटों और तीव्र लालसा के मारों की नगरी है।

इस नगरी में सबकुछ दूषित है, बदनाम है, अविश्वसनीय है, अन्धकारपूर्ण है, व्रणयुक्त है, विद्रोही है।

थूक इस विशाल नगर पर और पलट जा !

किन्तु यहाँ ज़रतुष्ट्र ने उसे रोक दिया—उस मुँह से झाग टपकाते हुए पागल को।

अपना मुँह बन्द कर, ज़रतुष्ट्र ने चिल्लाकर कहा, तुझ जैसों से और तुझ जैसों की बातों से मुझे अत्यन्त घृणा है।

तू इतने दिनों दलदलों में क्यों रहा कि स्वयं भी मेंढक जैसा बन गया है।

क्या तेरी नाड़ियों में भी सड़ा हुआ, झाग भरा दलदली रक्त नहीं बह रहा है कि तूने इस प्रकार टरटराना और दूसरों की निन्दा करना सीख लिया है ?

तू जंगल में क्यों नहीं चला गया ?...या खेत जोतने ? क्या समुद्र हरियाले द्वीपों से भरा हुआ नहीं है ?

मुझे अत्यन्त घृणा है तेरी घृणा से। और यह जो तू मुझे चेतावनी दे रहा है, तूने स्वयं चेतावनी क्यों ग्रहण नहीं की ?

केवल प्रेम के स्तर से ही मेरी घृणा तथा चेतावनी का पक्षी उड़ सकता है, इस कीचड़ और दलदल के स्तर से नहीं।

वे तुझे मेरा बन्दर कहते हैं, हे लार बहानेवाले मूर्ख, किन्तु मैं तुझे अपना घुरड़-घुरड़ करनेवाला सुअर कहता हूँ। अपनी इस घुरड़-घुरड़ से तूने मेरी मूर्खता की प्रशंसा तक को मिट्टी में मिला दिया है।

वह क्या था जिसके कारण तू प्रथम बार पुरड़ाया था ?—यही न कि किसी ने तेरी चापलूसी नहीं की थी; और इसीलिए तू गन्दगी के ढेर पर आ बैठा है ताकि तुझे जी खोलकर घुरड़-घुरड़ करने का कारण हाथ आ जाए—ताकि तुझे जी खोलकर वैरशोधन का कारण हाथ आ जाए ! मैं समझ गया हूँ, हे निकम्मे मूर्ख, तेरी यह सारी घुरड़-घुरड़ केवल वैरशोधन के लिए ही है।

किन्तु तेरा यह मूर्ख प्रलाप, मेरे लिए हानिकारक है, चाहे इसमें कुछ सत्य ही क्यों न हो। ज़रतुष्ट्र के वचन शत-प्रतिशत सत्य ही क्यों न हों, किन्तु तू मेरे वचनों को सदैव असत्य बनाकर ही प्रयोग में लाएगा।

यह था जो ज़रतुष्ट्र ने कहा, और उसके उपरान्त वह बड़ी देर तक चुपचाप विशाल नगर को देखता रहा और ठंडी साँसें भरता रहा। अन्त में वह कहने लगा—

मुझे केवल इस वीभत्स रूपवाले पागल से ही घृणा नहीं है बल्कि यह विशाल नगर भी मुझे घिनावना लगता है। इन दोनों के भीतर कुछ भी तो ऐसा नहीं है जिसे कुछ अच्छा बनाया जा सकता हो, और न ही ऐसा है जिसे कुछ अधिक बुरा बनाया जा सकता हो।

खेद है इस विशाल नगर पर ! क़ाश कि अग्नि के वे प्रचंड भभूके मैं देख पाता जो इसको जलाकर भस्म कर देते।

क्योंकि अग्नि के इन प्रचंड भभूकों को महान् मध्याह्न के अग्रदूत बनना है ! किन्तु इसका अपना समय है और अपना प्रारब्ध।

किन्तु, हे मूर्ख, मैं तुझे जाते-जाते यह शिक्षा दिए जाता हूँ कि : "जहाँ रहकर मनुष्य और अधिक प्रेम न कर सकता हो वहाँ से उसे गुज़र जाना चाहिए।"

यह था जो ज़रतुष्ट्र ने कहा और उसके उपरान्त वह उस पागल के पास से और विशाल नगर से आगे बढ़ गया।

यह धर्मत्यागी लोग

हाय, इस शाद्वल में जो कुछ कल हरा-भरा और रंग-बिरंगा था, आज सूखा और रंगविहीन पड़ा है। यहाँ से कितना मधु–आशा का मधु मैं मधुछत्तों से ले चुका हूँ।

यह समस्त युवक हृदय यहाँ वृद्ध हो गए हैं–वृद्ध ही नहीं, बल्कि जीर्ण, आलसी तथा शिथिल हो गए हैं। और वे कहते हैं, "हम फिर से धर्माता बन गए हैं।"

अभी पिछले दिनों मैंने उन्हें अपनी साहसी टाँगों पर रोज़ प्रातःकाल भागते देखा था। किन्तु उनके ज्ञान की टाँगें थक गई थीं, और अब वे अपने प्रातःकालवाले साहस की भी निन्दा करते हैं।

एक समय था कि उनमें से बहुत-सारों के पैर नर्तकों के समान उठते थे। मेरी प्रज्ञा अपने अट्टहास की आँखों से जब उन्हें संकेत करती, तभी सहसा उन्हें अपनी याद आती; और अब मैं देखता हूँ कि वे झुक गए हैं और दुबककर सलीब अर्थात् क्रॉस के नीचे पहुँच गए हैं।

एक समय था कि वे पतंगों और युवक कवियों के समान प्रकाश और स्वाधीनता के गिर्द फड़फड़ाया करते थे। उनकी आयु बढ़ती गई और जोश घटता गया–और फिर शीघ्र ही वे प्रकाश-विरोधी अस्पष्ट वक्ता तथा निकम्मे बनकर रह गए।

क्या उनके हृदय इस कारण साहस छोड़ बैठे कि मुझे एकान्तवास ने ह्वेल मछली के समान निगल लिया था, मुझे और मेरे सिंहनाद को और अग्रदूत की पुकार को सुनने के लिए वे तरसते रहे ?

आह, ऐसे लोग कम, बहुत कम होते हैं जिनका हृदय धैर्यशील होता है, साहस और वीरता से सम्पन्न होता है। शेष सब भीरु होते हैं।

और यह शेष : इनकी संख्या बहुत बड़ी होती है और इन्हीं का बहुमत होता है–यह साधारण, यह फालतू, यह जनाकीर्ण भीड़–यह सबके सब भीरु होते हैं।

वह जो मेरे समान है, उसे मेरे जैसे ही अनुभव होंगे और इसी कारण उसके सबसे पहले साथी शव और विदूषक होंगे।

किन्तु उसके बाद के उसके साथी, जो अपने आपको उसके अनुयायी कहेंगे, वह एक बड़ी सजीव भीड़ होगी–अत्यधिक निष्ठावान् एवं स्नेहमय अल्हड़ किशोरों की भीड़ तथा अत्यधिक दाढ़ीविहीन श्रद्धालुओं की भीड़।

मनुष्यों में जो भी मेरे जैसा है वह कभी भी इन अनुयाइयों को अपने हृदय से नहीं बाँधेगा; जो कोई भी इन दुर्बल लोगों के हृदय की भीरुता और अस्थिरता से परिचित

है, वह कभी भी इस प्रकार की वसन्त ऋतुओं तथा शाद्वलीय हरियाली और उसके रंग-बिरंगे फूलों पर विश्वास नहीं करेगा।

यदि उनकी कार्यप्रणाली का भिन्न होना सम्भव होता तो उनका संकल्प भी भिन्न होता। अधूरी बात सम्पूर्ण बात को बिगाड़ देती है। यदि पत्ते सूख जाते हैं तो इसमें शोक और विलाप की कौन-सी बात है ?

उनको जाने दे, उनको झरने दे, हे ज़रतुष्ट्र, शोक तथा विलाप न कर ! बल्कि प्रचंड वात के समान उनके अन्दर घुस जा।

इन पत्तों के अन्दर प्रचंड वात के समान बहने लग जा, हे ज़रतुष्ट्र, ताकि वे सब जो सूख चुके हैं, तेरे पास से भाग जाएँ–दूर और तेज़ी के साथ भाग जाएँ।

2

"हम फिर धर्मात्मा बन गए हैं," ये धर्मविरोधी लोग अंगीकार करते हैं और इनमें से कुछ तो इतने भीरु हैं कि यह भी अंगीकार करना उनके लिए सम्भव नहीं।

मैं उनकी आँखों में आँखें डालकर, उनके मुँह पर–उनके लज्जा से तमतमाए हुए मुँह पर कहता हूँ कि तुम ऐसे ही हो जिनसे प्रार्थना नहीं छूट सकती, हिर-फिरकर तुम उपासना ही करोगे।

किन्तु प्रार्थना तो एक लज्जाजनक बात है ! सबके लिए नहीं किन्तु तेरे लिए और मेरे लिए, और उसके लिए जिसका अन्तःकरण उसके मस्तिष्क में हो। तेरे लिए तो निश्चय ही प्रार्थना करना लज्जाजनक बात है।

तू यह भली प्रकार जानता है कि तेरे भीतर का भीरु शैतान जो हाथ पर हाथ धरे बैठा रहता है, और जो हर बात में सुभीता खोजता है, यही भीरु शैतान तुझे सिखाया करता है कि "भगवान् का अस्तित्व है।"

इसी कारण तेरा सम्बन्ध उन जैसों से है जिन्हें प्रकाश से भय लगता है, जिन्हें प्रकाश में शान्ति नहीं मिलती। और अब तेरे लिए अनिवार्य है कि तू अपना सिर अन्धकार में और वाष्प में, प्रतिदिन गहरे से गहरा दबाता जा।

तूने अपने लिए ठीक ही समय चुना है; वह देख, निशाचर पक्षी भी घोंसले से बाहर निकल आए हैं। प्रकाश से भयातुर प्राणियों के लिए यही उचित समय है, यह सन्ध्या तथा अवकाश का समय–जिसमें उन्हें अवकाश नहीं मिलता।

मैं सुन रहा हूँ और मुझे गन्ध आ रही है : आ पहुँची है वह घड़ी जिसमें वे शिकार खेलते हैं और घर से बाहर निकलते हैं; शिकार ? जंगली जानवरों का नहीं, बल्कि पालतू, लँगड़े मिनमिनानेवाले, दुबकनेवाले तथा प्रार्थना बुड़बुड़ानेवालों का शिकार–ग्रहणशील पाखंडियों व अनाड़ियों का शिकार : उन्होंने फिर से अपने सारे चूहेदान लगा दिए हैं ताकि इनके हृदय पकड़े जा सकें; और जहाँ कहीं भी मैं कोई परदा हटाता हूँ वहीं से एक न एक पतंगा फड़फड़ाता हुआ बाहर निकल आता है।

वहाँ शायद वह अन्य पतंगों के साथ दुबका बैठा था, क्योंकि प्रत्येक स्थान से मुझे इनकी छोटी-छोटी छिपी हुई टोलियों की गन्ध आती है, और जहाँ कहीं तंग, अँधेरी कोठरियाँ हैं वहीं नए भक्त हैं और भक्तों की असह्य दुर्गन्ध।

सन्ध्या समय वे बड़ी-बड़ी देर तक मिलकर बैठते हैं और कहते हैं : "आओ हम फिर से नन्हे बालक बन जाएँ और मिलकर कहें, 'हे प्यारे भगवान्'।" और अत्यधिक हलवाइयों की कृपा से इनके मुँह कड़ुवे और पेट खराब रहते हैं।

या वे सन्ध्या समय बड़ी-बड़ी देर तक किसी मक्कार, छिपी हुई सलेबी मकड़ी को घूरते रहते हैं जो दूसरी मकड़ियों को ज्ञान की शिक्षा देती है और बताती है कि : "जाला तानने का सबसे उत्तम स्थान सलेबों के नीचे होता है ?"

या वे दिन के समय बड़ी-बड़ी देर तक मछली पकड़ने की वंशी हाथ में लिए छिछले पानी तथा दलदलों के किनारे बैठे रहते हैं, और समझते हैं कि वह बहुत गहन और गम्भीर हो गए हैं। किन्तु वह मनुष्य जो ऐसे स्थान पर मछलियाँ पकड़ता हो, जहाँ मछलियाँ ही न हों, मेरे निकट वह छिछली बुद्धि से भी वंचित है।

या वे बहुत पावन प्रसन्नता के साथ किसी ऐसे गीत रचयिता से बीन बजाना सीखते हैं जो बूढ़ी नारियों और उनकी प्रशंसा से तंग आकर, अपने गीतों के बल पर तरुणियों के हृदय में प्रवेश कर जाते हैं।

या वे किसी ऐसे अर्धपागल विद्वान के पास बैठकर भय से काँपना सीखते हैं जो अँधेरे कमरों में बैठे इस बात की प्रतीक्षा किया करते हैं कि कोई प्रेत आत्मा उनके पास आए, जबकि उनका अपना विवेक सम्पूर्णतया उनसे दूर भाग जाता है।

या वे किसी ऐसे वृद्ध अनाड़ी तथा आवारा मुरलीवाले को सुनते हैं जिसने उदास वायु से उदास तानें सीखी हैं : अब वह सनसनाती वायु के समान सीटियाँ बजाता है और उदास तानों में उदासीनता की शिक्षा देता है।

और कुछ तो इनमें से रात के प्रहरी बन गए हैं : अब इन्होंने श्रृंग बजाना, रात्रि के समय घूमना तथा चिरकाल से सोई हुई पुरानी बातों को जगाना सीख लिया है।

ऐसी ही पुरानी बातों के पाँच वाक्य कल रात मैंने अपने बाग़ की दीवार के पास सुने; जो किसी ऐसे ही वृद्ध, उदास तथा विशुष्क रात के प्रहरी ने कहे थे :–

"पिता की हैसियत से वह अपनी सन्तान का कुछ भी ध्यान नहीं रखता : मानव पिता इसकी अपेक्षा कहीं अच्छे हैं।"

"वह बहुत वृद्ध हो चुका है। इस योग्य नहीं रहा कि अपनी सन्तान का ध्यान रख सके"–दूसरे रात्रि के प्रहरी ने उत्तर दिया।

"उसकी कोई सन्तान है ? यदि वह स्वयं इसको सिद्ध नहीं कर सकता, तो अन्य कौन सिद्ध कर सकता है ! चिरकाल से मेरी यह आकांक्षा है कि वह एक बार इसको सिद्ध कर दे, पूरी तरह सिद्ध कर दे।"

"सिद्ध कर दे ?...मानो उसने कभी कोई बात सिद्ध की हो। किसी की बात को

सिद्ध करना उसके लिए कठिन है, असम्भव है, वह तो केवल विश्वास की बात करता है, विश्वास के सहारे जीवित है—अपने प्रति लोगों के विश्वास के सहारे।''

''हाँ, हाँ, विश्वास से उसका मन प्रफुल्लित होता है—अपने प्रति विश्वास से ! सभी वृद्धों का यही हाल है।...हमारा हाल भी यही होगा।''

यह था दो वृद्ध, प्रकाश से भागनेवाले, दो रात्रि के प्रहरियों का परस्पर वार्त्तालाप, और फिर इन दोनों ने बड़ी उदासी के साथ अपने-अपने शृंग बजाए। यह घटना कल रात, मेरे बाग़ की दीवार के पास घटी।

मेरा हृदय हँसी के मारे बेहाल हो गया, लगता था मानो वह फट जाएगा। वह बावलों के समान निकल भाग जाना चाहता था किन्तु कहाँ...यह वह नहीं जानता था और इसलिए छाती की झिल्ली से टकराकर वहीं गिर पड़ा।

एक दिन हँसते-हँसते, निस्सन्देह मैं घुटकर मर जाऊँगा—जब मैं गधों को नशे में चूर देखता हूँ और रात के प्रहरियों को इस प्रकार भगवान् पर सन्देह प्रकट करते सुनता हूँ तो हँसी के मारे मैं बेहाल हो जाता हूँ।

क्या इस प्रकार के समस्त सन्देहों का समय चिरकाल से बीत नहीं चुका है ?...किसको पड़ी है जो अब इन पुरानी दबी हुई, निद्रामग्न, प्रकाश-भीरु बातों को फिर जाग्रत करे।

पुराने देवताओं का तो मुद्दत हुई अन्त हो गया था—और उनका यह अन्त निस्सन्देह बड़ा सुन्दर, बड़ा हर्षपूर्ण तथा बड़ा दैवी अन्त था।

गोधूलि के समान घुल-घुलकर उनकी मृत्यु नहीं हुई—यद्यपि कुछ लोग ऐसी झूठी बातें भी करते हैं, नहीं, इसके विपरीत, वे तो हँसी से घुटकर एकदम ही मर गए थे।

और यह घटना उस समय घटी जब स्वयं एक देवता ने अत्यन्त अनीश्वरवादी बात अपने मुँह से निकाली। उसने कहा, ''भगवान् केवल एक है। तुम्हें मेरे अतिरिक्त अन्य किसी भगवान् में आस्था नहीं रखनी होगी।''

एक वृद्ध दढ़ियल भगवान्, एक ईर्ष्यालु भगवान् के मुँह से बे-समझे-सोचे यह बात निकल गई।

और उस पर अन्य सारे भगवान् ! ठठ्ठा मारकर हँसे, उनके सिंहासन हिल गए और उन्होंने चिल्लाकर, ''देव तो बहुत हैं किन्तु भगवान् नहीं।''

जिसके पास सुनने की शक्ति हो, वह ध्यान से सुन ले इसे।

यह था जो ज़रतुष्ट्र ने कहा उस नगर में जो उसे अत्यन्त प्रिय था, और जिसका नाम चितकबरी गाय है। यहाँ से अपनी गुफ़ा और अपने जानवरों तक पहुँचने के लिए उसे दो दिन की यात्रा और करनी थी; और अपने स्थान की निकटता से उसकी आत्मा हर्ष और उल्लास से विह्वल थी।

गृह-आगमन

हे एकान्तवास ! हे मेरे घर के एकान्तवास ! मैं इतने अधिक काल तक एक पराए और अपरिचित विदेशी के समान अन्य स्थानों पर भटकता फिरा हूँ कि अब संकोचरहित तेरे पास पलट रहा हूँ।

अब तू मुझे उँगली उठाकर धमका जिस प्रकार माताएँ धमकाती हैं; अब तू मेरी ओर देखकर मुस्करा, जिस प्रकार कि माताएँ मुस्कराती हैं; अब तू बोल और पूछ : "वह कौन था जो एक दिन आँधी के समान मेरे पास से भाग गया था ?

–जिसने विदा होते समय चिल्लाकर कहा था : "चिरकाल तक मैं निर्जनता के साथ यहाँ सहवास कर चुका हूँ, यहाँ तक कि मैं चुप रहना भी भूल गया हूँ; अब तो तूने इसे अवश्य सीख लिया होगा।

हे ज़रतुष्ट्र, तुझे सब कुछ पता है : मैं जानता हूँ कि, हे एकान्तवासी, तू बहुत लोगों की संगत में कहीं अधिक खोया-हुआ और पराया था, उस समय की अपेक्षा जबकि तू मेरे पास था।

परित्यक्त होना एक बात है, और एकान्तवासी होना दूसरी–अब तू इसे समझ गया है, और यह भी कि बहुत-से मनुष्यों में तू सदैव पराया और परित्यक्त था–उस समय की अपेक्षा जब कि तू मेरे साथ था।

पराया और परित्यक्त–उस समय भी जबकि वे तुझसे प्रेम करते हों क्योंकि सर्व प्रथम उनकी यही इच्छा रहती है कि किसी प्रकार उनके अवकाश और आराम में विघ्नबाधा न पड़े।

किन्तु यहाँ तू अपने देश और अपने घर में है; यहाँ तू खुलकर व्यक्त कर सकता है अपने उद्‌गारों को, अपने भावों को; जो कुछ तेरे मन में है उसे निःसंकोच उँड़ेल सकता है; यहाँ तुझे आवश्यकता नहीं उन्हें छिपाने की, उनके कारण लज्जा अनुभव करने की।

यहाँ प्रत्येक वस्तु तेरी अभिव्यक्ति का स्नेहपूर्ण आलिंगन करती है और तेरी चापलूसी करती है, क्योंकि वह तेरी पीठ पर सवारी करना चाहती है। यहाँ तू अपने प्रत्येक सत्य को अपनी मन-पसन्द उपमा दे सकता है।

यहाँ तू प्रत्येक वस्तु के साथ स्पष्ट तथा निष्पक्ष बात कर सकता है : यहाँ की वस्तुओं के साथ यदि कोई निष्पक्ष होकर खुली बातें करे तो वे इसे अपनी प्रशंसा समझती हैं।

किन्तु परित्यक्तता दूसरी बात है। वह दिन याद है तुझे, हे ज़रतुष्ट्र, जब एक शव

को लिए हुए तू जंगल में पड़ा था कि किधर जाए; और तब तेरा पक्षी कहीं से आकर तेरे ऊपर शोर मचाने लगा था।

तू तब चिल्लाया था; 'यही अच्छा है कि मेरे पशु मेरा पथ-प्रदर्शन करें। पशुओं की अपेक्षा मैंने मनुष्यों को कहीं अधिक हिंसक तथा हानिकारक पाया है' : वह थी परित्यक्तता।

और क्या तुझे याद है, हे ज़रतुष्ट्र, कि जब तू अपने द्वीप में बैठा था–मानो मदिरा का एक अजस्र स्रोत रीते पात्रों को भर रहा हो, मुक्तहस्त अपने आपको लुटा रहा हो, प्यासों को पिला रहा हो, भर-भरकर प्रदान कर रहा हो–यहाँ तक कि छके हुए मधुमत्त लोगों की भीड़ में केवल तू ही एक अकेला और प्यासा बैठा रह गया था, और निर्जन रात्रि में क्रन्दन-आर्त करते हुए चिल्ला उठा था : क्या प्रदान की अपेक्षा आदान कहीं भव्य तथा श्रेयस्कर नहीं है ? और आदान की अपेक्षा चोरी करना क्या उससे भी अधिक उत्तम नहीं है।...वह थी परित्यक्तता।

और क्या तुझे याद है, हे ज़रतुष्ट्र, कि जब तेरी नीरवतम बेला आई थी और तुझ को स्वयं मुझसे भगाकर कुभावना से भरी धीरे से बोली थी : बोल और नष्ट-भ्रष्ट हो जा !

–जब उसने तेरी प्रतीक्षा तथा तेरी निस्तब्धता के प्रति तेरा हृदय घृणा से भर दिया था, और तेरे सुशील साहस को निरुत्साहित तथा लज्जित कर डाला था।...वह थी तेरी परित्यक्तता !"

हे एकान्तवास, ओह मेरे घर के एकान्तवास ! कितनी मृदु तथा कोमल होती है तेरी वाणी जबकि वह मुझे सम्बोधित करती है।

हम एक-दूसरे के प्रति सन्देह व संशय की भावना नहीं रखते, हम एक-दूसरे पर कोई आरोप नहीं लगाते; हम तो खुले द्वारों से खुल्लमखुल्ला साथ-साथ जाते हैं।

क्योंकि तेरे यहाँ सब कुछ मुक्त है, स्पष्ट है और ज्योतिर्मय है; यहाँ के तेरे क्षण भी वायु के समान हल्के चरणों पर दौड़ते प्रतीत होते हैं। अन्धकार में काल भी दुष्कर भार बन जाता है, प्रकाश में नहीं।

यहाँ मेरे लिए सर्वसृष्टि के वाक्य तथा वाक्य-मन्दिर सहसा खुल जाते हैं : यहाँ सर्वसृष्टि की यही इच्छा होती है कि वह भाषा में परिवर्तित हो जाए और प्रत्येक परिवर्तन चाहता है कि वह मेरी भाषा में बोलना सीख ले।

किन्तु वहाँ नीचे, सर्व प्रकार की भाषा व्यर्थ है ! वहाँ तो भूल जाना और पास से गुज़र जाना ही सबसे अधिक समझदारी की बात है। यह निस्सन्देह अब मैं भली प्रकार सीख गया हूँ।

वह व्यक्ति जो मनुष्य के भीतर की बात जानना चाहता हो, उसके लिए उसके साथ घनिष्ठता बनाना, उसे अपने हाथों में से निकालना आवश्यक है, किन्तु मेरे हाथों की निर्मलता मुझे इसकी आज्ञा नहीं देती।

जहाँ वे साँस लेते हैं, मैं तो वहाँ खड़ा होना भी पसन्द नहीं करता। हाय, अफ़सोस,

उनके कोलाहल और उनकी बदबूदार साँसों में कितनी देर तक मुझे रहना पड़ा है !

हे मेरे आस-पास की पुण्य निस्तब्धता ! हे मेरे आस-पास की शुद्ध निर्मल गन्ध ! आह, यह निस्तब्धता कितनी गहराई के साथ शुद्ध निर्मल श्वास अपनी छाती में भर रही है ! आह, कितनी ध्यानमग्न, कान लगाकर सुनती है यह पावन निस्तब्धता !

किन्तु वहाँ नीचे, सब कोई बोलते हैं, और सब कुछ ग़लत सुनाई देता है। वहाँ चाहे कोई घंटे-घड़ियाल बजाकर भी सत्य तथा ज्ञान की घोषणा करे, बाज़ार के दुकानदार अपने सिक्कों की खनखनाहट से उसकी आवाज़ को दबा देंगे।

वहाँ सबके सब बोलते हैं; समझने के लिए न किसी के पास समय है और न सूझ। वहाँ अब सब कुछ छिछले पानी में ही डूब जाता है, कोई भी वस्तु गहन कूपों में नहीं गिरती।

वहाँ सबके सब बोलते हैं, और अब कुछ भी सफल नहीं होता और न ही कुछ भी अपनी पूर्णता को प्राप्त होकर सम्पन्न होता है। प्रत्येक वस्तु मुर्गी के समान कुड़कुड़ाती है, किन्तु घोंसले में चुपचाप बैठकर अंडे सेने का कार्य कौन करेगा ?

वहाँ सबके सब बोलते हैं, और बोल-बोलकर सब कुछ नष्ट-भ्रष्ट कर दिया जाता है। और कल तक जो वस्तु स्वयं काल के लिए तथा काल के जबड़ों के लिए अत्यन्त कठोर तथा दुर्बल थी, वह आज के मनुष्यों से चबाई हुई और चिथड़े-चिथड़े तथा टुकड़े-टुकड़े की हुई, उनके लार भरे मुँहों से नष्ट-भ्रष्ट लटक रही है।

वहाँ सबके सब बोलते हैं और कोई भेद बिन-खुले नहीं रहता। और जो किसी समय गुप्त था, तथा गम्भीर आत्माओं का गूढ़ रहस्य समझा जाता था वह आज गली-कूचों के ढिंढोरचियों तथा अन्य तितलियों की सम्पत्ति बना हुआ है।

वाह रे विचित्र मानव समाज–अँधेरी गलियों के कोलाहल करनेवाले जन्तुओ ! अब मैं फिर तुम्हें पीछे छोड़ आया हूँ। मेरा घोरतम संकट अब पीछे छूट गया है।

दया और सहनशीलता, यह दोनों मेरे लिए सर्वदा घोरतम संकट का कारण बने रहे हैं : और समस्त मानव समाज दया तथा सहनशीलता की याचना करता है।

सत्य को दबाकर, बेसमझ हाथों, तथा विभ्रमित हृदय लिए हुए और दयाभाव के क्षुद्र असत्यों से सम्पन्न : इस प्रकार मैं सदैव मनुष्यों के बीच रहा हूँ।

मैं उनके बीच वेश बदलकर बैठता था और सदैव तैयार रहता था कि अपने आप को यह धोखा दे सकूँ कि मेरे लिए उनको सहन करना असम्भव नहीं है; और इस बात के लिए भी मैं तैयार रहता था कि अपने आप से सानुरोध कह सकूँ कि : "हे मूर्ख तू मनुष्यों को नहीं पहचानता।"

मनुष्यों में रहकर कोई भी मनुष्य मनुष्यों को नहीं पहचान सकता। प्रत्येक मनुष्य की परो-भूमि अत्यन्त विशाल होती है–दूर देखनेवाली, दूर खोजनेवाली आँख वहाँ क्या कर सकती है ?

और अब उन्होंने मुझे समझने में भूल की तो इस कारण कि मुझ मूर्ख ने उनके साथ उदारता का व्यवहार किया–इतनी उदारता का कि जो मैं अपने साथ कभी नहीं

करता। और यह इसलिए क्योंकि मैं अपने प्रति कठोर होने का अभ्यस्त हूँ, और बहुधा मैं अपनी उदारता का बदला स्वयं अपने से ही चुकाया करता हूँ।

सिर से पैर तक विषैली मक्खियों से दंशित और शठता की बूँद-बूँद टपकने से पत्थर के समान सुषिर, मैं उनके बीच बैठता था और मन ही मन अपने आपको समझाता था : "प्रत्येक क्षुद्र वस्तु अपनी क्षुद्रता से अनभिज्ञ होती है।"

विशेषकर उन लोगों को जो अपने आपको 'सद्गुण' तथा 'सदाचारी' कहते हैं, मैंने उन्हें विषैली मक्खियों में सबसे अधिक विषैली मक्खियाँ पाया; वे अत्यन्त भोलेपन से डंक मारते हैं, अत्यन्त भोलेपन से झूठ बोलते हैं; फिर भला वे मेरे प्रति क्योंकर न्याय कर सकते हैं ?

जो कोई भी सद्-मनुष्यों की संगत में रहता है, उसको दया की शिक्षा देकर झूठ बोलना सिखाया जाता है। दया प्रत्येक स्वतन्त्र आत्मा के वायुमण्डल को दूषित कर देती है क्योंकि सद्-मनुष्यों की मूढ़ता अपरम्पार होती है।

अपने आपको तथा अपनी सम्पन्नता को गुप्त रखना–यह वहाँ नीचे मैंने सीखा है; क्योंकि वहाँ मैंने प्रत्येक आत्मा को अत्यन्त दरिद्र तथा निर्धन पाया। यह मेरी दया का झूठ था जो मैंने प्रत्येक के भीतर पाया।

मैंने यह देखा और अनुभव किया कि प्रत्येक के लिए कितनी आत्मा पर्याप्त है और कितनी अतिरिक्त।

उनके बेलोच बुद्धिमान् लोग, मैं उन्हें बुद्धिमान् कहता हूँ, बेलोच नहीं–शब्दों को इस प्रकार बिगाड़ना मैंने सीख लिया।

ये कब्र-खोद लोग अपने लिए बीमारियाँ खोदते हैं। कूड़े-करकट के पुराने ढेरों के नीचे दुर्गन्ध दबी रहती है। दलदलों तथा गन्दे कीचड़ को खोदना व कुरेदना नहीं चाहिए। पर्वतों पर रहना ही उत्तम है।

मेरी भाग्यवान् नासिका एक बार फिर पर्वतीय स्वाधीनता को श्वासों द्वारा ग्रहण कर रही है। अन्ततः मेरी नासिकाओं ने मानव-समाज की दुर्गन्ध से छुटकारा पा ही लिया।

फेनिल मदिरा के समान तीक्ष्ण वायु की गुदगुदी से मेरी आत्मा झींक उठी और झींकते ही हर्षोन्मत्त होकर चिल्लाई : "धन्य भाग्य।"

ज़रतुष्ट्र ने यह कहा।

तीन अवगुण

रात सपने में–भोर होने से पहले, पिछले पहर के सपने में–मैंने देखा कि मैं संसार की अन्तिम सीमा के उस पार, एक ऊँचाई पर खड़ा हूँ; मेरे हाथ में तराजू है और मैं संसार को तोल रहा हूँ।

अफ़सोस, कि बहुत शीघ्र उषा आ पहुँची। ईर्ष्या की मारी उषा ने अपने प्रकाश से मुझे जगा दिया। वह सदैव ही मेरे तड़कसार के सपनों पर और उनकी प्रभा पर ईर्ष्या करती आई है।

मापक वह जिसके पास समय हो; तोलक वह जो तोलने में निपुण हो, प्रयास उस उड़नेवाले का जिसके पास शक्तिशाली पंख हों, ज्ञय उस भव्य पारदर्शी के लिए जो अज्ञात की व्याख्या कर सकता हो–ऐसा था वह संसार जो मुझे सपने में दिखाई दिया था।

मेरा स्वप्न–एक साहसी नाविक, आधा-जहाज़, आधा-तूफ़ान, तितली के समान मौन, श्येन पक्षी के समान अधीर– फिर आज इसे संसार को तोलने के लिए धैर्य और अवकाश कहाँ से मिला ?

शायद मेरी प्रज्ञा ने–मेरी हँसमुख जाग्रत दिवस-प्रज्ञा ने–जो कि समस्त 'अनन्त संसारों' का उपहास उड़ाती है–चुपके से इसके कान में कुछ कह दिया है, क्योंकि उसका कहना है, ''जहाँ कहीं शक्ति होती है वहाँ 'संख्या' स्वामिनी बन जाया करती है, क्योंकि 'संख्या' की शक्ति अधिक होती है।''

मेरा स्वप्न इस परिमित संसार को किस विश्वास के साथ देख रहा था !...उसकी आँखों में न पुरानी वस्तुओं के प्रति उत्सुकता थी और न नई वस्तुओं के प्रति; उनमें न भय था और न याचना।

ऐसा लगता था मानो एक बहुत बड़ा गोल सेब मेरे हाथों में स्वतः अपनी स्वेच्छा से आना चाहता था–एक पका हुआ सुनहरी सेब जिसका छिलका मखमल के समान ठंडा और नरम हो। इस प्रकार का यह संसार मेरे सामने आया।

ऐसा लगता था मानो एक वृक्ष मुझे संकेत करके बुला रहा था–एक विशाल शाखाओंवाला सुदृढ़ वृक्ष, जो कि आश्रय बनने के लिए तथा थके-माँदे यात्रियों के पैरों का सहारा होने के लिए झुक गया था। इस प्रकार यह संसार–मेरे स्वप्न का संसार–उस ऊँचे स्थल पर मेरे पास खड़ा था।

ऐसा लगता था मानो कोई सुकुमार हाथ मेरे सामने उपहारों से भरी हुई सन्दूकची

अर्पण कर रहे थे—एक ऐसी सन्दूकची जो कि प्रशंसा से भरी हुई लजीली आँखों के लिए खोल दी गई हो। इस प्रकार अपने आपको आज संसार ने मेरे सामने प्रस्तुत किया।

यह न तो ऐसी पहेली ही थी जो मानव प्रेम को डराकर भगा दे, और न ऐसा समाधान ही कि मानव प्रज्ञा को गहरी नींद सुला दे;—मुझे तो यह संसार, जिसकी इतनी निन्दा की जाती है, एक अच्छी और मानवी वस्तु ही प्रतीत हुआ।

कितना कृतज्ञ हूँ मैं अपने तड़कसार के सपने का, क्योंकि आज तड़का होते ही मैंने संसार को तोल लिया। एक शुभ और मानवी वस्तु बनकर मेरे पास आया यह स्वप्न—यह हृदय की सान्त्वना।

और यह आया इसलिए कि मैं दिन में इसका अनुकरण कर सकूँ, और इसकी श्रेष्ठ बातों का अध्ययन करके उनकी नक़ल कर सकूँ,...अब मैं सबसे बड़े तीन अवगुणों को अपने तराजू पर चढ़ाता हूँ और अत्यन्त सावधानी से उन्हें तोलता हूँ।

जिसने आशीर्वाद देना सिखाया, अभिशाप देना भी उसी ने सिखाया है। संसार की सबसे अधिक आक्रोशित तीन वस्तुएँ कौन-सी हैं ? इनको मैं अपने तराजू पर चढ़ाऊँगा।

विलासिता, शक्ति-लिप्सा और *स्वार्थ*। ये हैं वे तीन वस्तुएँ जो आज तक सबसे अधिक आक्रोशित, निन्दनीय तथा नीचता की चरम सीमा समझी जाती हैं। इन तीनों को मैं मानव दृष्टि से बहुत सावधानी के साथ तोलूँगा।

अच्छा ! तो फिर यह रहा मेरा ऊँचा स्थान और वह रहा समुद्र जो मेरी ओर गिरता-पड़ता चला आ रहा है—वह रूक्षकेशी, स्नेहसिक्त वफ़ादार पुराना, शतशीर्ष, अजगर-कुत्ता, जिससे मुझे अत्यन्त प्रेम है।

अच्छा, तो फिर यहाँ इस गिरते-पड़ते समुद्र के ऊपर मैं अपना तराजू लगाता हूँ। इसके अतिरिक्त, मैं एक साक्षी भी नियुक्त करता हूँ जो मेरी तोल का निरीक्षण कर सके। हे एकाकी वृक्ष, हे सौरभसम्पन्न दीर्घाकार वृक्ष, निरीक्षण के लिए मैं तुझे नियुक्त करता हूँ, हाँ तुझे जिससे मुझे अत्यन्त प्रेम है।

यह वर्तमान किस सेतु पर से होकर किस भविष्य की ओर जाता है ? वह कौन-सी शक्ति है जिससे बाध्य होकर ऊँचाई नीचे की ओर झुकती है ? किसके आदेश से उच्चतम वस्तुएँ और भी अधिक ऊँचाई की ओर बढ़ती हैं ?

अब इस तराजू के दोनों पलड़े समान और निश्चल खड़े हैं : मैंने तीन भारी-भारी प्रश्न इसमें डाले हैं और दूसरे पलड़े में तीन भारी-भारी उत्तर हैं।

2

विलासिता : उन सब मनुष्यों के लिए जो प्रायश्चित का वस्त्र पहनते हैं और शरीर से घृणा करते हैं; यह एक दंशन है, और वह स्तम्भ जिससे बाँधकर कोड़े लगाए जाते हैं, और ये लोग अभिशापित हैं वैसे ही जैसा कि 'यह संसार' संसार के नेपथ्य में रहनेवालों की दृष्टि में अभिशापित है; क्योंकि यह उपहास उड़ाता है और बुद्धू बनाता है उन

समस्त शिक्षकों को जो विभ्रम और भ्रान्ति की शिक्षा देते हैं।

विलासिता : संसार की जनाकीर्ण भीड़ के लिए एक मन्द अग्नि है जिसमें वे भूने जाएँगे, यह वासना तथा कामुकता की भट्ठी है जिसमें समस्त घुन-लगी लकड़ियाँ तथा सड़े हुए चिथड़े झोंके जाएँगे।

विलासिता : स्वतन्त्र हृदयों के लिए यह निष्कपट और मुक्त है; धरती का सुख-उद्यान, वर्तमान के प्रति भविष्य की उमड़ती हुई कृतज्ञता।

विलासिता : मुरझाए हुए हृदयों के लिए यह एक मधुर विष है किन्तु सिंह-संकल्प वालों के लिए एक स्फूर्तिप्रद पेय, श्रद्धापूर्वक सँभालकर रखी हुई एक श्रेष्ठ मदिरा।

विलासिता : यह उच्चतम आनन्द और उच्चतम आशा का सुखद प्रतीक है क्योंकि बहुतसों के लिए यह विवाह का सन्देश है, बल्कि सन्देश से भी कुछ अधिक। विशेषतः उन बहुतसों के लिए जो पुरुष और स्त्री होने के अतिरिक्त एक-दूसरे से कहीं अधिक अपरिचित हैं। और भला यह कौन पूर्णतया समझ पाया है कि पुरुष और स्त्री कितना अधिक एक-दूसरे से अपरिचित होते हैं।

विलासिता : किन्तु मैं अपने विचारों के गिर्द भी काँटों की बाड़ खड़ी करूँगा ताकि सुअर और लम्पट लोग मेरे उद्यान में न घुस पाएँ।

शक्ति-लिप्सा : कठोर से कठोर हृदयवालों के लिए एक प्रज्वलित अग्नि, एक नृशंस तथा क्रूर यातना जो अति क्रूर मनुष्यों ने स्वयं अपने लिए सुरक्षित रखी है–सजीव चिताओं की एक धूमिल अग्निशिखा।

शक्ति-लिप्सा : एक रक्त-पिपासी, द्रोही डाँस मक्खी जो अत्यन्त अभिमानी तथा अहंकारी लोगों को चिमटती है; यह समस्त अनिश्चित सद्गुणों का तिरस्कार करती है; प्रत्येक घोड़े पर और प्रत्येक अभिमान पर सवार होती है।

शक्ति-लिप्सा : यह एक भूकम्प है जो प्रत्येक सड़ी-गली तथा थोथी वस्तु को नष्ट-भ्रष्ट तथा चकनाचूर कर डालती है। यह लिपे-पुते कब्र-कबरिस्तानों के लिए एक गरजती, गूँजती और उमड़ती हुई निर्मूलक तथा विध्वंसक झंझा है; पुरःपरिपक्व उत्तरों के सामने एक वज्र-स्फुट प्रश्न-सूचक चिह्न है।

शक्ति-लिप्सा : जिसकी सूरत देखकर मनुष्य रेंगने, दुबकने और गुलामी करने लगता है, साँप और सूअर से भी हीन बन जाता है, यहाँ तक कि अन्त में परम घृणा उसके भीतर गूँज उठती है।

शक्ति-लिप्सा : परम घृणा की यह एक भयानक शिक्षक है जो नगरों और राष्ट्रों के मुँह पर कहती है, "दूर हो यहाँ से, तेरा मुँह काला हो," यहाँ तक कि स्वयं उनके भीतर से आवाज़ आने लगती है, "दूर हूँ मैं यहाँ से, मेरा मुँह काला हो।"

शक्ति-लिप्सा : जो अत्यन्त मनोरम माधुर्य के साथ पवित्र आत्माओं तथा एकान्तवासियों तक, और उनसे भी ऊपर स्वयं सन्तुष्ट ऊँचाइयों तक पहुँचती है, चमकती-दमकती है उस प्रेम के समान जो धरती के स्वर्ग पर हृदयग्राही सरलता के साथ

गुलाबी आनन्द चित्रित कर देता है।

शक्ति-लिप्सा : किन्तु इसको लिप्सा कौन कह सकता है जबकि ऊँचाई स्वयं शक्ति की लिप्सा में नीचे झुकने की आकांक्षा रखती है। निश्चय ही इस प्रकार की 'आकांक्षा में और झुकने में' न तो कोई अस्वस्थ भावना है, और न कोई रोग।

यह कि अटल ऊँचाई सदैव अटल तथा स्वयं-सन्तुष्ट न रहे, और यह कि पर्वत अपनी घाटियों में और गिरि-शृंग की हवाएँ नीचे भूमि पर उतर आएँ।

आह ! ऐसी आकांक्षा का ठीक नाम और उपनाम कौन जान सकता है ? 'प्रदानशील गुण' यह नाम रखा था ज़रतुष्ट्र ने इस बेनाम का।

और तब उसी समय यह भी हुआ और प्रथम बार हुआ, कि उसके शब्दों ने स्वार्थ को शुद्ध और पवित्र कहा–उस स्वार्थ को जो स्वस्थ एवं पौष्टिक होता है और जो बलवान् आत्मा में से छलककर बाहर आता है–बलवान् आत्मा में से जिसका सम्बन्ध श्रेष्ठ शरीर से होता है, एक सुन्दर, विजयी प्रतिमोदक शरीर से–जिसके आस-पास की प्रत्येक वस्तु दर्पण बन जाती है।

लचीला एवं अनुरोधी शरीर, नृत्य-विभोर शरीर, जिसका प्रतीक और प्रतिरूप स्वयं प्रतिमोदक आत्मा है। ऐसे शरीरों तथा ऐसी आत्माओं के आत्म-प्रतिमोदन ने अपना नाम 'सद्गुण' घोषित किया है।

इस प्रकार के आत्म-प्रमोदन ने नेकी और बदी के शब्दों से अपने आपको इस तरह ढँक लिया है मानो वह किसी पवित्र निकुंज में जा बैठा हो; इसने अपने प्रमोदन के नामों की शक्ति से प्रत्येक घृणित वस्तु को अपने से दूर भगा दिया है।

उसने भगा दिया है अपने से दूर सब प्रकार की कायरता को। कायरता, उसके निकट सबसे बड़ा अवगुण है, सबसे घृणित बुराई है। उपेक्षित है उसकी दृष्टि में वह मनुष्य जो सदैव शोकातुर रहता हो, ठंडी साँसें भरता हो, टसुए बहाता हो और तुच्छ से तुच्छ लाभ को भी हाथ से न जाने देता हो।

वह उस प्रज्ञा तथा ज्ञान से भी घृणा ही करता है जिसे दुःख में सुख मिलता है : ऐसे ज्ञान का निस्सन्देह अस्तित्व है जो अन्धकार में फूलता-फलता है–एक निशाजात ज्ञान जो सदैव निःश्वास भर-भरकर कहा करता है, "संसार निस्सार है, सब कुछ भ्रम है।"

भीरु विश्वास से इसे घृणा है और उन सबसे भी जो हाथों और निगाहों की अपेक्षा शपथों के इच्छुक होते हैं; साथ ही अत्यन्त अविश्वासी ज्ञान को भी यह उपेक्षा की दृष्टि से देखता है क्योंकि यह कायर आत्माओं के लक्षण होते हैं।

इससे भी हीन इसकी दृष्टि में वह मनुष्य है जो चापलूस हो, जो कुत्ते के समान तुरन्त धरती पर बिछ जाता हो, प्रत्येक के सम्मुख झुक जाता हो। ऐसा ही एक ज्ञान होता है–झुकनेवाला और धर्मशील।

किन्तु ऐसे मनुष्य को तो वह अत्यन्त घृणित और घिनावना समझता है जो कभी अपना प्रतिरक्षण नहीं करता, जो विषैले थूक तथा कुटिल निगाहों को पी जाता है;

जिसका धैर्य नहीं टूटता, जो हर बात को सहन करता है, हर चीज़ के सामने झुक जाता है–क्योंकि यह गुलामों के लक्षण होते हैं।

चाहे मनुष्य देवताओं के सामने झुके या दैवी धिक्कार के सामने, चाहे लोगों के सामने झुके या लोगों के मूढ़ विचारों के सामने, यह गुलामी के प्रत्येक रूप पर थूकता है–यह पवित्र स्वार्थ।

बुराई : यह प्रत्येक उस वस्तु को कहता है जो झुकती है, जो घुटनों पर गिरकर गिड़गिड़ाती है। पराधीन अपलक आँखें, कुचला हुआ हृदय और झूठी हाँ में हाँ मिलानेवाली भीड़ जो फैले हुए कायर ओठों से पैर चूमती है–इसी का नाम बुराई है।

और कृत्रिम ज्ञान–यह नाम इस स्वार्थ ने प्रत्येक उस परिहास एवं चतुराई का रखा है जो गुलामों, वृद्धों तथा जीर्ण एवं श्रान्त मनुष्यों में पाई जाती है। विशेषतया पुजारियों और पादरियों की अत्यन्त हीन, पागल, गर्वभरी अति चतुर विमूढ़ता का नाम।

यह कृत्रिम ज्ञानी लोग, यानी यह पादरी और यह दुनिया से उकताए हुए लोग और यह ऐसे लोग जिनकी आत्मा में नारियों और गुलामों की आत्मा के लक्षण भरे हैं–आह, यह लोग किस तरह स्वार्थ का सदैव दुरुपयोग करते हैं !

और इनके निकट यही नेकी है और इसी का नाम नेकी है कि स्वार्थ का दुरुपयोग किया जाए। और इसीलिए यह दुनिया से उकताए हुए सब कायर और यह सलीब अर्थात् क्रॉस के नीचे की तमाम मकड़ियाँ अपने निजी प्रयोजन के हेतु 'निःस्वार्थ' को अपनाने के इच्छुक होते हैं।

किन्तु इन सबके लिए अब दिन निकलनेवाला है–परिवर्तन का दिन, न्याय-निर्णय की तलवार का दिन, महान् मध्याह्न का दिन–और तब बहुत कुछ प्रकट हो जाएगा।

और वह जो अहंत्व को स्वस्थ एवं पवित्र घोषित करता है, और जो स्वार्थ को पावन बताकर आशीर्वाद देता है, निश्चय ही वह भविष्यवक्ता के रूप में, पूर्व ज्ञानी अवतार के रूप में, वही कुछ कहता है जिसका उसे ज्ञान है। वह कहता है, "देख वह आ रहा है, वह पहुँच गया है, वह महान् मध्याह्न।"

ज़रतुष्ट्र ने यह कहा।

गुरुत्व की आत्मा

मेरी भाषा–यह जनता की भाषा है; इन रेशमी ख़रगोशों के लिए मैं बड़ी अक्खड़ और बेलाग भाषा का प्रयोग करता हूँ। और इन सियाही की मक्खियों एवं क़लम की लोमड़ियों को तो मेरी बातें बहुत ही विचित्र तथा अजनबी प्रतीत होती हैं।

मेरा हाथ–यह पागल का हाथ है : अभागी हैं वे समस्त मेज़ें और दीवारें और वे स्थान जिन पर पागल के हाथों को लिखने, लकीरें खेंचने और पच्चीकारी करने का अवसर मिलता हो।

मेरा पैर–यह घोड़े का सुम है : इससे मैं पत्थरों और जंगलों तक को कुचलता हुआ, खेतों और जंगलों में, इधर-उधर फिरता हूँ, और अपनी द्रुतगति से मैं खुशी के मारे प्रलय बन जाता हूँ।

मेरा उदर–क्या यह सचमुच किसी महाश्येन का उदर है ? क्योंकि मेमने का मांस इसे सबसे अधिक रुचिकर है। निश्चय ही यह श्येन-पक्षी का उदर है।

भोले भाले जन्तुओं को खाकर पला हुआ, किन्तु थोड़े से जन्तुओं को; उड़ने-भागने के लिए तत्पर और उत्सुक–दूर उड़ने-भागने के लिए; ऐसा हूँ मैं आजकल; फिर भला पक्षियों के लक्षण और मेरे लक्षणों में समानता क्यों न हो !

और सबसे अधिक यह कि मैं गुरुत्व की आत्मा का शत्रु हूँ–वह है पक्षी का लक्षण : गुरुत्व का शत्रु हूँ मैं–भयानक शत्रु, कट्टर शत्रु, आदि शत्रु। आह; वह मेरी शत्रुता कहाँ-कहाँ तक उड़कर नहीं पहुँची–कहाँ-कहाँ नहीं गई !

इसके सम्बन्ध में एक पूरा गीत गा सकता हूँ मैं; और अवश्य गाऊँगा, यद्यपि मैं सूने भवन में अकेला ही हूँ, फिर भी मैं गाऊँगा चाहे केवल अपने ही कानों के लिए क्यों न गाऊँ।

यह ठीक है कि गायक और भी हैं–किन्तु उनके कंठ में रस, उनके हाथों में वक्तृता की शक्ति, उनकी आँखों में चमक और उनके हृदय में जाग्रति केवल उसी समय आती है जब भवन सुननेवालों से खचाखच भरा हो। मैं इन जैसा नहीं हूँ।

2

वह पुरुष जो मनुष्यों को एक दिन उड़ना सिखाएगा, सारे भूचिह्नों को और हदबन्दियों को दूर कर देगा, स्वयं यह हदबिन्दयाँ और भूचिह्न वायु में उड़ने लगेंगे, धरती का नया

नामकरण-संस्कार होगा और यह 'भारहीन' कहलाएगी।

यद्यपि शुतुरमुर्ग तेज़ से तेज़, घोड़े की अपेक्षा कहीं तेज़, भागता है किन्तु वह भी इस बोझिल धरती पर आकुलता के साथ अपना सिर टेक देता है। यही अवस्था मनुष्य की है जिसे अभी उड़ना नहीं आता।

धरती और जीवन उसके लिए भार है, गुरुत्व की आत्मा यही चाहती है। किन्तु जो कोई पक्षी के समान हल्का बनना चाहता है उसके लिए आवश्यक है कि वह स्वयं अपने आपसे प्रेम करे; यह है मेरी शिक्षा।

किन्तु रोगी और पीड़ितों जैसा प्रेम नहीं, इसके स्पर्श से तो आत्मप्रेम में भी दुर्गन्ध आ जाती है।

मनुष्य को सीखना होगा कि अपने आपसे कैसा प्रेम करे ? यह मेरी शिक्षा—एक स्वस्थ और पौष्टिक प्रेम, ताकि मनुष्य अपने जीवन से उकता न जाए, और इधर-उधर भटकता न फिरे।

इस भटकने-फिरने ने अपना नाम रख छोड़ा है—'पड़ोसियों का प्रेम।' यह शब्द एक बहुत बड़ा झूठ और धोखा है—संसार का सबसे बड़ा झूठ और धोखा; इसका प्रयोग विशेषतया वे लोग करते हैं जिनके लिए यह संसार असह्य भार बन चुका है।

यह आत्मप्रेम का आदेश निश्चय ही कोई ऐसा आदेश नहीं है जो आज या कल तक ही सीमित हो; यह तो एक ऐसी सर्वसम्पन्न, सर्वश्रेष्ठ, सर्वसिद्ध एवं अन्तिम कला है जो कभी भी अधीर होना नहीं जानती।

प्रत्येक स्वामी अपनी सम्पत्ति को अत्यन्त सुरक्षित तथा गुप्त रखता है; और समस्त दबी हुई निधियों में अपनी निधि सबसे पीछे खो दी जाती है—गुरुत्व की आत्मा का यही आचरण है।

लगभग पालने में ही हमें भारी-भारी शब्द, 'नेकी-बदी' सम्बन्धी मान्यताएँ दे दी जाती हैं और इसको वे विरासत कहते हैं। इसके उपलक्ष्य में हमारे जीवित रहने के पाप को क्षमा प्रदान होती है।

और वे बच्चों को इस लक्ष्य से अपने पास बुलाते हैं कि उन्हें ठीक समय पर आत्मप्रेम से रोका जा सके। यह है गुरुत्व की आत्मा का आचरण।

और हम—हम दयानतदारी के साथ अपने सख़्त कन्धों पर उस वस्तु को दुर्गम पर्वतों पर लिए-लिए फिरते हैं जो हमको विरासत में मिली है। और जब हम पसीना-पसीना हो जाते हैं तो हमसे कहा जाता है, "हाँ, जीवन का भार सहन करना अत्यन्त कठिन होता है।"

किन्तु, यह ही नहीं, बल्कि स्वयं मनुष्य का अपना भार असह्य होता है क्योंकि वह बहुत-सी असम्बद्ध, और बेमेल वस्तुएँ अपने कन्धे पर लादे रहता है। ऊँट के समान वह घुटनों पर बैठ जाता है और अपने ऊपर भारी-भारी बोझा लादने देता है।

विशेषतया पुष्ट लद्दू मनुष्य जिसके हृदय में निष्ठा निवास करती है। वह अपने कन्धों पर अनगिनत बेमेल और असम्बन्धित भारी-भरकम शब्द तथा मान्यताएँ लाद

लेता है : और फिर यह जीवन उसे रेगिस्तान प्रतीत होने लगता है।

सत्य तो यह है कि मनुष्य के पास जो उसका स्वयं अपना है, उसी का भार उसके लिए अत्यन्त दुष्कर हुआ करता है। मनुष्य के भीतर की वस्तुएँ शक्ति के समान होती हैं–घृणास्पद, चिपचिपी, और हाथ में से फिसल जानेवाली।

इनके लिए किसी सुन्दर आभूषित कवच से विनती करनी होगी। किन्तु यह एक कला है–कवच ओढ़ना, यानी बाह्य आकार को सुन्दर बनाना और आप अन्धे बनना, एक ऐसी कला है जो बिना सीखे नहीं आती।

इसके अतिरिक्त मनुष्य के बहुत-से गुण अनजाने रह जाते हैं; बहुत-से कवच घटिया, आभाहीन, मोटे तथा कोरे कवच ही होते हैं; और मनुष्य में जो बहुत-से सद्गुण और शक्ति है वह आँखों से ओझल ही रहती है : उसके बहुत-से गुणों को कोई परखनेवाला नहीं होता, बहुत-से अमूल्य पदार्थों को कोई चखनेवाला नहीं मिलता।

स्त्रियाँ, विशेषतः अधिक समझदार स्त्रियाँ, यह जानती हैं कि थोड़े-से मोटेपन या थोड़े-से पतलेपन जैसी छोटी-सी बात पर भाग्य का कितना बड़ा निर्णय आधारित है।

मनुष्य को समझना अत्यन्त कठिन है और सबसे अधिक अपने आपको समझना। अन्तःकरण बहुधा आत्मा को झुठलाया करता है। यह आचरण है गुरुत्व की आत्मा का।

किन्तु उस मनुष्य ने अपने आपको समझ लिया है जो कहता है कि यह 'मेरी नेकी और बदी' है : अपने इस कथन से वह छछूँदर और बौने का मुँह बन्द कर देता है जो कहा करते हैं कि "नेकी और बदी सबके लिए समान हैं।"

निश्चय ही मैं ऐसे लोगों को पसन्द नहीं करता जिनके लिए प्रत्येक वस्तु अच्छी है और संसार सबसे अच्छा। ऐसे लोगों को मैं सर्व-सन्तुष्ट कहा करता हूँ।

सर्व-सन्तुष्ट : जो प्रत्येक वस्तु का स्वाद लेता है और प्रत्येक वस्तु जिसके लिए रुचिकर होती है; किन्तु यह कोई अच्छी रुचि नहीं है। मैं आदर करता हूँ उस हठीली, उपेक्षक और दुर्द्धर्ष जिह्वा तथा उदर का जिन्होंने 'मैं' कहना सीखा है और सीखा है 'हाँ' और 'नहीं' कहना।

प्रत्येक वस्तु को चबाकर पचा जाना–यह सुअर का स्वभाव है। सदैव 'हाँ-हाँ' कहते रहना, केवल गधे ने सीखा है, और उन प्राणियों ने जो उसके समान हैं।

गहरा पीला और दहकता हुआ लाल : यह है मेरी रुचि के अनुसार। मिलाता है यह रक्त सब रंगों में। वह मनुष्य जो अपने घर में सफेदी पोतता है, वह मुझे अपनी पुती हुई आत्मा का परिचय देता है।

कुछ लोग रक्षित-शवों पर मोहित हैं और कुछ प्रेतों पर; और यह दोनों ही रक्त और मांस के शत्रु हैं। आह, कितने प्रतिकूल हैं यह दोनों ही मेरी रुचि के ! क्योंकि मुझे रक्त से प्रेम है।

उस स्थान पर मैं नहीं रह सकता, रुक भी नहीं सकता, जहाँ हर कोई थूकता और खँखारता हो; क्या करूँ, मेरी रुचि ऐसी ही है। इसकी अपेक्षा तो चोरों और झूठी शपथ खानेवालों में रहना पसन्द करता हूँ। वहाँ किसी के मुँह में सोना नहीं होता।

किन्तु इनसे भी अधिक घृणा मुझे थूक चाटनेवालों से, खुशामदियों से है। और मनुष्यों में सबसे घृणित जन्तु तो वह है जिसे मैं 'टोड़ी-बच्चा' और 'परजीवी' कहता हूँ। ये लोग स्वयं तो प्रेम के अयोग्य होते हैं, किन्तु दूसरों के प्रेम पर पलते हैं।

ऐसे सब लोगों को मैं अभागे और अपवित्र कहता हूँ जिनके सामने केवल एक ही रास्ता है : या तो वे स्वयं भयानक जानवर बन जाएँ या भयानक जानवरों को सिधानेवाले। ऐसे लोगों के निकट मैं डेरा डालना भी पसन्द नहीं करता।

ऐसे लोगों को भी मैं अभागे और अपवित्र कहता हूँ जिनको सदैव प्रतीक्षा करनी पड़ती है–इन लोगों से मेरी रुचि को ठेस पहुँचती है–ये चुंगी लेनेवाले, ये व्यापारी, ये सम्राट और ये धरती तथा दुकानों के रखवाले।

प्रतीक्षा करनी तो वास्तव में मैंने भी सीखी है, अच्छी तरह प्रतीक्षा करनी–किन्तु स्वयं अपनी प्रतीक्षा करनी। इसके अतिरिक्त, मैंने खड़ा होना और चलना और दौड़ना और उछलना और चढ़ना और नाचना भी सीखा है।

मेरा सिद्धान्त यह है : जो कोई उड़ने की विधि सीखना चाहता हो, उसे पहले खड़ा होना और चलना और दौड़ना और चढ़ना और नाचना सीखना होगा। केवल उड़ने से उड़ना नहीं आ सकता।

बहुत-सी ऊँची खिड़कियों तक मैं रस्सी के सहारे चढ़ा हूँ, और फुरतीले पैरों की पकड़ से ऊँचे-ऊँचे मस्तूलों पर। ज्ञान के ऊँचे मस्तूलों पर चढ़ बैठना कोई साधारण आनन्द नहीं है।

ऊँचे मस्तूलों पर छोटी-सी दीपशिखा के समान टिमटिमाना : यद्यपि यह एक ज़रा-सा प्रकाश है किन्तु पथभ्रष्ट नाविकों तथा टूटे हुए जहाज़ के यात्रियों के लिए एक बहुत बड़ी सान्त्वना।

बहुत-से भिन्न-भिन्न रास्तों और विधियों से मैं अपने सत्य तक पहुँच पाया हूँ; केवल एक ही सोपान के सहारे मैं इस ऊँचाई पर नहीं चढ़ा हूँ जहाँ से मेरी आँख मेरे दूरत्व को निहार रही है।

दूसरों से रास्ता पूछना मुझे कभी भी अच्छा नहीं लगा; जब कभी मैंने पूछा, बहुत ही अनमने मन से पूछा। इससे मेरी रुचि को सदैव ठेस पहुँची। मैंने सदैव यही अच्छा समझा कि स्वयं रास्तों से ही पूछूँ और तजरबा करूँ।

एक अन्वेषण और अनुसंधान रही है मेरी सारी यात्रा। मनुष्य के लिए यह आवश्यक ही है कि वह इसी प्रकार प्रश्नों का उत्तर देना सीखे। किन्तु यह तो मेरी रुचि की बात है।

न कोई नेकी है और न बदी, यदि है तो वह केवल मेरी अपनी रुचि जो मेरे लिए न तो कोई लज्जा की बात है और न छिपाने की।

"मेरा तो रास्ता यह है–किन्तु तुम लोगों का कहाँ है ?" यह उत्तर देता हूँ मैं उन लोगों को जो मुझसे रास्ता पूछते हैं। और रहा कोई एक विशेष रास्ता, उसका कोई अस्तित्व नहीं है।

ज़रतुष्ट्र ने यह कहा।

पुरानी और नई नीति-सारणियाँ

मैं यहाँ बैठा प्रतीक्षा कर रहा हूँ, मेरे आस-पास कुछ फटी-पुरानी नीतियों की सारणियाँ पड़ी हैं और कुछ नई अधलिखी सारणियाँ। न जाने मेरी घड़ी कब आएगी ?

मेरे अवरोधन की घड़ी—नीचे उतरने की घड़ी क्योंकि एक बार फिर मुझे मनुष्यों के बीच जाना होगा।

उस घड़ी की अब मुझे प्रतीक्षा है किन्तु इसका संकेत मुझे पहले से मिलना चाहिए कि मेरी घड़ी आ पहुँची है—और मेरे लिए यह संकेत जैसे कपोतों के झुंड में हँसता हुआ सिंह।

इस बीच मैं, उस मनुष्य के समान जिसके पास फालतू समय हो, अपने आपसे बातें करूँगा। मुझे कोई भी कोई नई बात नहीं बताता, इसलिए मैं आप ही अपने आपको बातें बताऊँगा।

2

जब मैं मनुष्यों के पास आया तो मैंने देखा कि वे बहुत मोह-मूर्खता के साथ अपनी पुरानी धारणाओं के आसन पर आसीन हैं : उनमें से प्रत्येक का यही विचार था कि 'मनुष्य के लिए क्या अच्छा है और क्या बुरा,' इसका उसे पूर्ण ज्ञान है।

नेकी की धारणाओं के सम्बन्ध में सारा वार्तालाप उनको पुराना, कालतिरोहित और बासी प्रतीत होता था। उनमें से जो कोई अच्छी प्रगाढ़ निद्रा में सोने का इच्छुक होता था, वह बिस्तर पर जाने से पहले 'नेकी' और 'बदी' के सम्बन्ध में बातें कर लिया करता था।

अपनी इस शिक्षा से कि 'अभी तक किसी को ज्ञात नहीं कि नेकी क्या है और बदी क्या,' मैंने उनकी निद्रा में विघ्न डाल दिया। मेरा कहना था कि नेकी और बदी के विषय में यदि किसी को कुछ ज्ञान है तो वह केवल निर्माण-कर्ता को।

किन्तु यह निर्माणकर्त्ता केवल वही हो सकता है जो मनुष्य का लक्ष्य निर्माण करे, धरती को उसकी सार्थकता और भविष्य प्रदान करे, और यह प्राणी वह है जो नेकी और बदी को समझता है और उसे वर्तमानिक वास्तविकता की दृष्टि से अमली रूप देता है।

और मैंने उन्हें यह आदेश दिया कि वे अपने पुराने कालतिरोहित शैक्षणिक आसनों को त्याग दें—उन समस्त स्थानों को जहाँ पुराने मोह-मूढ़ अहंकार आसीन हैं, और मैंने

उन्हें यह भी आदेश दिया कि वे नेकी-बदी के अपने महान् आचार्यों का, मुक्ति दिलानेवाले अपने महापुरुषों का, अपने सन्तों एवं कवियों की बातों को हँसकर टाल दें, वे केवल सारहीन और हास्यप्रद हैं।

मैंने उन्हें यह भी आदेश किया कि वे अपने खिन्न-मन निराशावादी मुनियों की बातों को भी हँसकर टाल दें जो 'काग-उड़ाऊ काली विभीषिका' के समान जीवन-वृक्ष पर बैठे लोगों को डरा-डराकर जीवन के आनन्द से विमुख करते रहते हैं।

मैं उनके महापुरुषों की क़ब्रों के रास्ते पर बैठ गया–वहाँ जहाँ सड़े हुए कंकालों और गिद्धों का सामीप्य था; और फिर उनके समस्त अतीत पर और अतीत के सड़े-गले, बुझे हुए वैभव पर ज़ोर से हँसा।

पश्चात्ताप के उन उपदेशकों व मूर्खों की महान् और छोटी-मोटी विभूतियों को मैंने जी भरकर कोसा। उनकी श्रेष्ठतम विभूतियाँ, आह, कितनी क्षुद्र थीं और दुष्टतम भी उतनी ही क्षुद्र। उन पर मैं खुलकर हँसा।

इसीलिए मेरी बुद्धिमान् आकांक्षा, जिसका जन्म पर्वतों में हुआ था, मेरे भीतर चिल्लाती थी और व्यंग्यमय रीति से हँसती थी। निस्सन्देह यह जंगली और निरंकुश है मेरी बुद्धिमानी–यह खुले हुए पंखों की सरसराहट में लिपटी हुई मेरी महान् आकांक्षा।

और बहुत बार वह मुझे उड़ाकर परे और दूर ले गई और वह भी अट्टहास के साथ : और तब मुझे प्रतीत हुआ कि मैं तीर के समान काँपता हुआ एक ऐसे परम आह्लाद के बीच से गुज़र रहा हूँ जो सूर्य के नशे में चूर है।

वह, मेरी महान् आकांक्षा मुझे दूर ले जाती है, ऐसे सुदूर भविष्यों में जो किसी स्वप्न में भी अभी तक दिखाई नहीं दिए, ऐसे सुनहले गरम दक्षिण की ओर जहाँ कलाकारों की कल्पना भी अभी तक नहीं पहुँची–वहाँ जहाँ देवता नृत्य करते हैं, हर प्रकार के आवरणरहित–नग्न।

(आश्चर्य की बात है कि मैं भी कवियों के समान उपमाओं और संकेतों में बात कर रहा हूँ, तुतला-तुतलाकर और रुक-रुककर : कितनी लज्जा की बात है कि मुझे अभी तक कवि बनना पड़ रहा है।)

जहाँ समस्त सृजनता मुझे देवताओं का नृत्य और उच्छृंखलता प्रतीत होती थी; और यह विश्व–निरंकुश तथा उद्धत विश्व ऐसा लगता था मानो उलटा पलटकर, बड़े वेग के साथ, अपने ऊपर स्वयं पलटकर चला आ रहा है।

मानो असंख्य देवताओं का अनन्त आत्म-पलायन हो और एक-दूसरे का पुनः अनुसन्धान; मानो असंख्य देवताओं का परस्पर विरोध, परस्पर सम्पर्क और परस्पर मिलाप हो।

जहाँ सम्पूर्ण काल मुझे समय का उपहास प्रतीत हुआ; जहाँ आवश्यकता शुद्ध स्वतन्त्रता थी जो स्वतन्त्रता के अंकुश से सहर्ष खेलती थी।

जहाँ मैंने फिर अपने पुराने शैतान और जानी दुश्मन को पाया–यानी गुरुत्व की

आत्मा को और उसकी कृतियों को : यानी अनिवार्यता और अलोच सिद्धान्तों को, आवश्यकता और परिणाम को, लक्ष्य और संकल्प को, नेकी और बदी को।

क्या वहाँ उस चीज़ का होना आवश्यक नहीं है जिसके ऊपर नृत्य किया जा सके ? क्या वहाँ पवन-चंचल रमणियों के लिए और चपल-चरण युवकों के लिए छछूँदरों और भद्दे बौनों की आवश्यकता नहीं है ?

3

वहीं उसी स्थान पर यह *महामानव* शब्द मैंने रास्ते में पड़ा पाया था और अनुभव किया था कि मानव एक ऐसी वस्तु है जिसका अतिक्रमण करना होगा।

और यह कि 'मानव' एक पुल है, सेतु है, लक्ष्य नहीं जो अपने मध्याह्न और अपनी सन्ध्या का उत्सव मनाते हुए स्वर्ण प्रभात की ओर बढ़ता है।

महान् मध्याह्न का ज़रतुष्ट्र शब्द तथा अन्य सब कुछ मैंने सूर्यास्त की पुण्य-लालिमा के समान, मानव के आकाश पर आच्छादित कर दिया है।

निश्चय ही मैंने मानव को नई रातें और नए सितारे दिखाए हैं और उसके बादलों पर उसके दिन और उसकी रातों पर अट्टहास के रंगबिरंगे तम्बू तान दिए हैं।

मैंने उसे सिखाए अपने समस्त सपने और अपनी महत्वाकांक्षाएँ ताकि मनुष्य के भीतर जो कुछ विखंडित है, पहेली है, और खिन्न सम्भावनाएँ हैं उन सबको संयोजित कर एक बना दिया जाए।

एक कवि के नाते, एक पहेली बूझनेवाले और अवसर-विमोचक के नाते मैंने उसे शिक्षा दी कि वह भविष्य निर्माण करे और इस निर्माण के द्वारा समस्त भूतकाल का निष्क्रमण करे, चिर-अतीत को मुक्ति प्रदान करे।

मनुष्य के विगत काल को मुक्ति प्रदान करे, और प्रत्येक 'यह-ऐसा-ही-था' का मूल्यांकन करे, यहाँ तक कि संकल्प पुकार उठे, "नहीं, यह मेरी इच्छा के अधीन हुआ था और होगा भी मेरी इच्छा के अधीन ही।"

मेरी दृष्टि में यही मुक्ति है और मैंने उसे भी यही सिखाया कि वह भी इसी को मुक्ति कहे।

अब मैं स्वयं अपनी मुक्ति की प्रतीक्षा कर रहा हूँ ताकि मैं अन्तिम बार मनुष्यों के बीच जाऊँ–और जाऊँ अन्तिम बार के लिए।

मैं मनुष्यों के बीच जाऊँगा, मनुष्यों के बीच मेरा सूर्यास्त होगा और मरते समय मैं उन्हें अपना श्रेष्ठतम उपहार प्रदान करूँगा।

यह मैंने सूर्य से सीखा है, डूबते हुए सूर्य से–सोना लुटानेवाले परम दानशील सूर्य से जब वह अस्त होते समय अपने अक्षय कोष से समुद्रों तक में सोना उँड़ेलता है।

और तब दरिद्र से दरिद्र मछेरा भी अपने सोने के चप्पुओं से अपनी तरणी खेता

है। यह मैंने एक बार अपनी आँखों देखा था, और देखकर मेरी आँखों से आँसुओं की ऐसी झड़ी बँधी कि रुकने का नाम ही न लेती थी।

ज़रतुष्ट्र भी सूर्य के समान ही अस्त होगा; अब वह बैठा प्रतीक्षा कर रहा है। उसके एक ओर टूटी-फूटी पुरानी सारणियाँ बिखरी पड़ी हैं, और दूसरी ओर अर्धलिखित, अधूरी नई सारणियाँ।

4

देख, यहाँ एक नई सारणी है; किन्तु मेरे वे भाई कहाँ हैं जो इसको नीचे घाटी में मांस के जीवित हृदयों में पहुँचाने का सामर्थ्य रखते हैं।

सुदूरवासियों से मेरा महान् प्रेम माँग करता है कि अपने पड़ोसी के प्रति भी उदार मन रहो; मनुष्य तो एक ऐसी वस्तु है जिसका अतिक्रमण करना अनिवार्य है।

अतिक्रमण करने के बहुत-से रास्ते और ढंग हैं : तुझे चाहिए कि तू इसका ध्यान रखे। किन्तु यह बात एक विदूषक ही सोच सकता है कि "मनुष्य के ऊपर से छलाँग मारकर गुज़रा जा सकता है।"

अपने पड़ोसी से भी तू अपना अतिक्रमण कर, यह वह अधिकार है जो तू बलपूर्वक प्राप्त नहीं कर सकता, और न ही उसको भिक्षा के रूप में पाना सहन कर।

जो कुछ तू स्वयं कर सकता है, वह दूसरा तेरे लिए दोबारा नहीं कर सकता। अच्छी तरह समझ ले कि प्रतिफल नाम की कोई वस्तु नहीं होती।

जो कोई आदेशदाता नहीं बन सकता उसे आदेशपालक बनना होगा। बहुत-से लोग ऐसे हैं जो अपने पर हुक्म तो चला सकते हैं किन्तु स्वयं अपना ही हुक्म मान सकने का सामर्थ्य उनमें नहीं होता।

5

कुलीन आत्माओंवाले वर्ग के लोगों की यही पद्धति है कि वे दिए बिना कुछ भी लेना पसन्द नहीं करते–यहाँ तक कि जीवन भी नहीं।

और जो कुलीन नहीं हैं, जिनका सम्बन्ध जनता की भीड़ से है, वे बिना कुछ दिए, मुफ्त में ही जीवन पाना चाहते हैं। किन्तु हम लोग जो इनसे पृथक हैं और जिनको जीवन ने अपना आप दे रखा है, सदैव यही सोचते रहते हैं कि हम जीवन को इसके बदले में क्या दें।

निस्सन्देह, यह बहुत ही कुलीन कथन है : 'जीवन के आश्वासन की प्रतिज्ञा के समान हमें जीवन को निभाना चाहिए।'

उस मनुष्य को आनन्द भोगने का कोई अधिकार नहीं है जो आनन्द भोगने में दूसरों की सहायता नहीं करता। मनुष्य को आनन्द भोगने की इच्छा ही नहीं करनी चाहिए।

क्योंकि आनन्द और निर्दोषिता दोनों ही अत्यन्त लजीली वस्तुएँ हैं, दोनों में से किसी को भी यह पसन्द नहीं कि उसको ढूँढ़ा जाए। मनुष्य को ये दोनों वस्तुएँ प्राप्त अवश्य कर लेनी चाहिए। किन्तु ढूँढ़ना पाप और दुख को ही चाहिए।

6

हे मेरे भाइयो, प्रथमजात सन्तान ही सदैव बलि चढ़ाई जाती है। और अब यहाँ हम ही प्रथमजात हैं।

हम सभी का रक्त बलिदान की वेदी पर बहाया जाता है। हम सभी को पुरानी मूर्तियों की प्रतिष्ठा में जलाया और भूना जाता है।

हमारा श्रेष्ठतम भाग अभी तरुण है, अभिनव है, वृद्धों के तालुओं के लिए बहुत रुचिकर है। हमारा मांस कोमल है, हमारी त्वचा भेड़ के बच्चे की चमड़ी जैसी नरम है–मूर्तियों के वृद्ध पुजारी फिर क्यों न हमारी ओर आकर्षित हों ?

यह वृद्ध मूर्तिपूजक, जो अपने सहभोजों के लिए हमारे श्रेष्ठतम भाग को जलाता और भूनता है, अभी तक हमारे भीतर निवास करता है। हाय, मेरे भाइयो, फिर प्रथमजात सन्तान बलि होने से कैसे बच सकती है !

किन्तु क्या किया जाए, हमारी जाति की यही इच्छा है; और मुझे उनसे प्रेम है जो अपने आपको बचाकर नहीं रखते। अवरोहण करनेवालों और नष्ट होनेवालों को मैं सम्पूर्ण हृदय से प्रेम करता हूँ क्योंकि यही वे लोग हैं जो पार उतरते हैं, जो अतिक्रमण करते हैं।

7

'सच्चा होना'–यह बहुत कम लोगों के लिए सम्भव है; और जिसके लिए सम्भव है वह इसकी इच्छा नहीं करता। सच्चा होने की सबसे कम सम्भावना 'नेक' लोगों में होती है।

आह, ये नेक लोग ! नेक लोग कभी सच नहीं बोलते, नेक बने रहना भी एक प्रकार का मानसिक विकार है।

ये झुक जाते हैं, ये नेक लोग, ये अपने आपको दूसरों के अधीन कर देते हैं; उनका हृदय प्रत्येक उस बात को, जो उससे कही जाए, दोहराया करता है–उनकी आत्मा तक पराधीन और आज्ञाकारी होती है। और, जो मनुष्य आज्ञाकारी होता है, दूसरे की बात सुनता है, अपनी बात, अपने अन्दर की आवाज़ नहीं सुनता।

वे तमाम बातें जो भले आदमियों द्वारा बुरी कही जाती हैं, मिल-जुलकर उन्हें तरल हो जाना चाहिए, इकट्ठे बहना चाहिए ताकि सत्य उत्पन्न हो सके : हे मेरे भाइयो, क्या सत्य तक पहुँचने के लिए तुम्हारे भीतर पर्याप्त मात्रा में बुराइयाँ हैं ? क्या तुम इतने

बुरे हो कि सत्य को जन्म दे सको ?

उतावला दुस्साहस, दीर्घकालिक अविश्वास, क्रूर नहीं, अवज्ञा, घृणा, घातक प्रहार–ये सब बातें बहुत कम एकत्र होती हैं, किन्तु यही वह बीज है जिसमें से सत्य उत्पन्न होता है।

अभी तक का समस्त ज्ञान अपने भीतर दुर्भावना तथा कलुषित मन लिए हुए है ! फाड़ डालो, फाड़ डालो, हे ज्ञानशील मनुष्यो, इन पुरानी नीति सारणियों को।

8

जब पानी के ऊपर तख्ते पड़े हों, जब दरिया के आरपार कठपुलिया और जंगले लगे हों, तब फिर यदि कोई यह कहे कि "यहाँ सब कुछ बह रहा है, यहाँ कुछ स्थिर नहीं," तो कौन उसका विश्वास करेगा ?

मन्द से मन्द बुद्धिवाला मनुष्य भी उसकी इस बात का विरोध करेगा। वह कहेगा, "कैसे यहाँ सब कुछ बहाव में है ? ये तख्ते और जंगले, जो दरिया के ऊपर हैं, बह नहीं रहे, ये तो स्थिर हैं।

दरिया के ऊपर की प्रत्येक वस्तु स्थिर और दृढ़ है–वस्तुओं के समस्त मूल्य, पुल, धारणाएँ, समस्त नेकियाँ और बदियाँ–ये सभी कुछ तो स्थिर हैं।"

और जब शीत ऋतु आती है, उद्धत दरियाओं के उच्छृंखल प्रवाह को शान्त कर देनेवाली शीत ऋतु; तब मन्दबुद्धि व्यक्तियों के अतिरिक्त, चतुर से चतुर मनुष्य भी जो प्रत्येक वस्तु को सन्देह की दृष्टि से देखता है, कहने लगता है, "क्या यहाँ सभी कुछ निश्चल नहीं है !"

बुनियादी तौर पर प्रत्येक वस्तु निश्चल होती है–यह है शीत ऋतु की शिक्षा। ऐसी शिक्षा जिससे अनुपजाऊ काल को आश्वासन मिलता है, जिरारो सर्दियों में सोनेवाले और अँगीठियों के पास ऊँघनेवाले सान्त्वना प्राप्त करते हैं।

'बुनियादी तौर पर प्रत्येक वस्तु निश्चल होती है' किन्तु हिमद्रवण-ऋतु की वायु इसके विपरीत सिद्धान्त का प्रचार करती है।

हिमद्रवण-ऋतु की वायु एक साँड़ के समान है, हल चलानेवाला वृष नहीं–एक भयंकर, विनाशकारी साँड़ जो अपने क्रुद्ध सींगों से बरफ़ को तोड़ डालता है, और बरफ़ पुलों को तोड़ डालती है।

हे मेरे भाइयो, अब बताओ, क्या यहाँ सभी कुछ प्रवाहशील, अर्थात् बदलनेवाला नहीं है ? क्या सभी कुछ अस्थिर नहीं है ? क्या यह समस्त जंगले और पुल पानी में नहीं गिर गए हैं ? और नेकी और बदी की धारणाएँ कैसे स्थायी हो सकती हैं ? इनकी स्थिरता पर कौन विश्वास करेगा ?

शोक है हम पर !...धन्य हैं अब हम–बरफ़ पिघलनेवाली हवा बह रही है। अब यह प्रचार करो, मेरे बन्धुओ, गली-गली और कूचे-कूचे में।

9

यह एक पुराना विभ्रम है जिसे नेकी और बदी कहते हैं। अब तक इस विभ्रम का चक्र भविष्यवक्ताओं और ज्योतिषियों के गिर्द घूमता रहा है।

एक समय था कि लोग इन भविष्यवक्ताओं और ज्योतिषियों पर विशवस करते थे, और इसीलिए वे मानते थे कि मनुष्य प्रारब्ध के वश में है, जो कुछ होना है, वह अवश्य होकर रहेगा; जो कुछ तू करता है, वह करने के लिए तू मजबूर है।

एक समय आया कि लोगों का विश्वास इन भविष्यवक्ताओं और ज्योतिषियों पर से उठ गया और तब वे मानने लगे : "मनुष्य सर्वथा स्वतन्त्र है; तू वही कुछ करता है जो कुछ करने की तेरी अपनी इच्छा होती है, जो स्वयं तेरी स्वेच्छा के अनुसार होता है।"

हे मेरे भाइयो, हमारी यह धारणा, सितारों के सम्बन्ध में और भविष्य के सामने, कोरे विभ्रम पर आधारित थी–ज्ञान पर नहीं। और इसी तरह यह नेकी और बदी की धारणा भी केवल विभ्रम है–विभ्रम पर आधारित, ज्ञान पर नहीं।

10

"तू चोरी नहीं करेगा; तू हत्या नहीं करेगा।"...इस प्रकार के वाक्य एक समय बहुत पवित्र माने जाते थे। लोग इनके सामने सिर झुकाते थे, और जूते उतारकर घुटने टेकते थे।

किन्तु मैं तुझसे पूछता हूँ : इस प्रकार के पवित्र वाक्यों से बढ़कर चोर और हत्यारे संसार में कभी भी और कहीं भी पैदा हुए हैं ?

क्या इन्होंने स्वयं सारे जीवन की ही चोरी और हत्या नहीं की है ? तो फिर इन वाक्यों को पवित्र कहनेवाले क्या स्वयं सत्य की ही हत्या नहीं करते ?

यह तो शायद मृत्यु का कोई उपदेश था जिसके अनुसार उन सारी बातों को पवित्र मान लिया गया जो जीवन-विरोधी थीं और जीवन से विमुख हो जाने की शिक्षा देती थीं। हे मेरे भाइयो, फाड़ डालो, फाड़ डालो, इन खूसट नीति-सारणियों को।

11

पुरातनता के प्रति मेरी दया का यही अनुरोध है कि मैं इसका सबके सामने निरावरण करूँ और सबको इसका परित्याग करते देखूँ। निरावरण करूँ मैं इसका अनुकम्पा के सामने, मन के सामने, प्रत्येक सन्तति के सामने जो आकर हर एक पुरानी वस्तु को अपना पुल बनाया करती है।

हो सकता है कि कोई महान् शक्तिशाली निरंकुश प्राणी उत्पन्न हो जाए जो अपने

अनुमोदन और घृणा के बल से समस्त भूतकाल की ताड़ना करके उसे अपने अधीन कर ले, यहाँ तक कि वह उसका पुल बन जाए–उसका शंकुल, उसका अग्रदूत, और उसके लिए प्रातःकाल की कुकड़ूकू।

किन्तु एक और संकट है, सहानुभूति के लिए एक नया संकटमय विषय : जो कोई भी जनता की भीड़ से आता है उसकी स्मृति केवल अपने दादा तक पहुँच पाती है; दादा से आगे उसके लिए काल का अस्तित्व ही नहीं रहता, काल ख़त्म हो जाता है।

यही है भूतकाल का निरावरण और परित्याग : हो सकता है कि ऐसा भी दिन आ जाए कि जनता की भीड़ शासक बन जाए; तब समस्त विगत युगों को, सारे भूतकाल को छिछले पानी में, कीचड़ में डुबा दिया जाएगा।

इसीलिए मेरे भाइयो, एक नए कुलीन वर्ग की आवश्यकता है जो भीड़ के समस्त शासकों तथा समस्त अत्याचारों का विरोध कर सके और नई नीति-सारणियों पर नए सिरे से शब्द अंकित कर सके।

आवश्यकता है बहुत-से कुलीन पुरुषों और बहुत प्रकार के कुलीन पुरुषों की, ताकि एक कुलीन वर्ग उत्पन्न हो सके। यही अभिप्राय मेरा उस समय भी था जब मैंने कहा था, "देवत्व इसी में है कि बहुत-से देव हों किन्तु भगवान् नहीं।"

12

हे मेरे भाइयो, एक नई कुलीनता की ओर और उसकी प्राप्ति के लिए मैं तुम्हें पुण्य अर्पित करता हूँ : तुम्हें भविष्य के जन्मदाता, निर्माता एवं बीजरोपक बनना होगा।

वह कुलीनता नहीं जो दुकानदारों के सोने से, दुकानदारों की दुकानों से खरीदी जा सके : कोई भी चीज़ जो अर्थ-अर्जित हो, जो दामों से ख़रीदी जा सके, व्यर्थ और मूल्यहीन हुआ करती है।

तुम्हारा आदर और सम्मान भविष्य में इस बात से नहीं जाँचा जाएगा कि तुम कहाँ से आते हो बल्कि इस बात से कि तुम कहाँ जाते हो।

तुम्हारा संकल्प और तुम्हारे चरण जब स्वयं तुम्हारा अतिक्रमण करने के इच्छुक हों, तुमको लाँघकर तुमसे आगे बढ़ जाने के इच्छुक–तो यही तुम्हारा नव आदर होगा, यही तुम्हारे मान और आदर का नवीन आधार होंगे।

निस्सन्देह ही तुम्हारे सम्मान का आधार यह नहीं होगा कि क्या तुमने किसी राजा की सेवा की है–इन राजाओं में अब धरा ही क्या है–और न ही इसलिए कि तुम प्रत्येक उस वस्तु का जो खड़ी हुई है, सहारा बने हुए हो ताकि वह और अधिक दृढ़ता के साथ खड़ी रहे।

और इसलिए भी नहीं कि तुम्हारा परिवार राजदरबारों में रहकर दरबारी बन गया और यह कि तुमने सुन्दर रंगीन पंखोंवाले सारसों के समान, घंटों ही छिछले तालाबों में खड़ा होना सीख लिया है, क्योंकि दरबारियों की दृष्टि में खड़े रहने की क्षमता एक

सराहनीय गुण समझा जाता है, और सारे दरबारियों का यह विश्वास है कि "बैठ जाने की आज्ञा मिल जाना," मृत्यु के पश्चात् जैसे परम आनन्द का एक भाग मिल जाने के समान है।

और, इसलिए भी नहीं कि आत्मा ने, जो अलौकिक और पुण्य कहलाती है, उस देश का पथ-प्रदर्शन ही किया हो जिसकी तमन्ना तुम्हारे पूर्वजों में जाग्रत कर रखी थी। मेरी दृष्टि में यह प्रतिज्ञात देश तनिक भी श्लाघा के योग्य नहीं है, क्योंकि वृक्ष का सबसे अधिक पातक और अधम वृक्ष–सूली का अर्थात् क्रॉस का वृक्ष जहाँ उगता हो, वहाँ कुछ भी श्लाघा योग्य नहीं हो सकता।

और निश्चय ही जहाँ कहीं यह 'पुण्य आत्मा' अपने सूरमाओं को धावे पर ले गई वहाँ बकरियाँ, बत्तखों, मूर्ख और पागल लोगों ने सदैव इनका पथ-प्रदर्शन किया।

हे मेरे भाइयो, तुम्हारे कुलीन वर्ग को पीछे की ओर नहीं, आगे की ओर देखना होगा। तुम्हें निकलना होगा अपने पूर्वजों और पुरखों के सारे देशों से।

तुम्हें अपनी सन्तान के देश को प्रेम करना होगा (यह नव प्रेम ही तुम्हारी नवीन कुलीनता होगी)। अपनी सन्तान के देश की ओर, जो अभी तक सुदूर, समुद्रों से घिरा हुआ अनाविष्कृत पड़ा है, तुम अपने बादबान खोलो और ढूँढ़ो उसे, नित ढूँढ़ो। यही मेरा आदेश है।

अपनी सन्तान के सम्मुख तुम्हें अपने पूर्वजों की सन्तान होने का प्रतिशोधन करना होगा। और उससे तुम सम्पूर्ण अतीत का निष्क्रमण कर पाओगे। यह नवीन नीति-सारणी है जो मैं तुम्हारे सामने रख रहा हूँ।

13

"जीवित क्यों रहा जाए ? सभी कुछ मिथ्या है ? जीवन क्या है ? बोझा उठाना ? भूसा कूटना ?...अपने आपको जलाना और फिर भी गरमाई से वंचित रहना !"

इस प्रकार की प्राचीन बकवाद को अब तक ज्ञान और बुद्धिमानी समझा जाता रहा है, क्योंकि यह प्राचीन है और इसमें से फफूँदी की गन्ध आती है–इसलिए यह और भी अधिक सम्मानित है। फफूँदी कुलीनता को और अधिक श्रेष्ठता प्रदान करती है।

यह बालकों की-सी बातें हैं और उन्हीं के लिए उपयुक्त भी। वे अग्नि से डरते हैं क्योंकि उससे जल चुके हैं। ज्ञान के पुराने ग्रन्थों में अबोध बालकों की-सी बातें भरी पड़ी हैं।

और वह जो सदैव भूसा कूटता है, वह कैसे इस बात का दुस्साहस कर सकता है कि भूसा कूटने की निन्दा करे ? इस प्रकार के सारे मूर्खों की थूथनी बाँध देनी चाहिए।

ये वे लोग हैं जो भोजन के आसन पर बैठ तो जाते हैं परन्तु अपने साथ कुछ नहीं

लाते, यहाँ तक कि स्वस्थ भूख भी नहीं लाते–और फिर निन्दा करते हैं : कहते हैं, सब कुछ मिथ्या है।

किन्तु अच्छी तरह खाना और अच्छी तरह पीना, हे मेरे भाइयो, कोई मिथ्या कला नहीं है।...फाड़ डालो, फाड़ डालो, ऐसे सब लोगों की सारणियों को जिनके हृदय में कभी उल्लास नहीं आता, जो कभी हर्षोन्मत्त नहीं होते।

14

''पवित्र प्राणियों के लिए प्रत्येक वस्तु पवित्र होती है''–लोगों का यही कहना है। किन्तु मेरा कथन है, सुअर के लिए प्रत्येक वस्तु सुअर जैसी–गन्दी–होती है।

इसीलिए यह थके-माँदे ऊबे हुए पारदर्शी लोग, जिनकी आत्माएँ सदैव नतमस्तक रहती हैं, उपदेश दिया करते हैं कि ''यह संसार एक महामलिन अजगर है।''

इस प्रकार का उपदेश वही लोग दिया करते हैं जिनकी स्वयं अपनी आत्माएँ महामलिन होती हैं–विशेषतया वे लोग जिन्हें उस समय तक सुख और शान्ति प्राप्त नहीं होती जब तक वे संसार को पिछवाड़े से नहीं देखते–आह, यह संसार के नेपथ्यवासी लोग !

यद्यपि यह कहना कुछ अच्छा नहीं लगता, किन्तु मैं ऐसे लोगों से उनके मुँह पर कहता हूँ : तो फिर यह संसार भी मनुष्य के समान है क्योंकि इसका भी, मनुष्य के समान पिछवाड़ा है। और यह इतनी बात है भी सच्ची।

संसार में बहुत कुछ मलिनता भरी हुई है, यह इतनी बात निस्सन्देह सच्ची है। परन्तु इसके कारण सम्पूर्ण संसार मलिन नहीं हो जाता, एक मलिन अजगर नहीं बन जाता।

फिर भी इस कथन की बुद्धिमानी से इनकार नहीं किया जा सकता कि संसार की बहुत सारी बातों से मलिनता की दुर्गन्ध आती है : स्वयं दुर्गन्ध और मलिनता उड़नेवाले पंखों का, गहन स्रोतों में डुबकियाँ लगानेवाली शक्ति का निर्माण किया करती है।

सर्वोत्तम पुरुष में भी कुछ न कुछ कुत्सित होता है, सर्वोत्तम पुरुष का भी अतिक्रमण आवश्यक है।

हे मेरे भाइयो, इस कथन में बहुत कुछ बुद्धिमानी है कि इस संसार में बहुत-सी मलिनता है।

15

मैंने संसार के नेपथ्यवासी धर्मात्माओं को अपने आपसे और अपने अन्तःकरण से इस प्रकार की बातें करते सुना है; उनकी इन बातों में निस्सन्देह न कोई कुटिलता मैंने पाई और न कोई धूर्तता–यद्यपि इनसे बढ़कर न तो संसार में कोई कुटिल ही है और न कोई धूर्त।

"संसार को यों ही चलने दो ! इस पर उँगली मत उठाओ।"

"जो चाहे लोगों का गला घोंटे, छुरी घोंपे, चमड़ी उधेड़े, हड्डियाँ खरोंचे, जो चाहे करे, तुम उसके विरुद्ध उँगली तक मत उठाओ ! हो सकता है कि इसी से उन्हें वैराग्य हो जाए, वे संसार का त्याग करना सीख जाएँ।"

"और जहाँ तक तेरे अपने विवेक का सम्बन्ध है, तू स्वयं इसका गला घोंट दे, इसको अपने से दूर कर दे, क्योंकि यह सांसारिक विवेक है : इस प्रकार तू स्वयं संसार से विरक्त हो सकेगा, संसार को त्यागना सीख जाएगा।"

फाड़ डालो, फाड़ डालो, हे मेरे भाइयो, इन धर्मात्माओं की ये पुरानी नीति-सारणियाँ; टुकड़े-टुकड़े कर डालो अपनी वाणी से इन जग-निन्दकों के सत्य-सिद्धान्तों को।

16

"जो मनुष्य अधिक ज्ञान प्राप्त कर लेता है, वह स्वयं ही प्रचंड उत्पाती आकांक्षाओं के विमुख हो जाता है, उन्हें स्वयं त्याग देता है।" लोग यह बात आजकल अँधेरी गलियों में, एक-दूसरे के कानों में कहते फिरते हैं।

"ज्ञान मनुष्य को परिश्रान्त और निष्क्रिय बना डालता है; इससे कोई लाभ नहीं। तुम्हें इच्छारहित होना चाहिए !"–इस नवीन नीति-सारणी को मैंने खुले बाज़ारों में लटका हुआ पाया।

फाड़ डालो, ऐ मेरे भाइयो, फाड़ डालो, इस नवीन नीति-सारणी को भी फाड़ डालो। दुनिया से उकताए हुए लोगों ने, मृत्यु के इन उपदेशकों ने, जेल के इन दरोगाओं ने यह सारणी लटकाई है, क्योंकि इसमें, वह देखो, दासता की, कारावास की शिक्षा है।

क्योंकि इनकी शिक्षा में विकार था, अच्छी शिक्षा से ये वंचित रहे, और क्योंकि इन्होंने बहुत प्राथमिक और जल्दी-जल्दी में शिक्षा पाई थी। इनका भोजन दूषित था जिससे इनका उदर बिगड़ गया।

इसीलिए इनका मन एक बिगड़ा हुआ उदर है, यह मृत्यु की मन्त्रणा दिया करता है। यह बात सत्य है, मेरे भाइयो, कि मन निस्सन्देह उदर का ही दूसरा नाम है।

जीवन आह्लाद का स्रोत होता है किन्तु जिसके भीतर बिगड़ा हुआ उदर (समस्त व्याधियों का जन्मदाता) हो उसके लिए सकल स्रोत विषैले हो जाते हैं।

ज्ञान प्राप्त करना–यह सिंह-संकल्पवालों के लिए हर्ष का विषय हुआ करता है; किन्तु जो थका-माँदा और उकताया हुआ हो और जो दूसरों के संकल्प का केवल खिलौना हो, उसके साथ हर प्रकार की तरंगें खेला करती हैं।

शक्तिहीन मनुष्यों की सदा यही प्रकृति रही है कि वे सर्वदा मार्ग में ही खो जाया करते हैं। अन्त में उनकी क्लान्ति पूछने लगती है, "हम चले ही क्यों थे ? सभी कुछ तभी तो उदासीन है–सब ओर उदासीनता ही उदासीनता है। सभी कुछ एक जैसा है।

उनके कानों को यह उपदेश बड़ा मधुर लगता है कि सब कुछ व्यर्थ है, निर्मूल है।

कोई संकल्प न करो, कोई इच्छा न करो। किन्तु यह तो दासता की शिक्षा है।

हे मेरे भाइयो, एक गूँजती हुई स्वच्छ झाँझन के समान आया है ज़रतुष्ट्र मार्ग-थकित और उकताए हुए लोगों के पास। निश्चय ही उसके कारण बहुत-सी नासिकाएँ छींक उठेंगी।

मेरा स्वच्छ श्वास प्राचीरों को भेदकर कारागारों और बन्दी आत्माओं तक के पास पहुँचता है।

संकल्प मुक्ति प्रदान करता है क्योंकि संकल्प करने का अर्थ है निर्माण करना : यही मेरी शिक्षा है और तुम्हें शिक्षा प्राप्त करनी चाहिए केवल निर्माण करने के लिए।

और यह शिक्षा भी तुम्हें सर्वप्रथम मुझसे ही सीखनी चाहिए, भली प्रकार सीखने की कला। जिस किसी में सुनने की क्षमता हो वह अच्छी तरह से सुन ले।

17

वह नाव खड़ी है—वह देखो पार जा रही है, सम्भवतः महान् शून्य की ओर।...किन्तु कौन इच्छा कर सकता है, इस 'सम्भावना' में सवार होने की।

तुममें से कोई भी इस मृत्यु की नाव में चढ़ना नहीं चाहता। फिर तुम जग-क्लान्त किस प्रकार हो ?

दुनिया से तंग आए हुए तुम लोग ! तुम तो अभी धरती से भी विरक्त नहीं हो पाए हो। मैं तुम्हें अब तक धरती की लिप्सा में लीन और स्वयं अपनी भू-क्लान्ति पर आसक्त पाता हूँ।

तुम्हारे ओंठ निष्प्रयोजन ही लटके नहीं रहते। उन पर अभी तक थोड़ी-सी सांसारिक वासना बैठी हुई है। और तुम्हारी आँखों में इन सांसारिक वासनाओं का कभी न भुलाया जा सकनेवाला एक छोटा-सा मेघखंड क्या नहीं तैर रहा ?

धरती पर बहुत-से बड़े-बड़े आविष्कार हुए हैं, कुछ उपयोगी और कुछ सुखकर। स्वयं इनके कारण धरती से प्रेम करना चाहिए।

और बहुत-से आविष्कार तो अति उत्तम हैं—स्त्री के स्तनों के समान उपयोगी भी और सुखकर भी।

किन्तु हे जग-क्लान्त पुरुषो, हे धरती के निरुद्योगी लोगो, तुम्हारी तो चाबुक से ख़बर लेनी चाहिए, चाबुक की मार से तुम्हारी टाँगों में फिर से चुस्ती पैदा करनी चाहिए।

क्योंकि यदि तुम रोगी या जीर्ण-अभागे प्राणी नहीं हो, जिनसे धरती उकताई हुई है तो फिर या तो तुम मक्कार, आलसी भैंसे हो या धूर्त, साहसहीन चटोरे निशाचर हो। अब यदि तुम एक बार और दिल खोलकर नहीं दौड़ोगे, तो समझ लो कि तुम्हारा अन्त होनेवाला है।

असाध्य रोगी का चिकित्सक बनना ठीक नहीं है। ज़रतुष्ट्र की यही शिक्षा है। अतः तुम्हारा अन्त अनिवार्य है।

किन्तु अन्त करने के लिए कहीं अधिक साहस की आवश्यकता है, इसकी अपेक्षा कि एक नई कविता रची जाए–प्रत्येक चिकित्सक और कवि यह बात जानता है।

18

हे मेरे भाइयो, कुछ सारणियाँ ऐसी हैं, जिन्हें क्लान्ति ने उत्पन्न किया और कुछ ऐसी जिन्हें आलस्य ने–दूषित और भ्रष्ट आलस्य ने : यद्यपि इन दोनों के बोलने का ढंग एक जैसा ही है, किन्तु एक ही ढंग से सुना जाए, यह बात इन्हें पसन्द नहीं।

ज़रा इस मुरझाए हुए निरुत्साही को तो देखो ! वह अपने लक्ष्य से केवल एक बालिश्त भर की दूरी पर है, किन्तु अपनी क्लान्ति के कारण, हठ करके, वह धूलि पर पसरा पड़ा है–वाह रे सूरमा !

थकान के कारण अब वह उबासियाँ ले रहा है–पथ की ओर, धरती की ओर, और स्वयं अपनी ओर देखता है, और उबासियाँ लेता है : एक डग भी अब वह आगे नहीं भरेगा, चाहे कुछ भी हो जाए–वाह रे सूरमा !

सूर्य का प्रचण्ड ताप उसे जला रहा है, और कुत्ते उसका पसीना चाट रहे हैं, किन्तु वह अपनी हठ में वहीं प्यासा मर जाएगा, लेकिन उठेगा नहीं।

अपने लक्ष्य से केवल एक बालिश्त भर की दूरी पर वह प्यासा मर जाएगा। अब इसको, निश्चय ही, बालों से घसीटकर पहुँचाना पड़ेगा इसके स्वर्गवास में–इस सूरमा को !

किन्तु अच्छा है कि इसको वहीं पड़ा रहने दिया जाए जहाँ यह पसरा पड़ा है ताकि इसे निद्रा आ जाए–ठंडी, सुखद और संगीतमयी वर्षा में भीगी हुई प्रगाढ़ और निश्चिन्त निद्रा।

उसे पड़ा रहने दो जब तक कि वह स्वयं ही जाग न उठे–जब तक कि वह अपनी क्लान्ति को और उस सब कुछ को, जो क्लान्ति ने उसे सिखाया है, स्वयं ही त्याग न दे।

केवल, मेरे भाइयो, तुम इतना करो कि कुत्तों को इसके पास से भगा दो–इन आलसी कामचोरों को और इन भिनभिनाते हुए घृणा के कीड़ों को।

सारे भिनभिनानेवाले घृणास्पद कीड़ों को–इन शिक्षित और सभ्य लोगों को–जो प्रत्येक सूरमा के पीछे पसीने को चाट-चाटकर, चूस-चूसकर, पला करते हैं।

19

मैं अपने चहुँ ओर कुंडलाकार रेखाएँ खींचता हूँ, और पुण्य सीमाएँ खड़ी करता हूँ। ज्यों-ज्यों पर्वत ऊँचे-ऊँचे होते जाते हैं मेरे साथ ऊपर चढ़नेवालों की संख्या घटती जाती है। मैं समस्त पुण्य पर्वतों को जोड़कर एक पर्वतमाला रच रहा हूँ।

किन्तु जहाँ कहीं भी तुम मेरे साथ ऊपर चढ़ो, हे मेरे भाइयो, इस बात से सावधान

रहना कि कहीं कोई परजीवी, परान्नभोजी प्राणी तुम्हारे साथ ऊपर न चढ़ जाए।

परजीवी–यह एक कीड़ा है, रेंगनेवाला और चापलूसी करनेवाला कीड़ा–जो तुम्हारे गुप्त घावों और शोणित चोटों पर पल-पलकर मोटा होने की खोज में रहता है।

और उसकी यह चतुराई है कि वह ऊपर चढ़नेवाली आत्माएँ कब थकती हैं, इसका पता लगा लेता है : तुम्हारी वेदनाओं में, तुम्हारी क्लान्तियों में और तुम्हारी लजीली सुकुमारता में वह अपना घिनावना घोंसला बनाया करता है।

जहाँ कहीं भी बलवान् निर्बल हो और शिष्ट, अत्यन्त शिष्ट तथा विनम्र हो वहीं वह अपना घिनावना घोंसला बनाया करता है। महान् पुरुषों के लघु तथा गुप्त घावों में ही इन परजीवी प्राणियों का निवास स्थान हुआ करता है।

विश्व के समस्त जीवों में कौन-सा जीव श्रेष्ठतम है और कौन-सा हीनतम ? परजीवी निश्चय ही हीनतम जीव है किन्तु श्रेष्ठतम जीव ही सबसे अधिक परजीवी जीवों का पोषण किया करता है।

क्योंकि वह आत्मा जिसके पास सबसे लम्बा सोपान हो, और जो गहनतम गहराइयों तक नीचे उतर सकता हो, फिर भला यह कैसे सम्भव है कि उस पर सबसे अधिक परजीवी जन्तु न चिमट जाएँ ?

वह सीमाहीन विशाल आत्मा जो अपने भीतर अत्यधिक दूरी तक भटक सकती हो और दौड़ सकती हो; वह चिरआवश्यक और उतावली आत्मा जो हर्षोन्मत्त होकर अपने आपको अवसर की प्रचण्ड धारा पर छोड़ देती है–

वह आत्मा जो भविष्य में डुबकी लगाती है–वह सम्पन्न आत्मा जो फिर भी संकल्प और आकांक्षा की इच्छुक है–

वह आत्मा जो अपने से दूर भागती है और फिर एक वृहत घेरे में अपने आपको ले जाती है, वह सर्वाधिक बुद्धिमान् आत्मा जो मूर्खता पर सबसे अधिक रीझती है–

वह आत्मा जो सबसे अधिक अपने आपको प्रेम करती है, जिसके भीतर समस्त वस्तुएँ तरंगों के समान उठती और गिरती हैं, तो यह फिर कैसे सम्भव है ऐसी श्रेष्ठतम आत्मा–वह महान् आत्मा हीनतम परजीवी जन्तु न रखती हो ?

20

हे मेरे भाइयो, क्या मैं हृदयहीन हूँ ?...क्योंकि मैं कहता हूँ कि जो गिर रहा हो उसे अवश्य गिरा देना चाहिए, गिरते हुए को अवश्य एक और धक्का दे देना चाहिए।

आजकल की प्रत्येक वस्तु–गिर रही है, सड़-गल रही है, इसको कौन बचा सकता है ? और मैं–मैं तो इसे गिराना ही चाहता हूँ, इसके पतन में सहायता करूँगा।

क्या तुम उस आनन्द से परिचित हो जो पत्थरों को खन्दकों में, गहन गर्तों में लुढ़काने से आता है ? आजकल के ये मनुष्य–इनको देखो तो सही कि ये किस प्रकार मेरे अगाध गर्तों में लुढ़के चले जा रहे हैं।

मैं उत्तम अभिनेताओं की प्रस्तावना हूँ, हे मेरे भाइयो, मैं एक उदाहरण हूँ, मेरे उदाहरण का अनुसरण करो।

और जिसको तुम उड़ना नहीं सिखाते, मेरा यह आदेश है कि उसको तेज़ी के साथ गिरने की शिक्षा दो।

21

मुझे वीरों से प्रेम है किन्तु इसके लिए खड्गधारी होना ही काफ़ी नहीं है, बल्कि यह भी जानना आवश्यक है कि किसके विरुद्ध खड्ग उठाई जाए।

और बहुधा इसमें अधिक वीरता होती है कि अपने हाथ को रोक लिया जाए, और तटस्थ रहकर चुपचाप पास से गुज़र जाया जाए, ताकि सुपात्र शत्रु के लिए अपने आपको बचाकर रखा जा सके।

तुम्हारे शत्रु वही लोग होने चाहिए जो शत्रुता के योग्य हों, न कि घृणा के योग्य; तुम्हें अपने शत्रुओं पर गर्व होना चाहिए–यह शिक्षा मैं तुम्हें पहले भी दे चुका हूँ।

तुम्हें अपने आपको सुपात्र शत्रु के लिए सुरक्षित रखना होगा। हे मेरे मित्रो ! इसलिए तुम्हें बहुत-सी बातों को अनदेखा करके चुपचाप पास से गुज़र जाना चाहिए।

तुम्हें, विशेषतया, उपद्रवी मनुष्यों की भीड़भाड़ के पास से, बिना ध्यान दिए, पूर्ण उदासीनता के साथ, गुज़र जाना होगा जो दिन-रात जनता और जातियों के सम्बन्ध में तुम्हारे साथ खाया करते हैं।

उनके पक्ष और विपक्ष की मलिनता से अपनी आँखों को बचाओ। वहाँ बहुत कुछ ठीक भी है और बहुत कुछ ग़लत भी : जो कोई उनकी ओर देखता है, वह क्रोध से जलने लगता है।

उनकी ओर देखना और उन पर खड्ग उठाना, ये दोनों एक समान हैं। इसलिए उचित यही है कि तू जंगलों में चला जा और अपनी खड्ग को निद्रा की गोद में लिटा दे।

तू अपने रास्तों पर चल; और लोगों तथा जातियों को उनके अपने रास्तों पर चलने दे। उनके रास्ते निश्चय ही अन्धकारमय हैं जहाँ आशा की एक किरण भी चमकती हुई दिखाई नहीं पड़ती।

जहाँ की चमकदार वस्तु केवल दुकानदारों का सोना ही रह गया हो, वहाँ दुकानदारों को ही राज्य करने दो। अब यह युग सम्राटों का नहीं रहा। जिसका नाम आजकल जनता है, वह सम्राटों की अधिकारी नहीं है।

देखो तो सही, यह जनता किस प्रकार दुकानदारों के-से कार्य करती है ! वह कूड़े-करकट के ढेर में से अपने लाभ की तुच्छ से तुच्छ वस्तु भी बटोरते हुए नहीं लजाती।

वे एक-दूसरे की घात में लगे रहते हैं, एक-दूसरे को धोखा देते हैं, एक-दूसरे की चीज़ें ठगते हैं और इसको वे 'पड़ोस निभाना' कहते हैं, सद्-सहवासाचार कहते हैं। आह,

कितना महान् और पुण्य था वह अतीत काल जब एक जाति अपने मन में यह धारणा करती थी कि "मैं समस्त जातियों पर अपना प्रभुत्व स्थापित करके रहूँगी।"

क्योंकि मेरे भाइयो, जो श्रेष्ठतम हैं, उन्हीं को शासन करने का अधिकार है और उन्हीं में शासन करने का सामर्थ्य है, और वही शासन करेंगे भी। और जहाँ इसके प्रतिकूल शिक्षा दी जाती है, वहाँ समझ लो कि 'श्रेष्ठतम' का अभाव है।

22

यदि उन्हें रोटी मुफ़्त में, बिना परिश्रम किए, मिलती हो, तो यह शोक की बात है ! वे फिर किस बात के लिए कोलाहल मचाएँगे ? यह भरण-पोषण ही तो उनका वास्तविक मनोरंजन है। ऐसी स्थिति में उनका जीवन कठिन हो जाएगा।

हिंसक पशु हैं वे; उनके कार्यों में हिंसा भरी लूट होती है, उनकी कमाई, चालबाज़ी और धोखे पर आधारित रहती है। इसीलिए उनका जीवन बड़ा कठिन हो जाएगा।

इसके कारण वे अधिक चतुर, दक्ष, छलनामय हिंसक पशु बन जाएँगे, प्रायः मनुष्य के समान। क्योंकि मनुष्य एक बहुत ही विलक्षण और अद्‌भुत हिंसक पशु है।

मनुष्य ने पशु जगत के समस्त सद्‌गुणों को लूटा है, इसी कारण मनुष्य का जीवन समस्त पशुओं के जीवन की अपेक्षा अत्यन्त कठिन रहा है।

केवल पक्षी ही, अभी तक, उसकी पहुँच से ऊपर यानी बाहर रहे हैं, वही बच पाए हैं। और यदि मनुष्य को उड़ना भी आ जाए, तो फिर न जाने उसकी लूट-खसोट की हिंसक लिप्सा उड़कर कहाँ तक ऊपर आ पहुँचे, किस ऊँचाई को जा छूए।

23

मै चाहता हूँ कि नर और नारी ऐसे हों–एक के भीतर युद्ध की योग्यता हो और दूसरे के भीतर प्रजनन की और दोनों के भीतर नृत्य की–मस्तिष्क से भी और टाँगों से भी।

व्यर्थ समझो उस दिन को जो नृत्य से रिक्त रहे। और असत्य समझो उस सत्य को जिसके भीतर अट्‌टहास का गुंजन न हो।

24

तुम्हारे ये विवाह-कारज : इस बात का ध्यान रखना कि ये कारज बुरे न हों–तुमने उतावलेपन में यह कारज किया है और यदि ऐसा है तो इसका परिणाम है विवाह का खटाई में पड़ जाना, क्योंकि वह विवाह जिसमें एक-दूसरे को झुकना पड़े, विकृत होना पड़े या झूठ बोलना पड़े–विवाह नहीं रहता। एक स्त्री ने एक बार मुझसे कहा था,

"यह सत्य है कि मैंने अपने विवाह को तोड़ा है किन्तु उससे पूर्व विवाह ने मुझे तोड़ दिया था।"

अनमेल जोड़ी को मैंने संसार में सबसे अधिक कपटी और दोषपूर्ण पाया। वे सारी दुनिया को सज़ा देना चाहते हैं क्योंकि वे स्वयं एक जोड़ी के रूप में चल नहीं पाए।

इस कारण मैं चाहता हूँ कि ईमानदार लोग एक-दूसरे को कहें : "हम एक-दूसरे को प्रेम करते हैं, और इसे निभाया है। देखना केवल यह है कि हमारी यह प्रतिज्ञा–प्रेम प्रतिज्ञा–भूल पर आधारित तो नहीं है।"

"हमें कुछ समय दो अल्पकालिक कच्चे विवाह का ताकि हम इस बात का अन्दाजा लगा सकें कि हम पक्के विवाह के योग्य हैं या नहीं। सदा जोड़ी बनकर रहना कोई मामूली बात नहीं है।"

प्रत्येक ईमानदार मनुष्य को मैं यही मशवरा देता हूँ। यदि मैं इसके विपरीत मशवरा देता तो मेरे उस प्रेम का, जो मुझे महामानव तथा भविष्य के प्रति है, कुछ भी अर्थ नहीं है।

तुम्हें प्रजनन करना है, बढ़ना है किन्तु केवल आगे की ओर ही नहीं, बल्कि ऊपर की ओर भी। इस प्रकार, हे मेरे भाइयो, तुम्हारे विवाह का उद्यान फले-फूले और तुम्हारी सहायता करे।

25

पुरातन मूल आधार जिसकी समझ में आ जाएँ, वह अन्त में भविष्य के स्रोत और नवीन मूल आधार की तलाश करेगा।

हे मेरे भाइयो, वह दिन दूर नहीं जब नई जातियाँ उठेंगी और नवीन स्रोत नवीन गहराइयों की ओर ठाठे मारते हुए बहने लगेंगे।

और भूकम्प–यह बहुत-से कुओं को पाट देता है, उनका गला घोंट देता है और तृषा का आतंक फैला देता है; किन्तु साथ ही साथ भीतरी शक्तियों और निहित वस्तुओं को भी प्रकाश में ले आता है।

भूकम्प नवीन स्रोतों को उत्पन्न करता है : पुरानी जातियाँ के भूकम्प में नवीन जातियाँ उत्पन्न हो जाती हैं।

और जो कोई चिल्लाकर यह कहता है : "देख, यह रहा बहुत-से प्यासों के लिए एक कुआँ, बहुत-से आकांक्षियों के लिए एक हृदय, बहुत-से उपकरणों के लिए एक संकल्प," उसको चारों ओर से एक भीड़ घेर लेती है, यानी ऐसे लोगों की भीड़ जो प्रयत्न करना चाहते हैं।

कौन शासक हो सकता है और कौन शासित : इसकी परीक्षा वहाँ की जाएगी; और आह, कितनी लम्बी खोज, कितने सही और ग़लत अनुमान, कितनी भूलों और तजरबों के साथ !

मानव समाज–यह प्रयास है, मेरी शिक्षा के अनुसार। यह है एक लम्बी खोज जिसमें शासक की खोज की जाती है।

एक प्रयास, एक प्रयत्न, मेरे भाइयो, किन्तु समझौता या सन्धि नहीं तोड़ डालो, तोड़ डालो, इन कोमल हृदयवालों और अधूरे लोगों के इस 'समझौता' शब्द को।

26.

हे मेरे भाइयो, मानवता के सम्पूर्ण भविष्य के लिए सबसे बड़ा संकट कहाँ है ? क्या वह संकट इन नेक और सदाचारी लोगों में नहीं है ?

उन लोगों में जो मन ही मन यह सोचते और कहते हैं कि "नेकी और सदाचार क्या है, इसका हमें पहले से ही ज्ञान है और हमारे भीतर यह दोनों गुण विद्यमान भी हैं; शोक है उन लोगों पर जो अब तक इनकी खोज में लगे हुए हैं।"

यह बुरे लोग कितनी ही हानि क्यों न पहुँचाएँ, किन्तु वह हानि जो 'नेक लोग' पहुँचाते हैं, सबसे अधिक हानिकारक है।

यह विश्वनिन्दक लोग चाहे कितनी ही हानि क्यों न पहुँचाएँ किन्तु वह हानि जो 'नेक व सदाचारी' लोग पहुँचाते हैं, वह सबसे अधिक हानिकारक होती है।

हे मेरे भाइयो, एक बार किसी मनुष्य ने इन 'नेक और सदाचारी' लोगों के हृदय में झाँककर देखा था और यह कहा था, "ये तो पाखंडी हैं" किन्तु उसकी बात किसी की समझ में नहीं आई।

स्वयं नेक और सदाचारी लोग इसे नहीं समझ सके। उनका मन उनके अपने नेक अन्तःकरण में बन्दी था। इन नेक लोगों की मूढ़ता अत्यन्त चतुर होती है–वह अतल और अथाह होती है।

किन्तु यह एक सत्य है कि 'नेक' लोगों का पाखंडी होना अवश्यम्भावी है, इसके अतिरिक्त उनके लिए और कोई चारा ही नहीं।

नेक लोग उस मनुष्य को अवश्यमेव सूली पर चढ़ाएँगे जो अपनी नेकी स्वयं अपने लिए ईजाद करता है। यह एक अकाट्य सत्य है।

एक अन्य मनुष्य जिसने कि उनका देश खोज निकाला था–यानी नेक और सदाचारी लोगों का देश, हृदय और धरती का पता लगा लिया था, उससे पूछा गया कि वे सबसे अधिक घृणा किससे करते हैं ?...उसका उत्तर था–

वे सबसे अधिक घृणा निर्माता को करते हैं जो पुराने मूल्य-आधारों और सारणियों को तोड़ता है, जो नियमों तथा विधानों का उल्लंघन करता है। उसे वह विधि-विध्वंसक और अपराधी कहते हैं।

क्योंकि यह नेक लोग निर्माण नहीं कर सकते। यह तो अन्त का आरम्भ है–सदैव से ही ऐसा ही होता आया है।

वे उस मनुष्य को सूली पर चढ़ाते हैं जो नई सारणियों पर नए मूल्य-आधार लिखता

है; वे भविष्य को अपने ऊपर कुरबान कर देते हैं, वे मानव-जाति के सम्पूर्ण भविष्य को सूली पर चढ़ा देते हैं।

यह नेक लोग–यह सदा से ही अन्त का आरम्भ रहे हैं।

27

हे मेरे भाइयो, क्या तुम्हारी समझ में यह बात आ गई है ?...और वह बात भी जो एक बार मैंने 'अन्तिम मनुष्य' के सम्बन्ध में कही थी।

मानव-जाति के सम्पूर्ण भविष्य के लिए सबसे भयानक संकट का कारण कौन हो सकते हैं ? क्या यही 'नेकी और सदाचारी' लोग नहीं ?

तोड़ो, तोड़ो, विध्वंस कर दो 'इन नेक और सदाचारी लोगों' को। हे मेरे भाइयो, क्या तुम्हारी समझ में यह बात आ गई है ?

28

तुम मुझसे भागते हो ? क्या तुम डरे हुए हो ? क्या यह बात सुनकर तुम काँपने लगते हो ?

हे मेरे भाइयो, जब मैंने 'नेक लोगों' और 'नेक लोगों की सारणियों' को विध्वंस करने का तुम्हें आदेश दिया था, उसके पश्चात् ही यह सम्भव हो पाया था कि समुद्र पार करने के लिए मानव को जहाज़ पर बिठा सकूँ।

और अब कहीं जाकर उसके पास पहुँचा है : महान् भय, अपलक दृष्टि, निस्सीम आकुलता, विराट घृणा और प्रचण्ड समुद्रीय अस्वस्थता।

'नेक लोगों' ने तुम्हें समुद्र-तटों तथा झूठी सुरक्षा की शिक्षा दी है; 'नेक लोगों' के झूठ में तुम्हारा जन्म हुआ, और इसी में तुम्हारा पालन-पोषण भी। 'नेक लोगों' के कारण प्रत्येक वस्तु सिर से पैर तक विकृत और व्याकृष्ट हो गई है।

परन्तु जिस मनुष्य ने पता लगाया कि जिसको 'मानव' कहते हैं उसी ने उसे ढूँढ़ निकाला है जिसका नाम 'मानव का भविष्य' है। अब तुम्हें मेरा नाविक बनना होगा, निर्भय और धैर्यवान् नाविक।

अब सीधे होकर चलो मेरे भाइयो, छाती तानकर चलना सीखो। समुद्र में तूफ़ान आया हुआ है। बहुत लोगों की इच्छा है कि तुम्हारे सहारे फिर से खड़े हो जाएँ।

समुद्र में तूफ़ान आया हुआ है। समुद्र के पास प्रत्येक वस्तु है; उठ और आगे बढ़, हे नाविक के वीर हृदय !

और तुम्हारी पितृभूमि ? तुम्हारी पतवार तो उस ओर झुकती है जिस ओर हमारी सन्तान का देश है। उस ओर, समुद्र के तूफ़ान से बढ़कर हमारी महान् आकांक्षा का तूफ़ान उमड़ रहा है।

29

"इतने कठोर क्यों ?..." कोयले ने एक दिन हीरे से पूछा, "क्या हम सहजातीय नहीं हैं ?"

और मैं तुमसे, हे मेरे भाइयो, यह पूछता हूँ, तुम इतने कोमल क्यों हो ?...क्या तुम मेरे भाई नहीं हो ?

तुम इतने कोमल, इतने दब्बू और इतने आज्ञापालक क्यों हो ? तुम्हारे हृदय में इतना त्याग क्यों है ? तुम्हारी आँखों की चमक में भाग्य का लेश इतना कम क्यों है ?

और यदि तुम्हें अपना भाग्य बनना स्वीकार नहीं है, और वह भी अमिट और कठोर भाग्य तो फिर विजय के दिन तुम किस प्रकार मेरा साथ दे पाओगे ?

और यदि तुम्हारी कठोरता को यह स्वीकार नहीं है कि वह चमके, काटे और टुकड़े-टुकड़े कर डाले, तो फिर तुम एक दिन किस प्रकार निर्माण-कार्य में मेरे साथ सम्मिलित हो सकोगे ?

निर्माता तो कठोर ही होते हैं और यह तुम्हारे लिए आनन्द की बात होनी चाहिए कि तुम सहस्राब्दी के काल को अपने हाथ से इस प्रकार दबा सको मानो वह मोम हो।

आनन्द की बात होगी सहस्राब्दी पर अपने संकल्प को इस प्रकार लिख डालना–खोद डालना, मानो वह पीतल का पत्र हो–पीतल से भी कठोर, पीतल से भी श्रेष्ठ और कुलीन। अत्यन्त कठोर वही हो सकता है जो अत्यन्त कुलीन और सर्वश्रेष्ठ हो।

इस नई सारणी को, हे मेरे भाइयो, मैं तुम्हारे सामने टाँग रहा हूँ : 'कठोर बनो।'

30

हे मेरे संकल्प ! हे प्रत्येक आवश्यकता को झुकानेवाले ! हे मेरी एकमात्र आवश्यकता ! प्रत्येक छोटी-छोटी विजयों से मेरी रक्षा करो !

हे मेरी आत्मा के विधाता जिसे मैं भाग्य कहता हूँ ! हे मेरे भीतरवाले ! मेरे ऊपरवाले ! मुझे एक महान् प्रारब्ध के लिए सुरक्षित रख, जीवित रख।

और अपनी श्रेष्ठतम महानता को, हे मेरे संकल्प, अपने अन्तिम प्रयास के लिए सुरक्षित रख ताकि तू अपनी विजय में कठोर और अदम्य बना रह सके। आह, कौन है वह ऐसा जिसको उसकी विजय ने पराजित न किया हो।

हाय, कौन है वह ऐसा जिसकी आँखों में, मधुमत्त उषा से अँधेरा न छा गया हो ? कौन है वह जिसके विजय के समय पैर न डगमगाए हों, और सीधा खड़ा रहना न भूला हो ?

ताकि मैं अतल महान् मध्याह्न में पककर तैयार और उद्यत हो जाऊँ–तपते हुए धान के समान, वज्र-ताड़ित मेघ के समान, दूध से भरे फूले हुए स्तनों के समान तैयार और उद्यत।

अपने लिए और अपने गूढ़तम संकल्प के लिए मैं हूँ उद्यत और तैयार जैसे एक धनुष आपके वाण के लिए, और वाण अपने तारक के लिए।

एक तारक, तैयार और उद्यत अपने मध्याह्न में—सूर्य के विध्वंसक बाणों से चमकता और बिंधा हुआ और आशीर्वाद पाए हुए।

तैयार है स्वयं एक सूर्य और एक कठोर सूर्य-संकल्प, विजय में विध्वंस कर देने के लिए तैयार !

हे संकल्प, हे समस्त आवश्यकताओं को झुकानेवाले, हे मेरी एकमात्र आवश्यकता, मुझे केवल एक महान् विजय के लिए बचाकर रख !

ज़रतुष्ट्र ने यह कहा।

स्वास्थ्योन्मुख

गुफ़ा में वापस आने के थोड़े ही दिनों पश्चात् ज़रतुष्ट्र एक दिन सुबह के समय अपने बिछौने से एक पागल के समान उछल पड़ा और बड़ी भयानक आवाज़ में चिल्लाने लगा। उसके व्यवहार से ऐसा प्रतीत होता था मानो कोई अन्य मनुष्य उसके बिछौने पर पड़ा हो और वहाँ से उठना न चाहता हो। ज़रतुष्ट्र की आवाज़ कुछ ऐसे भयानक अन्दाज़ से गूँजी कि उसके जानवर डर के मारे उसके आसपास एकत्र हो गए और निकटवर्ती जितनी गुफ़ाएँ तथा कन्दराएँ इत्यादि थीं उनके सारे पशु निकल भागे–उड़ते हुए, पर फड़फड़ाते हुए, रेंगते हुए, कूदते हुए, यानी जिस तरह के जिसके पैर या पर थे उन्हीं के सहारे।...ज़रतुष्ट्र ने कहा :

मेरी अतल गहराइयों में सोए हुए, हे अगाधवासी विचार, उठ और बाहर आ। मैं तेरा कुक्कुट हूँ और तेरा उषाकाल। हे निद्राग्रस्त कीड़े उठ, उठ। मेरी कुकड़ूकू शीघ्र ही तेरी निद्रा का हरण कर डालेगी।

अपने कानों के बन्धनों को खोल डाल; काल लगाकर सुन, क्योंकि मैं तेरी बातें सुनना चाहता हूँ। उठ ! उठ ! इस वज्रगर्जन से तो कब्रों तक के कान खुल जाएँगे।

और अपनी आँखों में से हर प्रकार की नींद और धुँधलका और अन्धापन पोंछ डाल ! मेरी बातें अपनी आँखों द्वारा भी सुन। मेरी वाणी तो जन्मजात अन्धों तक के लिए औषधि का काम करती है।

और जब तुम एक बार जाग उठे तो फिर तुम्हें सदैव जागृत रहना होगा; यह मेरी आदत नहीं है कि मैं पड़दादियों को नींद से जगाया करूँ ताकि उनसे कह सकूँ कि फिर सो जाओ।

तू कुलबुलाता है, अँगड़ाइयाँ लेता है और बुड़बुड़ाता है; उठ ! उठ ! खर्राटे मत ले, मुझसे बातें कर। ज़रतुष्ट्र तुझे बुला रहा है, मैं अनीश्वरवादी ज़रतुष्ट्र।

मैं ज़रतुष्ट्र, जीवन का समर्थक ज़रतुष्ट्र, कुरबानियों और यातनाओं का समर्थक ज़रतुष्ट्र, चक्र का अधिवक्ता ज़रतुष्ट्र–मैं तुझे पुकार रहा हूँ, हे मेरे अतल अगाधवासी विचार।

जय हो ! तू आ रहा है–मुझे तेरी आवाज़ सुनाई दे रही है। मेरा अगाध गर्त बोल रहा है। मैंने अपने अतल अगाध को खींचकर प्रकाश में डाल दिया है।

जय हो ! निकट आ, अपना हाथ दे।...आहा ! रहने दे ! आहा-हा !...छी, छी, छी।...हाय धिक्कार है मुझ पर।

2

इतनी बात कहते ही ज़रतुष्ट्र धरती पर गिर पड़ा, और बहुत देर तक उसी अवस्था में मुर्दे की तरह पड़ा रहा; और जब वह फिर अपने होश में आया तो उसका रंग उड़ा हुआ था, वह थरथर काँप रहा था और उसी तरह धरती पर चित पड़ा था। बहुत देर तक उसने न कुछ खाया और न पिया। उसकी यह अवस्था एक सप्ताह तक बनी रही। किन्तु उसके पशु दिन-रात उसके पास बैठे रहे, सिवाय बाज पक्षी के जो भोजन-सामग्री लाने के लिए उड़ जाया करता था, और जो कुछ उसके हाथ लगता, वह ज़रतुष्ट्र के बिछौने पर डाल देता, यहाँ तक कि अन्ततः ज़रतुष्ट्र पीली और लाल झड़बेरियों, अंगूरों, गुलाबी सेबों, सुगन्धित कन्द-मूलों और चिलगोज़ों के नीचे दब गया। और, उसके पैरों के निकट भेड़ के दो मेमने पड़े थे जिनको बाज पक्षी बड़ी कठिनाई के साथ उनके चरवाहों से छीनकर लाया था।

अन्ततः सात दिन के उपरान्त ज़रतुष्ट्र अपने बिछौने पर उठकर बैठा, उसने एक गुलाबी सेब अपने हाथ में लिया और उसको सूँघने लगा। उसकी सुगन्ध उसे अच्छी मालूम हुई। यह देखकर उसके जानवरों ने समझ लिया कि अब उससे बातचीत करने का समय आ गया है।

'हे ज़रतुष्ट्र,' उन्होंने कहा, तुझे इस प्रकार थकी-सी और भारी-भारी आँखों के साथ पड़े हुए सात दिन बीत गए हैं। क्या तू अब फिर से अपने पैरों पर खड़ा होना नहीं चाहता ?

बाहर निकल अपनी गुफ़ा से; संसार एक उद्यान के रूप में तेरी प्रतीक्षा कर रहा है। वह वायु जो तेरे पास आना चाहती है सुरभियों से खेल रही है; और सारे स्रोत, निस्सन्देह तेरे पीछे भागने के लिए उतावले हो रहे हैं।

तेरे इस सात दिन के एकान्तवास ने समस्त वस्तुओं को तेरा दीवाना बना दिया है—अपनी गुफ़ा के बाहर निकल। संसार की समस्त वस्तुएँ तेरी चिकित्सक बनने के लिए उतावली हैं।

शायद तुझे कोई नया ज्ञान प्राप्त हुआ है, कटु और उपघातक ज्ञान ? ख़मीरे आटे के समान तू पड़ा हुआ था, तेरी आत्मा ने उफान लिया और अपनी सीमाओं से बाहर बिखर गई।

हे मेरे जानवरो, ज़रतुष्ट्र ने उत्तर दिया, बोलते जाओ और मुझे सुनने दो। तुम्हारी बातों से मुझे स्फूर्ति प्राप्त होती है। जहाँ बातें होती हों, वहाँ संसार मुझे उद्यान सरीखा प्रतीत होता है।

शब्दों और ध्वनियों का होना कितनी प्यारी बात है; क्या ये शब्द और ध्वनियाँ पृथक्-पृथक् वस्तुओं के बीच इन्द्रधनुषों और सेतुओं के समान नहीं हैं ?

प्रत्येक आत्मा का अपना एक भिन्न संसार होता है; प्रत्येक आत्मा के लिए दूसरी आत्मा एक दूसरा संसार होता है।

समान रूप वस्तुओं के बीच एक ऐसी विभ्रान्ति भरी रहती है जो अत्यन्त मनोरम झूठ का जाल बुन देती है : अत्यन्त छोटी द्राड़ पर पुल बाँधना अत्यन्त कठिन कार्य होता है।

मेरे लिए किसी भी ऐसी वस्तु का अस्तित्व कैसे हो सकता है जो मुझसे बाहर हो ? बाहर किसी भी वस्तु का अस्तित्व नहीं है, किन्तु यह बात संगीत सुनते समय हम भूल जाते हैं। कितना सुखद है भूल जाना !

क्या वस्तुओं को नाम और ध्वनियाँ इसलिए नहीं दी जातीं कि मनुष्य को इनसे स्फूर्ति और आनन्द प्राप्त हो ? बोलना एक मधुर मूढ़ता है; इसके सहारे मनुष्य प्रत्येक वस्तु पर नृत्य करता है।

कितनी मधुर है समस्त वाक् और ध्वनि की समस्त असत्यता ! ध्वनि के साथ हमारा प्रेम रंग-बिरंगे इन्द्रधनुषों पर नृत्य किया करता है।

ये सुनकर उसके जानवरों ने कहा, 'हे ज़रतुष्ट्र, हमारे समान विचार रखनेवाले समस्त प्राणियों के निकट प्रत्येक वस्तु नृत्य करती है; वह आती है, एक-दूसरे का हाथ थामती है, हँसती है और चली जाती है—और फिर पलट आती है।

प्रत्येक वस्तु जाती है, प्रत्येक वस्तु पलट आती है। उद्भव का यह चक्र नित्य इसी प्रकार घूमता रहता है। प्रत्येक वस्तु मरनी है और फिर जी उठनी है। उद्भव का यह चक्र सदैव इसी प्रकार चलता रहता है।

प्रत्येक वस्तु टूटती है, और फिर नए सिरे से संगठित हो जाती है। उद्भव का भवन इसी प्रकार सदैव अपना निर्माण करता रहता है। समस्त वस्तुएँ बिछुड़ती हैं और फिर मिलकर एक-दूसरे का अभिनन्दन करती हैं। इस प्रकार उद्भव अपने आपको ठोक-बजाकर खरा प्रमाणित करता रहता है।

उद्भव का प्रारम्भ प्रतिपल होता रहता है। यहाँ से वहाँ और वहाँ से यहाँ यही चक्र चलता रहता है और मध्य सब जगह है। नित्यता का मार्ग बड़ा कुटिल है—बहुत ही टेढ़ा-तिरछा।'

ज़रतुष्ट्र ने मुस्कराकर उत्तर दिया, हे मसख़रो और घनचक्करो, कितनी अच्छी तरह तुम जानते हो कि इन सात दिनों में मुझे क्या कुछ करना था।...किस प्रकार वह अजगर मेरे कंठ में घुसा और उसने मेरा दम घोटा। और कैसे दाँतों से मैंने उसका सिर काट दिया और उसे अपने से दूर फेंक दिया।

और तुमने इसका भी एक ऊटपटाँग गीत बना लिया है ? किन्तु मैं यहाँ पड़ा हूँ—क्लान्त और श्रान्त, काटने और थूकने के कारण थका हुआ और अपनी मुक्ति से स्वयं उकताया हुआ।

और तुम यह सब देखते रहे ? क्या तुम भी क्रूर और हृदयहीन हो ? हे मेरे जानवरो, क्या तुम्हें मेरी प्रचण्ड व्यथा देखना अच्छा लगा...मनुष्यों के समान ? मनुष्य तो संसार का सबसे क्रूर जन्तु है।

शोकान्त नाटक देखना, साँड़ों को लड़ाना, लोगों को सूली पर चढ़ाना—धरती पर

उसके सुख की अभी तक यही पराकाष्ठा रही है। और जब उसने धरती पर नरक का आविष्कार किया तो यह नरक ही धरती पर उसका स्वर्ग बन गया।

जब कोई बड़ा पुरुष किसी कारण कराहता है तो तेज़ी से दौड़कर हीन मनुष्य वहाँ पहुँच जाता है; वासना लिप्सा से उसकी जीभ लटकी पड़ती है किन्तु वह इसको अपनी 'दयाशीलता' बताया करता है।

हीन मनुष्य, विशेषतः कवि, कितनी तत्परता के साथ अपने शब्दों में जीवन की शिकायत किया करते हैं ! उनकी बातें सुनो किन्तु उनकी बातों के पीछे जो वासना छिपी हुई है, उसे भी सुनो, उसे सुनने में गफ़लत मत करो।

'जिन्दगी के ये निन्दक'–एक निमिष में जिन्दगी इन पर हावी हो जाती है। ''तू मुझसे प्रेम करता है।'' वह निर्लज्ज कहती है; ''थोड़ी देर ठहर जा, अभी मेरे पास तेरे लिए समय नहीं है।''

मनुष्य स्वयं अपने लिए संसार का सबसे क्रूर पशु है। उन तमाम लोगों में जो अपने आपको 'पापी,' 'सूलीवाहक' और 'पश्चत्तापी' कहते हैं, उनकी वासना की चाहत को पहचानना मत भूल जो उनके समस्त दोषारोपण के और अभियोगों के पीछे छिपी रहती है।

और स्वयं मैं ?...क्या मैं भी इसके कारण मनुष्य पर दोषारोपण करूँ ? हे मेरे जानवरो, मैंने अभी तक केवल यही सीखा है कि मनुष्य के भीतर सर्वनिषिद्ध वस्तु का होना आवश्यक है ताकि वह अपनी सर्वोत्तम वस्तु की रक्षा कर सके।

और यह भी कि बुरी से बुरी और उसकी शक्ति है, और कठोरतम पत्थर श्रेष्ठतम निर्माता की। और यह कि मनुष्य के लिए और अच्छा, तथा और बुरा बनना आवश्यक।

यातना के इस खूँटे से 'कि मनुष्य बुरा है,' मैं जकड़ा हुआ नहीं था, तथापि मैं इतने ज़ोर से चिल्लाया कि कोई अन्य न चिल्लाया होगा।

अफ़सोस कि मनुष्य की घोरतम खलता भी इतनी नगण्य है ! अफ़सोस कि उसकी श्रेष्ठतम भलाई भी इतनी नगण्य है।

मनुष्य के प्रति महान् घृणा–इसी ने मेरा गला घोंट दिया था, यही मेरे कंठ के भीतर घुस आई थी; और भविष्यवक्ता की यह बात भी कि ''सब कुछ एक समान है, सब कुछ व्यर्थ है–ज्ञान से दम घुटता है।''

एक दीर्घ धुँधलका मेरे सामने लँगड़ाता हुआ बढ़ा आ रहा था, श्रान्त और मरणप्रायः, एक मृत्योन्मत्त शोक जो उबासियाँ ले-लेकर बातें करता था।

''वह सदैव पलट-पलटकर आता है–वह मनुष्य जिससे तू उकताया हुआ है, यानी हीन मनुष्य।'' यह था जो मेरी उदासी ने कहा था उबासियाँ ले-लेकर। वह पैर घसीटती थी, गिरी पड़ती थी किन्तु सो नहीं सकती थी।

मनुष्य की धरती मेरे लिए एक क़ब्र बनकर रह गई, उसकी छाती चिपक गई, प्रत्येक वस्तु मेरे लिए मनुष्य की सड़ी हुई मिट्टी और सड़ी-गली हड्डियाँ बच गईं और बन गया एक दुर्गन्धपूर्ण सड़ा हुआ भूतकाल।

मेरी निश्वासें मनुष्यों की समस्त क़ब्रों के पास बैठीं और फिर खड़ी न हो सकीं, मेरा निश्वासें भरना और पूछना, दिन-रात मेंढक के समान टर्राता था, घुटता था, कुतरता था और शिकायतें करता था।

'अफ़सोस, मनुष्य सदैव पलट-पलटकर आता रहता है—हीन मनुष्य सदैव पलट-पलटकर आता रहता है।'

एक समय मैंने दोनों को, श्रेष्ठतम और हीनतम मनुष्य को नग्न देखा : दोनों अत्यधिक एक-दूसरे के समान थे—श्रेष्ठतम मनुष्य भी अत्यधिक हीन मनुष्य ही था।

महानतम मनुष्य को भी मैंने अत्यधिक हीन मनुष्य ही पाया—मानव के प्रति मेरी ग्लानि का यही कारण था; और हीन से हीन मनुष्य का निरन्तर पुनरागमन—यह कारण था प्रत्येक उद्भव के प्रति मेरी घृणा का।

अफ़सोस, ग्लानि, ग्लानि, ग्लानि ! इतना कहकर ज़रतुष्ट्र ने एक ठंडी साँस भरी और काँप उठा, क्योंकि उसे अपनी गहन मानसिक व्यथा याद आ गई थी। और तब, उसके जानवरों ने इससे अधिक उसे बोलने न दिया।

"हे स्वास्थ्योन्मुख ज़रतुष्ट्र ? अब अधिक मत बोल," उसके जानवरों ने उससे कहा, "बल्कि बाहर निकल और वहाँ जा जहाँ संसार एक उद्यान के समान तेरी प्रतीक्षा कर रहा है।

बाहर जा गुलाबों के उद्यान में, मधुमक्खियों और कपोतों के झुंड के पास, और विशेषतया गानेवाले पक्षियों के पास ताकि तू उनसे गीत गाना सीख सके।

क्योंकि स्वास्थ्योन्मुख पुरुषों के लिए गाना ही लाभदायक है, हाँ स्वस्थ पुरुष भले ही बातें करें, और यदि स्वस्थ पुरुष को कभी गीत गाने की इच्छा होती है तो उसे उन गीतों की इच्छा नहीं होती जिनकी इच्छा स्वास्थ्योन्मुख रोगियों को होती है।"

ज़रतुष्ट्र अपने जानवरों पर मुस्कराया और कहने लगा—"हे मसख़रो और घनचक्करो, चुप भी रहो। तुमने कितना ठीक अनुमान लगा लिया है कि इन सात दिनों में मैंने अपने लिए सान्त्वना की कौन-सी बात खोजी है।

मुझे फिर से गाना होगा; अपनी सान्त्वना के लिए यही बात मैंने खोजी है और, हे स्वास्थ्योन्मुखता क्या तू भी इसका एक बेसिर-पैर का गीत तुरन्त न रच डालेगी ?"

"और अधिक मत बोल," उसके जानवरों ने कहा, "इससे तो यही अच्छा है, हे स्वास्थ्योन्मुख रोगी, कि तू अपने लिए एक रुबाब बना ले, एक नया रुबाब।

क्योंकि, हे ज़रतुष्ट्र, तेरे नए गीतों के लिए नए रुबाबों की आवश्यकता है।

गा और मस्ती से गा, हे ज़रतुष्ट्र, नए-नए गीतों से अपनी आत्मा का उपचार कर ताकि तू अपने उस महान् प्रारब्ध का भार सहन कर सके जो अब तक किसी मनुष्य को नसीब नहीं हुआ।

क्योंकि, हे ज़रतुष्ट्र, तेरे जानवर इस बात को भली-भाँति जानते हैं कि तू क्या है और क्या होकर रहेगा। देख, तू अनन्त आवागमन का शिक्षक है–यही तेरा प्रारब्ध है।

और यह भी कि तू वह पहला मनुष्य है जो यह शिक्षा देता है; इसलिए यह क्योंकर हो सकता है कि यह महान् प्रारब्ध तेरा महान् संकट और रोग न बन जाए।

देख, हमें यह भी ज्ञात है कि तू क्या शिक्षा देता है–यही कि समस्त वस्तुएँ सदैव आती-जाती रहती हैं और उनके साथ हम भी, और यह कि हम अनन्त बार पहले भी हो चुके हैं और हमारे साथ समस्त वस्तुएँ भी।

तू शिक्षा देता है कि उद्भव का एक महान् वर्ष है, महान् वर्षों में अति महान् वर्ष, जो रेत-घड़ी के समान अवश्य और बार-बार उलटता-पलटता रहता है ताकि वह नए सिरे से खाली होता रहे और चलता रहे।

ताकि यह समस्त वर्ष बड़ी से बड़ी और छोटी से छोटी वस्तुओं में एक-दूसरे के समान रहें, ताकि प्रत्येक महान् वर्ष के अन्दर हम स्वयं बड़ी से बड़ी और छोटी से छोटी वस्तुओं में परस्पर समान रहें।

और यदि अब तू मर भी जाए, हे ज़रतुष्ट्र, तो हमें ज्ञात है कि तू उस समय अपने आपसे किस तरह की बातें करेगा–किन्तु तेरे जानवरों की तुझसे प्रार्थना है कि तू अभी मत कर।

तू कहेगा और बिना काँपे हुए कहेगा, बल्कि आनन्द के मारे हाँफते हुए बोलेगा–क्योंकि एक बहुत बड़ा बोझ और दबाव तेरे ऊपर से दूर हो जाएगा, हे अत्यन्त धैर्यवान् पुरुष।

'अब मैं मरता हूँ और अलोप होता हूँ', तू कहेगा, और 'क्षण भर में मैं शून्य हो जाऊँगा, आत्माएँ भी वैसी ही नश्वर हैं जैसे कि शरीर।'

किन्तु कारणों की ग्रन्थि पलटती रहती है, इससे मैं जकड़ा हुआ हूँ–और यह मेरा पुनःनिर्माण करेगी। मैं स्वयं अनन्त आवागमन के कारणों का एक अभिन्न अंग हूँ।

मैं बार-बार आता हूँ, इसी सूर्य के साथ, इसी धरती के साथ, इसी बाज पक्षी के साथ, इसी सर्प के साथ–न वह नया जीवन होता है, न बेहतर जीवन और न पुराने जीवन के समान जीवन।

मैं सदैव और बार-बार आता हूँ, इसी जीवन की ओर, इसकी बड़ी से बड़ी और छोटी से छोटी बातों समेत–ताकि मैं समस्त वस्तुओं के निरन्तर आवागमन की शिक्षा बार-बार दे सकूँ; ताकि धरती और मनुष्य के महामध्याह्न का वाक् बार-बार प्रकट कर सकूँ; ताकि मैं मनुष्य के सम्मुख महामानव की घोषणा कर सकूँ।

मैं अपनी बात समाप्त कर चुका, और अपनी बात समाप्त करके अब मैं स्वयं भी समाप्त हो रहा हूँ। मेरे अनन्त प्रारब्ध की यही इच्छा है कि अग्रदूत के रूप में मैं विनाश को प्राप्त कर जाऊँ।

अब वह घड़ी आ पहुँची है कि विकासोन्मुख मनुष्य अपने आपको आशीर्वाद दे। और इस प्रकार ज़रतुष्ट्र का अवरोहण समाप्त हुआ।

जब जानवर यह बातें कर चुके तो वे मौन हो गए और प्रतीक्षा करने लगे कि ज़रतुष्ट्र उनसे कुछ कहे; किन्तु ज़रतुष्ट्र को उनका यह मौन सुनाई ही नहीं दिया। और वह आँखें बन्द किए चुपचाप इस प्रकार पड़ा रहा मानो सो रहा हो, हालाँकि वह सो नहीं रहा था। किन्तु जब सर्प और बाज पक्षी ने उसे इस प्रकार मौन पाया तो उसके चहुँ ओर प्रसारित इस महामौन का आदर करते हुए चुपके से वहाँ से खिसक गए।

महान् आकांक्षा

हे मेरी आत्मा, मैंने तुझे सिखाया था कि जिस प्रकार तू 'एक बार' और 'बीत-काल' कहती है, उसी प्रकार तू 'आज' कहे और यह कि प्रत्येक 'यहाँ' और 'वहाँ' और 'सुदूर पार' के ऊपर से नाचती हुई निकल जाए।

हे मेरी आत्मा, मैंने तुझे सारे कुस्थानों और अँधेरे कोनों से नजात दिला दी है, मैंने तेरी धूल और मकड़ियाँ और धुँधलके झाड़ दिए हैं।

हे मेरी आत्मा, मैंने तुच्छ लज्जाओं और गलियों में पली सस्ती नेकियों के कीचड़ से तुझे धोकर निर्मल कर दिया है—तुझे इस योग्य बना दिया है कि सूर्य की आँख के सम्मुख निरावरण खड़ी हो सके।

उस आँधी के साथ जिसको मन कहते हैं, मैं तेरे तूफ़ानी समुद्रों के ऊपर से गुज़रा था : सारे बादलों को मैंने वहाँ से छाँट दिया था; और उस गला घोंटनेवाले का जिसका नाम 'पाप' है, स्वयं गला घोंट दिया था।

हे मेरी आत्मा, मैंने तुझे यह अधिकार दिया है कि तू 'ना' कहे झंझा के समान, और 'हाँ' कहे मुक्त आकाश के समान, और अब तू शान्त खड़ी है प्रकाश के समान, और नकारात्मक झंझा में से होकर गुज़र रही है।

हे मेरी आत्मा, मैंने निर्मित और अनिर्मित वस्तुओं पर तेरी स्वतन्त्रता पुनः स्थापित कर दी है। और, और कौन समझ सकता है तेरे समान भविष्य की लालसा को, भविष्य के विलास को ?

हे मेरी आत्मा, मैंने तुझे वह घृणा सिखाई है जो घुन की तरह अन्दर-ही-अन्दर खाने नहीं आती, बल्कि वह महान् और स्नेहमयी घृणा जो जितना अधिक किसी को घृणा करती है, उतना ही अधिक उसे प्रेम भी करती है।

हे मेरी आत्मा, मैंने तुझे मनाना सिखाया है कि तू स्वयं तत्त्वों को, आधारों तक को मनाकर अपनी ओर कर ले, उसी प्रकार जिस प्रकार कि सूर्य समुद्र-तट को अपनी ऊँचाइयों की ओर आने के लिए मना लेता है।

हे मेरी आत्मा, मैंने तुझसे तेरी सारी ताबेदारी, तेरा झुकना, घुटने टेकना और तेरी प्रभुभक्ति दूर कर दी है। और मैंने स्वयं तुझे यह नाम दिए हैं—'आवश्यकता-विमोचक' और 'भाग्य'।

हे मेरी आत्मा, मैंने तुझे नए नाम और रंग-बिरंगे खिलौने दिए हैं, मैं तुझे 'भाग्य' और 'परिधियों की परिधि' और 'काल की नाभि-नाल' और 'नीला गुबन्ध' जैसे नामों

से पुकारता हूँ।

हे मेरी आत्मा, मैंने सारी बुद्धिमानी तेरे साम्राज्य के पीने के लिए दे डाली है, और साथ ही सारी की सारी नई शराबें तथा प्रज्ञा की अति पुरातन और अति तीक्ष्ण शराबें भी।

हे मेरी आत्मा, मैंने प्रत्येक सूर्य, प्रत्येक रात्रि, प्रत्येक निस्तब्धता और प्रत्येक आकांक्षा से तुझे सींचा है। तब तू अंगूर की बेल के समान बढ़ी है।

हे मेरी आत्मा, तू अब सम्पन्न, लदी-फँदी और बोझ से दबी खड़ी है–एक ऐसी अंगूर की बेल जो फूले हुए थनों के समान गोल और सुनहले अंगूर के गुच्छों से भरी हुई है।

–ऐसे अंगूर जो तेरे आशीर्वाद से भरे हुए और झुके हुए हैं, जो सम्पन्नता और बाहुल्य से गर्भवान हैं और जो तेरी प्रतीक्षा की लज्जा के भारवाहक हैं।

हे मेरी आत्मा, तेरे अतिरिक्त अब कहीं भी, कोई अन्य आत्मा नहीं है जो तुझसे अधिक प्रेममयी, आलिंगनोद्यत और सर्वव्यापी हो ! भविष्य और भूत कहाँ एक-दूसरे के इतने घोर निकट हो सकते हैं जितने कि वे तेरे भीतर हैं ?

हे मेरी आत्मा, मैंने तुझे सब कुछ दे दिया है और इसके कराण मेरे हाथ खाली हो गए हैं। और अब–अब तू मुस्कराकर और शोकातुर होकर मुझसे कहती है : ''हम दोनों में से किसको दूसरे का धन्यवाद करना चाहिए ?

–क्या देनेवाले को अनुग्रहीत न होना चाहिए कि लेनेवाले ने ले लिया है ? क्या दान करना एक आवश्यकता नहीं है ? क्या ग्रहण करना दया करना नहीं है ?''

हे मेरी आत्मा, मैं तेरी शोकातुर मुस्कान को समझता हूँ। तेरी परम सम्पन्नता स्वयं अब आकांक्षा का हाथ फैला रही है !

तेरी सम्पूर्णता, झंझाग्रस्त समुद्रों के ऊपर अपनी निगाहें दौड़ा रही है, और खोज रही है और प्रतीक्षा कर रही है, तेरी आँखों के मुस्कराते हुए आकाश में से तेरी परम सम्पन्नता की आकांक्षा झाँक रही है।

और निश्चय ही, हे मेरी आत्मा, वह कौन है जो तेरी मुस्कान देखे और आँसुओं से ओत-प्रोत न हो जाए ? मुस्कान की महान् दयार्द्रता पर तो स्वयं फ़रिश्तों तक की आँखों से आँसुओं की धारा बहने लगती है।

तेरी दयार्द्रता–महान् दयार्द्रता ही तो है जो न तो विलाप करती है और न आँसू बहाती है। किन्तु फिर भी, हे मेरी आत्मा, तेरी मुस्कान आँसुओं की आकांक्षी है और तेरा कम्पमान मुख सिसकियों का।

''क्या समस्त रोना शिकायत करना नहीं है ? और समस्त शिकायत करना दोषारोपण नहीं है ?'' इस तरह तू आप ही आप बातें करती है और परिणामस्वरूप, हे मेरी आत्मा, तू मुस्कराती है, इसकी अपेक्षा कि तू अपना दुखड़ा रोए–

–इसकी अपेक्षा कि आँसुओं के तूफ़ान में तू अपनी परम सम्पन्नता का दुखड़ा प्रकट करे; द्राक्षा-वल्लरी की उस आकांक्षा का दुखड़ा, जो उसे अंगूर बटोरनेवाले और

बटोरनेवाले के चाकू के प्रति होती है।

किन्तु यदि तू रोना नहीं चाहती, अपने अरुण सन्ताप का दुखड़ा नहीं रोना चाहती, तो फिर तुझे गाना होगा; हे मेरी आत्मा ! देख मैं स्वयं मुस्करा रहा हूँ, जिससे तू इन बातों को भाँप सकती है :

–तुझे गाना होगा, अत्यन्त ऊँचे स्वर में, जब तक कि सारे समुद्र नीरव हो जाएँ ताकि वे तेरी आकांक्षा को सुन सकें–

–जब तक कि नीरव और उत्कंठित समुद्रों के ऊपर नाव बहने लगे–वह सुनहरा आश्चर्य, जिसके कंचन की लालसा में समस्त अच्छी-बुरी और अनूठी वस्तुएँ फुदकती फिरती हैं–

–साथ ही बहुत-से छोटे और बड़े पशु और वे सब भी जिनके द्रुत और आश्चर्यजनक पैर बैंगनी-नीले रास्तों पर दौड़ने की योग्यता रखते हैं–

–जब तक कि वे सुनहरे आश्चर्य के निकट पहुँच जाएँ, स्वेच्छा की नाव और उसके स्वामी के निकट : किन्तु यही तो वह अंगूर बटोरनेवाला है और गुच्छे काटने का हीरे का चाकू हाथ में लिए प्रतीक्षा करता है–

–यह तेरा वही मुक्तिदाता है, हे मेरी आत्मा, वही अनाम और महान् जिसके लिए भविष्य के गायन सबसे पहले नाम तलाश कर पाएँगे। और निश्चय ही, तेरी साँस में अभी से भविष्य के गायनों की सुगन्ध आ रही है–

–तू अभी से द्युतिमान् और स्वप्नमयी बन गई है, तू अभी से सान्त्वना के गहन और प्रतिध्वनित कूपों में से तृषातुर पानी पीने लगी है; अभी से तेरा मनस्ताप भविष्य के गीतों के आनन्द का सहारा लगाए विश्राम करने लगा है !

हे मेरी आत्मा, अब मैं तुझे सब कुछ दे चुका हूँ, अपनी अन्तिम वस्तु तक दे चुका हूँ; और मेरे हाथ तुझे देते-देते सर्वथा रीते हो गए हैं; और यह जो मैंने तुझे गाने का आदेश दिया है, देख यही मेरा बचा हुआ अन्तिम उपकार था।

यह कि मैंने तुझे गाने का आदेश दिया–बोल, अब बोल, हम दोनों में से कौन दूसरे का अनुग्रहीत है ?...कौन किसका धन्यवाद करे ?...किन्तु उत्तम यही रहेगा, हे मेरी आत्मा, तू गायन करे, मेरे लिए गायन करे, और तेरा धन्यवाद मैं करूँ।

ज़रतुष्ट्र ने यह कहा।

दूसरा नृत्य-गान

''अभी थोड़े दिनों की बात है कि मैं, हे जीवन, तेरी आँखों में झाँक रहा था, मैंने देखा कि 'तेरी निशा-तमिस्र' आँखों में स्वर्ण चमक रहा है; आह्लाद के मारे मेरे हृदय की धड़कन बन्द हो गई थी :

निशा-तमिस्र जलधि पर वह एक स्वर्ण-तरी की चमक थी–एक नाचती हुई स्वर्ण-तरी जो डूबती थी, उभरती थी, झूलती थी और फिर चमकने लगती थी।

मेरे नृत्य-उन्मत्त पैरों की ओर तूने अपनी दृष्टि घुमाई, एक हँसती हुई, पिघलती हुई याचक और नाचती हुई दृष्टि।

केवल दो बार तूने अपने नन्हे-मुन्ने हाथों से मजीरे बजाए और मेरे नृत्य-उन्मत्त पैर तुरन्त हिलने लगे।

मेरी एड़ियाँ उठ गईं, मेरे पैरों की उँगलियाँ कान धरकर सुनने लगीं कि तेरी बात समझें : सत्य है कि नर्तक के कान उसके पैरों की उँगलियों में होते हैं।

मैं उछलकर तेरी ओर गया–और तू भागकर पीछे हट गई : और तेरे उड़ते हुए, लहराते हुए कुन्तल मेरी ओर लपके।

मैं तुझसे और साँपों जैसे तेरे कुन्तलों से बचने के लिए छलाँग मारकर हट गया, और तू खड़ी हो गई–आधी मुड़ी हुई और आँखों में अभिलाषा भरे हुए।

अपनी बंकिम दृष्टि से तूने मुझे बंकिम मार्ग दिखाए; इन बंकिम मार्गों पर मेरे पैरों ने चालाकी और धूर्तता का पाठ पढ़ा।

मैं दूर से तुझे प्रेम करता हूँ और निकट से डरता हूँ, तेरा पलायन मुझे ललचाता है, तेरा अंगीकरण मुझे शिथिल करता है : मैं दुखी हूँ, किन्तु वह कौन-से दुख हैं जो मैं सहर्ष तेरे लिए अंगीकार करने के लिए तैयार नहीं हूँ !

हाँ तेरे लिए, जिसकी हिमशीत उदासीनता उत्तेजित करती है, जिसकी घृणा मोदक है, जिसका पलायन बन्दी बनाता है, जिसका उपहास हृदय-द्रावक है।

कौन तुझे घृणा नहीं करेगा–हे महान् जीवन-रूपी प्रेयसी, हे जादूगरनी, हे पाशवाहिनी, हे छलनामयी, हे मोहिनी, हे ढूँढ़नेवाली, हे पानेवाली ! कौन तुझे प्रेम नहीं करेगा–हे निर्दोष, हे अधीर, हे झंझामयी, हे बालकों के समान निष्कपट नेत्रोंवाली पापिन !

तू अब मुझे कहाँ खींचे लिए जाती है, हे अनुपम, हे उद्धत्त जीवनरूपी प्रेयसी !... अब तू फिर मुझसे दूर भाग रही है, हे मधुर, हे कृतघ्न, हे पलायन-उद्धत्त छलिया !

मैं तेरे पीछे-पीछे नाचता फिर रहा रहा हूँ, मैं तेरे क्षीण से क्षीण पदचिह्नों के सहारे चला आ रहा हूँ। तू कहाँ है ? मुझे अपना हाथ पकड़ा, केवल एक उँगली ही पकड़ा दे !

यहाँ गुफ़ाएँ हैं, झाड़ियाँ हैं : हम अपना मार्ग भूल जाएँगे। ठहर, रुक जा; क्या तू नहीं देखती कि उल्लू और चमगादड़ किस तरह उड़ते फिर रहे हैं ?

अरी ओ चमगादड़, ओ उल्लू ! क्या तू मुझे बेवकूफ़ बनाना चाहती है ?...हम कहाँ हैं ?...यह भौंकना और चिल्लाना क्या तूने कुत्तों से सीखा है ?

अत्यन्त माधुर्य के साथ तू अपने छोटे-छोटे सफेद दाँत मुझ पर निकाल रही है; तेरी क्रूर आँखें, तेरे घने कुंचित बालों में से मुझे झाँकती हैं।

यह लकड़ियों और पत्थरों का नृत्य है : मैं शिकारी हूँ–तू मेरा कुत्ता बनना चाहती है या हरिण ?

अभी-अभी तू मेरे पास है–और फिर निमिष में ही, हे नटखट फुदकनेवाली, तू उछली और आगे बढ़ गई–और मैं, मैं तो उछलते ही गिर पड़ा हूँ।

अरे देख, मैं कैसा चित्त पड़ा हूँ और मिन्नतें कर रहा हूँ, हे पगली, हे हठी उदण्ड, मैं तो सुगम सुन्दर मार्गों पर तुम्हारे साथ चलूँगा, और सहर्ष चलूँगा।

मैं चलूँगा तेरे साथ प्रेम मार्ग पर जो शान्त और पुष्पाच्छादित झाड़ियों में से होता हुआ गुज़रता है; या झील के किनारे-किनारे जिसमें सुनहली मछलियाँ नाचती और तैरती हैं।

क्या तू थक गई है ? वह देख सामने भेड़ें और सूर्यास्त की लालिमा है। कितनी सुखद होती है उस समय की निद्रा जब कहीं दूर चरवाहे बाँसुरी बजा रहे हों।

क्या तू अत्यधिक थक गई है ? मैं तुझे गोद में उठाकर ले जाऊँगा, केवल तू अपनी बाँहें ढीली कर दे। अगर तू प्यासी है तो तेरे पास एक चीज़ है, किन्तु तेरे होंठ उसे पीना पसन्द नहीं करेंगे।

आह यह मनहूस फुरतीला साँप और छलिया चुड़ैल ! तू कहाँ चली गई ? किन्तु अपने गालों पर मुझे तो तेरे हाथों के बनाए हुए लाल निशान और जलते हुए नील अभी तक महसूस हो रहे हैं।

मैं तंग आ चुका हूँ–सचमुच ही तंग आ चुका हूँ तेरा भेड़ों का-सा डरपोक चरवाहा बनते-बनते। अब तक मैं तेरे आगे गाया करता था, हे चुड़ैल; अब तुझे मेरे आगे रोना, चिल्लाना और कोलाहल मचाना होगा।

मेरे चाबुक की ताल पर अब तू नाचेगी और कोलाहल करेगी।...कहीं मैं अपना चाबुक भूल तो नहीं आया ? नहीं मैं ऐसा नहीं कर सकता।

2

तब जीवन ने अपने नन्हे-नन्हे कानों पर हाथ रखकर मुझे यह उत्तर दिया :

"हे ज़रतुष्ट्र, अपने चाबुक को इस भयंकर ढंग से मत फटकार। क्या तू नहीं जानता कि शोर विचारों का घातक होता है। और अभी, इसी समय कितने कोमल विचार मेरे मस्तिष्क में झूम रहे हैं।

हम दोनों की एक ऐसी जोड़ी है जो न भला करते हैं, न बुरा करते हैं। भलाई और बुराई के उस पार, हम दोनों ने—अकेले दोनों ने—अपना द्वीप और अपनी हरी-भरी चरण-भूमि पाई है। इसलिए यही अच्छा है कि हम दोनों आपस में सलूक से रहें।

यह ठीक है कि हम दोनों एक-दूसरे से हार्दिक प्रेम नहीं करते; किन्तु जिन दो प्राणियों के बीच हार्दिक प्रेम नहीं होता क्या उनमें कलह का होना ज़रूरी है ?

और यह तो तू जानता है कि मुझे तेरे प्रति अनुराग है, और बहुधा यह अनुराग बहुत अधिक हो जाता है—इसका कारण यह है कि मैं तेरी प्रज्ञा पर डाह करता हूँ।...आह, यह पागल बुढ़िया—यह प्रज्ञा !

यदि कभी तेरी प्रज्ञा तेरे पास से भाग जाए तो आह, तेरे प्रति मेरा यह प्यार भी तुरन्त ही भाग जाएगा।"

यह कहकर जीवन ने, विचारपूर्वक, अपने इधर-उधर और आगे-पीछे देखा और फिर धीरे-से कहा, 'हे ज़रतुष्ट्र, तेरे भीतर मेरे प्रति पूरी वफ़ादारी नहीं है।

जितना तू कहता है, उतना मुझे प्यार नहीं करता; मैं जानती हूँ कि तू मुझे जल्दी ही छोड़ देने की सोच रहा है।

यहाँ एक पुराना और भारी घड़ियाल है जिसकी गुंजार रात के समय तेरी गुफ़ा तक पहुँचती है—

जब इस घड़ियाल से तू आधी रात का घंटा बजता सुनता है तब तू 'एक और बारह' के बीच इस बात का विचार करता है—इस बात का—हे ज़रतुष्ट्र, मैं इसे जानती हूँ कि तू मुझे शीघ्र ही छोड़कर जानेवाला है।

"हाँ," मैंने धीरे-से उत्तर दिया, "किन्तु तू तो जानती है।"...और मैंने उसके कान में एक बात कही—उसकी अस्त-व्यस्त पीली और निरविवेक लटों के बीच में से।

"क्या तू जानता है, हे ज़रतुष्ट्र ? इसका तो किसी को भी पता नहीं है।"

और फिर हम देर तक एक-दूसरे को देखते रहे और देखते रहे दूर तक फैली हुई हरी-भरी चरणभूमि को जिस पर सन्ध्या का शीतल आँचल और धीरे-धीरे फैलता जा रहा था; और फिर हम दोनों रोने लगे।—जीवन उस समय मुझे इतना प्रिय लग रहा था जितनी प्रिय अपनी सारी प्रज्ञा भी मुझे कभी नहीं लगी थी।

ज़रतुष्ट्र ने यह कहा।

3

एक !
हे मनुष्य ! हो सावधान !
दो !
यह गहन निशीथ क्या कहती है ?
तीन !
"मैं निद्रामग्न हूँ, निद्रामग्न !"
चार !
"मैं उठता हूँ जब गहन स्वप्न से और कहता हूँ :
पाँच !
"बहुत गहन है यह संसार,
छः !
"दिवस-विचारों से भी गहन !
सात !
"इसका दुख भी बहुत गहन है,
आठ !
"किन्तु सुख-दुख से भी गहन !
नौ !
"दुख कहता है, चलता बन !
दस !
"सुख चाहते हैं नित्यता–
ग्यारह !
"गहन, गम्भीर, नित्यता।"
बारह !

सात मोहरे

(अथवा 'जी हाँ' और 'तथास्तु' का गीत)

यदि मैं भविष्यवक्ता हूँ और भविष्यवाणी की उस भावना से परिपूर्ण हूँ जो दो समुद्रों के मध्य ऊँचे पर्वतों पर भ्रमण करती है–

जो बोझल बादलों के समान भूत और भविष्य के बीच भ्रमण करती है–उन बादलों के समान जो हुमस भरे अति उष्ण मैदानों के शत्रु होते हैं और उन सबके शत्रु जो शिथिल हैं, जो न मरते हैं और न जीते हैं।

जिसकी तमसान्ध छाती बिजली की मुक्तिदाता कौंध के लिए तत्पर रहती है–उन बिजलियों से गर्भित जो 'हाँ' कहती हैं और 'हाँ' हँसती है, यानी भविष्य-बिजलियों से गर्भित।

कितनी शुभ और भाग्यवान् है वह जो इस प्रकार गर्भित हो ! और जो एक दिन भविष्य का प्रकाश प्रसारित करनेवाला है, निश्चय ही, उसे मुद्दतों तक बिजलियों-भरे बोझल बादलों के समान पर्वतों पर झुके रहना पड़ेगा।

आह, तो फिर मैं 'अनन्तता' के लिए उत्सुकता से विह्वल क्यों न रहूँ; क्यों न अधीर रहूँ विवाह-मुद्रिका के लिए, जो सब मुद्रिकाओं में एक विशेष मुद्रिका है...यानी आवागमन की मुद्रिका ?...

अभी तक मुझे वह स्त्री नहीं मिली जिससे मुझे सन्तान उत्पन्न करने की इच्छा हो; हाँ, यदि है तो उस स्त्री से जिससे मुझे प्रेम है, यानी 'अनन्तता' से जिसे मैं प्रेम करता हूँ; हे 'अनन्तता,' मुझे तुझसे प्रेम है !

2

यदि मेरे कोध्र ने कभी क़ब्रों को तोड़ा है, सीमा चिह्नों को हटाया है और पुरानी सारणियों के चकनाचूर टुकड़ों को गहरे गड्ढों में लुढ़ाया है;

यदि मेरी उपेक्षा ने कभी ढले-ढलाए और बने-बनाए शब्दों को अवहेलनापूर्वक निकाल फेंका है; यदि मैं 'क्रॉस' की मकड़ियों के लिए झाड़ू बनकर, और कब्रों के पुराने-सीले तहख़ानों के लिए क्रुद्ध झंझा बनकर आया हूँ;

यदि मैंने कभी पुरातन देवताओं की समाधियों पर बैठकर आनन्द-मंगल मनाया

है, यदि मैंने कभी पुराने निन्दकों के स्मारकों पर बैठकर जगत को आशीर्वाद दिया है, जगत को प्रेम किया है–

(क्योंकि यह गिरजाघर और देवताओं की समाधियाँ मुझे तभी प्रिय लगती हैं जब आकाश की निर्मल दृष्टि इनकी टूटी हुई छतों में से नीचे झाँक रही हो; मुझे हरी घास और लाल अहिपुष्पों के समान गिरजाघरों के खँडहरों में बैठना अच्छा लगता है)

आह, तो फिर मैं 'अनन्तता' के लिए उत्सुकता से विह्वल क्यों न रहूँ, और क्यों न अधीर रहूँ विवाह-मुद्रिका के लिए, जो सब मुद्रिकाओं की मुद्रिका है, यानी आवागमन की मुद्रिका।

अभी तक मुझे वह स्त्री नहीं मिली जिससे मुझे सन्तान उत्पन्न करने की इच्छा हो; हाँ, यदि है तो उस स्त्री से जिससे मुझे प्रेम है, यानी 'अनन्तता' से जिसे मैं प्रेम करता हूँ; हे 'अनन्तता' मैं तुझे प्रेम करता हूँ !

3

यदि रचनात्मक श्वास का और उस दैवी आवश्यकता का जो संयोग को भी तारक-नृत्य करने पर बाध्य कर देती है, अणुमात्र भी कभी मेरे पास आया है;

यदि मैं कभी रचनात्मक वज्र की वह हँसी हँसा हूँ जिसके पश्चात् कृति की एक गरजती हुई किन्तु आज्ञाकारी लम्बी कड़क आया करती है;

यदि मैंने कभी देवताओं के साथ बैठकर इस दैवी पटल पर, यानी धरती पर, पाँसा फेंका है, जिससे धरती फट गई हो, भूकम्प आ गया हो और आग की नदिया उबल पड़ी हो;

(क्योंकि धरती दैवी पटल है जिसको नए रचनात्मक शब्दों ने और देवताओं के फेंके हुए पाँसों ने डगमगा रखा है)

आह, तो फिर मैं अनन्तता के लिए उत्सुकता से विह्वल क्यों न रहूँ; और क्यों न अधीर रहूँ विवाह-मुद्रिका के लिए, जो सब मुद्रिकाओं की मुद्रिका है, यानी आवागमन की मुद्रिका !

अभी तक मुझे वह स्त्री नहीं मिली जिससे मुझे सन्तान-उत्पत्ति की इच्छा हो; हाँ, यदि है तो उस स्त्री से जिससे मुझे प्रेम है, यानी 'अनन्तता' से, जिसे मैं प्रेम करता हूँ; हे 'अनन्तता', मैं तुझे प्रेम करता हूँ।

4

यदि मैंने कभी इस फेनिल और मसालेदार प्याले में से, जिसमें सर्व प्रकार के पदार्थ मिले रहते हैं, जी भरकर पीया है;

यदि मेरे हाथों ने कभी उँडेला है, दूरतम को निकटतम में, अग्नि को भावना में, हर्ष को सन्ताप में और क्रूरतम को कोमलतम में;

यदि मैं उस रक्षक लवण का अणुमात्र भी हूँ जो समस्त वस्तुओं को मिश्रणपात्र में भली प्रकार मिला डालता है;

(क्योंकि एक ऐसा लवण होता है जो भलाई को बुराई से मिला देता है; और फिर बुरी से बुरी बुराई भी तो उस उत्तम मसाले का काम देती है जिससे फेन उभरता है और प्याला छलकता है)

आह, तो फिर मैं 'अनन्तता' के लिए उत्सुकता से विह्वल क्यों न रहूँ; और क्यों न अधीर रहूँ विवाह-मुद्रिका के लिए, जो सब मुद्रिकाओं की मुद्रिका है, यानी आवागमन की मुद्रिका ?

अभी तक मुझे वह स्त्री नहीं मिली जिससे मुझे सन्तान-उत्पत्ति की इच्छा हो; हाँ, यदि है तो उस स्त्री से जिससे मुझे प्रेम है, यानी 'अनन्तता' से; हे 'अनन्तता', मैं तुझे प्रेम करता हूँ !

5

यदि मैं समुद्र को, और समुद्र जैसी प्रत्येक वस्तु को चाहता हूँ और उस समय और भी अधिक जब वह घोरतम क्रोध की अवस्था में मेरा खंडन करता हो;

यदि खोज की वह कामना मेरे भीतर है जो बादबानों को अनजानी भूमियों की ओर हाँका करती है, यदि समुद्र-यात्रा की वासना मेरी वासनाओं में रची है;

यदि मेरे आनन्द ने कभी विह्वलता से चिल्लाकर यों कहा है : ''यह देखो, तट अलोप हो गया है। इस अन्तिम बन्धन से भी अब मैं मुक्त हो गया हूँ !''

अब एक असीम अबाध है जो मेरे चहुँ ओर गरजन कर रहा है, और वह दूर, बहुत दूर, चमक रहा है देश और काल। उठ, मेरे हृदय, सचेत हो !

आह, तो फिर मैं 'अनन्तता' के लिए उत्सुकता से विह्वल क्यों न रहूँ; और क्यों न अधीर रहूँ विवाह-मुद्रिका के लिए, जो सब मुद्रिकाओं की मुद्रिका है, यानी आवागमन की मुद्रिका ?

अभी तक मुझे वह स्त्री नहीं मिली जिससे मुझे सन्तान-उत्पत्ति की इच्छा हो; हाँ, यदि है तो उस स्त्री से जिससे मुझे प्रेम है, यानी 'अनन्तता' से; हे 'अनन्तता,' मैं तुझे प्रेम करता हूँ !

6

यदि मेरे सद्गुण, नृत्यकार के सद्गुण हैं; और यदि मैं बहुधा सुनहरी और मरकती उल्लास से वायु में उछला हूँ;

यदि मेरी दुष्टता एक हँसनेवाली दुष्टता है, जो गुलाब की क्यारियों और सोमिन के निकुंजों में रहती है;

क्योंकि हँसी से सारी बुराइयाँ पूँजीभूत होती हैं यद्यपि वह स्वयं अपने आशीर्वाद के कारण पवित्र और अपमोचित रहती है।

यही मेरा श्रीगणेश भी है और इत्यलम भी कि जो कुछ बोझल है वह हल्का हो जाए और जो कोई देहधारी है वह नर्तक बन जाए और जिस किसी के अन्दर भावना है वह पक्षी बन जाए : निस्सन्देह यही मेरा श्रीगणेश भी है और इत्यलम भी है।

आह, तो फिर मैं 'अनन्तता' के लिए उत्सुकता से विह्वल क्यों न रहूँ, और क्यों न अधीर रहूँ विवाह-मुद्रिका के लिए, जो सब मुद्रिकाओं की मुद्रिका है, यानी आवागमन की मुद्रिका ?

अभी तक मुझे वह स्त्री नहीं मिली जिससे मुझे सन्तान-उत्पत्ति की इच्छा हो; हाँ, यदि है तो उस स्त्री से जिससे मुझे प्रेम है, यानी 'अनन्तता' से; हे अनन्तता, मैं तुझे प्रेम करता हूँ।

7

यदि मैंने कभी अपने ऊपर प्रशान्त आकाश प्रसारित किए हैं, और अपने ही पंखों पर उड़कर अपने आकाश में पहुँचा हूँ;

यदि मैं कभी सुदूर गम्भीर प्रकाश में क्रीड़ा करता हुआ मँडराया हूँ, और यदि मेरी स्वतन्त्रता की प्रज्ञा कभी मेरे पास आई है;

(पक्षी-उड़ानवाली प्रज्ञा का कथन है : 'देख, न कुछ ऊपर होता है और न नीचे। ये दोनों ही शब्द अर्थहीन हैं। अपने आपको इधर-उधर, आगे-पीछे फेंक, हे भारमुक्त प्राणी। बस गायन कर और कुछ मत बोल !)

क्या समस्त शब्दों का निर्माण उनके लिए नहीं हुआ है जो बोझल हैं ? क्या शब्दों का सारा संसार उनसे झूठ नहीं बोलता जो भारमुक्त हैं ? बस गा, और कुछ मत बोल।

आह, तो फिर मैं 'अनन्तता' के लिए उत्सुकता से विह्वल क्यों न रहूँ; और क्यों न अधीर रहूँ विवाह-मुद्रिका के लिए, जो सब मुद्रिकाओं की मुद्रिका है, यानी आवागमन की मुद्रिका।

अभी तक मुझे वह स्त्री नहीं मिली जिससे मुझे सन्तान-उत्पत्ति की इच्छा हो; हाँ, यदि है तो उससे जिससे मुझे प्रेम है, यानी 'अनन्तता' से; हे अनन्तता, मैं तुझे प्रेम करता हूँ !

चौथा भाग

क्या दयावान् लोगों से बढ़कर हिमाकत संसार में कभी कोई और भी कर पाया है ?...और, संसार का जितना अहित इन दयावान् लोगों की हिमाकतों से हुआ है, क्या उतना अहित किसी अन्य कारण से कभी हुआ है ?

धिक्कार है ऐसे लोगों को जो प्रेम तो करते हैं, परन्तु इसमें भी अपनी दया-भावना से ऊपर नहीं उठ पाते !

शैतान ने एक बार मुझसे कहा था : ''भगवान ने भी अपने लिए एक नरक की रचना कर डाली है, और वह हैमानव के प्रति उसका प्रेम।''

और अभी पिछले ही दिनों मैंने उसे कहते सुना : ''भगवान मर चुका है; मानव के प्रति उसकी दया भगवान की मृत्यु का कारण बन गई।''

(दूसरा भाग, 'यह दयावान् लोग' से)

मधु-अनुदान

ज़रतुष्ट्र को एकान्त में रहते एक बार फिर कई वर्ष और कई महीने बीत गए, किन्तु उसने इस पर कोई ध्यान नहीं दिया। उसके बाल पक गए थे। एक दिन वह अपनी गुफ़ा के बाहर एक शिला पर बैठा टकटकी लगाए सामने की ओर देख रहा था, जहाँ केवल समुद्र और उसकी उठती-गिरती धूमल तरंगें ही दिखाई दे रही थीं। उसे इस प्रकार एक ओर दृष्टि जमाए चुपचाप बैठे देखकर उसके जानवरों को चिन्ता हुई, और वह उसके आसपास मँडराने लगे; और अन्त में उसके निकट आकर खड़े हो गए और कहने लगे–

"हे ज़रतुष्ट्र, क्या तू अपने आनन्द की खोज में उधर दृष्टि जमाए बैठा है ?"..."क्या पड़ा है मेरे आनन्द में ?" ज़रतुष्ट्र ने कहा, "मैं तो दिन-रात व्यस्त रहता हूँ अपने काम में।"

उसके जानवरों ने फिर कहा, "इस समय तू उस व्यक्ति जैसी बातें कर रहा है जिसे उत्तम वस्तुओं का बहुत बड़ा भंडार मिल गया हो। क्या तू नीले आकाश के प्रतिबिम्ब से झिलमिलाती आनन्द की झील में लेटा हुआ है ?" यह सुनकर ज़रतुष्ट्र मुस्कराया और बोला, "कैसी सुन्दर उपमा दी है तुमने, मेरे विदूषको, किन्तु तुम यह भी तो जानते हो कि मेरा आनन्द छलकते जल की लहरों जैसा नहीं है, वह भारी, बोझल है, मुझे दबाए हुए है–मेरे पास से जाने का नाम नहीं लेता, पिघले हुए कोलतार की तरह चिपटा हुआ है मुझसे।"

तब उसके जानवर पुनः आकुल होकर उसके आसपास घूमने लगे और एक बार फिर उसके सामने आकर खड़े हो गए और कहने लगे, "अच्छा, तो यही कारण है कि तेरा रंग दिनोंदिन पीला और काला पड़ता जा रहा है यद्यपि तेरे बाल सन जैसे सफ़ेद हैं। हाय, कितना कष्ट झेल रहा है तू कोलतार में फँसकर !"

"ऐ मेरे जानवरो, क्या कहा तुमने ?" ज़रतुष्ट्र ने मुस्कराते हुए कहा, "कोलतार कहकर तो मैंने बहुत निन्दनीय और धर्मद्रोही बात कह दी। वास्तव में मेरी स्थिति तो उन फलों जैसी है जो पक जाते हैं। यह तो शहद है मेरी रगों में जिसके कारण मेरा रक्त गाढ़ा हो गया है और मेरी आत्मा शान्त और स्थिर।"

"हाँ, ऐसा ही प्रतीत होता है।" उसके जानवरों ने उत्तर दिया, और फिर उसके और निकट आकर बोले, "क्या आज तेरा मन किसी ऊँचे पहाड़ पर चढ़ने के लिए लालायित नहीं है ? देख, आकाश कितना निर्मल है, वायु कितनी स्वच्छ, और अन्य

दिनों की अपेक्षा आज संसार भी कितना बड़ा दिखाई पड़ रहा है !''

''हाँ, मेरे जानवरो,'' उसने उत्तर दिया, ''तुमने तो मेरी मनचाही बात कह दी। आज मैं अवश्य किसी पर्वत का आरोहण करूँगा, किन्तु तुम मेरे लिए अच्छे शहद का प्रबन्ध अवश्य करना–शहद होना चाहिए–पीला, सफ़ेद, सुनहरी और एकदम ताज़ा तोड़ा हुआ। पर्वत-शिखर पर पहुँचकर मैं शहद का अनुदान करनेवाला हूँ।''

शिखर पर पहुँचने पर ज़रतुष्ट्र ने अपने जानवरों को, जो उसके साथ आए थे, वापस लौट जाने का आदेश दिया। वह जब अकेला रह गया तो, दिल खोलकर हँसा, और अपने आसपास देखकर कहने लगा–

अनुदान की बात कहना तो केवल वाक्चातुर्य था। चकमा देना निस्सन्देह ग़लत है, किन्तु लक्ष्यपूर्ति के लिए मेरे पास केवल यही साधन था। अब मैं हूँ अकेला, अब मैं इस ऊँचाई पर दिल खोलकर बोल सकूँगा, जो एकान्तवासियों की गुफ़ाओं और उनके पालतू जानवरों के सामने सम्भव नहीं।

अनुदान ! कैसा अनुदान ? मैं हूँ लुटानेवाला फक्कड़ ! जो कुछ मिलता है, मैं उसे खुले हाथों लुटा देता हूँ। कैसे कह सकता हूँ उसे मैं 'अनुदान' ?

मैंने जो शहद की इच्छा व्यक्त की थी, वह केवल चारा उपलब्ध करने के हेतु की थी। मधु को देखकर चिड़चिड़े भालुओं तथा तरह-तरह के विभिन्न पक्षियों, हितकर और अहितकर, का मन ललचा जाता है, उनके मुँह में पानी आ जाता है।

यह वह चारा है जिसकी विशेष आवश्यकता होती है शिकारियों और मछेरों को। यह संसार जानवरों से भरे अँधेरे जंगल के समान है और शिकारियों के लिए नन्दन वन। मुझे तो यह एक अगाध किन्तु समृद्ध सागर सहसा दिखाई देता है।

ऐसा सागर जिसमें तरह-तरह की मछलियाँ और केकड़े हैं। देव-देवता भी सम्भवतः प्रलोभित होकर बनना चाहेंगे मछेरे और उन्हें पकड़ने के हेतु बिछाने लगेंगे जाल। यह संसार अगाध सागर है–अत्यन्त सुन्दर, छोटे और बड़े पदार्थों से भरपूर।

विशेषकर मानव-सागर, मनुष्यों का सागर। इसी की ओर मैं अब फेंकूँगा अपनी अच्छी सुनहरी बंसी। खुल जा, तू अगाध मानव खाड़ी।

खुल जा, और फेंक दे मेरी ओर अपनी रंग-बिरंगी विचित्र मानव मछलियाँ और चमकते हुए केकड़े। मैं अपने अति उत्तम चारे का प्रलोभन देकर आकर्षित करूँगा उन्हें अपनी ओर।

मध्यान्तर की सुन्दर लहरों में, पूर्वी और पश्चिमी, सभी निकट और दूरस्थ स्थानों की ओर मैं बिखेरूँगा अपने आनन्द का उज्ज्वल प्रकाश, और देखूँगा कितनी मानव मछलियाँ इस आनन्दमय जाल में स्वतः खिंची आती हैं मेरे पास !

तीखे, अदृश्य काँटे पर अपने दाँत गाड़ने से पूर्व, उन्हें विचित्र रंग-बिरंगी नाटी झाड़ियों और लताओं से ऊपर उठकर पहुँचना होगा मेरी ऊँचाई तक।

प्रारम्भ से ही मैं, सच्चे मन से, प्रयास कर रहा हूँ ऊपर उठने का, शिक्षक बनने

का, प्रशिक्षण-कला में कुशल होने का। व्यर्थ में नहीं मैंने अपने आपको एक बार कहा था, 'वही बन तू, जो तू है'।

अतः हे मनुष्यो, अब तुम्हें ऊपर उठकर आना होगा मेरे पास; क्योंकि मेरे नीचे उतरने का समय अभी नहीं आया—उसका संकेत मुझे अभी तक नहीं मिला। मैं उसकी प्रतीक्षा में यहीं बैठा हूँ, यद्यपि अन्ततः मुझे उनके पास नीचे जाना होगा।

मैं अपने उपेक्षायुक्त धूर्त मन को समेटे यहीं, इस पर्वत पर बैठा उनकी प्रतीक्षा करूँगा, नीचे जाने के सम्बन्ध में न मैं अधीर हूँ और न पूर्णतः सन्तुष्ट ही; धीरता और अधीरता को बिसराए व्यक्ति के समान मैं यहीं बैठा उनकी प्रतीक्षा करूँगा।

मुझे समय दे, ओह मेरे भाग्य; तू मुझे भूल गया है क्या ? या, किसी बड़ी चट्टान के पीछे बैठा मक्खियाँ पकड़ रहा है ?

मुझे अपने भाग्य से कोई शिकवा नहीं है, उसके कारण न मुझे घबराहट है और न कोई शंका ही। वह मेरी खुशी, उपद्रव या उल्लास में कभी बाधक भी नहीं होता। इसीलिए आज मैं मछलियाँ पकड़ने के लिए ऊँचे पर्वत पर चढ़ आया हूँ।

ऊँचे पर्वतों पर भी क्या किसी ने मछलियाँ पकड़ी हैं ? मछलियों को वहाँ खोजना और पाने की इच्छा करना यद्यपि मेरी मूर्खता है, फिर भी नीचे घाटियों में उन्हें खोजने की अपेक्षा यह कहीं अच्छा है; क्योंकि वहाँ मैं उनकी प्रतीक्षा में बैठा अति अधीर और क्रोध से आगबबूला हो जाऊँगा।

घाटियों में जाकर क्रोध से घुर्राने और खरोंचें मारने की अपेक्षा ऊँचे पर्वतों पर से अपनी आकांक्षा के पवित्र तूफ़ान को नीचे प्रसारित करना अच्छा है। सुनो, हे घाटियों के वासियो, सुनो इस गरजते हुए पवित्र किन्तु अधीर तूफ़ान के कोलाहल को; नहीं तो मैं तुम्हें भगवान् के चाबुक से कोड़े लगाऊँगा।

वे सुन नहीं रहे, किन्तु इसके कारण मुझे कोई असन्तोष नहीं है; मुझे उनसे न ही कोई शिकवा है। उन्हें देखकर तो हँसी आती है मुझे !

मैं और मेरा भाग्य : हम न 'वर्तमान' से बात करते हैं और न 'कभी नहीं' से। बोलने के लिए हमारे पास धैर्य भी है, और समय भी—बल्कि समय से कुछ अधिक।—बोलने का समय तो आएगा ही और वह यों ही चला नहीं जाएगा।

वह क्या है जिसे एक दिन आना ही है और व्यर्थ में चले नहीं जाना ? वह है ज़रतुष्ट्र की महान् जाति का उदय होना—उस जाति का उदय होना जिसकी सहस्रों वर्षों से ज़रतुष्ट्र को प्रतीक्षा है।

वह दिन दूर है; यह दूरी कितनी ही दूरस्थ क्यों न हो, मेरे विश्वास को डगमगा नहीं सकती—उसमें कोई कमी नहीं आ सकती। मेरा विश्वास अटूट और अचूक है—वह उतना ही स्थिर और अविचल है जितना मैं इस धरती पर पैर गाड़कर सुरक्षित खड़ा।—इस सर्वस्थायी धरती पर, कठोर पथरीली चट्टान पर, सबसे ऊँचे पर्वत-पृष्ठ पर, जहाँ चारों ओर से प्रचंड वायु बहती है और पूछती है, कहाँ ? कब ? किधर ?

ओह मेरी स्वस्थ दुष्टता, तू हँस, दिल खोलकर हँस, पूरे ज़ोर से हँस, और पहुँचा

दे अपनी मुखरित हँसी को नीचे वादियों में, और कर दे मेरी ओर आकर्षित मानव मछलियों को।

इस मानव सागर में जो कुछ मेरा है, मेरा और मेरे लिए है, उसे निकाल ला बाहर और ले आ मेरे पास। उसी की प्रतीक्षा में बैठा हूँ मैं यहाँ–मैं...दुष्टतम मछेरा।

ओ मेरी बंसी, निकट आ बाहर; मेरे आनन्द के चारे को लेकर चली जा नीचे मानव सागर में; और अपने उत्तम तुषार–मेरे हृदय का मधु उँड़ेल दे व्यथित मछलियों के उदर में।

ओ मेरे नेत्रो, हो जाओ सावधान–देखो कितने मानव समुद्र हैं मेरे चारों ओर। कैसा उज्ज्वल है भविष्य का भोर ! कैसी सुन्दर शान्ति और कैसी स्वच्छ नीरवता !

पीड़ा की पुकार

"हे प्रसन्नचित्त व्यक्ति," अपना सिर हिलाते हुए भविष्यवक्ता ने कहा, "जो भी तू है, निश्चय ही तू सबसे अधिक समय से यहाँ रह रहा है, किन्तु अब थोड़े-से समय में तेरी छाल इस सूखी धरती पर नहीं रहेगी।" "तो क्या मैं थोड़े-से समय के लिए इस सूखी धरती पर विश्राम कर लूँ ?" ज़रतुष्ट्र ने हँसते हुए कहा। "चारों ओर से तेरे पर्वत पर घने दुःख और पीड़ा की लहरें आ रही हैं, वे शीघ्र ही तेरी छाल को अपने साथ बहा ले जाएँगी," भविष्यवक्ता ने उत्तर दिया। इस पर ज़रतुष्ट्र कुछ समय तक कुछ नहीं बोला, केवल चुपचाप कुछ सोचता रहा। "क्या तू अभी भी कुछ सुन नहीं रहा ?" भविष्यवक्ता कहता गया, "क्या गरजती हुई आक्रमणकारी आवाज़ें तुझे गहराई में से उठती हुई सुनाई नहीं पड़ रहीं ?" ज़रतुष्ट्र ने इस पर भी कुछ नहीं कहा, चुपचाप सुनता रहा, और तब उसने सुनी एक चीख़–बहुत लम्बी चीख़ जो गहरे गर्तों में इधर से उधर जा रही थी; किसी भी गर्त में इतना सामर्थ्य नहीं था कि वह उसे अपने में समेट ले–इतनी भयंकर थी वह चीख़ !

"ओ आपत्ति की घोषणा करनेवाले," ज़रतुष्ट्र ने कहा, "वह चीख़ है पीड़ा की, मनुष्य की पीड़ा की, भले ही वह काले सागर से आ रही हो।...किन्तु मानव पीड़ा से मेरा क्या वास्ता ? क्या तू नहीं जानता कि मेरे निकट घोरतम अपराध क्या है ?"

"दया," भविष्यवक्ता ने उत्तर दिया और भरे हुए मन से दोनों हाथ ऊपर उठा दिए। मैं तुझे यहाँ इसी घोर अपराध के लिए प्रवृत्त करने आया हूँ।"

इतने में एक और चीख़ आई, पहले से लम्बी और अपेक्षाकृत बहुत निकट से। भविष्यवक्ता चिल्लाया, "सुन नहीं रहा क्या ? उस चीख़ से तुझे वास्ता है; वह तुझे बुला रही है, आकुलता से कह रही है–'आ', 'आ', 'आ', आ इसी समय, विलम्ब न कर।"

ज़रतुष्ट्र घबराया, डगमगाया, किन्तु चुप रहा। अन्त में कुछ हिचकिचाते हुए उसने पूछा, "वह है कौन जो बुला रहा है मुझे ?"

"तू उसे जानता है, निस्सन्देह जानता है। तू क्यों अपने आपको धोखा दे रहा है ? वह महापुरुष ही तो है जो तुझे बुला रहा है।"

भयत्रस्त होकर ज़रतुष्ट्र चिल्लया, "महापुरुष ! वह चाहता क्या है ?" यह कहते हुए ज़रतुष्ट्र पसीना-पसीना हो गया, उसका सारा शरीर पसीने से भीग गया।

तब भविष्यवक्ता दर्दभरी आवाज़ में बोला, "हे ज़रतुष्ट्र, तुझे अब उस व्यक्ति की

भाँति खड़े नहीं रहना जिसका आनन्द उसे कर्त्तव्यविमूढ़ कर देता है। तुझे तो अब नृत्य करना होगा, खुशी से; नहीं तो तू खुशी से कहीं गिर न जाए !

मेरे सम्मुख तू मत नाच, न इधर-उधर क़दम उठा ताकि कोई मुझसे न कहे कि देखो वह आनन्दित व्यक्ति, अति आनन्दित व्यक्ति नाच रहा है।

व्यर्थ है इस ऊँचाई पर आना; यहाँ तो केवल गुफ़ाएँ ही हैं, गुफ़ाओं के पीछे गुफ़ाएँ–छिपनेवालों के लिए उत्तम स्थान–किन्तु भाग्य के भंडार नहीं, न धन के कोश और न उल्लास के स्रोत।

आनन्द !...जिन्दा दफ़न व्यक्तियों व एकान्तवासियों को आनन्द प्राप्त होना क्या सम्भव है ? आनन्द प्राप्त करने के लिए तो जाना होगा 'आनन्दद्वीपों' में–यहाँ से दूर, बहुत दूर, विस्मृत सागरों के पार !

किन्तु सब कुछ एक-सा है। कुछ भी आनन्दित या प्रशंसनीय नहीं। आनन्द की खोज का क्या लाभ ? आनन्दद्वीप हैं कहाँ ?''

यह कहकर भविष्यवक्ता ने एक गहरी साँस ली। उसकी वह ठंडी साँस भरना था कि ज़रतुष्ट्र शान्त और विश्वस्त हो गया मानो वह किसी गहरे गर्त से बाहर प्रकाश में निकल आया हो। ''नहीं, नहीं, तीन बार नहीं,'' उसने ऊँची विश्वास भरी आवाज़ में कहा।

''मैं जानता हूँ, तुझसे अधिक जानता हूँ, आनन्दद्वीप अब भी हैं। मौन हो जा तू और बन्द कर यह ठंडी श्वासें भरना।

ओ काले बादल, बन्द कर यह मध्याह्न-पूर्व की बौछार। क्या मैं तेरे दुख से पीड़ित, सिर से पैर तक पसीने से तर-बतर खड़ा नहीं हूँ यहाँ पर–भीगे कुत्ते की तरह।

मैं अब और स्थिर खड़ा नहीं रहूँगा। मैं भाग रहा हूँ यहाँ से ताकि मैं पुनः सूख जाऊँ। कहाँ जाऊँगा मैं, इसकी तू चिन्ता मत कर।...क्या मैं तुझे अशिष्ट लग रहा हूँ ?

किन्तु जहाँ तक महापुरुष का सम्बन्ध है, मैं उसे अभी वनों में खोजूँगा–उन्हीं ऊँचे वनों में जहाँ से उसकी चीख़ आई थी। सम्भवतः वह किसी बड़े अधम जानवर से घिरा हुआ है।

वह मेरे क्षेत्र में है, यहाँ उसे खरोंच भी नहीं आनी चाहिए। यहाँ पर बहुत-से दुष्ट जानवर हैं, वे विचर रहे हैं इधर-उधर–मेरी खोज में।''

यह कहकर ज़रतुष्ट्र वापस जाने के लिए मुड़ा, तभी भविष्यवक्ता बोला, ''ज़रतुष्ट्र, तू धूर्त है, धूर्त।

जानता हूँ मैं यह, तुझे प्रसन्नता होगी मुझसे छुटकारा पाकर। मेरी निकटता की अपेक्षा तुझे जंगलों में भाग जाना और दुष्ट जानवरों के लिए फन्दे लगाना अधिक अच्छा लगेगा।

पर इस सबसे होगा क्या ? सन्ध्या समय तू मुझे अपने पास पाएगा–तेरी अपनी

ही गुफ़ा में मैं धीरता के साथ किसी भारी पदार्थ की तरह बैठा रहूँगा वहाँ, तेरी प्रतीक्षा में।''

''बिल्कुल ठीक,'' और जाते-जाते ज़रतुष्ट्र ने आग्रहपूर्वक उससे कहा, ''तेरी गुफ़ा में जो कुछ मेरा है, वह सब तेरा भी है, मेरे अतिथि !

तुझे यदि वहाँ शहद मिले तो उसे पूरा चाट जाना, ऐ गुर्रानेवाले भालू, और अपनी आत्मा को मीठा करना। क्योंकि चाहेंगे हम दोनों कि साँझ के समय हमारी मनोवृत्ति अच्छी और सुखद हो;

—अच्छी मनःस्थिति और प्रसन्नवृत्ति ! आज का दिन हुआ ख़त्म।...तू स्वयं नाचेगा, नाचेगा मेरे गायन पर, क्यों मेरे नाचनेवाले भालू !

क्या इसका तुझे विश्वास नहीं ? तू अपना सिर क्यों हिला रहा है ?...प्रसन्न हो, मेरे वृद्ध भालू। मैं भी तो भविष्यवक्ता हूँ।''

राजाओं से वार्तालाप

घने जंगल के पर्वतीय पथ पर चलते हुए ज़रतुष्ट्र को लगभग एक घंटा हो गया था जब उसे एक सवारी दिखाई दी। वह सवारी उसी पथ पर थी जहाँ से वह पर्वतारोहण करनेवाला था। राजसी ठाठ-बाट में, सिर पर मुकुट, कमर में कटिसूत्र, और मराल पक्षी सदृश रंग-बिरंगे वस्त्र पहने हुए दो नरपति पर्वतारोहण कर रहे थे। उनके साथ भारी बोझ से लदा एक गधा भी था। "मेरे प्रदेश में यह कैसा आगमन ?" आश्चर्यचकित ज़रतुष्ट्र ने मन में कहा और तुरन्त एक झाड़ी की ओट में जा छिपा। उनकी सवारी जब निकट आ गई तो वह धीरे-से बोला, मानो वह अपने आपसे कुछ कह रहा हो, "विचित्र ! विचित्र ! अनुरूपता का कैसा अभाव ? दो राजा किन्तु गधा केवल एक !"

यह सुनते ही वह दोनों नृप वहीं रुक गए और मुस्कराए; उन्होंने फिर मुड़कर पहले उस दिशा की ओर देखा जिधर से वह आवाज़ सुनाई दी थी और फिर एक-दूसरे की ओर।..."इस प्रकार की बातें तो हम भी करते हैं, किन्तु केवल मन में; उनका उच्चारण नहीं करते।" दाईं ओर के राजा ने कहा।

बाईं ओर के राजा ने अपने कन्धों को तनिक सिकोड़ा और फिर बोला, "सम्भवतः कोई गड़रिया है, या संन्यासी–दीर्घकाल में चट्टानों और गुफ़ाओं में रहनेवाला। क्योंकि समाज में शिष्टाचार पर यथोचित ध्यान दिया जाता है।"

"शिष्टाचार ? अच्छा आचार-व्यवहार ?" अति कटुता और क्रोधभरी आवाज़ में दाईं ओर के नृप ने कहा। "अच्छा तो तू मुझे यह बता कि हम भाग किससे रहे हैं ? शिष्टाचार की रीतियों से ?...या शिष्ट समाज से ?

निश्चय ही सुनहरी परत से ढँके हुए मिथ्या और मलिन समाज की अपेक्षा गड़रियों और संन्यासियों के बीच रहना कहीं अच्छा है, यद्यपि यह समाज, अर्थात् जनसाधारण का समाज अपने आपको 'सभ्य और कुलीन' कहने का दावा करता है।

–यद्यपि वे कहते हैं अपने आपको कुलीन और सभ्य, किन्तु है सब कुछ घृणित, कपटी और मलिन।...धन्यवाद है पुराने विनाशी रोगों का और उनसे भी अधिक घटिया रोग-उपचारकों का।...मुझे तो सबसे अच्छा लगता है किसान–असभ्य और अशिष्ट किन्तु परिश्रमी; हठी और सहनशील। आधुनिक काल में यही है मानव-जाति का सबसे 'कुलीन प्ररूप'।

वर्तमान का किसान सबसे बढ़िया है–इसी को होना चाहिए मनुष्य समाज का स्वामी। किन्तु यहाँ तो राज्य है जनसाधारण का, जनता का।...मुझे अब अपने ऊपर

और बोझ लादना अंगीकार नहीं।...जनता ? मेरी दृष्टि में जनता का अर्थ है–खिचड़ी।

जनता-खिचड़ी ?...सब कुछ में सब कुछ मिला हुआ–साधु और शठ, सिद्धजन और कपटी, भद्र पुरुष और धोखेबाज़।...नोहा की नाव का हर जीव और जन्तु !

शिष्टाचार ! सब कुछ मिथ्या है, मलिन है इस शिष्ट समाज में। इसमें आदर, मान-सम्मान का कोई स्थान नहीं। इनका न कोई मूल्य है न महत्त्व। यह समाज है केवल मलिन मन्द कुत्तों का ?–ताड़ के वृक्ष पर स्वर्ण की परत लगानेवालों का।

घृणा से मेरा गला घुट रहा है। हम स्वयं नृप भी हो गए हैं। धूर्त और मक्कार–चिपके हुए हैं अपने पूर्वजों के वैभव से, उनकी पुरानी फीकी वेशभूषा से। और, अत्यन्त कपटी, मूर्ख, राज्यशक्ति की लालसा से लिप्त लोगों के लिए बने हुए हैं एक नमूना !

हम अब उत्तम पुरुष नहीं हैं, फिर भी हमें राजाओं का पक्ष लेना पड़ता है। तंग आ चुका हूँ मैं इस सारे कपटी, घृणित आडम्बर से। सब कुछ कुत्सित और गर्हित है।

हम निकल आए हैं बाहर, इस सबसे–जनसाधारण के उपद्रवी समूह से।...धिक्कार है इन चिंघाड़नेवालों पर, कलम घसीटनेवालों पर, लेन-देन के उनके धन्धों पर और उनकी उत्कट लालसाओं पर।...और धिक्कार है उनके मध्य रहने पर। जनसाधारण में प्रमुख मनुष्य का पक्ष लेना ?...धिक्कार है इस पर। धिक्कार ! धिक्कार ! अब हम राजाओं का क्या अर्थ और क्या सार्थकता ?''

इस पर बाईं ओर के राजा ने उसे टोका; उसने कहा, ''हे मेरे भाई, तुझे तेरे पुराने रोग ने फिर घेर लिया है; तेरी घृणा ने तुझे विवश कर डाला है यह सब कहने के लिए, यद्यपि तू जानता है कि यहाँ कोई हमारी बातें सुन रहा है।''

ज़रतुष्ट्र जो उस समय तक उन्हें देख भी रहा था और खुले कानों से उनकी बातें सुन भी रहा था, ने अपने छिपने के स्थान को छोड़ा और तुरन्त उनके सम्मुख आ खड़ा हुआ और कहने लगा–

''तुम्हारे वार्तालाप को सुननेवाला, उसका आनन्द उठानेवाला मैं हूँ...मैं, जिसे ज़रतुष्ट्र कहते हैं।

वही ज़रतुष्ट्र हूँ मैं जिसने एक बार कहा था, अब राजाओं का क्या अर्थ, क्या महत्त्व ! क्षमा करना; उसे उस समय बहुत आनन्द आया जब तुम दोनों ने एक-दूसरे से कहा, 'अब हम राजाओं का अर्थ ही क्या है, और क्या है सार्थकता।'

तथापि यह मेरा प्रदेश है, मेरा अधिकृत क्षेत्र; इसमें क्या खोज रहे हो तुम ? सम्भवतः तुम्हें रास्ते में वह मिल गया होगा जिसे मैं खोज रहा हूँ, यानी महामानव।''

राजाओं ने जैसे ही यह सुना, उन्होंने अपनी छाती पर हाथ मारा और एक साथ कहा, ''हम पहचाने गए हैं।

अपने कथन की धार से तूने हमारे हृदय के गहनतम अन्धकार को चीर डाला है। तूने हमारे कष्ट को जान और पहचान लिया है। आह ! हम महामानव की खोज में निकले हैं।

उस मानव की खोज में जो हमसे श्रेष्ठ है, यद्यपि हम हैं राजा। हम उसे यह गधा

देना चाहते हैं क्योंकि इस सृष्टि पर महामानव सबसे श्रेष्ठतम स्वामी होगा।

मनुष्य के लिए इससे अधिक दुर्भाग्यपूर्ण और क्या हो सकता है जब स्वयं नरपति भी उत्तम पुरुष न रहें। ऐसी अवस्था में सब कुछ, पूर्ण रूप से, कुरूप, मिथ्या और विकट हो जाता है।

और जब नरपति उत्तम होने की अपेक्षा बिलकुल निम्न कोटि के हो जाएँ–मनुष्य से अधिक पशु, तब जनसाधारण की शक्ति उन्नत हो सकती है और तब जनसाधारण की रीतियों को मान लिया जाता है, सदाचार।''

''मैं यह क्या सुन रहा हूँ ? मैं तुम्हारी बातों से आनन्दविभोर हो गया हूँ; मुझे इससे कविता करने की प्रेरणा मिली है।

मेरी कविता यदि प्रत्येक जन को न भी भाए तो उससे क्या ? इसमें मुझे कोई आपत्ति नहीं, मैंने तो बहुत समय से लम्बे कानवालों की ओर ध्यान देना छोड़ रखा है।

(उस समय गधा भी रेंका : आई...आ)

''एक दिन
बिन मद्यपान, सुधबुध विसराए,
माइबर किया विलाप–
यह कैसी विडम्बना ?
रोम हुआ व्यभिचार स्थल,
सीज़र पशु समान
और छल कपट ? स्वयं भगवान्।''

2

ज़रतुष्ट्र की इन पंक्तियों को सुनकर राजा प्रफुल्लित हो उठे; तब दाईं ओर के राजा ने कहा, ''हे ज़रतुष्ट्र, कितना अच्छा हुआ कि हम तुझसे मिलने के लिए इधर निकल आए।

क्योंकि तेरे शत्रुओं ने अपने दर्पण में हमें जो तेरा मुखौटा दिखाया था वह अति भयंकर था–दाँत दिखाते हुए किसी शैतान का चेहरा। इसी कारण हम तुझसे डर गए थे।

किन्तु इससे क्या हुआ ? तेरे प्रवचनों ने सदा ही हमारी आत्माओं को झँझोड़ा और हमें सोचने के लिए बाध्य किया। अन्ततः हम इस निष्कर्ष पर पहुँचे कि चेहरे से हमें क्या लेना-देना।

हमें स्वयं उसके प्रवचनों को सुनना होगा–उसकी उस शिक्षा को सुनना होगा जिसमें वह नए संघर्षों के हेतु शान्ति का उपदेश देता है, और दीर्घकालिक शान्ति की अपेक्षा लघुकालिक शान्ति का।

आज तक इस प्रकार ललकारकर किसी ने नहीं कहा था–'अच्छाइ है क्या ?... अच्छाई है वीर होना।'

हे ज़रतुष्ट्र, तेरे इन शब्दों ने हमारी रगों में हमारे पूर्वजों के रक्त को उत्तेजित कर डाला। यह वे शब्द हैं जिनसे मुरझाए हुए हृदयों के बसन्त की बहार जगमगा उठी।

हमारे पूर्वजों को जीवन से अनुराग उस समय होता था जब लाल-कोडी सर्पों की भाँति उनकी शमशीरें एक-दूसरे से भिड़भिड़ाती थीं। शान्ति का प्रकाश उन्हें सदा ही फीका लगा और दीर्घकालीन शान्ति ने उन्हें सदैव निष्प्रभ बनाया।

दीवारों पर टँगी उज्ज्वल चमकती शमशीरों को देखकर कैसी ठंडी और दीर्घ श्वाँसें भरते थे हमारे पूर्वज। शमशीरों की भाँति वे भी रक्त के प्यासे थे। शमशीर सदैव प्यासी होती है रक्त की, और चमकती है आकांक्षाओं से।"

उन्हें इस प्रकार उत्कंठापूर्वक अपने पूर्वजों के आनन्द का वर्णन करते देखकर, ज़रतुष्ट्र को उनसे मसखरी करने की इच्छा हुई किन्तु उसने अपने आपको रोका, क्योंकि उसके सम्मुख खड़े वे राजा प्रत्यक्षतः बहुत शान्तिप्रिय थे। उसने कहा, "देखो, यह मार्ग उधर को जाता है और उधर ही ज़रतुष्ट्र की गुफ़ा है। आज की सन्ध्या बहुत लम्बी होगी, किन्तु इस समय पीड़ा की चीख़ बुला रही है मुझे। मुझे उधर तुरन्त जाना है।

मेरी गुफ़ा के लिए यह मंगलकारी होगा यदि राजा उसमें बैठकर मेरी प्रतीक्षा करना पसन्द करेंगे। किन्तु प्रतीक्षा अवश्य बहुत देर तक करनी होगी।"

"तो क्या ? प्रतीक्षा-प्रशिक्षण के लिए राजदरबारों से अधिक अच्छा क्या कोई और स्थान है ?–और राजाओं के पास जो मान-मर्यादा अब शेष है, उसे प्रतीक्षा करने की क्षमता ही तो कहते हैं।"

जोंक

अपने विचारों में लीन ज़रतुष्ट्र जब घने जंगलों और दलदले स्थलों में से होता हुआ नीचे उतर रहा था, असावधानी से उसका पाँव एक मनुष्य पर जा पड़ा–जैसा मार्गों पर चलते समय कठिन समस्याओं पर चिन्तन करनेवालों के साथ होता है। और तभी एकाएक उसे पीड़ा की एक तीखी चीख़ सुनाई दी और दो शाप एवं बीसियों भद्‌दी गालियाँ। भयचकित होकर ज़रतुष्ट्र ने अपनी छड़ी उठाई और उस चोट खाए मनुष्य को पीट डाला। तद्‌पश्चात शान्त होकर वह अपनी मूर्खता पर मन ही मन हँसा।

''क्षमा करना,'' ज़रतुष्ट्र ने उस चोट खाए व्यक्ति से कहा जो क्रोध से आगबबूला होकर उठ बैठा था। ज़रतुष्ट्र ने उसे पुनः कहा, ''क्षमा करना और सुन एक उक्ति : घुमक्कड़ की भाँति सर्वसाधारण मार्ग पर चलते और दूर-दुरुस्त एवं गम्भीर विषयों पर विचार करते-करते एक व्यक्ति धूप में लेटे हुए कुत्ते से जा टकराया। वे दोनों, वह एकाकी मनुष्य और वह कुत्ता, अपनी-अपनी घबराहट में प्राणघातक शत्रुओं की तरह एक-दूसरे पर टूट पड़े–यही हुआ है हम दोनों के साथ।

किन्तु क्या उन दोनों के मन में सहृदयता की कमी थी–उस कुत्ते और उस एकाकी मनुष्य में ?...क्या वे दोनों ही एकाकी नहीं थे ?''

''जो कोई भी तुम हो,'' उस चोट खाए व्यक्ति ने बहुत गुस्से से कहा, ''तूने अपने पैर से ही चोट नहीं पहुँचाई, अपनी उक्ति से भी मुझे चोट पहुँचा रहा है।''

''लो, तो मैं कुत्ता हूँ,'' यह कहते हुए उसने अपनी नंगी बाँह को दलदल में से खींचा और उठकर खड़ा हो गया। उससे पहले वह धरती पर चित्त पड़ा था–दलदल में छिपा हुआ और प्रायः असह्य; दलदल के जीवों के शिकार की ताक में बैठे व्यक्ति के समान।

''तू यहाँ क्योंकर पड़ा है ?'' रक्त से लथपथ उसकी नंगी बाँह को देखकर ज़रतुष्ट्र उद्विग्न हो उठा, ''वह कौन है जिसने यह घाव किया है ? किस दुष्ट जीव ने तुझे काटा है–तुझ अभागे को ?''

इसे सुनकर वह लहूलुहान व्यक्ति हँस पड़ा, किन्तु उसकी हँसी में क्रोध था। वह बोला, ''इससे तुझे क्या वास्ता ?'' फिर अपने आवेश पर काबू पाकर वह बोला, ''मैं यहाँ अच्छी तरह से हूँ, और अपने प्रदेश में हूँ। तू जो चाहे पूछ, मैं उत्तर देनेवाला नहीं।''

''तू भ्रम में है।'' ज़रतुष्ट्र ने बहुत सहानुभूति से उसे ज़ोर से पकड़ा और कहा, ''तुझे ग़लतफहमी है; तू न तो यहाँ पर आराम से और न ही अपने प्रदेश

में। तू है मेरे क्षेत्र में जहाँ किसी को भी कोई हानि नहीं पहुँचनी चाहिए।

तू जो कहना चाहे कह ले; मैं जो भी हूँ, वह तो हूँ ही, मेरा नाम ज़रतुष्ट्र है।

उधर उस ओर ज़रतुष्ट्र की गुफ़ा है, यहाँ से बहुत दूर नहीं चलेगा ? हे हत्भागे, तूने इस जीवन में बहुत कष्ट झेले हैं—पहले तुझे एक जीव ने काटा और फिर एक मनुष्य ने अपने पाँव से तुझे घायल किया।''

किन्तु ज़रतुष्ट्र का नाम सुनकर उसके व्यवहार में एकाएक परिवर्तन आ गया; उसने विस्मय से चिल्लाकर कहा, ''मुझे हुआ ही क्या है ? मुझे जीवन में इस प्रकार वशीभूत करनेवाला ज़रतुष्ट्र ही तो है—और वह जो दूसरों के रक्त पर जीवित रहता है, अर्थात् जोंक।

जोंक के कारण ही मैं इस दलदल के किनारे पड़ा हूँ। दस बार काट चुकी थी मेरी भुजा को वह जोंक, जब उससे भीषण जोंक—स्वयं ज़रतुष्ट्र ने आकर मुझ पर आघात किया।

धन्य है आज का दिन जो घेर लाया उसे इस दलदल में ! और धन्य है यह महान् सिद्ध विवेकी ज़रतुष्ट्र नामी जोंक।'' चोट खाए उस व्यक्ति ने कहा।

उसके सम्मानपूर्ण और शिष्ट वचनों का आनन्द उठाते हुए ज़रतुष्ट्र ने उसकी ओर अपना हाथ बढ़ाया और उससे पूछा, ''कौन है तू ? हमारे मध्य में अनेक ऐसी बातें हैं जिन्हें मिल-बैठकर हमें एक-दूसरे से समझना होगा, अनेक बातों का स्पष्टीकरण करना होगा।...अब प्रभात हो गई, दिन का स्वच्छ उजाला निखर आया है।''

''मेरी आत्मा जाग्रत है,'' उसने उत्तर देते हुए कहा, ''मेरे अतिरिक्त जीवन-सत्य का अध्ययन कौन इस निष्ठुरता, गम्भीरता और संयम से कर सकता है ?...सिवाय ज़रतुष्ट्र के जिससे मैंने यह शिक्षा पाई है।

बहुत-से विषयों की आधी-अधूरी जानकारी की अपेक्षा ज्ञान का न होना कहीं अच्छा है; दूसरों की प्रशंसा पर जीवित रहने की अपेक्षा मूर्ख—अज्ञानी कहलाना कहीं अच्छा है। मैं जिस भी विषय का अध्ययन करता हूँ, उसके मूल आधार को जानना चाहता हूँ; ज्ञान का विषय बड़ा है या छोटा, इससे क्या कुछ अन्तर पड़ता है ! थोड़ा-सा मूल ज्ञान पर्याप्त है मेरे लिए यदि वह वास्तव में ठोस और मौलिक हो।

थोड़ा-सा मूल आधार, जिस पर व्यक्ति खड़ा रह सके। सही ज्ञान में, सही जानकारी में, बड़ा या छोटा, अधिक या कम, कुछ नहीं होता।''

''तो क्या तू जोंक के विषय का विशेषज्ञ है ?'' ज़रतुष्ट्र ने पूछा, ''क्या तू जोंक के अन्तिम आधार की खोज में लीन है ?''

''हे ज़रतुष्ट्र, यह काम तो बहुत बड़ा है।'' उस चोट खाए व्यक्ति ने कहा, ''मेरे लिए यह मान लेना कि मैं उसे पूरा कर पाऊँगा, बहुत कठिन है। किन्तु जिसका मैं अध्ययन कर रहा हूँ, जिसके विषय में मैं बहुत कुछ जानता हूँ वह जोंक का मस्तिष्क है—वही मेरा संसार है।

और यह अपने आपमें एक संसार है। क्षमा करना मेरे इस गर्व को, गर्व की

अभिव्यक्ति को, क्योंकि इस विषय के ज्ञान में मेरे समतुल्य और कोई नहीं है। इसीलिए मैंने कहा था, 'मैं यहाँ आनन्द से हूँ, और अपने प्रदेश में हूँ।'

इसी एक विषय का–जोंक के मस्तिष्क का बहुत काल से अध्ययन कर रहा हूँ मैं, ताकि यह फिसलती हुई सच्चाई मेरे हाथ से निकल न जाए; अतः यही मेरा क्षेत्र है।

इसी कारण मैंने अन्य सब कुछ त्याग रखा है;...इसी कारण मैं अन्य सब विषय-वस्तुओं के प्रति उदासीन हूँ।...और मेरे ज्ञान के समीप है मेरा अन्धकारमय अज्ञान !

मेरी आध्यात्मिक चेतना की यही माँग है कि मैं किसी एक ही विषय के ज्ञान को उपलब्ध करने का पूरा प्रयास करूँ–अन्य किसी भी विषय का नहीं। अन्य सब विषय मेरी रुचि से बाहर हैं, वे धुँधले, अस्पष्ट और काल्पनिक हैं।

अपने ज्ञान के विषय के प्रति मैं पूरी तरह जागरूक हूँ और उसी में मेरी पूरी निष्ठा है। अन्य विषयों के प्रति मैं अन्धा हूँ–नेत्रहीन; और नेत्रहीन ही रहना चाहता हूँ। जिस एक विषय को मैं समझना चाहता हूँ, जिसका ज्ञान उपलब्ध करना मेरा ध्येय है, उसके प्रति मैं पूरी निष्ठा से गम्भीर हूँ और उसका, केवल उसका ही क्रमबद्ध रीति से अध्ययन करना चाहता हूँ।

क्यों ज़रतुष्ट्र तूने ही तो एक बार कहा था, 'उत्साह जीवन है और यही है जीवन का सार।' इसी ने मुझे दिशा दी, और तेरे सिद्धान्त की ओर आकर्षित किया। मैंने अपने रक्त से ही अपने ज्ञान की वृद्धि की है।"

"जैसा कि इस प्रमाण से स्वतः स्पष्ट है;" ज़रतुष्ट्र ने बीच में ही उसकी बात काटकर कहा क्योंकि उसकी नंगी भुजा पर उस समय भी रक्त बह रहा था; क्योंकि दस जीवों ने उसकी भुजा को काट रखा था, "ओ विचित्र प्राणी, कितनी शिक्षा दे रहा है मुझे तेरा यह प्रमाण !...और स्वयं तू भी।...और तुझे यह बता पाना भी सम्भवतः मेरे लिए अत्यन्त कठिन है।

अच्छा इस समय हम यहीं एक-दूसरे से विदा लेते हैं, किन्तु मैं फिर प्रसन्नतापूर्वक तुमसे यहीं मिलूँगा। मेरी गुफ़ा का मार्ग ऊपर उस ओर है। आशा है कि आज रात के लिए तुझे मेरा आतिथ्य स्वीकार करने में कोई आपत्ति नहीं होगी।

वहाँ मैं हर्षपूर्वक तेरी देह का उपचार भी करूँगा जिस पर ज़रतुष्ट्र ने अपने पैर से चोट पहुँचाई है। मुझे इसका ध्यान है; किन्तु इस समय पीड़ा की एक पुकार बुला रही है मुझे। मुझे तुरन्त वहाँ जाना है।"

ज़रतुष्ट्र ने यह कहा।

एक जादूगर

चट्टान का चक्कर काटकर ज़रतुष्ट्र जब अपने पथ पर आया तो उसे अपने से थोड़ी-सी दूरी पर एक व्यक्ति दिखाई दिया जो पागलों की भाँति अपने हाथ-पाँव इधर-उधर पटक रहा था; अन्त में वह अपने पेट के बल धरती पर गिर पड़ा। ज़रतुष्ट्र ने अपने आपसे कहा, "तनिक रुक और देख उसके समीप जाकर; देख क्या सहायता कर सकता है तू उसकी।" उसके समीप जाने पर उसने देखा कि वह काँपता हुआ धरती पर पड़ा है। ज़रतुष्ट्र ने उसे उठाने और खड़ा करने के बहुत प्रयास किए किन्तु सब विफल रहे। वह स्थिर नेत्रों से देख रहा था और अपने हाथों से कुछ संकेत भी कर रहा था, किन्तु वह अपने होशोहवास में नहीं था। उसे यह भी ज्ञात नहीं था कि उसके समीप कोई खड़ा है। कुछ ऐंठन लेने के बाद वह अपने आप उठकर बैठ गया और लगा विलाप अलापने।

(विलाप के उस गान में उसने भगवान् को पीड़ादायक कहकर जी भरकर कोसा–उसे पीड़ा का एक असीम और अजस्र स्रोत कहा, और कहा उसे मानव जीवन का एक शाप जिसने मनुष्य को सब सुखों से विरक्त कर रखा है। और उसकी दी पीड़ा असीम और अनन्त है।

इसके विपरीत उसने जीवन के सामान्य कष्टों का अभिवादन किया क्योंकि उनसे मुक्ति पाना सम्भव है, किन्तु भगवान् की दी पीड़ा से नहीं। उससे तो मुक्ति केवल मनुष्य का अपना विवेक और दृढ़ संकल्प ही दिला सकता है।)

उसके विलाप के कुछ पद्य–

कौन है वह,
जो करता है मुझसे प्यार।
दे सहारा हाथ का,
भर दे मुझमें विश्वास।
अनजाने ज्वरों से पीड़ित,
ठंडे तीक्ष्ण तीर विद्धत्त,
माँग रहा हूँ दया की भीख :
किन्तु...
हँस रहा है तू मेघपृष्ठ से,

भीषण जन्तु सम शैतान,
ओह, निष्ठुर भगवान्।।
तेरी इस विद्युतीय चमक में,
देख रहा हूँ तेरे नेत्र,
करते हुए मेरा उपहास।
पड़ा हुआ हूँ व्यथित धरती पर,
टेढ़ा तिरछा ऐंठा बल खाता;
उन कष्टों से जो दिए हैं तूने,
ओह, निष्ठुर अपरिचित भगवान्॥
बादलों के पीछे छिपनेवाले,
राह चलतों को लूटनेवाले,
चाहता क्या है? मुख से बोल।
मुक्त करने का मूल्य है कितना
स्पष्ट शब्दों में खुलकर बोल।
मेरे गर्व की यही आकांक्षा,
ओह, उपद्रवी अधम भगवान्॥
तेरी माँग मैं स्वयं हूँ
क्या मुझे इससे इंकार।
ओ मूर्ख तू क्या जाने
कष्ट दिए जो तूने मुझको
वही है मेरा स्वाभिमान्।
ओह, निष्ठुर अपरिचित भगवान्॥
शत्रुता-हेतु, दे मुझ निर्जन को
सात परत गहरा हिमपात;
करे प्रज्वलित जो मेरे मन में,
विषम कटुता की असाध्य प्यास।
झुक जा, मिट जा,
ओह शत्रु मेरे,
तू अपरिचित अधम भगवान्॥
कौन है वह,
जो चाहता है मुझको,
करता है मुझसे प्यार?
आ, दे सहारा अपने हाथ का,
भर दे मुझमें गहन विश्वास॥

2

ज़रतुष्ट्र अधीर हो उठा; उसने अपनी छड़ी उठाई और अपनी सम्पूर्ण शक्ति से उसे पीट डाला और फिर व्यंग्यभरी हँसी हँसते हुए चिल्लाया और कहने लगा, ''बन्द कर अपना यह नाटकीय खेल, मक्कार कहीं का। तू है धोखेबाज़, झूठा–आरम्भ से अन्त तक झूठा। मैं तुझे भली-भाँति पहचान गया हूँ, और अभी लाता हूँ तुझे सीधी राह पर, ओ दुष्ट जादूगर। तेरे जैसों को कैसे ठीक किया जाता है, यह मैं जानता हूँ।''

''दूर हो यहाँ से,'' उस वृद्ध ने कहा और उछलकर धरती पर बैठ गया, और कहने लगा, ''हे ज़रतुष्ट्र, और मत पीट मुझे; मैंने तो यह सब तेरे ही मनोरंजन-हेतु किया था।

नाटक करना तो मेरी कला है, यह नाटक मैंने तुझे परखने के लिए किया था और तूने निश्चय ही मुझे पहचान लिया।

और तूने अपना प्रमाण भी तो बहुत अच्छा दिया है। हे बुद्धिमान् ज़रतुष्ट्र, बहुत कठोर है तेरी सत्य की मार। तेरी छड़ी की मार ने मुझे सच बोलने के लिए विवश कर दिया।''

''व्यर्थ की चापलूसी मत कर,'' ज़रतुष्ट्र ने अति आवेश में कहा। ''नाटक करना केवल तेरी कला ही नहीं, तू भीतर से भी नट है–झूठा, दगाबाज़। फिर क्यों करता है सच्चाई की बात ?

सब पाखंडियों के एक पाखंडी, महाघमंडी, यह कौन-सा खेल था जो तू मेरे सम्मुख खेल रहा था। ऐ दुष्ट जादूगर, पीड़ा से जब तू चिल्ला रहा था, उस समय मैंने तुझ पर विश्वास किया था।''

''प्रसंग के अनुकूल,'' वृद्ध ने उत्तर दिया, ''मैं तेरा ही तो अनुसरण कर रहा था। इस रीति का आविष्कार करनेवाला स्वयं तू ही तो है; इस समय तूने भी तो इस रीति का प्रयोग किया था।

हे ज़रतुष्ट्र, तू अब मान ले कि मेरे छल को समझने में तुझे बहुत समय लगा। मेरी पीड़ा पर तुझे उस समय पूरा विश्वास था जब तूने विह्वल होकर कहा था, 'वंचित रखा है तुझे प्यार से, इस निष्ठुर संसार ने; रिक्त रहा है तू सदा स्नेह से।'

तेरे इस विश्वास को देखकर, मैं मन-ही-मन बहुत प्रसन्न हुआ था। अपनी दुष्टता की सफलता से अति आनन्दित हुआ था मैं।''

''ओह धूर्त, तेरी दुष्टता, तेरा छल इतना गहरा था कि मैं तो क्या, कोई भी अन्य तीक्ष्ण-बुद्धि व्यक्ति उसकी लपेट में आ जाता और मैं धोखेबाज़ों के प्रति पूर्व सावधानी नहीं बरतता; यही मेरी प्रकृति है और यही मेरा विधान।

अब मैं यह पूरी तरह से समझ गया हूँ कि तू धूर्त है, धोखेबाज़ है, तू वाक्-व्यवहार

में सन्दिग्ध शब्दों का प्रयोग करता है–द्विअर्थी, त्रिअर्थी, चौअर्थी अर्थात् अनेकार्थी शब्दों का;–यहाँ तक कि जो तूने अभी-अभी कहा है वह भी मेरे लिए न पूर्ण सत्य है और न पूर्ण असत्य। ओ, तू खोटे सिक्के गढ़नेवाले, इसके अतिरिक्त तू और कर भी क्या सकता है। यदि तू किसी उपचारक के सम्मुख नंगा भी खड़ा हो जाए तो भी वह तेरे रोग का निदान नहीं कर सकता क्योंकि रोग की लीपापोती उसे खुलकर सामने नहीं आने देगी।

अपने झूठ को छिपाने के लिए, तूने ऐसी लीपापोती ही तो की थी जब तूने यह कहा था कि 'मेरे मनोरंजन के हेतु तूने वह नाटक किया था,' किन्तु साथ-साथ यह भी सत्य है कि उसमें कुछ गम्भीरता भी थी।

मैंने तुझे भली-भाँति समझ लिया है। सारे संसार पर झूठ का इन्द्रजाल बिछाने की चतुराई तुझमें है। किन्तु तेरे अपने लिए तेरे पास कोई धूर्तता या चालाकी शेष नहीं है। तू स्वयं किसी धोखे में नहीं है।

तूने अपने लिए आत्मग्लानि ही बटोरी है, पश्चात्ताप ही अब शेष रह गया है तेरे पास। तेरा कोई भी शब्द सही और सच्चा नहीं होता। तेरे मुख को ग्लानि ने अपना घर बना लिया है।''

''मुझसे इस प्रकार बोलनेवाला तू वास्तव में है कौन ?'' उस वृद्ध ने ललकारते हुए पूछा, ''आख़िर तू है कौन जो इस समय के संसार के सबसे महान् व्यक्ति के साथ इस प्रकार बोल रहा है ?'' यह कहते समय ईर्ष्या की हरी झलक उसके नेत्रों में चमक उठी; उसने ज़रतुष्ट्र की ओर देखा। शीघ्र ही उसके व्यवहार में परिवर्तन आया और वह खिन्नता-भरी दबी-सी आवाज़ में ज़रतुष्ट्र से कहने लगा–

''छल-कपट से मैं थक गया हूँ, ओह ज़रतुष्ट्र, मैं बहुत ऊब गया हूँ। मैं महान् नहीं हूँ फिर क्यों मैं कपट-वेष धारण किए रहता हूँ; क्यों खेलता हूँ मैं यह सब नाटकीय खेल ? तू जानता है, और भली-भाँति जानता है कि महान् होने की मेरे मन में उत्कट उत्कंठा थी और उसे पाने के लिए मैंने प्रयास भी किए थे।

मेरी यह अभिलाषा थी–प्रबल अभिलाषा–कि मैं दूसरों की दृष्टि में महान् बन जाऊँ। कुछ लोगों के साथ मेरे यह प्रयास सफल भी रहे, किन्तु झूठ के आधार पर महान् बनना या बने रहना मेरे सामर्थ्य से बाहर है–मैं हो चुका हूँ पराजित।

मेरे सम्बन्ध में सब कुछ मिथ्या है, हे ज़रतुष्ट्र; किन्तु अब मैं थक चुका हूँ–यह अवश्य सत्य और सही है।''

ज़रतुष्ट्र ने अपने नेत्रों को झुकाकर कटाक्षभरी दृष्टि से उसे देखा और फिर खिन्न आवाज़ में उससे कहा, ''यह तो अच्छी बात थी कि तूने महान् होने के प्रयास किए, किन्तु तेरी इस आकांक्षा ने मुझे धोखा दिया–तू महान् नहीं है।

तू एक खोटा वृद्ध नट है। तूने अपने ही शब्दों में यह कहकर कि 'मैं महान् नहीं हूँ', इसे खुलकर अंगीकार किया है। तेरी इस सच्चाई के लिए मैं तेरा सम्मान करता हूँ। जब तूने अपने सम्बन्ध में यह कहा था, उस क्षण तू पलभर के लिए सही और सच्चा

था; उसके लिए मैं तेरा अभिवादन करता हूँ।

किन्तु तू मुझे यह तो बता कि क्या खोज रहा है तू मेरे इस क्षेत्र में, मेरी इन चट्टानों और वनों में ? और तूने जब अपने आपको मेरे पथ में डाल ही दिया है तो इतना तो बता क्या प्रमाण है तेरे पास मेरा ? और, क्योंकर किया था तूने मेरी परीक्षा लेने का यह प्रयास ?''...यह कहते समय ज़रतुष्ट्र के नेत्रों में एक चमक-सी दिखाई दी, किन्तु वह वृद्ध कुछ समय के लिए मौन रहा, और फिर बोला :

''क्या मैंने तेरी परीक्षा लेनी चाही थी ? नहीं, मैं तो तुझे खोज रहा था।

हे ज़रतुष्ट्र, मुझे खोज है, सही-सच्चे पुरुष की, एक सीधे-सादे असन्दिग्ध व्यक्ति की, जो पूर्णतया सच्चा हो, बुद्धिवान् हो, ज्ञान का भंडार हो अर्थात् जो यथार्थ में महान् हो।

क्या तू नहीं जानता कि मैं खोज रहा हूँ ज़रतुष्ट्र को।''

इसके बाद वे दोनों कुछ समय तक मौन रहे; ज़रतुष्ट्र नेत्र मूँदकर विचारमग्न हो गया और मौन रहा। किन्तु कुछ ही समय में उसने स्थिति को समझते हुए जादूगर का हाथ पकड़ा और शिष्टता तथा नीतिज्ञतापूर्वक उससे कहा–

''अच्छा, देखो, उधर ऊपर पर्वत के शिखर पर ज़रतुष्ट्र की गुफ़ा है। यह मार्ग सीधा उसकी गुफ़ा को जाता है। उसी गुफ़ा में जाकर तू उसकी प्रतीक्षा करना जिससे मिलने के लिए तू इतना उत्सुक है। मेरे जानवरों–बाज पक्षी और सर्प से पूछ लेना, वे गुफ़ा खोजने में तेरी सहायता करेंगे। मेरी गुफ़ा अच्छी बड़ी है।

मैं पूरे विश्वास के साथ कह सकता हूँ कि अभी तक मुझे कोई महान् व्यक्ति नहीं मिला–ऐसा व्यक्ति जो यथार्थ में महान् हो; न मेरी तीव्र बुद्धि और न मेरी तीक्ष्ण दृष्टि उसे अभी तक खोज पाई है। यहाँ तो जनता का राज्य है।

मैंने बहुत-से महान् व्यक्ति देखे हैं–अति घमंडी और गर्व से फूले हुए जिन्हें देखकर जनता चिल्लाने लगती है, 'देखो वह है महान्, कितना महान्।' किन्तु चिल्लाने और शोर मचाने से होता क्या है ? कुछ ही समय में भाँडा फूट जाता है, खुल जाती है उनकी सारी पोल।

गर्व से मेंढक की तरह फूले हुए व्यक्तियों की फूँक निकल ही जाती है। फूले हुए पेट को छेदना एक अच्छी क्रीड़ा है। तुम भी सुन लो, ऐ बालको !

आज का समाज जनता का समाज है, जनता ही जानती है कौन है बड़ा और कौन है छोटा। ऐसे में महानता को प्राप्त करने का सफल प्रयास कर कौन सकता है ?...केवल मूर्ख ही।

तू खोज रहा है महान् व्यक्तियों को ? कैसा विचित्र मूर्ख है तू ? यह शिक्षा तुझे दी किसने ? क्या आज का समय इसके लिए उपयुक्त है ? ओह मूर्ख, व्यर्थ है तेरी यह खोज, और क्यों ललचा रहा है तू मुझे ?''

ज़रतुष्ट्र ने यह कहा और शान्त मन से, हँसता हुआ चल पड़ा अपने पथ पर।

निवृत्ति-प्राप्त

वृद्ध जादूगर से अलग होकर ज़रतुष्ट्र ने अभी कुछ ही डग भरे थे कि उसे अपने पथ के समीप एक अति क्षीणकाय वृद्ध दिखाई पड़ा। उसके दुबले-पतले शरीर और पीले उदास चेहरे से यह स्पष्ट था कि वह किसी गहन कष्ट में है। उसे देखकर ज़रतुष्ट्र को बहुत मानसिक वेदना हुई और उसने अपने आपसे कहा : "यह मनुष्य है या दुख का साकार रूप। मुझे तो यह कोई पादरी दिखाई पड़ता है—पादरियों का सही नुमाइन्दा ! पर क्या कर रहा है यह तेरे इस क्षेत्र में ?

यह कैसी विडम्बना ! अभी-अभी मैंने एक जादूगर से छुटकारा पाया है कि यह ओझा अब मेरी राह में आ टपका है। आख़िर यह है कौन ?

कोई मायावी ? कोई चमत्कार दिखानेवाला ढोंगी ? या संसार को कलंकित घोषित करनेवाला कोई पंडित या पादरी ? या स्वयं कोई पिशाच; किन्तु यह नाटे, लँगड़े पिशाच कभी भी सही समय पर उस स्थान पर उपस्थित नहीं होते जहाँ उन्हें होना चाहिए। वे सदा ही समय के उपरान्त प्रगट होते हैं।"

ज़रतुष्ट्र ने अधीर मन से उसे जी भरकर कोसा और उसके पास से चुपचाप खिसक जाने की सोची, किन्तु हुआ ठीक इसके विपरीत। उस बैठे हुए वृद्ध ने उसी क्षण उसे देख लिया और उठकर खड़ा हो गया। उस समय उसका मुखड़ा ऐसा खिल उठा जैसे उसे सहसा किसी आनन्द की प्राप्ति हो गई हो और वह हर्ष के साथ ज़रतुष्ट्र की ओर बढ़ा और उससे कहने लगा—

"हे पथिक, तू जो भी है, मेरी सहायता कर। मैं चलता-चलता भटक गया हूँ, अपनी राह खो बैठा है, और अब ऐसे स्थान पर आ पहुँचा जहाँ कोई भी कष्ट मुझे घेर सकता है।

मेरे लिए यहाँ का संसार विचित्र है, बिलकुल अपरिचित। मेरा निजी स्थान पीछे बहुत दूर छूट गया है; मैंने यहाँ जंगली जानवरों की आवाज़ें भी सुनी हैं। इस निर्जन और अपरिचित स्थान पर जो मेरी रक्षा कर सकता वह अब इस संसार में नहीं रहा।

मैं अब एक अन्तिम पुण्यात्मा की खोज में हूँ—एक संन्यासी बनवासी की खोज में जो अकेला इस वन में रहता है और जो अभी तक उससे अवगत नहीं जिसे सारा संसार जानता है।"

"सारा संसार क्या जानता है ?" ज़रतुष्ट्र ने पूछा—"शायद यह कि वृद्ध भगवान् अब जीवित नहीं है—वह भगवान् जिसमें सारे संसार को एक समय विश्वास था।"

“सही कहा है तूने।” उसने दर्द भरी आवाज़ में उत्तर दिया, “मैंने उस भगवान् की अन्तिम क्षण तक सेवा की।

और अब मैं निवृति-प्राप्त हूँ–मेरा कोई स्वामी नहीं है–तथापि मुझे मुक्ति प्राप्त नहीं हुई। मुझे अब आनन्द प्राप्त नहीं होता–घंटे भर के लिए भी नहीं; केवल स्मृतियाँ ही रह गई हैं शेष।

तभी तो मैंने अब इन पर्वतों का आरोहण किया है ताकि किसी प्रकार मेरे आनन्द के दिन वापस लौट आएँ और मैं एक बार फिर वे उत्सव मना सकूँ जो वृद्ध पादरी की स्थिति के अनुरूप हों; मैं तुझे यह भी बतला सकता हूँ कि मैं धार्मिक स्मृतियों, ईश्वर-पूजन के उत्सवों का अन्तिम पुजारी हूँ।

मैं एक पुण्यात्मा की खोज में–एक वनवासी संन्यासी की खोज में चला आया था इधर, जो अकेला इन वनों में अपने ईश्वर के गुणगान किया करता था, उसकी भक्ति में भजन गुनगुनाया करता था किन्तु अब वह भी नहीं रहा।

मैं जब उसके निवास स्थान पर गया, तो उसकी खटिया खाली पड़ी थी; दो भेड़िये वहाँ थे जो उसकी मृत्यु के कारण रो-चिल्लाकर विलाप कर रहे थे, क्योंकि उस वन में सब जन्तु उसे प्रेम करते थे। मैं वहाँ से तुरन्त बाहर आ गया। मैं तब सोचने लगा–

तो क्या मैं व्यर्थ में ही इन पर्वतों और वनों में आया ? तब मेरे हृदय ने मुझे प्रेरित किया कि मैं किसी ऐसे व्यक्ति को खोजूँ जो नास्तिक हो, जिसकी भगवान् में आस्था न हो, जो भगवान् के प्रति विरक्त हो। और तब मैंने ज़रतुष्ट्र को खोजने का निश्चय किया।”

इतना कहकर उस वृद्ध ने उत्सुकता भरी दृष्टि से सम्मुख खड़े व्यक्ति की ओर देखा। ज़रतुष्ट्र ने उस वृद्ध पादरी का हाथ पकड़ा और कुछ समय तक आदर के साथ उसे देखता रहा और फिर बोला :

“हे आदरणीय पुरुष, कितना सुकोमल और बड़ा हाथ है तेरा–यह हाथ है उसका जिसने सदा आशीर्वाद ही दिए हैं–अब यह हाथ है उसके हाथ में जिसे तू खोज रहा है, यानी मेरे अर्थात् ज़रतुष्ट्र के हाथ में।

मैं हूँ ज़रतुष्ट्र, नास्तिक ज़रतुष्ट्र जो अब आकांक्षी है तेरे आशीर्वाद का जो मुझसे भी अधिक नास्तिक है !”

इतना कहकर ज़रतुष्ट्र मौन हो गया और गम्भीरतापूर्वक उस पादरी के तात्कालिक और पूर्वकालिक विचारों को समझने का प्रयास करने लगा। तब थोड़ा रुककर पादरी बोला–

“जिसने उसे सर्वाधिक प्यार किया, प्यार से अपने वशीभूत किया वही आज पूर्णतया उसके विमुख हो गया है।

इस समय हम दोनों में, मैं ही अधिक नास्तिक हूँ; किन्तु कौन उठाएगा इसका आनन्द ?”

कुछ समय तक ज़रतुष्ट्र चुपचाप सोचता रहा, और फिर उसने वृद्ध पादरी से पूछा,

"क्या तू जानता है कि उसकी मृत्यु कैसे हुई ? क्या यह सत्य है, जैसा कि कहा जाता है कि उसकी मृत्यु का कारण उसकी सहानुभूति थी ?

उसने देखा कि मनुष्य को कैसे क्रॉस अर्थात् सूली पर लटकाया गया और वह इसे सहन नहीं कर पाया—मनुष्य के प्रति उसका प्रेम उसके जीवन का शाप बन गया और अन्त में उसकी मृत्यु का कारण ! सहानुभूति ने उसका गला घोंट दिया।"

वृद्ध पादरी ने इसका कोई उत्तर नहीं दिया, वह सहमा-सा चुपचाप एक ओर देखता रहा। उसका चेहरा अति उदास और खिन्न था। बहुत समय तक सोचने-विचारने के बाद सीधे उसकी ओर देखते हुए ज़रतुष्ट्र ने कहा—

"वह गया, जाने दो उसे। यद्यपि तेरे सम्बन्ध में यह प्रशंसनीय है कि तू उसकी बात श्रद्धापूर्वक करता है, किन्तु तू भी जानता है और मैं भी, वह था कौन; और उसके तौर-तरीके भी कैसे विचित्र थे।"

"तीन नेत्रों के सामने बोलना," उस वृद्ध ने मुस्कराकर कहा (वह स्वयं एक नेत्र से अन्धा था)—धार्मिक विषयों में मैं ज़रतुष्ट्र से अधिक ज्ञान-प्राप्त हूँ, जैसा होना भी चाहिए।

मेरे प्रेम ने उसकी बहुत समय तक सेवा की; मैंने वही किया जो उसने चाहा, जिसकी उसे मुझसे आशा थी। किन्तु एक अच्छा सेवक सब कुछ जानता है, अनेक वह बातें भी जिन्हें स्वामी स्वयं अपने से भी छिपाता है।

वह छिपा हुआ भगवान् था, रहस्यों से भरा हुआ; सत्य तो यह है कि वह अपने पुत्र के पास भी कभी नहीं आया, यदि कभी आया भी तो बहुत गोपनीय रीति से। उसकी भक्ति के द्वार पर खड़ा था व्यभिचार।

भगवान् को प्रेम-रूप कहनेवाले प्रेम के अर्थ से स्वयं अनभिज्ञ हैं; क्या उनका भगवान् निर्णायक नहीं था जो दंड भी देता था और पुरस्कार भी, किन्तु सच्चा प्रेम तो इससे ऊपर है, उसमें न दंड की कोई भूमिका है और न पुरस्कार की।

भगवान् जब पूर्व से आया था, उस समय वह युवक था—कठोर, निर्दय और प्रतिकारपरायण, यहाँ तक कि उसने अपने प्रिय अनुयाइयों के आनन्द-हेतु नरक की रचना भी कर डाली थी।

आख़िर वह वृद्ध हुआ, सौम्य, सुकोमल और दयावान् हो गया—पिता से अधिक दादा सदृश और उससे भी अधिक डगमगाती दादी जैसा।

और फिर, अपने निर्बल शरीर से उद्विग्न, संसार से परिश्रान्त वह अपने कक्ष की चिमनी के समीप सिकुड़कर बैठ गया, उसकी महान् दया ने उसका गला घोंट दिया।"

"हे वृद्ध पादरी," ज़रतुष्ट्र ने बीच में ही से टोककर कहा, "तूने उसे स्वयं अपनी आँखों से देखा है ? ऐसा ही हुआ होगा, अथवा इससे उलटा भी ? जब भगवान् मरते हैं तो वे अनेक प्रकार की मौतें मरते हैं।

परन्तु जो भी हुआ, वह अब नहीं है। वह मर चुका है। वह मेरे नेत्रों व कर्णों की रुचि का नहीं था। इससे अधिक मैं उसके विरुद्ध और कुछ नहीं कहना चाहता।

मैं उन सब वस्तुओं से प्रेम करता हूँ जो उज्ज्वल हैं, स्पष्ट दिखाई पड़ती हैं और सत्यता से बोलती हैं। तू यह निश्चय ही जानता है कि उसमें तेरे जैसे कुछ गुण थे–पादरियों जैसे। वह बहुअर्थी भाषा बोलता था।

वह अस्पष्ट था, उसके सम्बन्ध में कुछ भी स्पष्ट नहीं था। वह कितना क्रोधित था हम पर ! क्योंकि उसे समझने में हमे भ्रान्ति हुई, किन्तु वह स्वयं स्पष्ट क्यों नहीं बोला ?

और, हमारी भ्रान्ति का कारण यदि हमारे कर्ण थे तो उसने हमें ऐसे कर्ण दिए ही क्यों जो उसे ठीक तरह समझ नहीं पाए। और, यदि हमारे कर्णों में मैल था तो वह मैल डाला किसने ?

भगवान् ने जिसकी रचना स्वयं की, उसी में दोष डाल दिए और फिर बदले की भावना से उन्हें दूषित और कलंकित घोषित किया। यह स्वयं अच्छी रुचि के प्रति अपराध है।

धर्मनिष्ठा में भी अच्छी रुचि होती है जो अन्त में बोल उठी, "ऐसे खुदा को दूर रखो, इससे अच्छा तो यही है कि कोई खुदा हो ही ना; अच्छा तो यह है कि मनुष्य अपना खुदा स्वयं आप ही हो।"

"यह क्या सुन रहा हूँ मैं ?...उस पादरी ने अपने शब्दों पर बहुत बल लेकर कहा। "ओह ज़रतुष्ट्र, तू अपने आपको जितना नास्तिक समझता है, नास्तिकता में तेरी निष्ठा उससे कहीं अधिक है। ऐसा प्रतीत होता है कि तेरे अन्दर के किसी भगवान् ने ही तुझमें यह परिवर्तन कर डाला है।

क्या यह तेरी धर्मनिष्ठा नहीं जिसके कारण अब तुझे भगवान् में विश्वास नहीं रहा ? तेरी सत्यता तुझे अच्छे-बुरे, नेकी-बदी से ऊपर उठा देगी।

देख और समझ, क्या है तेरा प्रारब्ध ! तेरे पास नेत्र हैं, दो हाथ और मुख भी है जो आशीर्वाद देने के लिए ही तेरे पास हैं और यह भी सत्य है कि आशीर्वाद केवल हाथों से ही नहीं दिए जाते।

मैं तुझे प्रणाम करता हूँ; यद्यपि तेरा कहना है कि तू नास्तिक है, भगवान् के अस्तित्व में मुझे तनिक भी विश्वास नहीं, किन्तु मुझे तो अभी से तेरे स्वस्थ और पवित्र होने की सुगन्ध का आभास हो रहा है। मैं इससे बहुत आनन्दित हूँ और दुःखी भी।

तू मुझे अब अपना अतिथि होने का अवसर दे–केवल एक रात्रि के लिए ही, जितना अच्छा मुझे तेरा साथ लगेगा, उतना संसार में और कुछ नहीं।"

"एवमस्तु," ज़रतुष्ट्र ने आश्चर्यचकित होकर कहा, और फिर कुछ रुककर बोला, "उधर, ऊपर का मार्ग मेरी गुफ़ा को जाता है, मैं तुझे सानन्द अपनी गुफ़ा में अपने साथ ले जाता, क्योंकि मैं सब पुण्यात्माओं को प्रेम करता हूँ। किन्तु इस समय एक वेदनाभरी पुकार मुझे बुला रही है। मुझे तुरन्त उसके पास जाना है।

मैं विश्वास दिलाता हूँ कि मेरे क्षेत्र में तुझे कोई कष्ट नहीं होगा। मैं इसी प्रयास

में रहता हूँ कि मेरे क्षेत्र में किसी को कोई दुख या सन्ताप न हो।

किन्तु तेरे दुख और सन्ताप को दूर करने का सामर्थ्य मुझमें नहीं है। इसमें बहुत समय लगेगा, हमें बहुत लम्बी प्रतीक्षा करनी होगी, जब तक तेरे भगवान् को कोई तेरे लिए पुनः जीवित नहीं कर देता।

क्योंकि पुराना भगवान् अब जीवित नहीं है, वह निश्चय ही मर चुका है।"

ज़रतुष्ट्र ने यह कहा।

कुरूपतम पुरुष

पहाड़ियों और वनों को तीव्र गति से लाँघता हुआ ज़रतुष्ट्र काफ़ी आगे बढ़ गया किन्तु उसे वह दिखाई नहीं पड़ा जिसको उसके नेत्र खोज रहे थे–वही ज़ोर-ज़ोर से रोने और चिल्लानेवाला। तथापि उसका हृदय कृतज्ञता से भरा हुआ था, वह आनन्दित था क्योंकि, प्रारम्भिक अप्रिय घटनाओं के बाद उस दिन उसकी आश्चर्यजनक प्रत्युत्तर देनेवाले से भेंट हुई थी। उसने अपने मन में कहा : "अच्छे मीठे चनों की भाँति मैं उसके शब्दों को उस समय तक चबाता रहूँगा जब तक उनका रस मेरी आत्मा में प्रवेश नहीं कर जाता।"

किन्तु जैसे ही वह एक बड़ी चट्टान को पार कर उसके पीछे की ओर गया, वहाँ का सारा दृश्य ही बदल गया; उसे ऐसा लगा जैसे कि वह किसी मृत्युलोक में प्रवेश कर गया है। वहाँ केवल काली-काली और रक्तवर्ण की ऊँची-नीची शिलाएँ थीं, कोई वृक्ष नहीं था और न ही किसी पक्षी की आवाज़ सुनाई पड़ रही थी। वह घाटी ऐसी रूक्ष थी कि उसे सारे जीव जन्तुओं ने भी त्याग रखा था, यहाँ तक कि खूँखार जानवर भी वहाँ नहीं थे। वहाँ केवल एक प्रकार के वृद्ध भद्दे-मोटे, हरे रंग के सर्प ही मरने के लिए आते थे। इसी कारण गड़रियों ने उसे सर्प-मृत्युलोक की संज्ञा दे रखी थी।

ज़रतुष्ट्र की मनःस्थिति में सहसा परिवर्तन आ गया–वह अन्धकार विचारों में खो गया। उसे लगा कि वह कभी पहले भी यहाँ आया था; और वह विषादग्रस्त मन से धीरे-धीरे चलने लगा, उसकी गति निरन्तर मन्द पड़ती जा रही थी; और अन्त में वह एक स्थान पर, नेत्र मूँदकर निश्चल खड़ा हो गया।

कुछ समय पश्चात् जैसे ही उसने अपने नेत्र खोले, उसे अपने मार्ग के निकट एक ओर मनुष्य जैसा कोई जीव बैठा हुआ दिखाई पड़ा, किन्तु वह साधारण मनुष्य जैसा नहीं था। वह जो भी था, इतना विकृत और घृणित था कि उसे देखते ही ज़रतुष्ट्र ने लज्जा से अपनी दृष्टि दूसरी ओर घुमा ली और उस अभागे स्थान से दूर भाग निकलने के लिए अपना पैर उठाया, किन्तु तभी वह विकृत प्राणी बोल उठा : ज़रतुष्ट्र को धरती के निकट से गड़गड़ाने और खड़खड़ाने की-सी ध्वनि सुनाई दी और जैसे कि रात्रि के समय किसी अवरुद्ध नाली में से जल के बहने की आवाज़ हो। अन्त में वह ध्वनि मानव-आवाज़ में परिणत हो गई। उसने कहा–

"ज़रतुष्ट्र, ज़रतुष्ट्र, मेरी पहेली बूझता जा, 'किसी द्रष्टा से बदला लेने का उपयुक्त उपाय क्या है ?"

इसे बूझने के लिए मैं तुझसे पुनः आग्रह कर रहा हूँ; किन्तु देख–यह स्थान फिसलनेवाला है, सावधान रहना, तेरा गर्व कहीं गिरकर खंडित न हो जाए।

बहुत चतुर, विवेकी और बुद्धिमान् समझता है तू अपने आपको;...ओ कठिन समस्याओं को सुलझानेवाले अभिमानी, मेरी इस पहेली का उत्तर दे;...तू बता मैं...कौन हूँ ? वह पहेली मैं स्वयं ही हूँ।"

इन शब्दों को सुनकर ज़रतुष्ट्र के मन पर क्या बीती होगी, क्या इसका अनुमान लगा सकते हो तुम ?...उसके मन में दया उमड़ आई और वह धम-से धरती पर गिर पड़ा जैसे कि कोई बड़ा वट-वृक्ष जड़ से सहसा उखड़कर धरती पर गिर पड़ा हो; किन्तु तुरन्त ही वह फिर से उठ खड़ा हुआ और उसका चेहरा कठोर हो गया और कर्कश आवाज़ में वह बोला–

"जानता हूँ मैं तुझे, अच्छी तरह से जानता हूँ। तू भगवान् का हत्यारा है !...जाने दे मुझे, तू।

तू उसे सहन नहीं कर पाया, वह सदा टकटकी लगाए तुझे देखता ही रहा; ओ कुरूपतम व्यक्ति। इसी कारण तूने उस द्रष्टा से बदला लिया।"

यह कहकर ज़रतुष्ट्र आगे बढ़ने ही वाला था कि उस अ-मनुष्य जैसे मनुष्य ने उसके चोले का किनारा पकड़ लिया और गड़गड़ाती एवं खड़खड़ाती आवाज़ में बोला, "रुक जा, मुझे छोड़कर मत जा। मैं समझ गया हूँ कि वह कुल्हाड़ी क्या थी जिसने तुझे धरती पर गिराया था !...शाबाश, तू फिर अपने पैरों पर उठ खड़ा हुआ है।

मैं यह भी जानता हूँ, और भली भाँति जानता हूँ कि उसे मारनेवाला, अर्थात् भगवान् का हत्यारा स्वयं क्या अनुभव कर रहा है। रुक जा, बैठ जा मेरे निकट; मैं यह बिना प्रयोजन नहीं कह रहा।

तेरे अतिरिक्त मैं और जाऊँ कहाँ ?...रुक जा, बैठ जा मेरे निकट।...मत देख मेरी ओर;...इसी में है मेरी कुरूपता का सही सम्मान।

उन सबने मुझे बहुत कष्ट दिए हैं, बहुत वेदनाएँ पहुँचाई हैं। तू ही तो मेरा अन्तिम सहारा है।

मैं न उनके उत्पीड़न से उद्विग्न हूँ और न उनके तौर-तरीकों से। उनका उत्पीड़न तो मेरे लिए हास्यप्रद है, और मैं पूर्णतः गर्वित और प्रसन्न हूँ।

इस जगत में सफलता क्या उन्हीं को नहीं मिली जिन्हें दूसरों ने भरसक कष्ट दिए ? और अन्त में उत्पीड़न को स्वयं विनीत होकर सीखना पड़ा।

मेरे कष्ट का कारण उनकी दी पीड़ा नहीं है, उनकी दया है। मैं भागता हूँ उनकी दया से और अब भागकर आया हूँ तेरे पास।

हे ज़रतुष्ट्र, तू मेरी रक्षा कर; तू ही मेरा अन्तिम सहारा है।

तू यह भली भाँति जानता है कि भगवान् की हत्या करनेवाला स्वयं क्या अनुभव करता है।

यहाँ से जाने के लिए तू अधीर है क्या ?...तो यह सुन ले–उस मार्ग से न जाना

जिधर से मैं आया हूँ। वह मार्ग बहुत कठिन है, बहुत ही दुःखदायी।

तू मुझसे नाराज़ हो गया है क्या ?...क्योंकि मैं बहुत समय से निरन्तर बोल रहा हूँ; किन्तु यह भी तो समझ ले कि यह कर रहा हूँ मैं, मैं कुरूपतम पुरुष, जिसके पाँव बहुत बड़े-बड़े हैं और बहुत भारी-भारी भी। मैं जिधर भी जाता हूँ, मुझे मिलता है अति कठोर मार्ग। मैं तो मृत्यु और विनाश के मार्ग से चलता हुआ आया हूँ, और तू चुपके से मेरे पास से निकल जाना चाहता है, क्योंकि तुझे लज्जा आई थी मुझे देखकर। मैंने यह अच्छी तरह से देख लिया था और यही तो था जिससे मैं समझ गया था कि तू ही ज़रतुष्ट्र है।

होता कोई और, तो डालता मेरी ओर भिक्षा–अपनी दया की भिक्षा, अपने नेत्रों से और अपने शब्दों से; किन्तु मैं दया का भिखारी नहीं हूँ। इसे केवल समझा है तूने।

मैं सम्पन्न हूँ, बहुत सम्पन्न हूँ उन सब पदार्थों से जो अति भयंकर हैं, अति भद्दे हैं और अलभ्य हैं। तूने लज्जा से नेत्र घुमाकर मेरी कुरूपता का सम्मान किया।

बहुत कठिनाई से दयावानों की भीड़ से बाहर निकल पाया हूँ, ताकि मैं तुझसे शिक्षा ग्रहण कर सकूँ, जो कहता है कि दया करना धृष्टता है। यह शिक्षा देनेवाला केवल तू ही है।

हे ज़रतुष्ट्र, उस धर्माचार की अपेक्षा जो सदा सहायता करने के लिए तत्पर रहता है, 'सहायता करने की अनिच्छा' कहीं अधिक कुलीन और शिष्ट है।

किन्तु वे लोग, क्षुद्रजन, दया को सदाचार और धर्म कहते हैं। उनके मन में दुर्भाग्य के लिए कोई मान-सम्मान नहीं; किसी भी बड़ी कुरूपता या असफलता के लिए उनके हृदय में कोई आदरणीय स्थान नहीं।

जिस प्रकार छिछले पानी को सारस सिर घुमाकर तिरस्कारपूर्ण दृष्टि से देखता है उसी प्रकार मैं देखता हूँ इन हीन लोगों को।

दीर्घ काल तक हमने इन हीन लोगों को सही माना और स्वीकार किया–और इससे इन्हें शक्ति दे डाली, और अब ये हमें शिक्षा देने लगे हैं कि अच्छाई केवल वही है जिसे यह छोटे लोग सही मानते हैं।

सच्चाई तो यह है कि इन हीन लोगों में से एक गुरु बनकर उठ खड़ा हुआ और उनका प्रमुख वक्ता बन गया और अपने आपको घोषित किया–'सच्चाई मैं हूँ–मैं हूँ सच्चाई !'

इस निर्लज्ज और अश्लील को क्या कभी भी किसी से ऐसा शिष्ट और स्पष्ट उत्तर मिला था जैसा, हे ज़रतुष्ट्र, तूने दिया–'नहीं, नहीं, तीन बार नहीं,' और फिर उसे छोड़ दिया अलग, एक ओर।

उसकी भूल पर तूने उसे चेतावनी दी, तूने उसे दया के विरुद्ध सचेत किया। दया के विरुद्ध ललकारनेवाला केवल तू था, तेरे अतिरिक्त अन्य कोई नहीं।

कष्ट सहनेवालों की लज्जा से तू स्वयं लज्जित होता है और कहता है, 'सावधान हो जाओ, दया के भयंकर काले बादल आने ही वाले हैं।'

'रचनाकार कठोर होता है,' तू कहता है और तू यह भी कहता है कि 'सच्चा प्रेम दया से मुक्त होता है।' हे ज़रतुष्ट्र, भविष्य के लिए कितना शुभ अभिसूचक दिखाई पड़ता है तू मुझे।

अपने आपको भी तू सचेत रख अपनी दया के विरुद्ध–क्योंकि अनेक पीड़ित, निराशाओं और शंकाओं से घिरे हुए निरुत्साही लोग आनेवाले हैं तेरे पास।

मैं चेतावनी दे रहा हूँ तुझे तेरे ही विरुद्ध। तूने मेरी सबसे अच्छी और सबसे कठिन पहेली बूझ ली, और जो मैंने स्वयं किया उसे भी समझ लिया। और मैं जानता हूँ उस कुल्हाड़ी को जिसने तुझे पछाड़ गिराया था।

किन्तु उसे तो मरना ही था, किस प्रकार ढिठाई के साथ टकटकी लगाए वह मुझे देख रहा था।...कैसी निर्लज्जता के साथ देख रहा था मनुष्य की गहराइयों को, उसकी मलिनता और तलछट को और सारे गुप्त कलंकों और कुरूपता को !

उसकी दया में श्लीलता नहीं थी। वह पूरी निर्लज्जता के साथ मेरे अन्दर, मेरे सारे भद्दे-गन्दे स्थलों में प्रवेश कर गई। इस *भेड़िये* को, धृष्टतापूर्वक दूसरों के भीतर प्रवेश करनेवाले को, अत्यन्त दयार्द्र को मरना ही था।

वह मुझे सदा देखता रहा, मुझे इसका प्रतिकार करना ही था, बदला लेना ही था अन्यथा मुझे स्वयं जीवित नहीं रहना था।

उसने सब कुछ देखा हो, मनुष्य को भी, उसका मरना ही उचित था। मनुष्य यह और सहन नहीं कर सकता था कि ऐसा निहारनेवाला और जीवित रहे।''

कुरूपतम जब यह सब कह चुका तो ज़रतुष्ट्र जाने के लिए उठ खड़ा हुआ क्योंकि कुरूपतम की बातों ने उसे पूरी तरह झँझोड़ दिया था। अन्त में, ज़रतुष्ट्र ने कहा–

''तूने मुझे अपने मार्ग के प्रति सावधान किया था, उसके लिए धन्यवाद। अब मैं तुझे अपना मार्ग दिखाता हूँ जो मेरी गुफ़ा की ओर जाता है।

मेरी गुफ़ा बड़ी और गहरी है, उसमें अनेक कोण हैं, छिपनेवालों के लिए छिपने के अनेक स्थान हैं। गुफ़ा के बाहर भी उड़ने, रेंगने व कूदने-फुदकनेवाले जीवों के छिपने के बहुत-से सुरक्षित स्थान हैं।

तुझको, जिसने स्वयं अपने आपको सबसे पृथक कर लिया है, वहाँ मनुष्यों और उनकी दया के मध्य नहीं रहना पड़ेगा। इसलिए तू भी वही कर जो मैं करता हूँ; और इस प्रकार तू मुझसे शिक्षा भी ग्रहण कर सकेगा। यह याद रख कि करनेवाला ही सीखता है।''

इतना कहकर ज़रतुष्ट्र ने अपनी राह ली, वह पहले से अधिक विचारमग्न था, बहुत धीमी गति से चल रहा था क्योंकि उसने अपने ऊपर बहुत-से प्रश्न लाद लिए थे और उनके उत्तरों से वह स्वयं अनभिज्ञ था।

''कितना निर्लज्ज है मनुष्य, कितना कुरूप और कितनी गुप्त लज्जा से भरा हुआ;'' ज़रतुष्ट्र ने अपने आप से कहा, ''लोग कहते हैं कि मनुष्य अपने आपको प्रेम करता है। आह ! कितना विशाल होगा उसका यह आत्मप्रेम, और इसके साथ कितनी घृणा

होगी उसके मन में इसके विरुद्ध।

इस मनुष्य ने भी अपने आपको प्रेम किया था और साथ में घृणा भी।

अभी तक मुझे ऐसा कोई नहीं मिला जिसे अपने आपसे इतनी घृणा हो। अपने आपको उभारने की, ऊँचा उठाने की यह भी तो एक प्रक्रिया है। खैर, सम्भवतः यही था वह महान् पुरुष जिसकी पुकार मैंने सुनी थी।

इस घृणा करनेवाले को मैं प्रेम करता हूँ। मनुष्य एक ऐसा प्राणी है जिसका अतिक्रमण करना ही होगा।''

स्वयं-प्रेरित भिखारी

कुरूपतम व्यक्ति को पीछे छोड़कर ज़रतुष्ट्र आगे बढ़ा; वह बहुत उदास और अकेला-अकेला अनुभव कर रहा था, उसके हाथ-पाँव शिथिल पड़ गए थे, और वह अत्यन्त धीमी गति से पहाड़ियों का आरोहण और अवरोहण कर रहा था; बीच-बीच में कहीं-कहीं हरे-भरे चरागाह और वे पथरीले मार्ग भी थे जहाँ कभी तीव्र गति से पहाड़ी नाले बहते थे। वह इस सबको उदास मनोवृत्ति से चुपचाप लाँघता हुआ आगे बढ़ता गया। चलते-चलते उसकी मनःस्थिति में सहसा परिवर्तन आया, वह पुनः प्रसन्नचित हो गया।

"वाह ! यह कैसा परिवर्तन !" विस्मय से उसने अपने आपसे कहा, "यह कौन-सा मधुर स्पर्श है जीवन का, जिसने मेरे मन में नई स्फूर्ति और नया उत्साह भर दिया है ? हो, न हो, यह परिवेश का प्रभाव है।

अब मैं पहले-सा अकेला नहीं हूँ; लगता है कुछ अज्ञात साथी अब यहीं कहीं विचरण कर रहे हैं; उनकी उच्छवासों ने मेरे प्राणों में नया उत्साह भर दिया है।"

उसने एकाकीपन को दूर करनेवाले साथियों को खोजने के उद्देश्य से इधर-उधर देखा, उसे निकट ही एक ऊँचे स्थल पर कुछ गाएँ दिखाई दीं—ऐसा प्रतीत होता था कि वे उत्सुकता से किसी की बात सुन रही हैं; वे इतनी ध्यानमग्न थीं कि उन्हें यह भी ज्ञात नहीं हुआ कि कोई उनके निकट पहुँच गया है। तभी उनके मध्य से एक मनुष्य की वाणी सुनाई दी। स्पष्टतः वे सब उसी वक्ता की वाणी सुनने में तन्मय थीं।

ज़रतुष्ट्र तीव्र गति से उस ऊँचे स्थल पर गया और वहाँ जो गाएँ खड़ी थीं उन्हें इधर-उधर भगा दिया। उसे आशंका थी कि उन गायों के मध्य कोई मनुष्य कष्ट में है; सम्भवतः वह चोट खाए हुए है, और गाय की सहानुभूति कष्ट-निवारण के कार्य में सहायक हो नहीं सकती।

किन्तु यह उसकी भ्रान्ति थी, क्योंकि धरती पर बैठा वह व्यक्ति गायों को मानो आश्वासन दे रहा था कि उन्हें उस शान्तिप्रिय व्यक्ति से भयभीत होने की कोई आवश्यकता नहीं है, और उसके नेत्र उन्हें सुजनता और सहानुभूति का सन्देश दे रहे थे।

"क्या खोज रहा है तू यहाँ ?" ज़रतुष्ट्र ने आश्चर्यचकित होकर उससे पूछा।

"मैं क्या खोज रहा हूँ ?" उसने उत्तर देते हुए कहा, "वही जो तू खोज रहा है—धरती पर आनन्द।

इसकी शिक्षा मैं इन गायों से लूँगा—यह मैं तुझे अब बता सकता हूँ क्योंकि अभी

तक मैंने सुबह का अपना आधा काल इन्हीं के साथ बातें करने में व्यतीत किया है; और अभी-अभी मुझे वे उत्तर देने ही वाली थीं कि तूने आकर उन्हें विह्वल कर दिया।

हम जब तक स्वयं बदलकर उन जैसे नहीं बन जाते हमें आनन्द प्राप्त होनेवाला नहीं है। इनसे हमें एक बात विशेष रूप से सीखनी होगी—और वह है जुगाली करना।

सत्य तो यह है कि मनुष्य यदि सारा संसार भी जीत ले, किन्तु जुगाली करना, अर्थात् पागुर करना नहीं सीखता तो कुछ लाभ होनेवाला नहीं है—तब तक वह यातनाओं, दुःख-पीड़ा से मुक्त हो नहीं सकता।

इस समय मनुष्य की सबसे बड़ी यातना है—उसकी घृणा। इस समय क्या ऐसा कोई भी मनुष्य है जिसका हृदय, नेत्र और मुख घृणा से लिप्त नहीं है ?...तेरे सहित !...हाँ, हाँ, तेरे सहित। और अब इन गायों को देखो।''

यह कहकर पर्वत पर बैठे उस व्यक्ति ने ज़रतुष्ट्र की ओर देखा। अभी तक उसके नेत्र गायों पर ही टिके हुए थे। ज़रतुष्ट्र को देखते ही उसके हाव-भाव में सहसा परिवर्तन आ गया। विस्मय के साथ वह ज़ोर से बोल उठा, ''कौन है यह आदमी जिससे मैं बातें कर रहा हूँ ?'' इतना कहकर वह डरकर धरती से उछला और खड़ा हो गया।

''यह आदमी घृणामुक्त है, यह स्वयं ज़रतुष्ट्र है—घृणा को जीतनेवाला, यह ज़रतुष्ट्र का हृदय है, यह उसका नेत्र और मुख है।'' इतना कहकर उसने स्नेह-स्निग्ध नेत्रों से उसकी ओर देखते हुए उसके हाथ चूम लिए। उस समय उसका व्यवहार ऐसा था जैसे आकाश से उसे कोई अमूल्य उपहार सहसा प्राप्त हो गया हो। गाएँ आश्चर्यचकित खड़ी यह सब देखती रहीं।

''मेरी बात न कर, हे विचित्र प्राणी, हे सुजन पुरुष !'' ज़रतुष्ट्र ने कहा और अपने स्नेह को सीमाबद्ध करते हुए फिर बोला, ''मुझे तू पहले अपने विषय में बता; क्या तू वही भिखारी नहीं, जिसने कुछ समय पूर्व स्वेच्छा से अपनी धन-सम्पत्ति त्याग दी थी ?

क्या तू वही नहीं है जो अपने धन के बाहुल्य और धनी लोगों के कारण लज्जित अनुभव कर रहा था और अन्त में अपने स्नेह और सम्पत्ति को बाँटने के लिए दुःखी-दरिद्रों की ओर भागा था, किन्तु उन्होंने तुम्हें अंगीकार नहीं किया था।''

''तो तू जानता है कि उन्होंने मुझे स्वीकार नहीं किया।'' उस भिखारी ने कहा, ''इसी कारण मैं अन्त में इन गायों के निकट आ गया।''

ज़रतुष्ट्र ने उसकी बात को बीच में काटते हुए कहा, ''तो तूने यह बात तो समझ ली है न कि अच्छे प्रकार से लेने की अपेक्षा अच्छे प्रकार से देना कितना कठिन है।...देना एक महान् कला है—सौजन्य की विशेष कला।''

''विशेषकर आजकल,'' स्वयं-प्रेरित भिखारी बीच में ही बोल उठा, ''मेरा कहने का अभिप्राय है कि अब जब प्रत्येक मनुष्य उपद्रवी निषेधक और घमंडी हो गया है—जनता की भाँति।

निश्चय ही तू जानता है कि निम्नवर्ग के लोगों में विद्रोह की भावना जाग्रत हो चुकी है। उनका विद्रोह मन्द है किन्तु वह है दीर्घकालिक और उपद्रवी। वह फैल रहा

है, और फैलता ही जा रहा है।

दान-दक्षिणा और परोपकारिता उन्हें उकसाती है, उनमें क्रोध उत्तेजित करती है : सतर्क और सावधान हो जाओ अब तुम धनाढ्य।

'अपने भरे-भरे भंडार में से थोड़ा-सा देना, ऊपर तक भरी बोतल में से बूँद-बूँद टपकाना' !–इन बोतलों को तोड़ने के लिए अब लगभग सब तैयार हैं।

विलासी इच्छाएँ, हृदय-विदारक ईर्ष्या, चिन्ताग्रस्त प्रतिकार, जनसाधारण का अहंकार–यह सब मुझे स्पष्ट दिखाई दे रहा है। 'धन्य हैं निर्धन' अब सही नहीं। अब तो सुख का संसार गायों के साथ है।"

"धनी लोगों के साथ क्यों नहीं ?" ज़रतुष्ट्र ने व्यंग्यपूर्वक कहा और गायों को पीछे हटाए रखा जो उस शान्तिप्रिय को अपने स्वभाव के अनुसार लगातार सूँघ रही थीं।

"मुझे क्यों उकसा रहा है तू ?" दूसरे ने उत्तर दिया।

"तू मुझसे भी अच्छी तरह जानता है कि वह क्या था जो मुझे उन अति निर्धनों की ओर खींचकर ले गया था। क्या वह धनी लोगों के प्रति मेरी घृणा नहीं थी ?

घृणित हैं यह धन के प्रलोभी, इनकी निर्मम निगाहें, कुत्सित विचार, अश्लील इच्छाएँ और सड़ाँध से भरे कूड़ाकरकट से धन बटोरने की लिप्सा !

घृणित हैं यह झूठे, मक्कार और दगाबाज़–जेबकतरों और कबाड़ियों की सन्तान; और इनकी पत्नियाँ हैं फूहड़, भुलक्कड़ और कामुक–वेश्याओं से बहुत भिन्न नहीं।

ऊपर से नीचे तक निम्न कोटि के व्यक्ति–निर्धन और धनवान, दोनों ही हैं एक समान। इनमें भेद करने का सामर्थ्य जब मैं खो बैठा, तो मैं भागा इनसे दूर और भागते-भागते आ गया इन गायों के पास।"

क्रोधभरी आवाज़ में उसने यह सब कहा और पसीना-पसीना हो गया। गाएँ भी घबरा गईं किन्तु ज़रतुष्ट्र थोड़ा-सा मुस्कराते हुए चुपचाप उसकी ओर देखता रहा; और फिर बोला :

"इन कठोर और निर्दय शब्दों के प्रयोग से तूने अपने आप पर अत्याचार किया है; क्योंकि न तो तेरे नेत्रों में इतनी निर्दयता है, और न मुख व उदर में, मेरे विचार में यह क्रोध, यह घृणा और इस प्रकार की उत्तेजना तेरे स्वभाव के प्रतिकूल है। तेरे उदर को तो मृदु और सौम्य वस्तुओं की आवश्यकता है–तू कसाई नहीं है।

इसके विपरीत तू मुझे शाकाहारी दिखाई पड़ता है–घास-पात और अनाज खानेवाला। तू निश्चय ही मांसाहारी नहीं है–तुझे तो मांसाहार से परहेज है, तुझे तो मधु भाता है।"

"ठीक समझा और पहचाना है तूने मुझे।" उस शान्तिप्रिय ने उत्तर दिया, "मुझे मधु अच्छा लगता है, वह मेरी रुचि-अनुकूल है। मैं चने भी चबाता हूँ क्योंकि मैं जानता हूँ कि क्या स्वादिष्ट और स्वास्थ्यवर्द्धक है। ये आत्मा को भी शुद्ध रखते हैं।

और इन्हें खाने में समय भी बहुत लगता है। आलसी मनुष्य के लिए यह दिनभर का काम है।

खाने की इस प्रक्रिया को बहुत विकसित किया है गायों ने; उन्होंने जुगाली करने और धूप में बैठने की क्रिया को भी खूब विकसित किया है। वे उन सब विचारों से दूर रहती हैं जिनसे मन पर बोझ पड़ता है।''

ज़रतुष्ट्र ने तब कहा, ''अच्छा तो तू मेरे जानवरों, बाज़ पक्षी और सर्प, को भी देख; उन जैसे प्राणी अब इस धरती पर नहीं मिलते।

देख, उधर का रास्ता मेरी गुफ़ा को जाता है। आज की रात के लिए मेरा आतिथ्य स्वीकार कर और आनन्द के साथ मेरे जानवरों से बातें करना।

रात्रि होने तक मैं वहाँ पहुँच जाऊँगा। इस समय किसी की दुखभरी पुकार मुझे तत्काल बुला रही है। मेरी गुफ़ा में यदि तुझे हिम-शीतल सुनहरा मधु मिले तो उसे अवश्य खाना।

अब ले विदा अपनी इन गायों से, यद्यपि उनसे विदा लेना तेरे लिए कठिन अवश्य है, क्योंकि वे तेरी प्रिय मित्र और गुरु हैं।''

''एक को छोड़कर ! एक तू ही है जो मुझे इनसे अधिक प्रिय है।'' स्वयं-प्रेरित भिखारी ने कहा।

''ऐ दुष्ट चापलूस, तू अब जा–जा यहाँ से मेरी गुफ़ा की ओर। अपनी मिथ्या प्रशंसा से मुझे यों ही न बिगाड़।'' ज़रतुष्ट्र ने मुस्कराते हुए कहा।

''ना, मेरे पास से जा,'' ज़रतुष्ट्र ने चिल्लाकर एक बार फिर कहा और उस प्रिय भिखारी को अपनी छड़ी दिखाकर स्वयं वहाँ से चल पड़ा।

छाया

स्वयं-प्रेरित भिखारी जैसे ही ज़रतुष्ट्र के पास से भागता हुआ गया और ज़रतुष्ट्र अकेला हुआ कि पीछे से उसे एक नई आवाज़ सुनाई दी। उस आवाज़ ने कहा, "हे ज़रतुष्ट्र, रुक जा; मैं हूँ तेरी छाया।"...किन्तु ज़रतुष्ट्र रुका नहीं। अपने पर्वतीय क्षेत्र में इतना भीड़-भड़का हो जाने से वह मन ही मन क्रोधित हो उठा था।

"कहाँ चला गया मेरा एकान्त ?" उसने अपने आपसे कहा, "यह स्थान मेरा निजी क्षेत्र नहीं रहा; मुझे किसी अन्य पर्वत पर जाना होगा।

मेरी छाया मुझे बुला रही है, किन्तु क्या लेना-देना है मुझे उससे ? और, मेरे पीछे यदि वह भागना भी चाहती है, तो भागती रहे—मैं स्वयं उससे दूर निकल जाऊँगा।"

यह कहकर ज़रतुष्ट्र वहाँ से भागा, किन्तु उसके पीछे एक और भी भागा; और इस प्रकार एक-दूसरे के पीछे भागनेवाले तीन हो गए—सबसे आगे स्वयं-प्रेरित भिखारी, फिर ज़रतुष्ट्र और इन दोनों के पीछे छाया। किन्तु शीघ्र ही ज़रतुष्ट्र को अपनी भूल का एहसास हो गया और उसने एक ही झटके में अपने क्रोध एवं अपनी घृणा को अपने मन से अलग कर दिया।

"इस प्रकार की असंगत घटनाएँ क्या वृद्ध संन्यासियों और ऋषि-मुनियों के साथ सदैव से होती नहीं आईं !" उसने अपने आपसे कहा :

"वस्तुतः पर्वतों पर रहने से मेरी कमज़ोरियाँ बढ़ गई हैं; एक-दूसरे के पीछे भागते हुए मैं तीन मूर्खों की छः टाँगों को खड़खड़ाते हुए सुन रहा हूँ।

किन्तु ज़रतुष्ट्र को अपनी छाया से भयभीत होने की आवश्यकता है क्या ? इसके अतिरिक्त अपने आपको मेरी छाया कहनेवाले की टाँगें मेरी टाँगों से लम्बी हैं।"

यह कहकर ज़रतुष्ट्र खुलकर हँसा और पीछे को मुड़ा; छाया, अर्थात् उसके पीछे भागनेवाला इतना समीप था उसके और इतना क्षीणकाय था कि ज़रतुष्ट्र के सहसा मुड़ने से वह लगभग नीचे धरती पर गिर पड़ा।

ज़रतुष्ट्र ने जब उसे ध्यान से देखा तो वह डर गया—उसे लगा कि वह कोई भूत-प्रेत है—अत्यन्त दुबला-पतला, काला और परिश्रान्त।

"तू है कौन ?" अपने शब्दों पर विशेष बल देते हुए ज़रतुष्ट्र ने कहा, "और क्या कर रहा है तू यहाँ, अपने आपको मेरी छाया कहनेवाले ?...निश्चय ही तू मेरी रुचि का नहीं है।"

"क्षमा कर ज़रतुष्ट्र," छाया ने उत्तर दिया, "यह मैं हूँ; और यदि मैं तुझे अच्छा

नहीं लग रहा, तो मैं तेरी रुचि की सराहना करता हूँ।

मैं हूँ—यों ही बिना प्रयोजन इधर-उधर विचरनेवाला ! बहुत काल से मैं तेरे पीछे-पीछे चल रहा हूँ; मैं सदैव भ्रमण ही करता रहता हूँ, किन्तु बिना किसी उद्‌देश्य या लक्ष्य के।...मैं गृहहीन हूँ, मेरा कोई निवास-स्थान नहीं; इसलिए मैं एक परम्परागत यहूदी की भाँति भ्रमण ही करता रहता हूँ, किन्तु मैं न तो परम्परागत हूँ और न यहूदी ही।

मुझे क्या सदा मार्गों पर भटकते ही रहना होगा ?...हवा के झोंकों से बिन चाहे घूमना, विस्थापित होना, और इधर से उधर ढकेले जाना; ओह धरती, तू बहुत ही गोल हो गई है मेरे लिए।

मैं हर स्थल पर बैठ चुका हूँ, हर स्थान पर सो चुका हूँ—थकी हुई धूल की भाँति जो उड़ते-उड़ते दर्पणों और खिड़कियों पर लगे शीशों पर बैठ जाती है। प्रत्येक वस्तु मुझसे कुछ-न-कुछ लेती ही है, देती कुछ नहीं; मैं घूमता-घूमता बहुत क्षीण हो गया हूँ—लगभग छाया बन गया हूँ।

हे ज़रतुष्ट्र, मैं द्रुत गति से तेरे पीछे-पीछे सभी दूरस्थ स्थानों पर गया हूँ यद्यपि मैंने अपनी उपस्थिति सदा तुझसे छुपाए रखी है।...मैं सदा तेरी छाया ही बना रहा हूँ;—जहाँ-जहाँ तू बैठा, वहीं-वहीं मैं भी बैठा।

तेरे साथ मैं बहुत दूरवर्ती और अतिशीत संसार में विचरण करता रहा हूँ—उस छाया-जाल की भाँति जो स्वेच्छा से शीत और हिम का आश्रय खोजती है।

तेरे साथ मैं सब निषेधित, दूरस्थित और विकट स्थानों पर भी गया हूँ। मुझमें यदि कोई भी सद्‌गुण है तो वह केवल यही है कि मुझे किसी निषेध, मनाही और उसके परिणामों का भय नहीं।

तेरी संगति में मैंने वह सब परित्याग दिया जिसकी मेरा हृदय पूजा किया करता था; मैंने सब सीमा-शिलाओं और मूर्तियों को तोड़ डाला। तेरी संगति में मैंने भयंकर इच्छाओं की परितुष्टि के लिए भरसक प्रयास किए—अर्थात् मैंने उन सब इच्छाओं का अनुसरण किया जिन्हें भयंकर अपराध समझा जाता है।

तेरी संगति में मैंने शाब्दिक आवरण से ढके थोथे विश्वासों, निरर्थक मूल्यों और बड़े-बड़े एवं उच्च नामवाले मिथ्या विचारों को त्याग दिया। शैतान जब अपनी त्वचा का आवरण उतारकर फेंक देता है तो उसका नाम अर्थात् अस्तित्व भी मिट जाता है। यह भी त्वचा ही है; शैतान शायद स्वयं भी त्वचा है।

कुछ भी सत्य नहीं; वास्तव में सत्य उसको मान लिया जाता है जिसे जनता का अनुमोदन प्राप्त होता है। अपने आपसे मैंने यह कहकर, पूरे दृढ़ विश्वास के साथ अपने आपको कठिनाइयों में डाल दिया। आह ! इसके कारण मैं कितनी बार नग्न खड़ा हुआ हूँ—लाल केकड़े की भाँति।

आह ! कहाँ गई मेरी अच्छाई और मेरी सारी लज्जा, और अच्छे-बुरे के सम्बन्ध में मेरे विश्वास ? और, कहाँ गई मेरी मिथ्या निर्दोषिता जिसे मैं कभी मान्यता दिया करता था।

सत्य तो यह है कि मैं सत्य के साथ बहुत निकटता से चला, किन्तु उसने मुझे लात मारी। कभी-कभी मैंने झूठ का आश्रय लिया और तब सच्चाई निखरकर सामने आ गई।

धीरे-धीरे मेरी समझ में बहुत कुछ आने लगा। पुराने मूल्यों से अब मेरा कोई सरोकार नहीं; जिसे मैं प्रेम करता था वह अब जीवित नहीं। मैं कैसे अपने आपसे प्रेम करूँ?

मैं चाहता हूँ कि मैं अब स्वच्छन्द रूप से, अपनी इच्छानुसार अपना जीवन व्यतीत करूँ। यही है मेरी पवित्र इच्छा। किन्तु अफ़सोस, मुझमें अभी भी कुछ अभिलाषाएँ हैं।

क्या अब भी मेरा कोई लक्ष्य है ? क्या अभी भी मेरे लिए कोई आश्रय-स्थान शेष बचा है ?

वायु का एक अच्छा झोंका ?...किन्तु अच्छी वायु होती क्या है ?...इसे तो केवल वही जानता है जो यह जानता है कि उसे जाना किधर है।

मेरे पास अब शेष रह ही क्या गया है ?–एक मलिन, परिश्रान्त और विह्वल मन !...मेरे पास अब और है ही क्या ?...यही अस्थिर संकल्प, फड़फड़ाते हुए पंख और टूटी हुई रीढ़ की हड्डी।

मैं खोज रहा हूँ अपने लिए एक गृह, एक निवास-स्थान, और तू क्या जाने, यही खोज मेरे लिए घोर संकट बन गई है जो मुझे भीतर ही भीतर खाए जा रही है।

कहाँ है मेरा घर जिसे मैं खोज रहा हूँ, और खोज रहा हूँ बहुत समय से–किन्तु अभी तक मिला नहीं।''

छाया के यह सब कहने से ज़रतुष्ट्र का चेहरा गम्भीर हो गया, और अन्त में उसने परिश्रान्त मन से कहा, ''तू मेरी छाया है, तेरी आपत्ति घनी है, और तेरा आज का दिन बहुत निकृष्ट रहा है। सावधान हो, कहीं इससे भी अधिक कष्टकारी रात्रि तुझे न घेर ले।

तुझ जैसे डाँवाडोल और गृह-विहीनों को कारावास का बन्दी भी सुखी प्रतीत होता है। क्या तूने कारावास के भीतर बन्द अपराधियों को सोते हुए नहीं देखा ? वे कैसे नई सुरक्षा में निश्चिन्त होकर चुपचाप सो जाते हैं।

सावधान ! ऐसा न हो कि तू भी किसी संकीर्ण विश्वास की पकड़ में आ जाए–कोई कठोर कष्टकारक विभ्रम तुझे घेर ले, क्योंकि अब जो कुछ संकीर्ण और रूढ़िप्रद है वह तुझे अपनी ओर आकर्षित करने का प्रयत्न करेगा।

तू खो बैठा है अपने लक्ष्य को। हाय, कैसे भुला पाएगा तू इस हानि को ? ध्यान रखना, कहीं अपना मार्ग न खो बैठना।

ओह विचरण और भ्रमण करनेवाले, थकी हुई तितली, तुझे आज की रात विश्राम करने तथा रहने के लिए घर मिलेगा। तू यहाँ से मेरी गुफ़ा में चला जा।

वह मार्ग मेरी गुफ़ा को जाता है। अब मैं जल्दी से तुझसे विदा लेता हूँ।

मैं यहाँ से अकेला ही भागता हुआ जाऊँगा ताकि मैं कुछ समय तक उज्ज्वल प्रकाश का आनन्द उठा सकूँ। साँझ होने पर सब मिलकर नृत्य करेंगे।''

मध्याह्न-बेला

ज़रतुष्ट्र भागता-भागता बहुत दूर चला गया, किन्तु उसे कोई भी अन्य व्यक्ति नहीं मिला। वह अकेला था और अपने एकाकीपन का आनन्द उठा रहा था और बहुत समय तक, घंटों ही वह अच्छी-अच्छी बातें सोचता रहा। मध्याह्न के समय जब सूर्य सीधा सिर पर आ गया, वह एक बूढ़े, झुके हुए ग्रन्थिदार वृक्ष के निकट जा पहुँचा। उस वृक्ष के तने को एक अंगूर की बेल ने अपने स्नेहमय आलिंगन से पूरी तरह ढँक रखा था। उस बेल से अंगूरों के बहुत-से गुच्छे लटक रहे थे। उन्हें देखकर उसके मन में अपनी हल्की-सी प्यास को बुझाने की लालसा हुई; किन्तु जैसे ही उसने एक गुच्छे को तोड़ने के लिए हाथ बढ़ाया, उसके मन में एक दूसरी इच्छा प्रबल हो उठी, अर्थात् मध्याह्न के समय उस पेड़ के नीचे लेटकर सो जाने की इच्छा।

ज़रतुष्ट्र ने यही किया : जैसे ही वह उस शान्त एकान्त में रंग-बिरंगी घास पर लेटा, वह अपनी हल्की प्यास को भूल गया और सो गया, जैसा कि ज़रतुष्ट्र प्रायः कहा करता था, 'एक चीज़ की अपेक्षा कभी कोई दूसरी चीज़ अधिक आवश्यक होती है।' किन्तु उसके नेत्र खुले रहे क्योंकि वे वृक्ष की सुन्दरता और अंगूर की लता को निहारने में निमग्न थे। उस निद्रालु अवस्था में ज़रतुष्ट्र ने स्वयं अपने हृदय से यह कहा–

"शान्त ! शान्त ! क्या इस समय संसार पूर्णता को नहीं पहुँच गया ?–मुझे हो क्या गया है ?

जिस प्रकार सुकुमार वायु अदृश्य रूप से समुद्रों की रंग-बिरंगी लहरों पर नृत्य किया करती है, उसी प्रकार निद्रा मेरे नेत्रों पर नृत्य कर रही है।

मेरे नेत्र बन्द नहीं हो रहे; ये मेरी आत्मा को जाग्रत रखे हुए हैं–यह मेरी नींद बहुत ही हल्की है–चिड़िया के पंख समान हल्की।

यह मुझे उकसा रही है,...कैसे ? यह मैं नहीं जानता। यह भीतर ही भीतर अपने दुलार भरे हाथ से मुझे स्पर्श कर रही है ताकि मेरी आत्मा खुलकर सामने आ जाए।

कितनी थकी हुई है मेरी विचित्र आत्मा; क्या इसके लिए मध्याह्न में सातवें दिन की सन्ध्या आ गई है ? क्या यह बहुत समय तक आनन्द के साथ विचरण कर चुकी है–अच्छे और परिपक्व पदार्थों के बीच ?

यह अपने आपको फैला रही है। यह चुपचाप पड़ी है, मेरी विचित्र आत्मा ! यह बहुत-सी अच्छी चीज़ों को चख रही है; यह सुनहरी उदासी इसे दबाती है, इसका स्वाद बिगाड़ रही है।

उस जहाज़ की भाँति जो लम्बी जलयात्राओं और अनिश्चित सागरों से थककर अपने आपको शान्त खाड़ी में ले जाता है, यह भी धरती की ओर आ रही है; धरती क्या अधिक विश्वसनीय नहीं है ?

जहाज़ जब तट के निकट आता है, उस समय पतली-सी रस्सी भी उसे तट पर ले जाने के लिए पर्याप्त होती है–उस समय अत्यन्त पक्के रस्से की आवश्यकता नहीं होती–

जिस प्रकार थका-हारा जहाज़ शान्त खाड़ी में प्रवेश कर विश्वस्त हो जाता है, उसी प्रकार मैं भी विश्वसनीय धरती पर लेटकर चिन्तामुक्त होकर विश्राम करता हूँ।

आह आनन्द ! यह आनन्द ! ओह मेरी आत्मा, क्या तू अब गाएगी ?...तू घास पर लेटी है। यह बहुत गहन और पवित्र समय है; यह वह समय है जिसमें गड़रिए भी अपनी बाँसुरी नहीं बजाते।

सावधान ! खेतों में सो रहा है उष्ण मध्याह्न। गा मत; शान्त ! संसार परिपूर्ण है।

मेरी आत्मा, हरे-भरे खेतों की चिड़िया, गा मत; धीरे-धीरे भी मत बोल ! बस, चुप ! मध्याह्न-बेला सो रही है, यह अपना मुँह हिला रही है : क्या इसने अभी-अभी आनन्द की बूँद नहीं पी ?

–सुनहरे आनन्द की एक पुरानी भूरी बूँद–सुनहरी मदिरा ? इस पर कुछ मुस्कराया, इसकी खुशी हँसी। ऐसे–हँसता है भगवान् !...चुप, मौन !–

'कितना थोड़ा, कितना अल्प पर्याप्त है आनन्द के लिए'; यह कहा था मैंने एक बार अपने आपसे; 'किन्तु यह पाखंड है, निन्दनीय है', यह समझा हूँ मैं अब। बुद्धिमान्, मूर्ख अधिक समझदारी की बातें करते हैं।...शान्त !

–बस, एक छोटी-सी वस्तु, कोई सौम्य पदार्थ, कोई हल्की-फुल्की चीज़, छिपकली के पैरों तले सूखे पत्तों की खड़खड़ाहट, एक श्वास, एक मुस्कान, नेत्रों का चश्मा–पर्याप्त हैं आनन्द देने के लिए। मौन।

क्या हो गया है मुझे ?...सुनो, सुनो समय क्या उड़ गया है ? क्या मैं गिर रहा हूँ ? सुनो तो, क्या मैं नित्यता के कूप में गिर तो नहीं गया ?

क्या हुआ है मुझे ? चुप–यह मुझे डस रहा है, डंक मार रहा है मेरे हृदय को–हाँ, मेरे हृदय को। ऐसे आनन्द के बाद, ऐसे डंक के बाद, टूट जा तू मेरे हृदय, टूट जा।

क्या ?...संसार अभी-अभी परिपूर्ण नहीं हुआ ? गोल और परिपक्व ? ओह, यह स्वर्णाभ गोल मुद्रिका–किधर जा रही है उड़कर ?...मैं भी भागूँ इसके पीछे-पीछे ?–अभी, त्वरित !

चुप !...(और तब ज़रतुष्ट्र ने धरती पर अपने आपको फैलाया और उसे लगा कि वह निद्रा में था।)

फिर उसने अपने आपसे कहा, "उठ, तू सोनेवाले, मध्याह्न-बेला में सोनेवाले; उठो तुम बूढ़ी टाँगो, उठो ! अब समय हो गया है, अपितु कुछ देरी हो गई है,...मुझे अभी काफ़ी लम्बा मार्ग तय करना है।...मेरी प्रतीक्षा कर रहा है, मेरा मार्ग।

अब तूने जी भरकर सो लिया है; कितनी देर सोता रहा है तू ?...अर्धनित्यता तक ! अच्छा तो अब उठ, मेरे हृदय ! इस निद्रा के बाद न जाने कब तक तू जागता रहेगा।''

(किन्तु वह फिर से सो गया; उसकी आत्मा उसके विरुद्ध और अपनी प्रतिरक्षा में बोली, और वह लेट गई)–''मुझे छोड़ दे अकेले ! चुप ! क्या संसार अभी-अभी परिपूर्ण नहीं हुआ ?...ओह, वह सुनहला वृत्त।''

''उठ, उठ,'' ज़रतुष्ट्र ने कहा, ''तू समय का चोर, महा आलसी। क्या तू यहाँ पर सुस्ताते, उबासियाँ लेते, दीर्घ श्वासें भरते, धरती पर लेटा पड़ा रहेगा ?

तू है क्या, मेरी आत्मा ? (और तब वह सहसा डर गया क्योंकि आकाश से सूर्य की एक किरण उसके मुख पर आ पड़ी।)

''हे, हे,'' उसने एक दीर्घश्वास लेकर कहा और उठकर सीधा बैठ गया, ''तो देख रहा था तू मुझे ? और सुन रहा था मेरी आत्मा की आवाज़ ?

तू कब उस बूँद को चखेगा जो धरती पर सब पदार्थों पर पड़ी हुई है ?...तू कब उस विचित्र आत्मा का रसपान करेगा ?

हाँ, कब, ओह नित्यता के कूप ! मध्याह्न-बेला के गहन कूप ! कब तू मेरी आत्मा को फिर से अपने भीतर समा लेगा ?''

ऐसा कहकर ज़रतुष्ट्र वृक्ष के पास से, अपने शयन स्थान से उठा; उसकी मनःस्थिति ऐसी थी जैसे वह मद्यपान के नशे से अभी-अभी बाहर निकला हो और फिर–सूर्य सीधा उसके सिर पर था; इससे कोई भी समझ सकता है कि उसका निद्राकाल लम्बा नहीं था।

अभिवादन

अपनी खोज में बहुत समय तक इधर-उधर व्यर्थ भटकने के पश्चात् ज़रतुष्ट्र ने अपने घर की राह पकड़ी; वह अपनी गुफ़ा से लगभग बीस पग दूर खड़ा था, तब वहाँ जो हुआ उसकी उसे कतई कोई आशा नहीं थी। वहाँ पर उसे आकस्मिक पीड़ा की एक चीख़ सुनाई दी, विचित्र बात यह थी कि वह चीख़ उसकी अपनी ही गुफ़ा से आई थी। वह चीख़ लम्बी और असाधारण थी, उसमें अनेक अलग-अलग स्वर मिले हुए थे किन्तु सुनने में वह किसी एक ही आदमी की आवाज़ प्रतीत होती थी।

ज़रतुष्ट्र तब जल्दी से भागकर अपनी गुफ़ा में गया, वहाँ जाकर उसे देखने को जो दृश्य मिला वह बहुत ही विचित्र था। वहाँ पर वे सब एकत्रित थे जो दिन भर में उसे मिले थे। एक नृप दाईं ओर बैठा था और दूसरा बाईं ओर। और उनके मध्य बैठे थे वृद्ध जादूगर, पादरी, स्वयं-प्रेरित भिखारी, छाया, बौद्धिक रूप से जागरूक अर्थात् विवेकशील, खिन्नमनः भविष्यवक्ता तथा गधा; कुरूपतम ने अपनी कमर में बेंगनी किंकिणिया और सिर पर मुकुट पहन रखा था क्योंकि वह भी सब कुरूप व्यक्तियों की भाँति अलंकारों से अपनी कुरूपता को ढँकने का और सुन्दर दिखाई देने का प्रयास कर रहा था। उस उद्विग्न मंडली के बीच ज़रतुष्ट्र का बाज पक्षी खड़ा था–अति विचलित और व्याकुल, क्योंकि उससे जो प्रश्न पूछे जा रहे थे वे उसकी प्रतिष्ठा के अनुरूप नहीं थे। बुद्धिमान् सर्प उसकी ग्रीवा के गिर्द लिपटा हुआ था।

ज़रतुष्ट्र ने बहुत विस्मय के साथ उन सबको देखा; फिर उनके हाव-भाव समझने के प्रयास में अपने प्रत्येक अतिथि को बहुत विनीतभाव से देखा। सब एकत्रित लोग उठकर खड़े हो गए। और श्रद्धापूर्वक ज़रतुष्ट्र के बोलने की प्रतीक्षा करने लगे। तब ज़रतुष्ट्र ने कहा–

"हे मेरे निराशा-पीड़ित विचित्र साथियो, वह चीख़ जो मैंने सुनी थी क्या वह तुम्हारी ही थी ? और अब मैं यह भी समझ गया हूँ कि जिस महामानव की खोज में मैं दिन भर व्यर्थ में भटकता रहा हूँ, उसे मैं खोजूँ कहाँ ? वह बैठा है मेरी ही गुफ़ा में ! किन्तु इस पर मुझे अचम्भा क्यों हो रहा है ?...क्या मैंने स्वयं ही उसे मधु का प्रलोभन देकर, और अपनी आनन्द की पुकारों से यहाँ आने के लिए विवश नहीं किया ?

किन्तु मुझे ऐसा प्रतीत होता है कि यहाँ एकत्रित लोगों में एक-दूसरे के साथ उचित अनुकूलता नहीं है। तुम विह्वल कर रहे हो एक-दूसरे को; इसी कारण तुम यहाँ इकट्ठे बैठे सहायता की पुकार कर रहे हो। एक को अब आगे बढ़ना होगा–उस एक को जो

तुम्हें हँसा सके, तुम्हारी विषादग्रस्त मनःस्थिति को बदल सके–एक अच्छा विदूषक, एक नर्तक, हवा का एक झोंका, कोई उदंडी या वृद्ध मन्दबुद्धि !...क्या विचार है तुम्हारा ?

क्षमा करना मुझे, इस प्रकार के तुच्छ और गरिमा विहीन शब्दों का प्रयोग करने के लिए; निस्सन्देह तुम जैसे महान् अतिथियों के सम्मुख इस प्रकार के शब्दों का प्रयोग करना उचित नहीं। किन्तु तुम स्वयं यह भी तो सोच सकते हो कि वह है क्या जिसने मुझे तुम्हारे सम्मुख मर्यादाहीन बना दिया है ?

यह तुम और तुम्हारी छवि ही तो है। क्षमा करना मुझे; जब भी कोई किसी को निराशाग्रस्त देखता है तो वह आप शूरवीर बन जाता है। नैराश्यग्रस्त और निरुत्साहित को उत्तेजित करने का यही तो एक उपाय है।

हे मेरे माननीय अतिथियो, तुम्हीं ने मुझे यह अधिकार दिया है। तुम्हारा यह उपहार बहुत अच्छा है। मुझे अब डाँटना मत जब मैं भी अपनी ओर से तुम्हें कोई उपहार भेंट करूँ।

यह मेरा क्षेत्र है और मेरा प्रदेश; यहाँ पर जो कुछ मेरा है वह सब आज की सन्ध्या और रात्रि के लिए तुम्हारा है। मेरे जानवर तुम्हारी सेवा करेंगे और मेरी गुफ़ा होगी तुम्हारे विश्राम का सुरक्षित स्थान।

मेरे साथ तुम्हें यहाँ पर कोई कष्ट नहीं होगा, सब प्रकार की सुरक्षा और सुविधा मिलेगी। अपने क्षेत्र में मैं सब किसी की जंगली जानवरों से रक्षा करता हूँ, और सुरक्षा का यह आश्वासन ही मैं सर्वप्रथम तुम्हें भेंट करता हूँ।

मेरी दूसरी भेंट है मेरी कानी उँगली, और जब तुम्हें वह मिल जाए तो उसके साथ स्वतः मिल जाता है मेरा सम्पूर्ण हाथ और हृदय। स्वागतम्...मेरे अतिथियो, मैं यहाँ आप सबका स्वागत करता हूँ।''

यह कहकर ज़रतुष्ट्र शरारत भरी किन्तु स्नेहयुक्त हँसी हँसा। उसके अभिवादन के उपरान्त उसके सभी अतिथियों ने एक बार फिर उसके सामने अपना शीश नवाया, किन्तु मौन रहे। उनकी ओर से दाईं ओर के नृप ने उत्तर दिया–

''हे ज़रतुष्ट्र, जिस प्रकार तूने हमें आश्वासन दिया है और हमारा अभिवादन किया है उससे यह स्पष्टतः व्यक्त हो गया है कि तू ही ज़रतुष्ट्र है; तूने जिस विनीत भाव से हमारा अभिवादन किया है, उससे हमारे श्रद्धाभाव को ठेस पहुँची है।

ज़रतुष्ट्र के अतिरिक्त और कौन झुका सकता है अपने आपको इतना ? इससे हमारा उत्थान हुआ है और यह हमारे नेत्रों और हृदय के लिए शक्तिवर्द्धक और सुख रूप है।

इसी हेतु हम सब प्रसन्नतापूर्वक इससे भी ऊँचे पर्वतों का आरोहण करेंगे; उत्सुक दर्शकों की भाँति आए हैं हम यहाँ पर। हम देखना चाहते थे कि वह है क्या जो मन्द नेत्रों को प्रकाश प्रदान करता है।

और अब ख़त्म हुईं हमारी पीड़ा की पुकारें; हमारे मन और हृदय सभी प्रकार की

शंकाओं से मुक्त हो गए हैं। हम अति हर्षित हैं; हमें आनन्दित होने के लिए और कुछ नहीं चाहिए।

इस धरती पर उच्च-दृढ़ निश्चय से अधिक आनन्ददायी और कुछ नहीं है। उच्च-दृढ़ संकल्प ही संसार की सर्वाधिक सन्तोषजनक उपज है। यह एक ऐसा वृक्ष है जिससे सारा प्राकृतिक क्षेत्र वैभवमय हो जाता है।

इसकी तुलना मैं चीड़-वृक्ष से करता हूँ जो सब अच्छे पेड़ों से अच्छा पेड़ है। वह तेरी ही तरह ऊँचा, दृढ़ और मौन खड़ा रहता है, इसकी लकड़ी पक्की और लचीली होती है।

अन्त में, इसकी हरी दृढ़ शाखाएँ अपने क्षेत्र पर फैल जाती हैं, और विजयी अध्यक्ष की भाँति ऊँचे पर्वतों पर बहनेवाली प्रचंड वायु के प्रश्नों का उत्तर देती हैं। इस प्रकार की वैभवमय उपज को देखने के लिए कौन नहीं चाहेगा ऊँचे पर्वतों पर आरोहरण करना।

हे ज़रतुष्ट्र, तेरे वृक्ष पर सब खिन्नमनः और विकारग्रस्त स्वतः निहालो-निहाल हो जाते हैं, यहाँ तक कि डाँवाडोल, सन्दिग्धमनः भी स्थिर और शान्त हो जाते हैं।

बहुत-से लोगों की दृष्टि अब तेरे पर्वत और तेरे वृक्ष की ओर लगी हुई है। एक महान् अभिलाषा का उद्भव हुआ है। बहुत-से लोगों ने अब पूछना आरम्भ कर दिया है, "यह ज़रतुष्ट्र है कौन ?"

जिनकी श्रवणेन्द्रियों में तूने कभी अपने संगीत का रस और मधु की बूँदें टपकाई थीं, वह सब अज्ञात जन, एकान्तवासी, विलग रहनेवाले, अकेले या दुकेले रहनेवाले, सभी अपने हृदय से पूछ रहे हैं–

'क्या ज़रतुष्ट्र अभी जीवित है ?...अब जीवन बिलकुल निस्सार हो गया है, इसमें पहले का-सा आनन्द नहीं रहा, सब कुछ निरर्थक है अथवा...हमें ज़रतुष्ट्र के पास ही रहना होगा।

वह आता क्यों नहीं ? बहुत समय पहले उसने अपने आने के विषय में घोषणा की थी। बहुत लोग अब यह भी कहते हैं कि क्या एकान्त उसे निगल गया है ?...अथवा हमें ही जाना होगा उसके पास !'

अब तो एकान्त भी भंगुर हो गया है, टूट-टूटकर बिखर रहा है–ठीक उस कब्र की भाँति जो टूट जाती है और मृतक को अपने भीतर रख नहीं पाती। चारों ओर सभी स्थानों पर दिखाई पड़ रहे हैं कब्रों से निकले हुए मृतक।

लहरें उठ रही हैं–वे उठ रही हैं तेरे पर्वत के गिर्द, तेरी ऊँचाई कितनी भी क्यों न हो, उनमें से अनेक पहुँच जाएँगी तेरे समीप। तेरी नौका अब बहुत समय तक धरती पर टिकी नहीं रहेगी।

और हम–निराशा से पीड़ित, अब तेरी गुफ़ा में नैराश्य-मुक्त हो गए हैं। यह इस बात का लक्षण मात्र है, और है एक सन्देश भी कि बहुत-से अच्छे लोग अब तेरे पास आनेवाले हैं–भगवान् के अवशेष भी, अति अभिलाषा, अति घृणा और अति तुष्टिवाले

भी; ये सभी अब उस पथ पर हैं जो स्वतः ही उन्हें तुम्हारे समीप ले आएगा।

वे जो सब आशाएँ खो बैठे हैं और अब जीवित रहना नहीं चाहते, उन्हें जीवित रहने के लिए चाहिए आशा का प्रदीप–तेरी आशा-की-शिक्षा का प्रकाश।''

दाईं ओर के नृप ने इतना कहकर ज़रतुष्ट्र का हाथ पकड़ा और उसे चूमने ही वाला था कि ज़रतुष्ट्र ने उसे उस सत्कार-सूचक संकेत को करने से रोका और तुरन्त दूर पीछे की ओर हटा जैसे कि वह डर गया हो। थोड़े से समय में ज़रतुष्ट्र फिर अपने अतिथियों के साथ हिल-मिल गया और उन्हें ध्यान से देखने लगा, और बोला–

''मेरे अतिथियो, भद्र पुरुषो, मैं तुमसे सरल साधारण भाषा में कुछ बातें साफ़-साफ़ करना चाहता हूँ। मैं यहाँ इन पर्वतों पर तुम्हारी प्रतीक्षा में वास नहीं कर रहा।''

(''सरल साधारण भाषा में कुछ साफ़-साफ़ बातें !'' बाईं ओर बैठे नृप ने अपने आपसे कहा, ''ऐसा लगता है कि पूर्व के सिद्धजन पश्चात् की शिष्टता से अनभिज्ञ हैं। इसके कहने का अर्थ है, अशिष्ट भाषा में कठोर बातें ! अच्छा यही सही। आज के समय में शायद अशिष्टता को खराब रुचि नहीं माना जाता।'')

''हो सकता है तुम सर्वसाधारण से अच्छे हो, उनसे बेहतर किन्तु मेरे लिए–उस कठोरतम के लिए जो इस समय मुझमें मौन है–तुम न तो पूरी तरह से उच्च हो और न पूर्णतः उत्साही एवं शक्तिशाली। मेरा साथ देने के लिए यदि तुम मेरे संग खड़े भी हो जाओ, तो भी तुम मेरा दायाँ हाथ नहीं बन सकते।

क्योंकि तुम्हारी तरह स्वयं रोगवत् और नाजुक टाँगों पर खड़ा व्यक्ति चाहता है कि उसके साथ लाड़-दुलार का बर्त्ताव किया जाए, उसे अपनी इस प्रवृत्ति का चेतन आभास हो या न हो।

मैं अपनी टाँगों और बाँहों के संग लाड़-दुलार का बर्त्ताव नहीं करता और न ही मैं अपने योद्धाओं के संग ऐसा कर सकता हूँ। फिर तुम स्वयं ही बताओ, किस प्रकार युद्ध में तुम मेरे साथी हो सकते हो ?

तुम्हारे साथ विजय की मेरी सम्भावनाएँ नष्ट हो जाएँगी। तुममें से बहुत-से मेरे ढोल की आवाज़ सुनते ही मुँह के बल नीचे गिर पड़ेंगे।

इसके अतिरिक्त, तुम न तो मेरे लिए पर्याप्त रूप से सुन्दर हो और न कुलीन ही। मुझे अपनी शिक्षा के लिए स्वच्छ और निर्मल दर्पण की आवश्यकता है; तुम जैसे दर्पण पर तो मेरा प्रतिबिम्ब विकृत हो जाएगा।

बहुत-से बोझ तुम्हारे कन्धों को दबाए हुए हैं; बहुत-सी पुरानी स्मृतियाँ और बहुत-से उपद्रवी नाटे मनुष्य बैठे हुए हैं तुम्हारे भीतर; और तुम्हारे मन के गुप्त कोणों में जनता भी छिपी बैठी है।

तुम सर्वसाधारण से अच्छे हो, अच्छे प्रकार के हो, तथापि तुममें बहुत कुछ कुटिलता एवं बुराइयाँ हैं; और संसार में ऐसा कोई लोहार है नहीं जो अपने हथौड़े की मार से तुम्हें सीधा और सही बना सके।

वास्तव में तुम सेतु भर हो जिसे लाँघकर कुछ उच्च व्यक्ति और ऊँचा चढ़ेंगे। तुम

केवल चरण हो, इसलिए जो तुम्हें लाँघकर तुमसे आगे बढ़ जाए, उस पर रुष्ट मत होना, न ही उसे डाँटना-फटकारना।

सम्भव है तुममें से कोई ऐसी सन्तान को जन्म दे दे जो मेरा सही पुत्र और उत्तराधिकारी बन सके किन्तु वह समय अभी दूर है। तुम मेरे नाम और बपौती के उत्तराधिकारी नहीं हो।

इन पर्वतों पर मैं तुम्हारी प्रतीक्षा में वास नहीं कर रहा और न ही तुम्हारे संग अन्तिम बार अवरोहण ही करूँगा। तुम मेरे पास आए हो, यह इस बात का सूचक है कि अच्छे लोग इधर मेरे पास आ रहे हैं–

–किन्तु न तो अति अभिलाषावाले, न अति घृणावाले, और न अति सन्तुष्टिवाले और न वे जिन्हें तुम लोग भगवान् के अवशेष कहते हो।

नहीं, नहीं, तीन बार नहीं। मैं इन पर्वतों पर उनकी नहीं, औरों की प्रतीक्षा में हूँ, और उनके बिना यहाँ से एक क़दम भी नहीं उठाऊँगा।

मैं यहाँ उनकी प्रतीक्षा में हूँ जो उच्च, बलवान्, पराक्रमी, विजयी और प्रमोदित हैं, जो मानसिक और शारीरिक रूप से स्वस्थ, हृष्ट-पुष्ट और शक्तिशाली हैं–मुझे प्रतीक्षा है यहाँ हँसते हुए शेरों की।

हे मेरे अतिथियो, विचित्र साथियो, क्या तुमने अभी तक मेरे बच्चों के सम्बन्ध में कुछ नहीं सुना ?–यह नहीं सुना कि वे यहाँ आने की राह में हैं ?

तुम करो मेरे साथ मेरे बाग़ीचों की बात, मेरे आनन्द द्वीपों की बात, और करो मेरे साथ बात मेरी नई सुन्दर सुगठित जाति की। क्यों तुम मुझसे उनकी बातें नहीं करते ?

प्यार के नाम से मेरा तुमसे अनुरोध है कि तुम लोग मुझसे बात करो मेरे बच्चों की। उनके लिए मैं समृद्ध हूँ, उनके लिए मैं निर्धन हुआ था; क्या कुछ नहीं त्यागा मैंने उनके लिए !

और मुझे यदि यह एक चीज़ मिल जाए तो मैं क्या कुछ नहीं कर सकता, अर्थात् यह बालक, यह बाग़ीचा, मेरे संकल्प एवं उच्चतम आशा का यह जीवन-वृक्ष।''

इतना कहकर ज़रतुष्ट्र ने सहसा बोलना बन्द कर दिया। उसकी उत्कंठा इतनी प्रबल हो उठी थी कि वह और बोल ही नहीं पाया। उसने अपने नेत्र मूँद लिए। उसके सारे अतिथि भी मौन थे, घबराए हुए स्थिर खड़े थे, केवल वृद्ध भविष्यवक्ता ने ही अपने हाथों और मुख-मुद्राओं से कुछ संकेत किए।

भोज

ज़रतुष्ट्र जब अपने अतिथियों का अभिवादन करने हेतु उन्हें सम्बोधित कर रहा था, भविष्यवक्ता ने उसे बीच में ही टोका; वह अपने साथियों के मध्य से उठा और इस तीव्र गीत से ज़रतुष्ट्र की ओर गया जैसे कि वह और प्रतीक्षा कर ही नहीं सकता था। ज़रतुष्ट्र के पास पहुँचकर उसने उसका हाथ पकड़ा और कहने लगा–

''किन्तु ज़रतुष्ट्र कभी-कभी एक वस्तु की अपेक्षा दूसरी आवश्यक होती है; यह तू स्वयं ही कहता है, और इस समय मेरे लिए एक वस्तु सबसे अधिक आवश्यक है।

सही बात, क्या तूने हमें यहाँ भोजन के लिए आमन्त्रित नहीं किया था ? और, यहाँ पर और भी बहुत-से हैं जो दूर से आएँ हैं। क्या तू हमारा पेट अपनी बातों से, अपने प्रवचनों से ही भरना चाहता है ?

इसके अतिरिक्त, तुम सबने शीत, डूबने, दम घुटने तथा उनके अन्य शारीरिक संकटों के विषय में बातचीत की है, किन्तु क्या तुममें से किसी ने 'मेरे भूख से मर जाने' के संकट के सम्बन्ध में भी सोचा है ?''

(भविष्यवक्ता ने यह कहा, उसकी बात सुनते ही ज़रतुष्ट्र के जानवर डरकर भाग गए क्योंकि दिन भर में वे भोजन के लिए जो कुछ लाए थे वह तो अकेले भविष्यवक्ता के पेट भरने के लिए भी पर्याप्त नहीं था।)

भविष्यवक्ता कहता गया : 'भूख से मरने के अतिरिक्त एक और समस्या–प्यास की समस्या भी है। यद्यपि मैं यहाँ पर बुद्धिमानों के प्रवचनों की भाँति बहते हुए जल की ध्वनि भी सुन रहा हूँ किन्तु स्पष्ट शब्दों में मुझे तो पीने के लिए चाहिए मदिरा।

सब व्यक्ति ज़रतुष्ट्र की भाँति जन्म से केवल जल सेवन करनेवाले नहीं होते और न ही थके-हारों को जल पर निर्वाह करना मुआफ़िक आता है। हमें चाहिए मदिरा। यही शरीर को तत्काल शक्ति और स्फूर्ति देती है, और स्वास्थ्यवर्द्धक भी है।''

मदिरा के लिए जब भविष्यवक्ता इस प्रकार अपनी इच्छा व्यक्त कर रहा था तब बाईं ओर बैठा नृप, जो उस समय तक मौन था, पहली बार बोला, ''मैंने और मेरे भाई दाईं ओर बैठे नृप ने इसका उचित ध्यान रखा है। हमारे पास पर्याप्त मात्रा में मदिरा है–'गधे का पूरा बोझ'। इसलिए रोटी के अतिरिक्त और किसी वस्तु की कमी नहीं है।''

''रोटी,'' ज़रतुष्ट्र ने हँसते-हँसते कहा, ''यह एक पदार्थ है जो वनवासियों और संन्यासियों के पास नहीं होता। किन्तु मनुष्य केवल रोटी पर ही तो निर्वाह नहीं करता, मांस का आहार भी तो करता है। मेरे पास दो मेमने हैं–हम उनका अभी वध करेंगे

और मसाले डालकर पकाएँगे। मसालों के साथ पकाया हुआ मांस मुझे अच्छा लगता है। इसके अतिरिक्त कन्द-मूल और फलों की भी कमी नहीं है; अख़रोट आदि मेवा भी बहुत है।

इस प्रकार शीघ्र ही अच्छा भोजन तैयार हो जाएगा। किन्तु जो कोई हमारे साथ भोजन करना चाहे, उसे हमारे साथ काम भी करना होगा–नृपालों को भी। ज़रतुष्ट्र की संगति में नृप भी रसोइए बन जाएँगे।''

यह बात सबके मन को भाई किन्तु स्वयं-प्रेरित भिखारी को नहीं। उसे मांसाहार, मदिरा और मसालों के सम्बन्ध में आपत्ति थी। उसने मज़ाक के लहज़े में कहा–

''सुनो बात इस पेटू ज़रतुष्ट्र की ! क्या कोई गुफ़ाओं में और ऊँचे पर्वतों पर इस प्रकार के भोजन के लिए वास करता है ?

मैं अब समझ पाया हूँ ज़रतुष्ट्र की उस बात को जिसकी शिक्षा उसने एक बार हमें दी थी; उसने कहा था कि निर्धनता परिमित ही ठीक है, घोर नहीं। और मैं यह भी अब समझ गया हूँ कि वह क्यों भिखारीपन का अन्त करना चाहता है।''

ज़रतुष्ट्र ने उत्तर दिया, ''हो जा प्रसन्न मेरी तरह। अपनी रीतियों का निर्वाह कर, ओ भले पुरुष। तू चने चबा और जल पी और अपने भोजन की प्रशंसा कर, यदि इसी से तुझे प्रसन्नता होती है तो।

मैं अपने नियमों का पालन स्वयं करता हूँ, अन्य सबके लिए नियम नहीं बनाता; और न ही अपने नियमों को दूसरों पर आरोपित करता हूँ। मैं तो केवल यही चाहता हूँ कि जो मेरा साथी मेरा सहकर्मी होना चाहे, उसके लिए शारीरिक रूप से, पुष्ट, चुस्त और फुर्तीला होना आवश्यक है।

उसका युद्ध और उत्सव, दोनों में प्रसन्नचित्त होना आवश्यक है–इनमें उदासीनता और उद्विग्नता का कोई स्थान नहीं–कठोरतम कार्य के लिए सदैव तत्पर रहना और उत्सव में प्रसन्नचित्त और स्वस्थ, यह मूलतः आवश्यक हैं।

सब अच्छे पदार्थों पर मेरा अधिकार है–यदि वे हमें नहीं दिए जाएँगे तो हम उन्हें स्वयं ले लेंगे, हमें चाहिए–सर्वश्रेष्ठ, निर्मल आकाश, पराक्रमी विचार और सुन्दर और स्वस्थ स्त्रियाँ।''

जैसे ही ज़रतुष्ट्र ने यह कहा कि दाईं ओर का नृप बोल उठा, ''विचित्र ! ऐसी समझदारी की बातें क्या कभी किसी ने किसी बुद्धिमान् के मुख से पहले भी सुनी थीं ! बुद्धिमान् व्यक्ति का गधे की तरह ठीक न होकर, समझदार होना सचमुच बहुत विचित्र है।''

दाईं ओर का नृप यह कहकर मौन हो गया और सोचने लगा। तभी गधा चिढ़कर रूक्ष स्वर में बोला, 'थे...आ'। उस रात्रि के भोज का यह प्रारम्भ था जिसे इतिहास की पुस्तकों में 'सप्पर' कहा गया है।...इसके पश्चात् महापुरुषों में किसी अन्य विषय पर कोई और बात नहीं हुई।

महापुरुष

प्रथम बार जब मैं मनुष्यों के मध्य गया तो मैंने एक बहुत बड़ी भूल की–संन्यासियों के समान, मैं चला गया बाज़ार में।

मैंने बहुत लोगों से बातें कीं, फिर भी कह सकता हूँ कि 'मैंने किसी से बात नहीं की'। सन्ध्या के समय मेरे साथ थे रस्सी पर नाचनेवाले नट और शव–मैं स्वयं भी एक शव ही था।

प्रभात होने पर मेरे मन में उदय हुआ एक नया सत्य; और तब मैंने अपने आप से कहा, 'क्या महत्त्व है मेरे लिए बाज़ार का ?...जनता और केवल जनता का शोर और जनता की बड़ी-बड़ी लम्बी गाड़ियाँ !'

हे महापुरुषो, सीखो तुम मुझसे–बाज़ार में कोई उच्च व्यक्ति, महानुभाव पर विश्वास नहीं करता और जब तुम उनसे कुछ कहते हो, तो जनता आँखें झपकती है और कहती है, "हम सब बराबर हैं।"

'हे महापुरुषो,' जनता आँखें झपकती है और कहती है, "कोई भी मनुष्य 'उच्च' नहीं है, हम सब बराबर हैं–मनुष्य केवल मनुष्य है, भगवान् के सम्मुख सब एक समान हैं।"

भगवान् के सम्मुख ?...किन्तु भगवान् तो अब मर चुका है, हे महापुरुषो, तुम रहो बाज़ार से दूर।

2

भगवान् के सम्मुख ! किन्तु अब तो वह भगवान् मर चुका है। हे महापुरुषो, भगवान् ही था तुम्हारा सबसे बड़ा संकट। उसे कब्र में दफ़नाने के बाद ही तुम उठ पाए हो फिर से। अब तो बेला है मध्याह्न की, अब महापुरुष ही है अपना स्वामी।

हे मेरे भाइयो, तुमने इस शब्द को समझ लिया है न ? तुम तो डरे हुए हो ? क्या कोई उलझन है तुम्हारे हृदय में ? क्या कोई अथाह गड्ढा मुँह फाड़े पुकार रहा है तुम्हें ? क्या नरक में जानेवाले, कुत्तों की भाँति भौंक रहे हैं तुम पर ?

ठीक ! लो काम साहस से, भगवान् मर चुका है; अब हम मनुष्यों को अपनी दृष्टि टिकानी है भविष्य की ओर–करनी है महामानव की इच्छा।

3

जो बहुत सावधान हैं, वे आज पूछते हैं : मनुष्य को सुरक्षित कैसे रखा जाए ? किन्तु ज़रतुष्ट्र ही वह पहला और एकमात्र व्यक्ति है जो पूछता है, मनुष्य का अतिक्रमण कैसे किया जाए ?

'महामानव,' यही है मेरे हृदय की सबसे पहली और एकमात्र आकांक्षा, मनुष्य नहीं, –सबसे उत्तम भी नहीं।

हे मेरे बन्धुओ, मैं मनुष्य को प्रेम करता हूँ उसकी आरोहण और अवरोहण की क्षमता और प्रवृत्ति के लिए; और तुममें भी बहुत कुछ ऐसा है जिससे मैं प्रेम करता हूँ, और जो है मेरी आशा का कारण।

हे महापुरुषो, मेरी आशा का कारण है तुम्हारे अन्दर की घृणा, क्योंकि घृणा करनेवाले ही विशेष आदर और सत्कार करनेवाले होते हैं।

तुम्हें हुई है बहुत निराशा–और इसमें भी बहुत कुछ आदर करने योग्य है क्योंकि तुमने किसी के सामने झुकना नहीं सीखा, और न ही तुमने सीखी है अवसरवाद की तुच्छ नीति।

–क्योंकि आज तुच्छ लोग ही बन गए हैं स्वामी और वे देते हैं सबको शिक्षा अनुकूलता और नम्रता की, कठिन परिश्रम की और छोटी-छोटी सद्भावनाओं और अनेक प्रकार के क्षुद्र सदाचार की।

–क्योंकि आज निर्बल और दीन स्वभाव के व्यक्ति ही अपने आप को जनता के सम्मुख प्रस्तुत करते हैं 'मसीहा' के रूप में, अर्थात् 'जनता के मसीहा' के रूप में–और वही अब बनना चाहते हैं 'मानव के परालब्ध के स्वामी'।

घृणित ! घृणित ! घृणित !

आज के यह स्वामी पूछते हैं, पूछते हैं और पूछते ही जाते हैं कि मनुष्य को किस प्रकार अत्यधिक काल के लिए रखा जाए प्रसन्न और सुरक्षित, और बस इसी के बल पर बने हुए हैं वे आज के स्वामी–ये हैं आज के स्वामी ! करो इनका अतिक्रमण, मेरे बन्धुओ'–इन छोटे लोगों का, यही हैं महामानव के राह का मुख्य संकट।

हे महापुरुषो, करो तुम अतिक्रमण इनके हीन सद्गुणों का, इनकी कूटनीति का। दीमकों से भरी बाल्मिकी की भाँति इनके रेत के कणों सदृश छोटे-छोटे सद्गुण मनुष्य को भ्रम में डाल देते हैं। मनुष्य को नाममात्र के लिए प्रसन्न करना इनका उद्देश्य है, मनुष्य का उत्थान करना नहीं।

पराजय को स्वीकार करने की अपेक्षा नैराश्य को अंगीकार करना कहीं अच्छा है। सत्य तो यह है कि मैं तुमसे प्रेम करता हूँ क्योंकि तुम इस बात से अनभिज्ञ हो कि जीवन है क्या और जीवित रहा कैसे जाए और यही कारण है कि तुम अच्छी तरह से जी रहे हो।

4

क्या तुममें साहस है, हे मेरे भाइयो ? क्या तुम वीर हृदय के हो ? साक्षियों जैसा साहस नहीं, संन्यासी और चील जैसा साहस जो अब भगवान् को देखने के लिए भी नहीं मिलता।

ठंडी आत्मा, गधों जैसा हठ और मदोन्मत्त का उत्साह—इन्हें मैं साहस नहीं कहता। साहस तो केवल उसमें होता है जो संकट को पहचानता है और भय को जानता है और अपने दृढ़ निश्चय से उस पर विजय पाता है। आत्माभिमान के साथ संकट का सामना करना—साहस है।

5

'मनुष्य दुष्ट है'—यह कहा था कुछ बुद्धिमानों ने मेरी तुष्टि के लिए। काश यह आज भी सत्य होता !...क्योंकि मेरी दृष्टि में मनुष्य की दुष्टता उसकी सबसे बड़ी शक्ति है।

मनुष्य को पहले से अधिक अच्छा और पहले से अधिक दुष्ट बनना होगा। यह शिक्षा मैं देता हूँ क्योंकि महामानव की श्रेष्ठता के लिए अति दुष्टता का होना आवश्यक है।

हो सकता है हीन व्यक्तियों के शिक्षकों के लिए दुःख-दरिद्रता सहन करना और पाप-भाव से पीड़ित रहना ठीक हो, किन्तु मैं तो पाप का आनन्द उठाता हूँ—अपनी तुष्टि के लिए।

किन्तु मेरे भाइयो, यह बातें लम्बे कानवालों के लिए नहीं हैं; और न प्रत्येक शब्द प्रत्येक मुख के लिए होता है। यह बातें अच्छी हैं, किन्तु दूर की हैं—भेड़ के नाखून इन्हें पकड़ नहीं पाते।

6

हे महापुरुषो, क्या तुम इस विचार में तो नहीं हो कि मैं यहाँ तुम्हारी भूलों को सुधारने के लिए हूँ ?...अथवा तुम जैसे रोगियों की सुविधा हेतु आरामदेह गाड़ियाँ बनाने के लिए, या तुम जैसे व्यग्र और रास्ता-भटकों को नई और सुगम पगडंडियाँ दिखाने के लिए !

नहीं, नहीं, तीन बार नहीं। तुम्हारी भाँति तुमसे भी अधिक संख्या में, और तुमसे अच्छे लोग यहाँ आए हैं, किन्तु सदैव स्वयं पराजित हुए क्योंकि आगे के मार्ग बहुत कठिन और विकट हैं इसी प्रकार...

इसी प्रकार मनुष्य ऊँचाई पर चढ़ता है, बहुत ऊँचा जाता है, और जब बिजली गिरती है, वह विध्वंस हो जाता है।

मेरी आत्मा और मेरी खोज तो कुछ इने-गिनों के लिए है; तुम्हारी छोटी-छोटी

कठिनाइयों और संकटों से मेरा क्या वास्ता ?

और, तुम मेरे हेतु कोई कष्ट नहीं सहन कर रहे, क्योंकि तुम तो अपने ही कष्टों से पीड़ित हो। तुमने मनुष्य के हेतु कोई कष्ट सहन नहीं किया; और इसके विपरीत यदि तुम कुछ कहोगे, तो झूठ ही बोलोगे। तुममें से किसी ने भी वह कष्ट सहन नहीं किए जो मैंने भोगे हैं।

7

बिजली का अब और हानिकर होना मेरे लिए काफ़ी नहीं। मैं इसे किसी अन्य दिशा में भी प्रवृत्त नहीं करना चाहता।...यह स्वयं ही मेरे अनुकूल होना सीख जाएगी।

बहुत दिनों से मेरा ज्ञान और गम्भीरता बादलों के कणों की भाँति एकत्र होती रही है और अब यह स्थिति और गहन हो गई है–बिजली धारण करने योग्य।

मैं आज के मनुष्यों के लिए प्रकाश नहीं हूँ और न ही प्रकाश कहलाऊँगा...उन्हें तो मैं अन्धा करूँगा, मेरे ज्ञान की बिजलियाँ उनकी आँखें फोड़ देंगी।

8

अपने सामर्थ्य से बाहर किसी भी बात का संकल्प न करना, क्योंकि ऐसा संकल्प करना मिथ्या अभिमान है।

विशेषकर वे संकल्प यदि किसी महान् कार्य अथवा कृति के सम्बन्ध में हों। ऐसे संकल्प दूसरों के मन में अविश्वास उत्पन्न करते हैं।

यह भेंगे, तिरछी नज़र और दुर्गन्धित मुँहवाले अपनी मिथ्या कृतियों और सद्गुणों को बड़े-बड़े शब्दों का सुन्दर चोला पहनाकर, उनका बखान उस समय तक करते रहते हैं जब तक उनकी कलई खुल नहीं जाती।

–सावधान रहना इनसे, ओ मेरे बन्धुओ !...क्योंकि मेरे निकट सत्यता से बढ़कर मूल्यवान् और आनन्ददायक और कुछ नहीं है।

हे मेरे बन्धुओ विशाल हृदय और खुले विचारवालो, अविश्वास करो, और अविश्वास करो पूरे विश्वास के साथ !...क्योंकि आज के दिन जनता के दिन हैं।

जनता जब किसी बात पर निराधार विश्वास कर लेती है, तो कौन व्यक्ति तर्क से उसके विश्वास का खंडन कर सकता है ?

बाज़ार में संकेतों द्वारा विश्वास दिलाए जाते हैं किन्तु तर्क उन्हें सन्दिग्ध और शंकाशील बना देता है।

वहाँ सत्यता यदि खुलकर सामने आ भी जाए, तब तुम अपने आपसे पूछना, "वह कौन-सी बड़ी भूल थी जिसके कारण सच्चाई खुल गई।"

पढ़े-लिखे व्यक्तियों से भी सावधान रहना, मेरे भाइयो। वे घृणा करते हैं

तुमसे...क्योंकि वे स्वयं बहुत ही अकुशल और अनुपयोगी हैं–रचनात्मक कार्यों के लिए पूर्णतः अयोग्य। उनके नेत्र उत्साहविहीन और मुर्झाए हुए हैं–उन्हें तो पक्षी भी पंखविहीन दिखाई पड़ते हैं।

कुछ लोग इस बात की शेखी मारते हैं कि वे झूठ नहीं बोलते।...किन्तु मेरे भाइयो, 'झूठ बोलने की असमर्थता' और 'सच बोलने से लगाव' दोनों में बहुत अन्तर है।

'उत्तेजना से मुक्त होना' अपने आप में ज्ञान का परिचय नहीं है। शीत और निरुत्साही आत्माओं में मुझे विश्वास नहीं। जो झूठ नहीं बोल सकता, वह सच्चाई को भी नहीं जानता।

9

ओह मेरे मित्र, तू यदि कभी भी आरोहण करना चाहे, तो आरोहण करना अपने पैरों के बल पर, किसी दूसरे की पीठ पर बैठकर नहीं।...आरोहण-हेतु कभी भी किसी की पीठ या सिर पर मत बैठना।

यहाँ तू आया था अश्व पर सवार होकर, और इसी प्रकार तू और भी आगे, तीव्र गति से अपने लक्ष्य पर पहुँच जाएगा, किन्तु तेरा लँगड़ा पैर, तेरे साथ ही घोड़े पर सवार होगा न !...और जब लक्ष्य पर पहुँचने पर तू उतरेगा अश्व से नीचे, तो क्या उस समय तू स्वयं अपनी ऊँचाई से नीचे नहीं गिर पड़ेगा !

10

हे सृजनहारो, महापुरुषो व्यक्ति गर्भित होता है केवल अपने ही बालक से !

अपने ऊपर न किसी को प्रभावशाली होने दो और न स्वयं ही किसी पर प्रभाव डालो। तो तुम्हारा पड़ोसी कौन ? यदि तुम अपने पड़ोसी के लिए कुछ करते भी हो, तो वह कार्य या रचना उसकी तो नहीं होगी !

आग्रह है मेरा तुमसे कि 'उसके लिए,' 'इस कारण से,' अथवा 'क्योंकि' जैसे शब्द निकाल दो अपनी शब्दावली से। यह तगादा है तुम्हारे अपने सद्गुण का। इन निकृष्ट शब्दों से तुम्हारा क्या लेना-देना। इन्हें तो तुम अपनी श्रवणेन्द्रियों में भी प्रवेश न करने दो।

'अपने पड़ोसी के लिए'–यह तो केवल हीन व्यक्तियों के सद्गुण हैं, इसी प्रकार वे यह भी कहते हैं, 'हाथ को केवल हाथ ही धोता है।' उनमें अपने गुणों को जानने, पहचानने और विकसित करने का सामर्थ्य ही नहीं है। आत्म-विवेचना से वे पूर्णतया अनभिज्ञ हैं।

तुम्हारी आत्मविवेचना में, हे सृजनहारो, है दूरदर्शिता, और उसमें है प्रजनन की

क्षमता। इसके भीतर का फल–जिसे आज तक किसी ने नहीं देखा–करता है तुम्हारे प्यार की रक्षा। वह तुम्हारे प्यार को सुरक्षित रखता है और उसका पोषण करता है।

जहाँ तेरा प्यार है, अर्थात् अपने बालक के साथ, उसी में तेरा सम्पूर्ण सद्गुण है। तुम्हारा अपना काम और संकल्प ही तुम्हारा पड़ोसी है। किसी मिथ्या सद्गुण को अपने सिर पर मत लाद।

हे सृजनहारो, हे महापुरुषो, जिसको जन्म देना होता है वह रोगी होता है, और जो जन्म दे चुका है वह मलिन है।

स्त्रियों से पूछो–जब कोई जन्म देता है, तो वह इस भाव से नहीं देता कि इससे उसे सुख मिलता है। प्रसव पीड़ा से कविजन और मुर्गियाँ कड़क जाती हैं।

हे प्रजनन करनेवालो, तुममें काफ़ी मलिनता है और वह है इसलिए क्योंकि तुम्हें 'माँ' बनना था।

हर नया बालक और उसके साथ कितनी नई मलिनता भी आ गई है इस संसार में–पृथक हो जाओ।...जिसने जन्म दिया है, वही अपनी आत्मा को धोकर शुद्ध करेगा।

11

अपने सामर्थ्य से अधिक सद्गुणी न बनना और न ही सम्भाविता के विपरीत अपने आपसे कोई आशा ही करना।

अनुसरण करो अपने पूर्वजों के सद्गुणों का !...क्योंकि तुम आरोहण नहीं कर पाओगे यदि तुम्हारे पूर्वजों के संकल्प तुम्हारे साथ नहीं होंगे।

किन्तु जो स्वयं 'प्रथम' होना चाहता है, उसे यह भी ध्यान में रखना होगा कि वह 'अन्तिम' न हो जाए। और, जहाँ तुम्हारे पूर्वजों के दुर्गण वास करते हों वहाँ पर अपने आपको सिद्ध पुरुष के रूप में स्थापित करने का दुःसाहस मत करना।

जिसके पूर्वजों का रुझान नारियों, मद्यपान और जंगली जीवों के मांसाहार में हो, उसकी अपने लिए 'पवित्रता' की माँग करना कहाँ तक उचित होगा ?

मेरे विचारानुसार यह उसकी बहुत बड़ी भूल होगी, विशेषकर यदि वह स्वयं भी एक, दो या तीन पत्नियों का स्वामी हो।

यदि उसने मठ स्थापित किया और उसके प्रवेश-द्वार पर लिख दिया, 'पवित्रता का मार्ग,' तो मैं पुनः यही कहूँगा कि 'इसका क्या लाभ' ! ऐसा करना अपने आपमें एक भूल होगी।

उसने अपने लिए यदि किसी 'तपस्या भवन या आश्रम' का निर्माण किया तो सम्भवतः इससे कुछ लाभ हो, किन्तु मुझे इसका विश्वास नहीं।

एकान्त में वही चीज़ विकसित होती है, जिसे व्यक्ति अपने साथ लेकर आता है;...और शैतान भी तो मनुष्य की प्रकृति में होता है। इसलिए अधिकांश लोगों के लिए एकान्त उचित नहीं है।

इस संसार में वनों में रहनेवाले संन्यासियों से अधिक घृणित क्या कोई अन्य मनुष्य है ? उनके आस-पास पिशाच ही नहीं, शूकर भी विचरण करते हैं।

12

हे महापुरुषो, मैंने तुम्हें प्रायः उस सिंह की भाँति लज्जित और संकुचित होकर पलायन करते देखा है, जिसकी छलाँग उसके लक्ष्य तक नहीं पहुँचती। क्या तुमने उस खेल में कभी भाग नहीं लिया जिसमें खिलाड़ी एक-दूसरे पर कटाक्ष किया करते हैं !

यदि तुम्हारा कोई संकल्प या प्रयोजन सफल नहीं हुआ तो तुम स्वयं असफल हो गए क्या ?...और यदि तुम स्वयं असफल हो गए हो तो उसके कारण मनुष्य भी असफल हो गया है क्या ?...और यदि मनुष्य ही असफल हो गया है तो फिर चिन्ता कैसी?

13

हे मेरे बन्धुओ, सफलता कदाचित ही प्राप्त हुआ करती है। यहाँ एकत्रित सभी महापुरुष क्या पहले कभी असफल नहीं हुए ?

प्रसन्नचित्त हो जाओ; असफलता के कारण मन छोटा न करो।...कितना कुछ अभी भी सम्भव है।...अपने पर हँसना सीखो, वही हँसी जो तुम्हें हँसना चाहिए।

तुम यदि असफल हुए भी हो, और केवल अर्द्धसफलता ही तुम्हें प्राप्त हुई है तो उसमें आश्चर्यचकित अथवा अधीर होने की क्या बात ?...हे मेरे अर्द्धपराजित भाइयो, क्या मनुष्य का भविष्य तुम्हारे अन्दर छटपटा नहीं रहा, उन्नत होने के लिए संघर्ष नहीं कर रहा ?

क्या अति दूरस्थ एवं गहनतम विषयों के विचार और अति विचित्र शक्तियाँ एक-दूसरे के साथ मिलकर तुम्हारे हृदय में फेथ उत्पन्न नहीं कर रहीं ? और उससे यदि पात्र खंडित हो जाए तो इसमें विस्मय की क्या बात !

अपने पर हँसना सीखो—वही हँसी जो तुम्हें हँसनी चाहिए, मेरे भाइयो।

देखो ध्यानपूर्वक—कितना कुछ उपलब्ध है इस धरती पर। कितनी सम्पन्न है यह धरती छोटे-छोटे, मनोहर और निर्दोष पदार्थों से।...उनकी सुन्दर सुनहरी परिपक्वता स्वतः हरती है मन का विषाद और उसमें भरती है हर्षोल्लास।

14

वह कौन-सा घोरतम पाप है जो आज तक इस धरती पर होता रहा है ?...क्या यह शब्द उसके नहीं हैं जिसने कहा था, "धिक्कार है उन पर जो अब हँसते हैं।"

क्या आपको इस धरती पर अपने लिए हँसने का कोई कारण नहीं मिला ? और

फिर से उसने व्यग्रता से आरम्भ किया उसे खोजना !...बालक को भी हँसने के लिए कुछ-न-कुछ मिल ही जाता है।

यथार्थ में उसने पर्याप्त रूप से प्रेम ही नहीं किया अन्यथा उसने हमसे भी प्रेम किया होता–हम हँसनेवालों से।...उसने हमसे घृणा की, हमें धिक्कारा, दाँत पीस-पीसकर हम पर चिल्लाया और हमें शाप दिए।

किन्तु व्यक्ति जब प्रेम नहीं करता तो क्या बिना विचारे कोसना और शाप देना, उसके लिए उचित है ?...किन्तु यही तो है जो उसने किया। वह जनता में से ही था और जनता का ही प्रतिनिधि था।

उसने तो अपने आपको भी समुचित प्रेम नहीं किया, नहीं तो उसका क्रोध कम न होता जब दूसरों ने उसे प्रेम नहीं किया था। महान् प्रेम केवल प्रेम की इच्छा नहीं करता, उससे कुछ अधिक चाहता है।

ऐसे कट्टर और कठोर व्यक्तियों के मार्ग से दूर रहो, मेरे भाइयो। वे दीन हैं, रोगी-प्रकार के हैं, और देखते हैं जीवन और इस धरती को कुदृष्टि से।

दूर चले जाओ इनकी राहों से। उनके पग भारी हैं और हृदय कठोर। धरती कैसे प्रकाशमान् हो सकती है इनके लिए।

15

सब अच्छे पदार्थ धूम-फिरकर पहुँच जाते हैं अपने लक्ष्य के निकट। लक्ष्य के निकट आने पर, आनन्दप्राप्ति की आशा में वे बिल्लियों की भाँति पीठ उठाकर कंठ के भीतर घुड़घुड़ाने लगते हैं।

मनुष्य की पद्ध्वनि से यह ज्ञात हो जाता है कि क्या वह अपने सही पक्ष पर है। लक्ष्य के निकट पहुँचने पर उसकी गति में नृत्य की शोभा आ जाती है।

सत्य तो यह है मैं न तो कोई निर्जीव मूर्ति–मूर्ख और शिलामय–हो गया हूँ, और न ही यहाँ निर्जीव खम्बे की भाँति खड़ा हूँ। मुझे तेज़ भागना अच्छा लगता है।

धरती पर यद्यपि अनेक बाधाएँ हैं, बहुत दुःख-कष्ट हैं, तथापि जो तीव्र गति से चलता है वह कीचड़ को भी भागकर लाँघ जाता है–उस पर नृत्य-सा करता चला जाता है जैसे कि वह बर्फ से ढकी साफ़-सुथरी धरती हो।

अपने हृदयों को उत्साहित करो, मेरे बन्धुओ, करो उन्हें अधिक उत्साहित।...और अपनी टाँगों को न भूलो; इन्हें ऊँचा उठाओ, मेरे अच्छे नर्तको।...इससे अच्छा है कि तुम अपने शीश के बल खड़े हो जाओ।

16

यह है हँसी का मुकुट, गुलाब के फूलों से रचित मुकुट। इस मुकुट को मैंने स्वयं पहना

है। इसका पवित्र संस्कार मैंने स्वयं किया है। मुझे आज इसके योग्य कोई अन्य व्यक्ति नहीं मिला।

तेज़ गति से चलनेवाले और नृत्य करनेवाले ज़रतुष्ट्र ने अपने डैने की नोक से सब पक्षियों को उड़ने के लिए तैयार रहने का संकेत दिया–

मैं ज़रतुष्ट्र न तो अधीर हूँ और न कट्टर और कठोर, मेरी हँसी सच्ची है, वह मुक्त हृदय की हँसी है; अतएव हँसी के इस मुकुट को मैंने स्वयं पहना है।

17

प्रसन्नता की अवस्था भारी प्राणियों में होती है, और उनमें भी जो आरम्भ से ही स्थूल चरण होते हैं। आश्चर्यजनक, यह भी हाथों की तरह अपने सिर पर खड़े होने का प्रयास करते हैं।

दुर्भाग्यपूर्ण कठिनाइयों से हतबुद्धि होने की अपेक्षा प्रसन्नता से हतबुद्धि होना अच्छा है; लँगड़ाकर चलने की अपेक्षा बेढंगा नृत्य करना अच्छा है। आग्रह है मेरा तुमसे कि सीखो–सबसे खराब वस्तुओं के भी दो पक्ष होते हैं, एक-दूसरे के विपरीत।

सबसे खराब वस्तुओं के भी नर्त्तनीय पग होते हैं। इसलिए सीखो मेरे भाइयो, अपने आपको सही टाँगों पर खड़ा रखना।

तुमसे मेरा आग्रह है; भूल जाओ ठंडी श्वासें भरना, और सब सामान्य दुःख-कष्टों को। कितने शोकग्रस्त दिखाई पड़ रहे थे मुझे आज, ये जनता के विदूषक।

किन्तु आज का दिन जनता का दिन है।

18

चलो तुम पवन की भाँति–अपने पूरे वेग से। वायु जब पर्वतीय कन्दराओं से गूँजती और नृत्य करती हुई चलती है, तो उसके पगों के नीचे सागर थर्राने और उछालें लेने लगता है।

धन्य है वह उत्साह और साहस जो गधों को पंख देता है, और सिंहनी का दूध दुहता है; और प्रचंड वायु के समान सब पदार्थों और जनता को प्रभावित करता है।

धन्य है वह उत्साह और साहस जो निरर्थक मूल्यों का वैरी है, और तेज़ आँधी के समान सारे खरपतवारों का निराकरण करता है एवं सब बाधाओं और आपत्तियों को इस प्रकार पार कर जाता है जैसे कि वह चरागाह हों।

धन्य है वह उत्साह और साहस जो निरुत्साही रोगग्रस्त जनता से घृणा करता है और तेज़ आँधी की भाँति हँसता हुआ विषादग्रस्तों की आँखों में धूल डालता है।

हे महापुरुषो, सबसे खराब बात तुममें यह है कि तुममें से किसी ने नृत्य करना नहीं सीखा, जैसा नृत्य तुम्हें करना चाहिए था–अपने से बढ़कर नृत्य करना।...तुम

असफल हुए हो, पर क्या इससे कोई अन्तर पड़ता है ?

कितना कुछ अभी भी सम्भव है, इसलिए अपने से बढ़कर हँसना सीखो। अपने आपको उत्साहित करो–और अधिक उत्साहित, हे तुम अच्छे नर्तको।...और अच्छी हँसी हँसना न भूलो।

हँसी का यह मुकुट, गुलाब के फूलों से रचित मुकुट मैं तुम्हें देता हूँ, मेरे भाइयो। हँसते-हँसते मैंने इसका पवित्र संस्कार किया था।...तुम हँसना सीखो, महापुरुषो। मेरा यह तुमसे आग्रह है।

उदासीनता का गान

इन शब्दों को कहते समय ज़रतुष्ट्र अपनी गुफ़ा के प्रवेश-द्वार के समीप खड़ा था और अन्तिम शब्द कहने के साथ ही, बिना अपने अतिथियों को कुछ कहे वह गुफ़ा से बाहर निकल गया, और कुछ समय के लिए बाहर खुले में खड़ा रहा।

"आहा, कितनी पवित्र है गन्ध मेरे चारों ओर," उसने ऊँचे स्वर में कहा।..."किन्तु कहाँ हैं मेरे जानवर; बाज पक्षी और सर्प। आओ तुम इधर मेरे पास।

तुम ही बताओ मुझे कि क्या इन महापुरुषों की गन्ध अच्छी नहीं है ? और, तू भी बता, ओ मेरे चारों ओर की शुद्ध पवन।

मैं कितना करता हूँ प्यार तुम्हें ! ओ मेरे जानवरो, इसे मैंने अब जाना और अनुभव किया है !"

कुछ रुककर ज़रतुष्ट्र ने फिर एक बार कहा, "मेरे प्यारे जानवरो, मैं करता हूँ तुमसे बहुत स्नेह।" ज़रतुष्ट्र के शब्द सुनते ही बाज पक्षी और सर्प उसके समीप आ गए और सिर उठाकर उसकी ओर देखने लगे।...इसी भावयुक्त स्थिति में वे तीनों, बाहर की खुली हवा में साँस लेने और उसकी सुगन्ध का आनन्द उठाते हुए मौन खड़े रहे; क्योंकि महापुरुषों के संसर्ग की अपेक्षा बाहर की खुली हवा कहीं अच्छी थी।

2

ज़रतुष्ट्र गुफ़ा के बाहर गया ही था कि वृद्ध जादूगर उठा, उसने चातुरी से अपने आस-पास, चारों ओर देखा और फिर कहने लगा–

"चला गया है वह !

हे महापुरुषो, उसने प्रशंसासूचक शब्दों से तुम्हारी चापलूसी की और तुम्हें खूब रिझाया, जैसी कि उसकी आदत है–और मेरी छल-कपट की दुष्ट प्रवृत्ति ने मेरे भीतर उदासीनता के दानव को कर डाला है उत्तेजित, अति उत्तेजित।

मेरी यह दुष्ट प्रवृत्ति ज़रतुष्ट्र की परम शत्रु है : क्षमा करना मुझे इसके लिए;...अब यह जादू करना चाहती है। दिन का केवल एक ही घंटा शेष है। तो क्यों मैं व्यर्थ में ही अपनी इस दुष्ट प्रवृत्ति से संघर्ष कर रहा हूँ ?

अपने लिए तुम मुक्तमनः, शुद्धमति, अनुतापी, स्वतन्त्र अथवा महान् आकांक्षी जैसे जिन भी आदरणीय शब्दों का प्रयोग करना उचित समझो, करो; तुम हो मेरी ही भाँति

अति घृणा से पीड़ित, क्योंकि हमारा पुराना भगवान् तो मर चुका है, और कोई नया भगवान्, नवजात के वस्त्र पहने पालने में अभी तक आया नहीं।

हे महापुरुषो, मैं तुम सबको जानता हूँ, और उस परम दुष्ट ज़रतुष्ट्र को भी जानता हूँ, जिससे न चाहने पर भी मैं प्रेम करता हूँ। मुझे वह प्रायः सिद्ध पुरुष का मुखौटा पहने प्रतीत होता है।

जिस प्रकार नए विचित्र छलवेश में मेरी दुष्ट प्रवृत्ति प्रसन्न होती है, उसी प्रकार शायद मैं अपनी दुष्ट प्रवृत्ति में ज़रतुष्ट्र से प्रेम करता हूँ—ऐसा मुझे प्रायः लगता है।

सन्ध्या समय की इस दानव उदासीनता ने इस समय मुझ पर धावा बोल दिया है। हे महापुरुषो, इसमें उत्कंठा है और यह मुझे अपनी अभिव्यक्ति के लिए विवश कर रही है।

खोलो अपने नेत्र, यह आएगी नग्न। नग्न आने की इसकी अभिलाषा है,...यह आएगी पुरुष या नारी के रूप में, मैं नहीं जानता, किन्तु आ रही है यह; तुम्हारी बुद्धिमत्ता की शपथ, यह अभिव्यक्ति के लिए कर रही है मुझे विवश।

दिन बीत गया है; सब प्राणियों के लिए अब सन्ध्या हो गई है—सब अच्छी वस्तुओं के लिए भी। अब सुनो और देखो सन्ध्या समय की इस दानव उदासीनता को—देखो यह पुरुष है या नारी !"

यह कहकर वृद्ध जादूगर ने चातुरी के साथ अपने आस-पास, चारों ओर देखा; अपनी वीणा उठाई और छेड़ दी उदासीनता की तान; उसने आरम्भ किया अपना उदासीनता का गान।

(उस गान ने कर डाला दूषित और विषैला, गुफ़ा का सारा वातावरण।)

विज्ञान

वृद्ध जादूगर के गायन ने कुछ ऐसा जादू चलाया कि वहाँ जो भी उपस्थित थे वे सभी असावधान पक्षियों की भाँति उसके जाल में फँस गए; केवल शुद्धमति विवेकशील ही उसकी पकड़ में नहीं आया। वह झट से उठा, जादूगर की वीणा छीनी और कड़कते स्वर में बोला, ''वायु ! वायु ! आने दो शुद्ध वायु को भीतर ! आने दो ज़रतुष्ट्र को भीतर। ओ दुष्ट जादूगर, तूने अपने विषादी गायन से दूषित और विषैला कर डाला है इस गुफ़ा का सम्पूर्ण वातावरण।

तू झूठा है, मक्कार है, अति चतुर और छलिया है। तू दूसरों को बहकाता है और अपने कपटी शब्दों से जगाता है उनमें मिथ्या आशाएँ और अभिलाषाएँ। खेद है तुझ पर जिसने यहाँ रच डाला है झूठ के मायाजाल से सच्चाई का प्रपंच।

और शोक है इन महापुरुषों पर जो रहे नहीं सावधान, और तेरे झूठ के विलास में खो डाली अपनी स्वाधीनता।

अरे दुष्ट जादूगर, तेरे विलापन में है दूसरों को प्रलोभित करने की लालसा। तू है उन जैसा जो प्रत्यक्ष रूप से करते हैं शुद्धता और पवित्रता की प्रशंसा, किन्तु उसकी आड़ में प्रयास किया करते हैं दूसरों को प्रपंचों में फँसाने का।''

विवेकशील यह कहकर मौन हो गया। इसे सुनकर जादूगर ने अपने आसपास चारों ओर देखा और अपनी सफलता के आनन्द में विवेकशील की झुँझलाहट को भी सहन कर गया, और अति विनीत भाव से बोला, ''शान्त हो जाओ सब, अच्छे गायन की प्रतिध्वनि भी अच्छी होती है। इसलिए अच्छे गायन के बाद कुछ समय तक शान्ति बनाए रखना ही उचित है।

इसलिए तुम सब महापुरुष कुछ समय के लिए शान्त और मौन ही रहो। सम्भवतः मेरा गीत तुम्हारी समझ में ठीक से आया नहीं।''

इस पर विवेकशील ने उत्तर दिया, ''तू कर रहा है मेरी प्रशंसा और इस प्रकार कर रहा है मुझे अपने से पृथक्; ठीक, बहुत अच्छा।...किन्तु यह महापुरुष क्यों अभी तक लालसा भरी दृष्टि लिए बैठे हैं वहीं पर !

हे महापुरुषो, कहाँ चली गई है तुम्हारी स्वतन्त्रता ? मुझे तो तुम उन जैसे दिखाई पड़ते हो जिन्होंने बहुत समय तक चरित्रहीन युक्तियों को नग्न नाचते देखा है, और जिनकी अपनी आत्माएँ भी नाची हैं उनके साथ।

तुममें उससे तो कुछ अधिक होना ही चाहिए था जिसे यह वृद्ध जादूगर कहता है,

'अपनी दुष्ट प्रवृत्ति'। हमें अवश्य ही इससे कुछ भिन्न होना चाहिए।

ज़रतुष्ट्र के गुफ़ा में आने से पहले हम सबने, मिल बैठकर की थी बातचीत, किया था विचार-विमर्श। मैं समझता हूँ कि हम जनसाधारण से कुछ भिन्न अवश्य हैं।

यहाँ हम, यानी तुम और मैं, सभी किसी विशेष खोज के लिए आए हैं। मैं चाहता हूँ, 'अधिक सुरक्षा' और इसी उद्देश्य से ज़रतुष्ट्र के पास इस पर्वत पर आया हूँ, क्योंकि मुझे वह आज भी दृढ़-निश्चय और स्थिरमति दिखाई पड़ता है; जबकि सब कुछ अस्थिर है, डगमगा रहा है, सारी धरती ही थरथरा रही है।

किन्तु तुम्हारे नेत्रों के हाव-भाव से ऐसा प्रतीत होता है मुझे कि तुम हो रहे हो अग्रसर असुरक्षा की ओर।

तुम चाहते हो अधिक घृणा, अधिक भय, अधिक शंकाएँ, अधिक भूकम्प। तुम चाहते हो—(ऐसा लगता है मुझे—मेरे इस अनुमान के लिए क्षमा करना मुझे, हे महापुरुषो)—

—तुम चाहते हो भद्दा और आपत्तिमय जीवन, मैं भयभीत हो गया हूँ तुम्हारे इस मानसिक रुझान को देखकर; क्या तुम्हारे मन में इच्छा है जंगली जानवरों जैसे जीवन की, जंगलों, गुफ़ाओं, ऊँचे तीखे पर्वतों और भूलभूलैयों जैसी उलझी हुई संकीर्ण खाइयों की ?

तुम्हारा मानसिक रुझान उनकी ओर नहीं है जो तुम्हें संकट से बाहर, सीधे मार्ग पर ले जाना चाहते हैं, बल्कि उनकी ओर है जो तुम्हें गुमराह कर रहे हैं, किन्तु क्या यह हो सकता है ?... मुझे तो यह असम्भव प्रतीत होता है।

क्या है इसका मूल कारण ?...भय ? भय तो मनुष्य का एक मूल भाव है, मनुष्य के सहज स्वभाव की एक मौलिक विशेषता। पाप-पुण्य के विचारों का विकास और स्पष्टीकरण भय के आधार पर ही किया जाता है, और भय के कारण ही हुआ है विज्ञान का विकास।

मनुष्य के मन में जंगली जानवरों का भय सबसे पुराना है। इन जानवरों में वह जानवर भी सम्मिलित है जिसे मनुष्य अपने भीतर छुपाए और बसाए हुए है—ज़रतुष्ट्र के शब्दों में वह है, 'मनुष्य के भीतर का पशुत्व'।

'इतना दीर्घकालिक और प्राचीन भय' अन्त में हो गया सौम्य, आध्यात्मिक और बौद्धिक। मेरे विचार में इसे ही अब विज्ञान कहते हैं।''

विवेकशील जब यह कह रहा था, उसी समय ज़रतुष्ट्र गुफ़ा के भीतर आया था और उसने विवेकशील की बातें सुनी थीं। वह हँसा और कहने लगा :

''मैं यह क्या सुन रहा था अभी-अभी। मुझे लगता है कि तू मूर्ख है, अथवा मैं मूर्ख हूँ; और देख मैं तेरी इस सच्चाई का पाँसा कैसे पलटता हूँ।

क्योंकि भय तो मनुष्य-जीवन में एक अपवाद है; साहस और साहसी कार्यों में रुचि लेना और अज्ञान एवं अनिश्चित को जानने की इच्छा एवं उसका आनन्द, मनुष्य के जीवन का सही इतिहास है।

मनुष्य ने अति ख़ौफ़नाक और साहसी जानवरों से होड़ ली और उनके सभी गुणों को हथियाया; अपने इन्हीं कर्मों से बना वह मनुष्य।

अन्ततः चील के आक्रमणकारी पंखों की शक्ति और सर्प की बौद्धिकतावाला उसका साहस बना सौम्य, आध्यात्मिक और विवेकशील। मेरे विचारानुसार इसी को कहते हैं 'मानव साहस'।

वहाँ पर सभी एकत्रित एक आवाज़ से चिल्ला उठे, "ज़रतुष्ट्र" और खिलखिलाकर हँस पड़े–यहाँ तक कि वृद्ध जादूगर भी हँसा और फिर सोच-समझकर बोला, "चली गई मेरी दुष्ट प्रवृत्ति !

और क्या मैंने स्वयं ही तुम्हें सचेत नहीं किया था इसके विरुद्ध ? क्या मैंने नहीं कहा था कि यह कपटी है, झूठी है और देती है धोखा !

विशेषकर जब वह अपना प्रदर्शन नग्न रूप में करती है; किन्तु कर क्या सकता हूँ मैं ? मैंने तो उसकी या संसार की रचना नहीं की।

अच्छा; आओ, हम फिर से अच्छे बन जाएँ। किन्तु क्यों ज़रतुष्ट्र इस समय भी मुझे अप्रिय दृष्टि से देख रहा है ? देख लो, तुम स्वयं ही। वह करता है मुझसे घृणा।

किन्तु रात होने से पहले ही वह मुझसे स्नेह करने लगेगा, और मेरी प्रशंसा भी करेगा। इस प्रकार की भूलें करना उसकी एक निजी विशेषता है, जो किसी और में मुझे दृष्टिगत नहीं हुई।"

वृद्ध जादूगर ने जब यह कहा तो सभी ने उसकी सराहना करने के अभिप्राय से तालियाँ बजाईं। ज़रतुष्ट्र तब अपनी गुफ़ा में चारों ओर गया, सभी से हाथ मिलाया जैसे कि वह अपनी किसी भूल के लिए सबसे क्षमा माँग रहा हो। जब वह गुफ़ा के प्रवेश द्वार के समीप पहुँचा तो उसके मन में बाहर की शुद्ध वायु के लिए एवं अपने जानवरों से मिलने की इच्छा हुई और वह चुपचाप बाहर निकल गया।

मरुभूमि की पुत्रियों के संग

"हे ज़रतुष्ट्र, जा मत, हमारे पास ही रह, अन्यथा ऐसा न हो कि वही पुरानी दुखदाई उदासीनता हम पर फिर से धावा बोल दे।" अपने आपको ज़रतुष्ट्र की छाया कहनेवाले घुमक्कड़ ने कहा।

"वृद्ध जादूगर ने 'हमारे भले के लिए' हमें अपनी दुष्टतम शिक्षा दी थी। तू स्वयं ही देख ले, पवित्र पादरी की आँखों में अभी तक आँसू हैं, और वह उदासीनता के सागर में डुबकियाँ ले रहा है।

नृप भले ही हमारे सम्मुख प्रसन्न मुख का मुखौटा पहने हुए हैं, क्योंकि ऐसा करने का उन्हें अच्छा अभ्यास है, किन्तु आन्तरिक रूप से वे खिन्न-मनः हैं। मैं दावे से कह सकता हूँ कि यदि यहाँ अन्य जन न होते तो उनके विषाद का आरम्भ हो जाता खुला खेल।

खुला खेल : काले बादलों का इधर-उधर भटकना, नम उदासीनता, काले बादलों के पीछे छिपा हुआ सूर्य, शरद ऋतु की गरजती हवा, सहायता के लिए हमारी चीख़-पुकार।

हे ज़रतुष्ट्र, हमारे पास ही रह। यहाँ पर बहुत-सी दुर्गति है छिपी हुई, जो खुलकर सामने आना चाहती है; चारों ओर उत्साह-विनाशक व्यापक सन्ध्या की वेला, घने बादल और बहुत नम हवा–हमें सुरक्षित रखने के लिए तू मत जा, हमारे पास ही रह।

पुरुषों के लिए उपयुक्त स्वास्थ्यवर्द्धक भोजन और शक्तिशाली लोकोक्तियों से तूने हमारा पोषण किया है और अब स्त्रियों की-सी कमज़ोर प्रवृत्तियों को हम पर पुनः हावी न होने दे।

हमारे परिवेश को स्वच्छ और स्वस्थ रखनेवाला एक तू ही तो है। मैंने संसार में कहीं भी ऐसी शुद्ध और स्वच्छ वायु में साँस नहीं ली जैसी तेरी गुफ़ा में।

मैं घूमा हूँ अनेक देश, ली है साँस तरह-तरह की वायु में, इसलिए मैं वायु की विशेषताओं से भली-भाँति परिचित हूँ, उन्हें अच्छी तरह से परख सकता हूँ, किन्तु केवल तेरी संगति में ही मैंने सबसे अच्छी और सुखद वायु का आनन्द उठाया है।

हो सके तो क्षमा करना मुझे अपनी एक पुरानी पुनःस्मृति के लिए। यह स्मृति है भोज के उपरान्त के एक गायन की जिसे मैंने मरुभूमि की पुत्रियों के संसर्ग में रचा था; वहाँ शुद्धतम, स्वच्छतम पूर्वी वायु चल रही थी; वहाँ मैं यूरोप की नम उदास हवा से बहुत दूर था।

वहाँ पर मैंने पूर्व की उन युवतियों से प्रेम किया—नीले आकाश के नीचे, जहाँ पर न बादल थे और न अति गर्मी किन्तु घने-उलझे विचारों की उलझन।

विश्वास नहीं होता कि जिस समय वे नृत्य नहीं कर रही थीं, कैसे रमणीक ढंग से बैठी थीं वहाँ पर बिना विचारों के, छोटे-छोटे रहस्यों की भाँति पहेलियाँ-सी !

सचमुच वे पहेलियाँ सदृश ही थीं, बहुत रंगों की विदेशी पहेलियाँ किन्तु बिना किसी उलझन के। वे पहेलियाँ ऐसी थीं जिनका केवल अनुमान ही लगाया जा सकता है : तब उन्हें प्रसन्न करने के भाव से मैंने रचा था एक गीत।''

यह कहा उस घुमक्कड़ ने जो अपने आपको कहता था, 'ज़रतुष्ट्र की छाया'। इसके पूर्व कि उसको कोई उत्तर देता, उसने वृद्ध जादूगर की वीणा उठाई, चौकड़ी मारी, शान्त भाव से अपने आसपास चारों ओर देखा, और धीरे-धीरे नासिकाओं से साँस ली—उस व्यक्ति की भाँति जो नए देशों में नवीन विदेशी वायु को चखता है और उसका आनन्द उठाता है। उसके बाद उसने गरजती हुई आवाज़ में आरम्भ किया गाना; उसके मधुर स्वरों ने सबको किया आनन्दविभोर !

(उस गान में थी मरुस्थल की कुछ युवतियों की प्रशंसा, और उनकी निकटता पर प्रसन्नता; उस गान की शब्दावली थी अति सुन्दर और लय थी मस्त हृदयस्पर्शी।)

जागृति

घुमक्कड़ अर्थात् ज़रतुष्ट्र की छाया के गायन से सबकी मनःस्थिति में महत्त्वपूर्ण परिवर्तन आया और गुफ़ा के भीतर हँसी-खुशी का शोर फैल गया। सभी उपस्थित जन एक साथ बोल रहे थे; इसका प्रभाव गधे पर भी पड़ा और वह भी चुप नहीं रह पाया। इसे देखकर ज़रतुष्ट्र के मन में कुछ अप्रिय भाव उठे, किन्तु महापुरुषों के हर्ष-उल्लास को देखकर उसका मन प्रसन्न था। उसके लिए यह महापुरुषों के पुनः स्वस्थ होने का संकेत था; वह चुपके से बाहर निकला और अपने जानवरों से बातें करने लगा।

उसने कहा, "अब कहाँ चला गया इनका विषाद ? ऐसा प्रतीत हो रहा है मुझे कि मेरी संगति में वे विषादग्रस्त रहना भूल गए हैं।" उस समय ज़रतुष्ट्र का अपना मन भी बहुत कुछ घृणामुक्त और शान्त था।

"यह महापुरुष यद्यपि विषादग्रस्त रहना भूल गए हैं, किन्तु खेद है कि यह चिल्लाना नहीं भूले।" इतना कहते ही ज़रतुष्ट्र ने अपने कान बन्द कर लिए क्योंकि महापुरुषों के शोरगुल में गधे ने भी अपना 'ये-आ' का ऊँचा स्वर जोड़ दिया।

"वे प्रसन्न हैं; और सम्भवतः अपने यजमान की कीमत पर।" कुछ रुककर वह फिर कहने लगा, "इन महापुरुषों ने हँसना तो सीखा है मुझसे, किन्तु इनकी यह हँसी मेरी हँसी नहीं है।

किन्तु क्या कुछ अन्तर पड़ता है इससे ! ये सब वृद्ध हैं और होंगे रोगमुक्त और स्वस्थ अपने ही ढंग से। मेरे कान इससे भी घृणित आवाज़ें सहन कर चुके हैं और फिर भी दुःशील नहीं हुए।

आज दिन है विजय का ! मेरी परम शत्रु, उदासी, ने स्वीकार कर ली है अपनी पराजय; और वह भाग गई है दूर–यहाँ से बहुत दूर। आज का दिन जो उदासीनता से आरम्भ हुआ था, कितनी अच्छी तरह हो रहा है उसका समापन।

सन्ध्या होने ही वाली है, बैंगनी रंग की काठी पर सवार सूर्य अब लौट जानेवाला है।

उज्ज्वल आकाश ऊपर से संसार को निहार रहा है। हे महापुरुषो, कितना हितकर रहा है तुम्हारे लिए मेरे साथ रहना !"

यह कहकर ज़रतुष्ट्र मौन हो गया किन्तु उसी समय गुफ़ा से हँसने और

चिल्लाने की आवाज़ें फिर सुनाई पड़ने लगीं; उन्हें सुनकर ज़रतुष्ट्र ने फिर से कहना शुरू किया :

"मैंने जो चारा डाला था वह सार्थक रहा; उनकी शत्रु–गहन उदासीनता–अब उनसे दूर भाग गई है।...तो क्या इन्होंने आज से अपने पर हँसना सीख लिया है ?...क्या वह सत्य है जो मैं सुन रहा हूँ ?

पाकेषच भोजन यानी स्वादिष्ट कथनों का प्रभाव अच्छा रहा। मैंने वातजनित सब्जियाँ से इनका षोषण नहीं किया था, वरन् किया था योद्धाओं और विजेताओं को दिए जानेवाले भोजन से। मैंने इनमें नई इच्छाएँ और नई अभिलाषाएँ जाग्रत की हैं।

इनके शरीर में अब नया उत्साह है, और हृदय में नई तमन्नाएँ। अपनी अल्पाभिव्यक्ति के लिए इन्हें मिले हैं नए शब्द; कुछ ही समय में इनकी श्वासें आनन्द का संचार करने लगेंगी।

ऐसा पौष्टिक भोजन न छोटे बालकों के लिए उपयुक्त है और न ही अभिलाषिणी नारियों के लिए, वृद्ध हों या नवयौवना। उन पर इसका कुप्रभाव पड़ता है और मैं न तो उनका शिक्षक हूँ और न ही चिकित्सक।

यह महापुरुष अब घृणामुक्त हो गए हैं और यह है मेरी विजय। मेरे क्षेत्र में आकर ये हुए हैं विश्वस्त और दूर हुई है इनकी निर्बुद्धि लज्जा। पुरानी मलिन भावनाएँ भी अब इनमें नहीं हैं।

कर लिया है इन्होंने अपने हृदय को विषादमुक्त और अब आए हैं इनके अच्छे दिन। ये आज प्रसन्न हैं, और कृतज्ञ हैं। निस्सन्देह यह संकेत अच्छा है। अब इन्हें उत्सव मनाने में और अपने पुराने हर्ष-उल्लासों के स्मारकों का निर्माण करने में बहुत समय नहीं लगेगा। ये विषाद-मुक्त हो जाने के बाद अब स्वास्थ्य-लाभ की स्थिति में हैं।"

बहुत प्रसन्न होकर ज़रतुष्ट्र ने अपने आपसे यह कहा और बाहर की ओर देखा। उसके जानवर उसके निकट आ गए और उसकी प्रसन्नता और मौन का सम्मान करते हुए उसके समीप चुपचाप खड़े रहे।

2

एकाएक गुफ़ा के वातावरण में ऐसा परिवर्तन आया कि ज़रतुष्ट्र डर गया, हँसने और चिल्लाने की आवाज़ों से गूँजती हुई गुफ़ा में से धूपबत्ती के जलने की गन्ध आई–ऐसी गन्ध जो चीड़ वृक्ष के शंकु जलाने से आती है।

"यह सब क्या है ?...गुफ़ा के भीतर ये कर क्या रहे हैं ?" ज़रतुष्ट्र ने अपने आपसे पूछा और फिर अपने प्रश्न का उत्तर जानने के लिए वह धीरे से, पैर दबाकर, गुफ़ा के

प्रवेश द्वार पर पहुँचा और भीतर झाँका; भीतर झाँकने पर उसने जो देखा उससे वह भयभीत हो गया।

''क्या ये फिर से धार्मिक हो गए हैं ?...ये तो प्रार्थना कर रहे हैं। पागल हो गए हैं ये क्या ?''...उसने अपने आपसे कहा और उसके आश्चर्य की कोई सीमा न रही। गुफ़ा में दोनों नृप, निवृत्ति-प्राप्त पादरी, दुष्ट जादूगर, स्वेच्छा से बना भिखारी, घुमक्कड़ अर्थात् छाया, वृद्ध भविष्यवक्ता, विवेकशील और कुरूपतम पुरुष सभी बालकों और वृद्ध श्रद्धालु स्त्रियों की भाँति घुटनों के बल बैठे थे और गधे की पूजा कर रहे थे। तभी कुरूपतम गड़गड़ाया जैसे कि वह कुछ कहना चाहता था किन्तु कहने के लिए शब्द उसके पास नहीं थे। जैसे ही उसे शब्द मिले, वह अपने आराध्य गधे की स्तुति में यों कहने लगा :

''एवमस्तु ! मेरे प्रभु सदा से सदा तक बनी रहे तेरी कीर्ति, प्रतिष्ठा, धीरता, धन्यवाद और शक्ति।''

गधा रेंका : 'ये...आ'!

''तूने ढोया है हमारा बोझ और बनाया है अपने आपको हमारा सेवक ! तेरे हृदय में बहुत धीरता है। कभी तू 'न' नहीं कहता और तू ताड़ना उसी की करता है जो तुझे प्रेम करता है।''

गधा फिर रेंका : 'ये...आ'!

''तू बोलता नहीं; तूने 'हाँ' केवल उसी समय कही थी जब संसार की रचना की थी, और इस प्रकार की थी संसार की प्रशंसा। यह तेरी चातुरी है कि तू बोलता नहीं, और इसीलिए कभी ग़लती भी नहीं करता।''

गधा रेंका : 'ये...आ'!

''तू इस संसार में सदा बना रहता है असुन्दर; तुझे प्रिय है काला रंग और उसी में लिपटाए रहता है तू अपने आपको। तुझमें यदि कोई इच्छाएँ हैं तो तू सदा छिपाए रहता है उनको।...और यह सत्य है कि हर एक को तेरे लम्बे बड़े कानों पर विश्वास है।''

गधा रेंका : 'ये...आ' !

''लम्बे कानों का होना, सदा 'हाँ' ही कहना, कभी 'न' न कहना है कितनी गहन बुद्धिमत्ता। तूने संसार की रचना अपनी छवि के अनुरूप ही की है–यथासम्भव जड़ और निर्बुद्धि।''

गधा रेंका : 'ये...आ'!

''तेरे रास्ते हैं बहुत सीधे और टेढ़े; हम मनुष्यों के लिए क्या सीधा है और क्या टेढ़ा, इससे तुझे कोई सरोकार नहीं। तेरा क्षेत्र 'भले और बुरे' से है परे। तेरी निर्दोषिता इसी में है कि तू जानता ही नहीं कि निदोर्षिता क्या है।''

गधा रेंका : 'ये...आ'!

"राजा हो या रंक, तू अपने पास से किसी को दुत्कारता नहीं। छोटे बालकों को तू अपने निकट आने देता है और जब दुष्ट बालक तुझे ललचाते हैं तो तू कहता है केवल 'ये...आ'।"

गधा रेंका : 'ये...आ'!

"तुझे अच्छी लगती हैं गधियाँ और खचरे, किन्तु जब तेरी भीत भूख गुदगुदाती है तो तेरे लिए सभी भोज्य अच्छे हैं, कोई भी तुच्छ नहीं। इसमें प्रभु की बुद्धिमत्ता है।"

गधा रेंका : 'ये...आ'!

गधा-उत्सव

इतनी प्रार्थना सुनने के पश्चात् ज़रतुष्ट्र अपने आपको रोक नहीं पाया और वह गधे-की-सी ऊँची आवाज़ में चिल्ला उठा 'ये...आ,' और अपने मति खोए अतिथियों के बीच कूद पड़ा। "क्या कर रहे हो यह तुम, ओ वयस्क बालक ?" यह कहकर उसने उन सबको ज़बरन पकड़-पकड़कर धरती पर से उठाया। "अफ़सोस, यदि ज़रतुष्ट्र के अतिरिक्त किसी और ने तुम्हें यह सब करते हुए देखा होता तो–

वह निश्चय ही तुम्हारे इस नए विश्वास के लिए तुम्हें ईश्वर-निन्दक कहता, अथवा महामूर्ख, अतिमूर्ख वृद्ध श्रद्धालु स्त्रियाँ !

और तू वृद्ध पादरी ? तू स्वयं ही बता, 'गधे को भगवान्' के रूप में पूजना तेरी स्थिति के अनुरूप है क्या ?"

पादरी ने उत्तर दिया, "क्षमा कर ज़रतुष्ट्र, किन्तु यह तो तुझे मानना ही होगा कि धार्मिक विषयों के सम्बन्ध में मेरा ज्ञान तुझसे अधिक है; और यह सही भी है, होना भी यही चाहिए। भगवान् की आराधना न करने की अपेक्षा उसका इस प्रकार से पूजन करना कहीं अच्छा है। हे मेरे श्रेष्ठ मित्र, तनिक कर विचार तू इस पर; इसकी बुद्धिमत्ता को तू सहज ही समझ जाएगा।

इस धरती पर अविश्वास को जन्म देने में सबसे बड़ा क़दम उस व्यक्ति ने उठाया था जिसने कहा था : 'भगवान् आत्मा है।' इस प्रकार के कथन की सत्यता को सिद्ध या असिद्ध करना अत्यन्त कठिन है, दुष्कर है।

आराधना करने के लिए अभी भी धरती पर कुछ है, इस विचार से मेरा हृदय पुलकित हो गया है। क्षमा कर, ज़रतुष्ट्र, इस वृद्ध पादरी के अनुरक्त हृदय को।"

ज़रतुष्ट्र ने तब घुमक्कड़ अर्थात् छाया को सम्बोधित किया और कहा, "तू कहता तो है अपने आपको मुक्तमनः और करता है यहाँ बैठकर पुजारियों की भाँति मूर्तिपूजा।

यहाँ पर तेरी दशा तो गई बीती गँवार लड़कियों की संगति से भी भद्दी है, ओ नए दुष्ट विश्वासी।"

धुमक्कड़ ने उत्तर दिया, "यह बात है तो दुख की; तू जो कह रहा है वह भी सत्य; किन्तु मैं कर ही क्या सकता था ! पुराना भगवान् फिर से जीवित हो गया है– तू जो चाहे कह।

इसका दोषी कुरूपतम है। उसी ने जगाया है भगवान् को, और यदि वह अब यह कहे कि उसी ने मारा था भगवान् को, तो यह भी कहना पड़ेगा कि भगवान् की मृत्यु

केवल एक धारणा है।''

ज़रतुष्ट्र ने तब जादूगर से कहा, ''अरे दुष्ट जादूगर, तू यह सब क्या और क्यों कर रहा था ? गधेपन पर यदि तुझे इतनी श्रद्धा है तो इस स्वतन्त्र युग में कौन करेगा तुझ पर विश्वास ? वह निपट मूर्खता थी जो तूने किया। तुझ जैसा चतुर पुरुष कैसे कर पाया यह मूर्खता ?''

''हे ज़रतुष्ट्र, ठीक कह रहा है तू; वह मूर्खता ही थी जो मैंने किया और वह सब था भी मेरी प्रकृति के प्रतिकूल।'' बस इतना भर कहा उसने अपने उत्तर में।

फिर ज़रतुष्ट्र ने शुद्धमति विवेकशील को सम्बोधित करते हुए कहा, ''तू रख उँगली अपनी नाक पर और सोच कि क्या यहाँ पर कुछ भी तेरे सद्विवेक के प्रतिकूल नहीं था ? क्या तेरी आत्मा इनकी प्रार्थना और धूपबत्ती के धुएँ से अधिक शुद्ध, अधिक पवित्र नहीं है ?''

विवेकशील ने अपनी उँगली नाक पर रखी और कहा, ''उसमें था कुछ, कुछ था उस कौतुकी खेल में, जो मेरे अन्तःकरण के लिए अच्छा था।

शायद भगवान् में मेरा विश्वास नहीं है किन्तु इसके साथ यह भी तो सत्य है कि भगवान् मुझे केवल इसी रूप में विश्वास करने योग्य लगता है।

कहते हैं भगवान् अनन्त है, नित्य है; धार्मिक मनुष्यों की साक्षी के अनुसार व्यक्ति के पास जितना समय हो, वह उतना उसकी आराधना में लगा सकता है–यथासम्भव मन्द और निर्बुद्धि आराधना, और फलस्वरूप वह बहुत कुछ पा सकता है।

जिसकी आत्मा विशेष सक्रिय होती है, वह मोह-मूर्खता से घिर जाता है। हे ज़रतुष्ट्र, तू स्वयं अपनी ओर देख और सोच, क्या यह सच नहीं कि तू अपनी बुद्धिमत्ता के बाहुल्य के कारण नहीं बन पाया गधा ?

क्या सच्चे सिद्धजन अपनी इच्छा से टेढ़े-तिरछे मार्गों पर नहीं चलते ? प्रमाण तो यही बतलाते हैं। हे ज़रतुष्ट्र, तू स्वयं भी तो इसी का एक प्रमाण है।''

ज़रतुष्ट्र तब कुरूपतम की ओर मुड़ा जो उस समय तक, अपनी बाँह को गधे की ओर फैलाए धरती पर पड़ा था (क्योंकि उसने गधे को पीने के लिए मदिरा दी थी); ज़रतुष्ट्र ने उससे कहा : ''ओ तू विलक्षण पुरुष, तू स्वयं बता कि यहाँ पर तू क्या कर रहा था। मुझे तो तू बदला हुआ-सा दिखाई पड़ रहा है; तेरी आँखें चमक रही हैं और पूजा की धूपबत्तियों का धुआँ तेरी कुरूपता को ढके हुए है। तू मुझे यह बता कि तूने स्वयं क्या किया था ?

क्या वह सत्य है जो यह कह रहे हैं ? इनका कहना है कि तूने भगवान् को पुनः जाग्रत किया है; पर क्यों ? क्या उसे सही कारणों की वज़ह से मारा नहीं गया था और कर दिया गया था न्यारा–सदा-सदा के लिए ?

तू तो मुझे अब सचेत-सा दिखाई पड़ रहा है। क्या किया था तूने ?...तूने पलटी क्यों खाई ?...क्यों किया अपना धर्म-परिवर्तन ?...तू स्वयं बता मुझे, ओ विलक्षण पुरुष ?''

"तू दुष्ट है, ज़रतुष्ट्र, निश्चय ही बहुत दुष्ट," कुरूपतम ने कहा : "वह जीवित है या पुनः जीवित हुआ है, अथवा पूर्णतः मर चुका है', इसे हम दोनों में से कौन अधिक अच्छी तरह से जानता है ? मैं यह पूछता हूँ स्वयं तुझसे ?

किन्तु मैं एक बात जानता हूँ, और वह बात मैंने तुझसे ही सीखी थी एक बार, हे ज़रतुष्ट्र। तूने ही कहा था कि जो किसी को पूर्ण रूप से, बहुत अच्छी तरह से मारना चाहता है, वह 'हँसता' है।

'व्यक्ति क्रोध से नहीं, हँसी से मारता है'। यह तूने ही कहा था एक बार, ओ ज़रतुष्ट्र–बिना क्रोध के विनाश करनेवाले तू भयंकर सिद्धजन, यह तूने ही कहा था एक बार।"

2

उनके कुटिल उत्तरों से चकित होकर, ज़रतुष्ट्र अपनी गुफ़ा के द्वार के निकट गया और उनकी ओर अपना मुख कर ज़ोर से चिल्लाया :

"ओ परिहासियो, सबके सब ठठोलियो, तुम क्यों करते हो मेरे सम्मुख छल-कपट ? क्यों रचते हो स्वाँग ?

दुष्ट प्रसन्नता से तुम्हारे हृदय कैसे ले रहे हैं हिंडोरे, क्योंकि तुम सब फिर से बन गए हो बच्चे, अर्थात् धार्मिक।

आख़िर तुमने वही तो किया था जो किया करते हैं छोटे बालक; तुमने प्रार्थना की, हाथ जोड़े और फिर कहा, 'हे मेरे प्रभु'।

तुम सबसे मेरा अब अनुरोध है कि चले जाओ इस धायघर से, मेरी गुफ़ा से जहाँ सब प्रकार का बचपना किया है तुमने आज। बाहर जाकर शान्त करो अपने मन की चंचलता को, और करो शान्त अपने हृदय की उपद्रवी हलचल को।

और स्मरण रहे, जब तक तुम पूर्ण रूप से बालक नहीं बन जाते, नहीं कर पाओगे प्रवेश भगवान् के प्रदेश में।" ज़रतुष्ट्र ने अपना हाथ उठाकर ऊपर की ओर किया इशारा।

"किन्तु हम तो भगवान् की नगरी में प्रवेश करना ही नहीं चाहते। हम हो गए हैं वयस्क, और रहना चाहते हैं इसी धरती पर।"

3

ज़रतुष्ट्र ने फिर से बोलना शुरू किया, उसने कहा, "हे मेरे नए मित्रो, विचित्र महापुरुषो, कितनी अच्छी तरह अब तुम प्रसन्न कर रहे हो मुझको।

क्योंकि तुम फिर प्रफुल्लित हो उठे हो, तुम सचमुच अब खिल गए हो; इसलिए लगता है कि तुम जैसे फूलों के लिए होने चाहिए नए उत्सव।

कुछ पराक्रमी बेवकूफ़ियाँ, कुछ शक्तियुक्त गधा-उत्सव, कुछ ज़रतुष्ट्र सदृश वृद्ध प्रसन्नचित मूर्ख तथा आत्मा को उत्साहित करने के लिए नई शेख़ियाँ !

इस रात्रि को भूलना मत और न ही भूलना गधा-उत्सव को; हे महापुरुषो इसको तुमने मेरे साथ होते हुए रचा था। मैं इसे शुभ लक्षण मानता हूँ; इस प्रकार के उत्सव रोगमुक्त होने पर स्वास्थ्य-लाभ के लिए होते हैं हितकर।

तुमने यदि फिर से गधा-उत्सव मनाया तो उसे मनाना अपने हर्ष-उल्लास के लिए और मेरी एवं मेरे स्नेह की स्मृति में।"

ज़रतुष्ट्र ने यह कहा।

मतवाला गान

इस बीच एक-एक करके सभी महापुरुष बाहर खुली हवा में चले गए; रात सुन्दर और सुहावनी थी। कुरूपतम को ज़रतुष्ट्र स्वयं हाथ पकड़कर बाहर ले गया ताकि वह उसे भी दिखा सके अपने संसार की रात–एक बड़ा गोल चाँद, गुफ़ा के निकट बहता हुआ स्वच्छ जल का झरना। वहाँ पर सभी वृद्ध महापुरुष, एक-दूसरे के निकट, शान्त चित्त और मौन, खड़े देख रहे थे रात्रि की रहस्यमय सुन्दरता। उन्हें इस प्रकार खड़े देखकर ज़रतुष्ट्र ने, मन ही मन, कहा, "कितना मेरा मन प्रसन्न कर रहे हैं यह महापुरुष, इस समय ?" उनके मौन और आनन्द का सम्मान करते हुए ज़रतुष्ट्र स्वयं भी मौन खड़ा रहा।

उसके तुरन्त पश्चात् वहाँ जो हुआ वह बहुत ही आश्चर्यजनक था–उस दिन की सब घटनाओं से सर्वाधिक आश्चर्यजनक ! कुरूपतम गड़गड़ाया, किन्तु केवल एक बार। जैसे ही उसकी वाणी को शब्द मिले उसने एक ऐसा हृदयस्पर्शी प्रश्न उठाया जिसे सुनकर सब चकित रह गए। उसने कहा :–

"मेरे सभी मित्रो, तुम सोच क्या रहे हो ?...मैं तो आज के दिन अति सन्तुष्ट हूँ। आज के दिन ने मुझे जो सुख-सन्तोष दिया है, उनके कारण मुझे पहली बार अनुभूति हुई है सन्तोष की अपने सम्पूर्ण जीवन के लिए।

और, मैं विश्वास के साथ यह भी कह रहा हूँ कि यह नहीं है पर्याप्त मेरे लिए। धरती पर एक दिन का जीवन भी जीने-योग्य है : एक ही दिन ने, ज़रतुष्ट्र के साथ एक ही उत्सव ने मुझे सिखला दिया है 'धरती से प्यार करना।'

'क्या वह जीवन...भी कोई जीवन था ?' मैं कहूँगा मृत्यु से;...अच्छा, एक बार फिर'।

मेरे मित्रो, क्या सोच रहे हो तुम ? क्या तुम भी मेरी तरह नहीं कहोगे मृत्यु से, 'क्या वह जीवन...भी कोई जीवन था ? अच्छा तो, ज़रतुष्ट्र के कारण ही सही–एक बार फिर।"

कुरूपतम ने जब यह कहा था, उस समय लगभग आधी रात हो चुकी थी। उसके बाद क्या हुआ ?...क्या तुम उसका अनुमान लगा सकते हो ? महापुरुषों ने जैसे ही यह प्रश्न सुना, वे जागरूक हो उठे–केवल अपने हृदय में हुए परिवर्तन के प्रति ही नहीं, उसके प्रति भी जो उनके हृदय-परिवर्तन का कारण था। तब वे सभी ज़रतुष्ट्र का धन्यवाद करने के लिए, उसके प्रति अपनी श्रद्धा व्यक्त करने के लिए तथा उसके हाथ

चूमने के लिए उसके पास भागे गए, यद्यपि श्रद्धा व्यक्त करने की रीति में उनमें काफ़ी व्यक्तिगत अन्तर था–कोई हँसा और कोई रोया। भविष्यवक्ता हर्ष से नाचने लगा; उसका विषाद न जाने किधर रफूचक्कर हो गया था ! कुछ का कहना है कि वह मदिरा के नशे में था, किन्तु मदिरा से अधिक उस पर जीवन-सुख की मस्ती छाई हुई थी। कुछ यह भी कहते हैं कि गधा भी नाचा था, किन्तु उसका नाचना उतना आश्चर्यजनक नहीं था जितनी उस दिन की सम्पूर्ण घटनाएँ। शायद गधे पर कुरूपतम की दी हुई मदिरा का प्रभाव था, और सम्भवतः ऐसा न भी हो। किन्तु इससे 'अन्तर क्या पड़ता है ?' जैसा कि ज़रतुष्ट्र प्रायः कहा करता है।

2

जिस समय कुरूपतम यह सब कह रहा था, उस समय ज़रतुष्ट्र पियक्कड़ की भाँति वहाँ खड़ा था–उसकी आँखें मन्द थीं, जिह्वा लड़खड़ा रही थी और पाँव डगमगा रहे थे; और कौन कह सकता है कि वह उस समय सोच क्या रहा था ? उसकी चिन्तनशीलता मन्द दिखाई पड़ रही थी, ऐसा लगता था कि वह कहीं दूर–किसी बहुत दूरस्थ स्थान पर चली गई थी–'ऊँचे पर्वतीय शिखरों पर विचरण करने, जैसा कि सामान्यतः कहा जाता है 'दो सागरों के मध्य भूत और भविष्य के बीच, गहरे बादलों की भाँति, इधर-उधर भटकने के लिए।' ज़रतुष्ट्र महापुरुषों की बाँहों में घिरा खड़ा था; उसने धीरे-धीरे अपने आपको सँभाला और अपने हाथों से उन्हें अपने पास से पीछे हटाया किन्तु मुख से कुछ नहीं बोला, तभी उसने सहसा अपना सिर घुमाया जैसे उसे कुछ सुझाई पड़ा हो; उसने अपने मुँह पर उँगली रखी और कहा, "आओ।"

उसी समय सब कुछ मौन और रहस्यमय हो गया; तभी किसी गहराई में से घटिकालि की धीमी-सी आवाज़ सुनाई दी; ज़रतुष्ट्र के अतिरिक्त महापुरुषों ने भी सुनी। ज़रतुष्ट्र ने तब दूसरी बार अपने मुँह पर उँगली रखी और कहा, "आओ।" किन्तु वह स्वयं अपने स्थान पर से हिला नहीं।...फिर वह आवाज़ और ऊँची हो गई जिसे सब किसी ने सुना–गधे ने भी और ज़रतुष्ट्र के प्रतिष्ठित जानवरों, चील और सर्प ने भी। उसी प्रकार उसे ज़रतुष्ट्र की गुफ़ा ने, बड़े-से शीतल चाँद ने और स्वयं रात्रि ने भी सुना। तब ज़रतुष्ट्र ने तीसरी बार अपने मुँह पर हाथ रखा और कहा–

"आओ ! आओ ! आओ ! हम घूमने चलें। विचरण करने का सही समय यही है; चलो, चलें घूमने रात्रि में।"

3

"मध्यरात्रि होने ही वाली है : तब धीरे-से मैं तुम्हारे कान में कुछ कहूँगा, उसी तरह जैसे प्राचीन घटिकालि ने मेरे कान में कहा था–

उसी रहस्यमय, भयंकर और सौहार्दपूर्ण रीति से, जिस प्रकार प्राचीन मध्यरात्रि की, घटिकालि ने मुझसे कहा था, जिसे एक नहीं, अनेक मनुष्यों ने सुना था–

जिसने तुम्हारे मित्रों के हृदयों के विकल स्पन्दन को सुना था। आह; आह ! कैसे भर रही है यह दीर्घ श्वासें; कैसे हँसती है यह अपने सपनों में, यह वृद्ध गहन मध्यरात्रि !

शान्त; शान्त ! मध्यरात्रि में ऐसा बहुत कुछ सुनाई पड़ जाता है जो दिन में श्रवणगत नहीं होता, किन्तु अब शीतल हवा में, जब तुम्हारे हृदय की व्यग्रता शान्त है–

–यह बोलेगी; अब सुनाई पड़ रही है इसकी आवाज़, अब यह प्रवेश करेगी रात्रि की अतिजाग्रत आत्माओं में। आह ! आह ! कैसी दीर्घ और ठडी साँसें ले रही है यह मध्यरात्रि; कैसे हँसती है यह अपने सपनों में, प्राचीन मध्यरात्रि !

क्या तुम सुन नहीं रहे, यह कैसे रहस्यमय, भयंकर किन्तु सौहार्दपूर्ण रीति से कुछ कह रही है तुमसे; यह प्राचीन गहन, महन मध्यरात्रि।''

हे मनुष्य, हो सावधान !

4

नाश हो मेरा ! समय चला कहाँ गया ? मैं गहरे गड्ढों में धँस तो नहीं गया ? संसार सो रहा है।

ओहो ! ओहो ! कुत्ता भौंक रहा है, चाँद चमक रहा है। अच्छा हो मैं मर जाऊँ; ...अच्छा हो मैं मर जाऊँ इससे पहले कि तुम्हें बताऊँ सोच क्या रहा है मध्यरात्रि में मेरा हृदय।

मैं मर चुका हूँ, हो गया है सब कुछ ख़त्म। मकड़ी क्यों बुन रही है तू जाला मेरे गिर्द ?...क्या मुझे रक्त चाहिए ?–ओहो ! ओहो ! ओस पड़ रही है, समय आ गया है।

वह समय जिसमें मैं शान्त और शिथिल पड़ जाता हूँ,...वह घड़ी जो पूछती है, पूछती है और पूछती ही जाती है, ''किसमें समुचित साहस है इसके लिए ?

कौन होगा संसार का स्वामी ? कौन दिखाएगा छोटी-बड़ी सरिताओं को दिशा ?''

घड़ी आ गई है : हे मनुष्य, हे महापुरुष, समझ तू। यह बात है केवल शिष्ट कानों के लिए–तेरे कानों के लिए।

5

मेरी आत्मा नाच रही है, लिए जा रही है मुझे अपने साथ ! कार्य दिवस का !...कौन होगा स्वामी इस संसार का ?

शीतल है चाँद, स्थिर है पवन, वाह ! वाह ! क्या बहुत ऊँचे उड़े हो तुम ?...तुम नाचे हो : किन्तु टाँग पंख नहीं होती।

हे अच्छे नर्तको, मनोरंजन तो हो चुका अब, मदिरा का नशा भी उतर गया है और

प्याले हो गए हैं जर्जर–समाधियाँ बड़बड़ाईं।

बहुत ऊँचे नहीं उड़े हो तुम : समाधियों ने धीरे से कहा–'मृतकों को मुक्त करो; क्यों है रात इतनी लम्बी ?...चाँद क्या हमें मतवाला नहीं करता ?''

हे महापुरुषो, तोड़ो समाधियों को, जगा दो मृतकों को ! क्यों खोद रहे हैं कीड़े अब भी ?...सही समय आ गया है समीप, आ गया है समीप सही समय।

घटिकालि बजी ज़ोर से, मन हुआ प्रफुल्लित, फिर क्यों हिय-वेदना घुन की तरह खा रही है मन को ?

ओहो ! ओहो ! अगाध है यह संसार।

6

मधुर वीणा ! मधुर वीणा ! प्रिय लगता है मुझे तेरा स्वर–मादक और रोमांचक !...बहुत समय बाद और बहुत दूर से सुना है मैंने तेरा स्वर–प्रेम-सरोवर से आता हुआ तेरा यह स्वर !

ओ प्राचीन घटिकालि, ओ मधुर वीणा; प्रत्येक पीड़ा ने, पितृ-पितामहों की पीड़ा ने विदीर्ण किया है तेरा हृदय; हो गई है तेरी वाणी परिपक्व।

सुनहरी शरद ऋतु की तरह, मध्याह्न उपरान्त की बेला के समान, और मुझ जैसे संन्यासी के विरक्त हृदय की तरह, कहती है यह अब–संसार स्वयं हो गया है परिपक्व, पीले अंगूरों की तरह।

अब यह चाहती है मरना–मरना आनन्द से। हे महापुरुष, क्या तुझे हो नहीं रहा इसका आभास ?–रहस्यमय ढंग से फैल रही है इसकी सुगन्ध–

–नित्यता की सुगन्धित गन्ध, आनन्द की शुभ गुलाबी गन्ध, सुनहरी मतवाली गन्ध !

मतवाली रात्रि की मृत्यु का आनन्द जो गाता है, 'अगाध है यह संसार–दिवस की समझ से बाहर।'

7

मैं अति पवित्र हूँ तेरे लिए ! छोड़ दे मुझे अकेला; अकेला छोड़ दे मुझे।

अति पवित्र है मेरी त्वचा तेरे हाथों के लिए ! छोड़ दे मुझे अकेला, ओ मन्द, मूर्ख निर्बुद्धि दिवस। क्या अधिक दीप्तिमान नहीं है मध्यरात्रि तुझसे ?

शुद्धतम होंगे संसार के स्वामी–प्रायः अज्ञात, पराक्रमी मध्यरात्रि की आत्माएँ जो दिवस की अपेक्षा हर प्रकार से अधिक दीप्तिमान् और अधिक गम्भीर हैं।

ओ दिवस, तू खोजता है मुझको, और चाहता है लेना मेरा आनन्द, किन्तु तेरे लिए मैं हूँ अति सम्पन्न, निर्जन, निधि-भण्डार और स्वर्ण-कक्ष समान।

ओ दिवस, तू चाहता है मुझे ?...किन्तु क्या मैं तेरी दृष्टि में सांसारिक हूँ या

आध्यात्मिक ? अथवा अति पवित्र ? किन्तु दिन और संसार, तुम हो बहुत भद्दे और अशिष्ट।

करो प्रयास अपने हाथों को कुशल बनाने का, गहन आनन्द उठाने का और भगवान् को पाने का; परन्तु मुझे पाने का नहीं।

मेरे दुःख-सुख, आनन्द-विषाद हैं गहन, ओ अजब दिवस, तथापि मैं भगवान् नहीं हूँ, और न किसी भगवान् का नरक : भगवान् के दुःख गहन हैं।

8

भगवान् के दुःख गहन हैं, समझ तू भगवान् के दुःख को, मेरे दुःख को नहीं, ओ विचित्र संसार। मैं हूँ ही क्या ?...एक मादक मधुर वीणा।

करती है दर्दर ध्वनि यह मध्यरात्रि की वीणा; इसे कोई नहीं समझता, किन्तु इसे तो बजना ही है बहरों के सम्मुख, क्यों महापुरुषो ?...क्योंकि तुम हो जो मुझे समझते ही नहीं।

गया ! गया ! गया प्रभात और मध्याह्न तथा तीसरा पहर। अब हो गई है सन्ध्या और फिर होगी रात्रि और तदपश्चात् मध्यरात्रि ! कुत्ता गुर्राता है, और हवा ?

हवा क्या कूकुर नहीं ? वह भी तो कराहती है, भौंकती है और गुर्राती है। ओहो ! ओहो ! कैसी दीर्घ श्वासें भरती है यह ! कैसे हँसती है, कराहती है और हाँफती है, यह मध्यरात्रि।

किस गम्भीरता से बोल रही है यह इस समय; यह मदमस्त कवयित्री, यह मध्यरात्रि ! क्या इस मद्य-आसक्त ने पी ली है मदिरा अधिक ?...क्या यह हो गई है अत्यधिक जाग्रत ?...या यह कर रही है पागुर ?

यह अपने सपनों में, अपने दुःख पर करती है बार-बार विचार, यह वृद्ध गम्भीर मध्यरात्रि---और उससे भी अधिक अपने हर्ष पर। दुःख कितना भी गहन क्यों न हो, हर्ष की गहनता होती है सदैव उससे अधिक। दुःख कदापि हो नहीं सकता अधिक गहन आनन्द से।

9

ओ जनश्रुति, क्यों करती है तू मेरी प्रशंसा ? क्या मैंने तुझे आघात नहीं पहुँचाए ? ...मैं हूँ निर्दय, दिए हैं तुझे दुःख मैंने;—मेरी मतवाली निर्दयता की तेरी प्रशंसा की फिर सार्थकता है क्या ?...सब वस्तुएँ परिपक्व होती हैं ? वह हर वस्तु जो हो गई है परिपक्व, मरना चाहती है; ऐसा कहती है तू !...केवल अपरिपक्व वस्तुएँ ही जीवित रहना चाहती हैं।

दुःख कहता है, 'पीड़ा तू जा यहाँ से,' किन्तु प्रत्येक वह वस्तु जो दुःखी है चाहती है जीवित रहना, ताकि वह परिपक्व हो जाए, उत्साही और आकांक्षी बन जाए–

—आगे बढ़ने, उन्नत होने और प्रकाशमान् होने की आकांक्षा। 'मुझे चाहिए उत्तराधिकारी,' कहती है वह प्रत्येक वस्तु जो होती है दुःखी, 'मुझे चाहिए सन्तान, बच्चे, मैं नहीं चाहती केवल अपने आपको।'

किन्तु सुख-आनन्द को उत्तराधिकारी नहीं चाहिए, इसे नहीं चाहिए सन्तान—आनन्द चाहता है अपने आपको, इसे चाहिए नित्यता। यह चाहता है पुनरागमन और अपनी ही भाँति चाहता है, सबके लिए 'अनन्तता, नित्यता'।

दुःख कहता है, 'हृदय तू टूट जा, हो जा तू ख़त्म ! टाँग तू चल; पंख तू उड़! आगे को, ऊपर को अरी पीड़ा !' अच्छा तो प्रसन्न हो जा, मेरे वृद्ध हृदय : दुःख कहता है, 'जा यहाँ से।'

10

क्या समझते हो, तुम महापुरुष, मुझे ?...क्या मैं कोई भविष्यवक्ता हूँ, या स्वप्नदर्शी ? ...मैं क्या कोई पियक्कड़ हूँ या स्वप्नों के अर्थ बतलानेवाला ?—अथवा मध्यरात्रि की घटिकालि ?

अथवा ओस की एक बूँद ? या कोई धुआँ और नित्यता की सुगन्ध ? तुम सुन रहे हो या नहीं ? सूँघ रहे हो या नहीं ? अभी-अभी परिपूर्ण हुआ है मेरा संसार; यह मध्यरात्रि भी मध्याह्न है,—

पीड़ा भी आनन्द है, शाप भी आशीर्वाद। रात्रि भी सूर्य है,...चले जाओ यहाँ से अन्यथा तुम भी जान जाओगे कि सिद्ध पुरुष भी मूर्ख होता है।

ओ मेरे मित्रो, क्या तुमने कभी किसी एक आनन्द को 'हाँ' कही है, तो फिर सब दुःखों को भी कहो 'हाँ'। सब चीज़ें एक-दूसरे से जुड़ी हुई हैं, एक-दूसरे में लिपटी हुई हैं, और हैं एक-दूसरे पर अनुरक्त,—

जो एक बार हुआ, क्या चाहा तुमने कि वह दोबारा भी हो; क्या तुमने कभी कहा है, आनन्द, पल, क्षण से कि 'तुम मुझे प्रसन्न करते हो' और चाहा कि वह फिर लौटकर आए !

—सब फिर से, सभी अनन्त, एक-दूसरे से जुड़े हुए, एक-दूसरे में लिपटे हुए, और अनुरक्त ! तो निश्चय ही तुमने तब किया है संसार से प्यार—

हे अनादि पुरुषो, संसार के प्रति तुम्हारा प्यार अनन्त है—सदा से सदा के लिए : और, दुख से भी तुम कहो, 'अब जा यहाँ से, पर लौटकर आना; आनन्द के लिए—सब चाहते हैं नित्यता !

11

आनन्द चाहता है नित्यता—सभी वस्तुओं के लिए; यह चाहता है मधु, यह चाहता है सुरक्षा, यह चाहता है मतवाली मध्यरात्रि, यह चाहता है समाधियों से विमुक्ति, समाधियों

के टूटने का आश्वासन, यह चाहता है सन्ध्या की सुनहरी लाली।

आनन्द क्या नहीं चाहता ! सब दुःखों की अपेक्षा यह बहुत प्यासा है, भूखा है, बहुत डरा हुआ और बहुत गहन है : यह अपने आपको ही चाहता है और स्वयं अपने आपको काटता है।

यह चाहता है प्यार, यह चाहता है घृणा; यह अति धनी है, यह मुक्तमन से देता है, लुटाता है, और यह याचना करता है कि कोई इससे ले; यह लेनेवाले का धन्यवाद करता है, यह दूसरों की घृणा को प्रसन्नतापूर्वक स्वीकारता है–आनन्द इतना सम्पन्न है कि इसे दुख, नरक, घृणा, लज्जा, पंगुता और संसार की लालसा होती है–हाँ, संसार की भी; निश्चय ही तुम यह जानते हो।

इसे लालसा है, महापुरुषो, तुम्हारे लिए आनन्द, दुर्निवार आनन्द की– और तुम्हारे लिए दुख की, तुम्हारी असफलाओं की ! सभी अनन्त आनन्द दुःख की लालसा करते हैं।

क्योंकि अपने लिए सभी आनन्द चाहते हैं, इसीलिए वे अपने लिए दुःख भी चाहते हैं। महापुरुषो, तुम समझ लो यह कि आनन्द नित्यता चाहता है।

आनन्द चाहता है नित्यता–सभी वस्तुओं के लिए, और चाहता है गूढ़, गहन नित्यता।

12

क्या सीख लिया है तुमने मेरा गान ? यह क्या कहता है, समझ गए न तुम ? हे महापुरुषो, हो जाओ प्रसन्न और गाओ मेरा गान।

तुम इसे स्वयं गाओ; इसका नाम है 'एक बार फिर,' और इसका आशय है : "नित्यता के निमित्त।" गाओ महापुरुषो ज़रतुष्ट्र का देहाती गान :–

ओ मनुष्य, हो सावधान,
कर विचार, सोच तनिक,
मध्यरात्रि क्या कहती है तुझसे ?
सोया था मैं निद्रा में,
खोया था मैं तन्द्रा में,
स्वप्न टूटा और मैंने जाना,
संसार है गहन अपार।
दुःख जगत के हैं घनेरे,
पर सुख हैं अपरम्पार,
दुःख कहता, 'जा यहाँ से,'
सुख चाहे अनन्तता।
आनन्द चाहे नित्यता,
गूढ़-गहन नित्यता।।

संकेत

रात्रि के बीत जाने पर ज़रतुष्ट्र अपनी खाट पर से उठा, अपना कटिबन्ध कसा, और धुँधले पर्वतों के ऊपर से निकलते हुए प्रभात के सूर्य की भाँति अपनी गुफ़ा से बाहर निकला–प्रसन्न और पुष्ट।

"ओ महान् नक्षत्र," ज़रतुष्ट्र ने कहा, जैसा कि पहले भी उसने एक बार कहा था, "ओ आनन्द के पुंज, तेरे इस सारे आनन्द का होगा क्या यदि वह दर्शक ही न हों जिनके लिए तू चमकता है !

तेरे उदय होने के उपरान्त भी यदि वह अपने कक्ष के भीतर पड़े रहें जबकि उन्हीं के हेतु तू अपनी जगमगाहट को चारों और बिखेरता और वितरित करता है; इसके लिए तेरी मर्यादा उन्हें डाँटेगी किस प्रकार !

अच्छा तो वह महापुरुष सो रहे हैं अभी भी मेरी गुफ़ा के भीतर जबकि मैं जागा हुआ हूँ। वह नहीं हैं मेरे सही साथी, और न ही मैं अपने पर्वत पर उनकी प्रतीक्षा में हूँ।

जो समय काम करने का है, मैं चाहता हूँ उसमें काम करना; किन्तु वे हैं जो सुबह के संकेत को नहीं समझते। मेरे पग, मेरी पगध्वनि उनको जगाने की घंटी तो है नहीं।

वे इस समय भी सो रहे हैं मेरी गुफ़ा में और उठा रहे हैं आनन्द अपने सपनों में मेरे मतवाले गीतों का। वे मेरे श्रोता हैं, उनमें श्रवण-क्षमता है, किन्तु शुश्रुता नहीं।"

सूर्य उदय होने पर ज़रतुष्ट्र ने यह सब कहा अपने हृदय से; और तत्पश्चात् खोजती हुई दृष्टि से ऊपर की ओर देखा क्योंकि आकाश में उसे अपनी चील की तीखी आवाज़ सुनाई दी। ऊपर की ओर मुँह उठाकर उसने कहा, "मैं प्रसन्न हूँ तुमसे; मेरे जानवर जाग रहे हैं मेरे साथ। कितना अच्छा लगता है यह मुझे !

मेरा बाज पक्षी जागा हुआ है और मेरी भाँति सूर्य का सम्मान कर रहा है, वह अपने तीखे नखों से प्रभात की नव किरणें पकड़े हुए है। तुम मेरे सही जानवर हो, मैं तुमसे प्रेम करता हूँ।

किन्तु न मिले मुझे अभी तक अपने लिए सही मनुष्य.."

ज़रतुष्ट्र ने यह कहा और उसी समय उसने देखा कि वह एकाएक अनगिनत पक्षियों से घिर गया है; वे उसके आस-पास, ऊपर-नीचे, आगे-पीछे मँडरा रहे हैं। उनके पंखों की सनसनाहट सुनकर और अपने सिर के ऊपर उनकी अत्यधिक भीड़ देखकर उसने

अपने नेत्र मूँद लिए; नए शत्रु पर लक्षित तीरों के घने बादलों के समान वे उसे घेरे हुए थे, किन्तु वह बादल था प्रेम का जो बरसा रहा था अपने नए मित्र पर अपना स्नेह।

"मेरे साथ यह हो क्या रहा है ?" ज़रतुष्ट्र ने अपने आश्चर्यचकित हृदय से कहा और धीरे से उठकर उस शिला पर जा बैठा जो उसकी गुफ़ा के बाहर निकलने के रास्ते के निकट पड़ी थी। वहाँ बैठकर वह अपने हाथों से उन्हें पकड़-पकड़कर अपने से दूर भगाने का प्रयास करने लगा। इसी उद्देश्य से वह जब अपने हाथों को चारों ओर उछाल रहा था, एक बहुत विचित्र घटना हुई–उसके हाथ में गरम, खुरदरे बालों का एक गुच्छा आ गया, और उसी समय उसे अपने निकट से सुनाई दी–शेर की एक लम्बी किन्तु धीमी गरजन।

"संकेत आ गया;" उसने कहा और इसके साथ ही उसकी मनःस्थिति में भी परिवर्तन आया। स्थिति के स्पष्ट होते ही उसने देखा कि एक पीला शक्तिशाली जानवर उसके पैरों के पास पड़ा है, और उसने अपना सिर उसके घुटने पर टेक रखा है। वह बहुत स्नेह भाव से वहाँ लेटा हुआ था और उसमें वहाँ से हटने की इच्छा बिलकुल नहीं थी। उसका व्यवहार उस कुत्ते सदृश था जिसकी बहुत दिनों पश्चात् अपने स्वामी से भेंट हुई हो। फ़ाख्ताएँ भी कम स्नेही नहीं थीं; जब कोई फ़ाख्ता शेर की नाक के ऊपर से उड़कर इधर-उधर जाती तो वह अचम्भे से उसे देखता और हँस देता।

जिस समय यह हो रहा था, ज़रतुष्ट्र प्रायः मौन ही रहा; उसने केवल इतना ही कहा, "मेरे बच्चे मेरे पास हैं।" उसके बाद वह बिलकुल मौन बैठा रहा किन्तु उसका हृदय अवश्य पसीज गया था : उसकी आँखों से अश्रु टपके और उसके हाथ पर गिरे किन्तु उसने इस पर ध्यान नहीं दिया–मौन और स्थिर बैठा रहा, यहाँ तक कि उसने अपने पास से जानवरों को हटाने का भी कोई प्रयास नहीं किया : फ़ाख्ताएँ इधर-उधर उड़ती रहीं, उसके कन्धे पर भी बैठीं, उसके सफ़ेद बालों को भी सहलाया; अपने आनन्द का इज़हार करने में वे थकीं नहीं। ज़रतुष्ट्र के हाथ पर उसके जो अश्रु गिरे थे, शक्तिशाली शेर ने उन्हें चाट लिया और बीच-बीच में धीरे से गुर्राता भी रहा। यह था उन जानवरों का उसके प्रति व्यवहार !

यह सब कितनी देर तक होता रहा, कहना कठिन है क्योंकि इस संसार में ऐसी घटनाओं का मूल्यांकन समय के आधार पर नहीं किया जा सकता। इतने में गुफ़ा के भीतर जो महापुरुष थे वे जाग गए और ज़रतुष्ट्र से मिलने और उसका अभिवादन करने के लिए गुफ़ा से बाहर निकलने की विधिवत् तैयारी करने लगे; क्योंकि उन्होंने देख लिया था कि गुफ़ा में ज़रतुष्ट्र उनके जागने की प्रतीक्षा नहीं कर रहा था।...किन्तु उनके बाहर पहुँचने से पूर्व उनके पैरों की आहट बाहर पहुँच गई; उसे सुनकर शेर क्रोध से गुर्राता हुआ गुफ़ा की ओर कूदा। उसकी गुर्राहट सुनते ही वे सब एक साथ चीख़े और दूसरे द्वार की ओर भागे और क्षणभर में लुप्त हो गए।

ज़रतुष्ट्र घबड़ाकर अपने स्थान से उठा, चकित होकर इधर-उधर देखा और

भौचक-सा वहीं खड़ा रहा; वहीं खड़े-खड़े उसने अपने आपसे पूछा, ''यह क्या सुना था मैंने ?'' और एक बार फिर उसने धीरे से अपने आपसे पूछा, ''अभी-अभी क्या हुआ था मुझे ?''

किन्तु शीघ्र ही उसे सब कुछ स्मरण हो आया, कल और आज के बीच जो-जो हुआ था, उसकी समझ में आ गया। उसने अपनी दाढ़ी पर हाथ फेरा और कहा, ''यह है वह शिला जिस पर मैं कल बैठा था, और यहीं भविष्यवक्ता मेरे पास आया था; यहीं मैंने पीड़ा की पहली चीख़ सुनी थी जिसे मैंने अब फिर सुना है–घनी पीड़ा की चीख़।

तो, हे महापुरुषो, क्या वह तुम्हारा ही दुख था जिसकी आगामी सूचना कल सुबह भविष्यवक्ता ने मुझे दी थी ?

वह आया था मुझे प्रवृत्त करने तुम्हारे दुःख-निवारण के लिए। उसने मुझसे कहा था, 'हे ज़रतुष्ट्र, मैं तुझे तेरे अन्तिम पाप के लिए प्रवृत्त करने आया हूँ।'

''मेरे अन्तिम पाप के लिए ?'' ज़रतुष्ट्र ने बहुत रूक्ष आवाज़ में कहा और फिर अपने ही शब्दों पर क्रोध से हँसा और व्यंग्यपूर्वक कहा, ''क्या बचाकर रख रखा है तूने मेरे अन्तिम पाप के लिए ?'' और, एक बार वह फिर अपने ही विचारों में खो गया और उसी शिला पर बैठ गया, और सोचने लगा।...तभी एकाएक वह उछल पड़ा–

''समानुभुति ! समानुभूति महापुरुषों के साथ उनकी वेदना में !''...उसने चिल्लाते हुए यह कहा और उसका चेहरा तमतमा गया, ''बीत चुका है वह समय, समझ लो तुम।

मेरी पीड़ा और पीड़ा की समानुभूति ?...क्या है इनमें अन्तर ?...मुझे क्या अब तुरन्त प्रयत्नशील नहीं हो जाना चाहिए 'आनन्द के लिए' ? मैं अब करूँगा प्रयास अपने उद्देश्य की पूर्ति के लिए !

ठीक, शेर आ गया है, मेरे बच्चे मेरे पास हैं; ज़रतुष्ट्र भी अब परिपक्व हो गया है, और आ गया है उसके लिए सही समय–

यह है मेरा प्रभात, दिन आरम्भ हुआ अब मेरा।
अब आ, अब आ तू मध्याह्न !''

ज़रतुष्ट्र ने यह कहा और धुँधले पर्वतों के ऊपर निकलते हुए प्रभात के सूर्य की भाँति उसने भी अपनी गुफ़ा छोड़ी और चल पड़ा वहाँ से–प्रसन्न और पुष्ट।

●●●